河南省"十二五"普通高等教育规划教材

经济科学导论

An Introduction to Economic Science

（第二版）

赵予新 主编

经济科学出版社
Economic Science Press

图书在版编目（CIP）数据

经济科学导论／赵予新主编．—北京：经济科学出版社，2015.7（2020.8 重印）
ISBN 978 – 7 – 5141 – 5919 – 6

Ⅰ.①经… Ⅱ.①赵… Ⅲ.①经济学 – 高等学校 – 教材 Ⅳ.①F0

中国版本图书馆 CIP 数据核字（2015）第 166816 号

责任编辑：范 莹 杨 梅
责任校对：杨 海
责任印制：李 鹏 范 艳

经济科学导论
（第二版）

赵予新 主编

经济科学出版社出版、发行 新华书店经销
社址：北京市海淀区阜成路甲 28 号 邮编：100142
总编部电话：010 – 88191217 发行部电话：010 – 88191540
网址：www.esp.com.cn
电子邮件：esp@esp.com.cn
天猫网店：经济科学出版社旗舰店
网址：http://jjkxcbs.tmall.com
北京季蜂印刷有限公司印装
787×1092 16 开 21 印张 470000 字
2015 年 8 月第 1 版 2020 年 8 月第 2 次印刷
ISBN 978 – 7 – 5141 – 5919 – 6 定价：46.00 元
（图书出现印装问题，本社负责调换。电话：010 – 88191502）
（版权所有 翻印必究 举报电话：010 – 88191586
电子邮箱：dbts@esp.com.cn）

前 言
(第二版)

《经济科学导论》有幸被列入河南省"十二五"普通高等教育规划教材，既是对本书作用的肯定，也是对编写团队的鞭策，促使我们对全书进行修订。

《经济科学导论（第一版）》自2009年出版以来，被全国十多所高等院校选作本科生教材，这对编写团队来说是一个很大的鼓励。一些同行先后对本书提出了许多宝贵的意见和建议。作者在教学过程中不断探索和听取学生意见，也感到原书存在诸多不足之处。

本书的编写旨在为学生提供一本经济科学导论性质的教材，引导学生在进入大学初期较为系统地了解经济科学及其分支学科的研究对象、任务和内容，为学生选课和选择专业方向提供必要的指导。本书第二版修改的主要内容包括以下几个方面：一是对原有的内容进行了精简。考虑到新生学科导论课程的学时一般在1~2个学分，学时比较有限，在修订时对有关内容进行了适当删减，删去了原有的部门经济中的"农业经济"部分，边缘经济中的"卫生经济"部分，其他有关章节的部分内容也做了简化。二是对原有各章的顺序作了适当调整。这主要是考虑到各章内容逻辑关系的合理性而进行的。数量经济由第四章调整到第八章；专业经济由第六章调整到第四章，等等。三是更换了原书中的一部分"学习拓展"内容。为了使学生在学习中做到理论与实际结合，我们尽可能选用最新的案例和资料，提高本书的可读性。

本书的修编与统稿工作由赵予新完成。具体分工为：第一章，赵予新、梁瑞华；第二章，王松梅、戴晓鹂、赵予新；第三章，夏友仁、丁华；第四章，姚咏涵、丁华；第五章，丁华、赵予新；第六章，王松梅、赵予新、丁华；第七章，夏友仁、戴晓鹂；第八章，王松梅、郭慧萍、赵予新；第九章，康涌泉。王松梅负责对部分章节"学习拓展"的内容进行了更换。全书由赵予新统稿。

感谢河南省普通高等教育教材指导委员会对本书提出的修改意见，也感谢使用本教材过程中广大教师和同学们的建议。尽管对全书作了修改，但仍难免

· 1 ·

存在问题。因此，真诚希望同行、有关专家学者对书中存在的缺点直言相陈，以便今后再版时改正，在此深表谢意。

本书的修编和出版得到经济科学出版社吕萍总编辑、杨梅编辑的大力支持和帮助，在此表示衷心的感谢。

赵予新

2015年5月9日于郑州

前　言
（第一版）

经济科学是一个悠久而又包含众多分支学科的知识体系。在长期的教学实践中，我们感到应该有一本介绍作为一个学科集合的经济科学基本原理的导论性教科书，既可以作为大中专院校经济学类专业导论课程的教学用书，又可以作为初学者和实际工作者的参考书。然而，这方面的工作一直是一个薄弱环节。

近年来，国内许多高等学校为经济学类专业开设了导论课程，也要求非经济学类专业尤其是理工科类专业学生跨学科选修或必修经济管理类课程，因此，编写一本《经济科学导论》教科书既十分必要，又十分迫切。我们编写这本书的本意，主要是为学生提供一本学习经济学导论性或概论性课程的教材，引导学生较为系统地了解经济科学及其分支学科的研究对象、任务和内容，初步掌握经济学的研究方法，明确各类经济活动在经济建设中的地位和作用，为以后学习其他课程奠定基础，也为学生选课和选择专业方向提供指导。

本书的内容和结构设计是一个全新的探索。我们按照经济科学的分类及其逻辑关系进行章节设计。鉴于经济科学的分类尚未形成完全一致的认识，本书以《经济科学学科辞典》对经济学的分类为基础，再按照适当归并的原则进行章节安排，在把经济科学分为理论经济和应用经济两个2级门类的基础上，将理论经济学单独作为一章来介绍，而将应用经济划分为部门经济、专业经济、地区经济、国际经济和边缘经济等几个3级门类。原则上将每一个3级门类的分支作为一章介绍。鉴于经济史和经济思想史之间的对应关系，将二者列为一章。鉴于数量经济方法所包括的数理经济、经济统计和经济计量方法既有属于理论经济的内容，又有属于应用经济的内容，亦作为一章介绍。由于应用经济学所研究的内容十分丰富，比如部门经济又可以分为工业经济、农业经济、运输经济、建筑经济、商业经济、林业经济、畜牧业经济、水利经济、邮电经济等，为避免内容过于庞杂，我们仅选择一些有代表性的经济学科分支加以介绍。对于每类分支学科和经济活动主要介绍常用的基本概念和一般原理、基本的研究内容、历史沿革、现状及发展趋势等，每章后附有学习拓展、思考题和主要参考文献，以便使读者加深理解和进一步拓展阅读范围。

本教材由赵予新主编。在编写过程中，先由赵予新编写提纲，在征求编写人员意见的基础上，对编写大致进行了修订和完善。按照本教材的章节顺序，编写任务的分工是：第一章由赵予新、张石、禹建萍编写，第二章由王松梅、戴晓鹂、赵予新编写，第三章由夏友仁编写，第四章由王松梅、赵予新编写，第五章由丁华、赵予新编写，第六章由姚咏涵、丁华编写，第七章由王松梅、赵予新、丁华编写，第八章由夏友仁、戴晓鹂编写，第九章由康涌泉编写。全书由赵予新负责统改定稿。本书的框架设计和内容取舍是一个全新的尝试，在成书的过程中，编写团队进行了大量的调研和集体研讨工作。

在本书编写过程中，参考了大量的教材、学术专著和论文，我们尽可能多地汲取学者和同仁们丰富的研究成果和学术观点，并因此而受到启迪。在各章的后面列出了主要的参考文献。有些未能查到原始出处，还望原著者谅解。值此成书之际，谨向各位学者和同仁表示衷心的谢意！

本书在成稿过程中得到了许多同学的帮助，他们是钟雪莲、杨小枕、宋景景、王丽莎、师小同、李金海、陈燕娇、张彬、吉庆磊、李修彪、汪俊枝等，在此，一并深表感谢！

本书的编写和出版得到了经济科学出版社的大力支持和帮助，在此向他们表示衷心的感谢！

河南工业大学经济学类专业经过近20年的发展，已形成了一支以教授、博士为主体的学科梯队。近年来围绕经济学理论和实践问题推出了一系列的研究成果，建设了河南省产业经济学重点学科和河南省人文社科基地。2004年承担的《西方经济学》课程被评为省级精品课程，2009年《经济学类专业核心课程教学团队》被评为河南省教学团队。在科研和教学实践中，我们认为深入系统地研究经济科学及其分支学科的研究对象、研究内容、研究任务及其学科体系的构成，不仅有助于总结经济科学的研究历史与现状，而且对于丰富和发展经济科学的理论体系，也具有十分重要的意义。

经济科学是一门发展中的科学。受编写者学术水平及其所接触资料的限制，书中一定会存在一些值得商榷的问题，内容上也会存在缺点和不足，我们衷心希望有关专家、同行和读者们提出批评和建议。

编　者

2009年11月于河南郑州

目 录

第一章 绪论 ⋯⋯ 1

第一节 经济学的内涵与分类 / 1
　　一、经济学的内涵 / 1
　　二、经济学的分类和学科结构 / 2
第二节 经济学的研究对象与研究任务 / 4
　　一、经济学的研究对象 / 4
　　二、经济学的研究任务 / 7
第三节 经济学的研究内容与研究方法 / 9
　　一、经济学研究的主要内容 / 9
　　二、经济科学的研究方法 / 12
第四节 经济学的发展与未来展望 / 15
　　一、经济学的发展 / 15
　　二、经济学发展的未来展望 / 17
第五节 经济科学导论的内容设计 / 18
　　一、经济科学导论的性质与设置目的 / 18
　　二、本书的基本内容和章节设计 / 19

第二章 理论经济 ⋯⋯ 20

第一节 西方经济学 / 20
　　一、经济学研究的基本问题 / 20
　　二、经济学的两个基本经济模型 / 23
　　三、微观经济学和宏观经济学 / 28
第二节 马克思主义政治经济学 / 32
　　一、马克思主义政治经济学的产生 / 32
　　二、马克思主义政治经济学的理论体系 / 35
　　三、马克思主义政治经济学的发展 / 36

第三章 经济史与经济思想史 ⋯⋯ 40

第一节 经济史 / 40
　　一、经济史的含义与任务 / 40

二、世界经济史 / 41
　　三、中国经济史 / 49
第二节　经济思想史 / 58
　　一、经济思想史的含义与任务 / 58
　　二、外国经济思想史 / 59
　　三、中国经济思想史 / 66

第四章　专业经济 ······ 75

第一节　劳动经济 / 75
　　一、劳动与劳动力的内涵 / 75
　　二、劳动力市场 / 77
　　三、就业与就业体制 / 79
　　四、劳动关系 / 81
　　五、劳动经济学 / 82
第二节　财政经济 / 85
　　一、政府活动与财政 / 85
　　二、财政的产生与发展 / 87
　　三、财政在社会再生产中的地位和作用 / 88
　　四、财政的特征与职能 / 89
　　五、财政学 / 92
第三节　金融经济 / 96
　　一、金融与金融业 / 96
　　二、金融业的产生和发展趋势 / 97
　　三、金融业在国民经济中的作用 / 98
　　四、金融经济活动主体：金融机构 / 99
　　五、金融活动的场所：金融市场 / 102
　　六、金融研究的理论：金融学 / 104
第四节　保险经济 / 106
　　一、保险与保险业 / 107
　　二、保险业的产生与发展 / 107
　　三、保险的原则、职能和作用 / 110
　　四、保险机构与业务 / 111
　　五、保险市场的监管 / 112
　　六、保险学 / 114

第五章　部门经济 ······ 117

第一节　工业经济 / 117
　　一、工业的概念、特征与发展 / 117

二、工业的分类、结构与地位 / 119
　　三、工业化与工业现代化 / 121
　　四、工业经济学 / 123
第二节　建筑经济 / 125
　　一、建筑业的概念、分类与特征 / 126
　　二、建筑业在国民经济中的地位与作用 / 127
　　三、建筑产品与建筑生产的特征 / 128
　　四、建筑业市场 / 132
　　五、建筑经济学 / 134
第三节　运输经济 / 137
　　一、运输业的内涵与发展 / 137
　　二、运输业的特征 / 138
　　三、运输业对国民经济的意义和影响 / 139
　　四、运输政策 / 141
　　五、运输经济学 / 144
第四节　商业经济 / 148
　　一、商业的概念与性质 / 148
　　二、商业的发展与现代商业 / 149
　　三、商业的作用与职能 / 152
　　四、商业经济的形式 / 155
　　五、商业经济学 / 161

第六章　地区经济　165

第一节　区域经济 / 165
　　一、区域的定义 / 165
　　二、经济区域的特征和类型 / 166
　　三、区域经济的特点与基本问题 / 167
　　四、区域经济学 / 169
第二节　城市经济 / 174
　　一、城市的定义、功能与性质 / 175
　　二、城市经济的内涵、特征与基本内容 / 176
　　三、城市经济学 / 183
第三节　农村经济 / 188
　　一、农村与农村经济的含义 / 188
　　二、农村的产生与发展 / 190
　　三、中国农村经济研究的基本问题 / 191
　　四、农村经济学 / 200

第七章 国际经济 204

第一节 国际贸易 / 204
一、国际贸易的含义与分类 / 204
二、国际贸易的产生与发展 / 206
三、国际贸易的地位和作用 / 209
四、国际贸易政策与措施 / 211
五、国际贸易的法律环境 / 214
六、国际贸易学 / 215

第二节 国际金融 / 218
一、国际金融的发展及其作用 / 219
二、国际收支 / 220
三、汇率与汇率制度 / 223
四、国际金融组织 / 227
五、国际货币制度 / 228

第三节 国际投资 / 231
一、国际投资的内涵 / 231
二、国际投资的产生与发展 / 232
三、国际投资对经济社会的影响 / 233
四、国际直接投资 / 236
五、国际间接投资 / 238
六、国际投资学 / 238

第八章 数量经济 242

第一节 数理经济 / 243
一、数学在经济学研究中的作用 / 243
二、数理经济的模型构建 / 244
三、经济问题的数学表达示例 / 245
四、数理经济学 / 247

第二节 经济统计 / 250
一、经济统计的含义与特点 / 251
二、经济统计的基本任务、职能和作用 / 251
三、经济统计的三个阶段 / 252
四、经济统计的调查方法和分析方法 / 254
五、常用的经济统计分析软件 / 256
六、经济统计学 / 257

第三节 经济计量 / 259
一、经济计量的含义与作用 / 259

二、经济计量分析 / 260
三、经济计量学 / 263

第九章　边缘经济 ... 268

第一节　生态经济 / 268
一、生态、生态系统与生态经济 / 268
二、生态经济系统 / 270
三、绿色 GDP——生态经济的核算 / 273
四、绿色消费——生态经济消费 / 274
五、保护生态经济的政策 / 275
六、生态经济学 / 276

第二节　环境经济 / 280
一、环境及环境经济 / 280
二、环境问题 / 282
三、环境资源的合理利用与保护 / 283
四、环境保护的经济政策 / 284
五、环境经济学 / 286

第三节　教育经济 / 290
一、教育的含义 / 290
二、教育与经济发展 / 291
三、教育资源 / 292
四、教育资源的合理利用 / 294
五、教育资源利用中的问题 / 295
六、教育经济学 / 298

第四节　信息经济 / 303
一、信息 / 303
二、信息经济的含义与结构特征 / 305
三、信息资源 / 306
四、信息产业 / 309
五、信息经济学 / 310

参考文献 ... 317

第一章

绪　论

经济学有广义和狭义之分。广义经济学即指经济科学，由若干个经济学分支学科组成。狭义经济学即基础理论经济学。作为一个学科集合的概念，经济学是对人类各种经济活动和各种经济关系进行理论的、应用的、历史的以及有关方法研究的各类学科的总称。本章是全书的总纲，主要介绍经济学的内涵与分类，经济学的研究对象与研究任务，经济学的研究内容与研究方法，经济学的发展，经济学的学科性质与本课程的内容。

第一节　经济学的内涵与分类

一、经济学的内涵

经济学一词源于希腊文 oikovilikos，英语为 economics，从词根上讲 eco 原意是家庭或家务的意思，nom 的原意是法则、管理的意思。英语 economics 的原意是一门研究家庭法则或家务管理的科学。如古希腊罗马学者色诺芬的著作《经济论》，实际包含了家庭管理的内容。亚里士多德的经济学说散见于他的《伦理学》和《政治学》著作中，他继承和发展了色诺芬以家庭管理形式的经济学。他认为家庭管理包括两方面内容：一是研究家庭成员之间的关系，主要是奴隶主和奴隶的关系；二是研究致富之术。

重商主义的产生，使经济学研究的视角由微观转向宏观，从家庭转向国家。为了区别古希腊以来以家庭管理为内容的经济学，重商主义提出了"政治经济学"这一名称。1615年法国的孟克列钦写了一本《献给皇上皇太后的政治经济学》，首次提出了"政治经济学"的名称。这一名称意在研究整个国家的经济管理和财富增长，有别于作为家庭管理的经济学，西方学者在以后很长时期内沿用"政治经济学"名称时，都是从这种含义出发的。

1890年，英国著名经济学家马歇尔（Alfred Marshall）出版了《经济学原理》一书。他在这部著作中最先用"经济学"名称来代替长期使用的"政治经济学"名称。

他认为，经济学应回避政治性问题，不能陷入党派之争，为名副其实宜改为"经济学"。许多学者赞成马歇尔的做法，认为经济学这个名称简易方便，不但早为前人使用，而且与数学、伦理学等学科的名称相一致。经过一些学者的大力提倡，"经济学"的名称为大多数西方学者所沿用。

综上所述，经济学的名称经历了：经济学（古希腊罗马）→政治经济学（重商主义及以后）→经济学（新古典经济学至现在）的变化过程。作为一个学科集合概念，经济学是研究人类社会在各个发展阶段上的各种经济活动和相应的经济关系及其运行、发展和规律的科学。它是一系列具体的经济学分支的有机统一体。

二、经济学的分类和学科结构

经济学是社会科学中包含学科分类最多的学科门类之一，据不完全统计大约有800个分支学科和边缘学科。迄今为止，经济学界对于众多经济学各门学科的分类并不统一，这里有必要首先了解有代表性的分类：一种是我国著名经济学家许涤新《中国大百科全书·经济学》中把经济学分成理论经济学、经济史、经济思想史、经济数量的分析与计量方法、应用经济学五大类。另一种是《经济科学学科辞典》把经济学分为三大类，即理论经济学、应用经济学和边缘经济学。其中，每一大类又作了进一步的区分。例如，将应用经济学又分为应用的经济理论学科和应用的经济技术（方法）学科。

本书从一般原理到特殊原理的层次，将经济学分为两大门类，即理论经济学和应用经济学，表1.1以横向和纵向两个角度反映了当今经济学系统各门经济学分支学科之间的关系：纵横交错，相互联系。从横向看，经济学分为理论经济学、应用经济学两大类；从纵向看，经济学分为两大系统，即马克思主义经济学和西方经济学。两大系统都

表1.1　　　　　　　　经济学的分类与学科结构

		经济学				
	理论经济学	应用经济学				边缘经济学
		应用的经济理论学科			应用技术或数量分析方法学科	
		部门经济学	专业经济学	地区经济学		
经济学	马克思主义经济学	马克思主义经济学（无产阶级政治经济学）	工业经济学 商业经济学 农业经济学 运输经济学 建筑经济学 经济统计学 房地产经济学 旅游经济学 ……	劳动经济学 财政学 金融学 保险学 ……	区域经济学 城市经济学 农村经济学 乡镇经济学 山区经济学 边疆经济学 特区经济学 民族经济学 海洋经济学 ……	经济统计学 数理经济学 计量经济学 实验经济学 ……	资源经济学 法律经济学 卫生经济学 经济社会学 技术经济学 混沌经济学 行为经济学 环境经济学 生态经济学 ……
	西方经济学	微观经济学					
		宏观经济学					

分为理论经济学和应用经济学。两大系统的理论经济学和应用经济学都有各自为基础的各种经济学分支。

理论经济学论述经济学的基本概念、基本原理以及经济运行和发展的最一般规律。它是从分析各种经济问题中提炼抽象建立发展起来的，因而抽象化程度高，具有很强的综合性，主要包括马克思主义政治经济学和西方经济学。作为一般经济学原理，理论经济学为各门经济学分支学科提供一般理论基础，因而是所有其他经济学科的理论基础，在经济学系统中居于基础性主导地位。西方经济学者把理论经济学看做社会科学的"皇后"；1970年经济学诺贝尔奖获得者萨缪尔森在他的名著《经济学》第10版中开篇写道："政治经济学是最古老的艺术，最新颖的科学——的确，它在社会科学中居于首要地位。"有的西方学者把经济学比作社会科学上的皇冠，把理论经济学视为这项皇冠上的明珠。

随着资本主义商品经济的发展和社会分工的深化，人类经济活动的内容越来越复杂和丰富，专业化程度越来越细密；同时，各种经济活动之间、经济活动与其他社会活动之间相互依存、相互渗透的联系，也越来越紧密。适应这种情况，经济学的研究范围不断扩展。一方面，从带有高度概括性的理论经济学中不断分化出带有应用性的和独立的部门经济学、专业经济学等分支学科；另一方面，也出现了经济学科内部各分支相互交叉的学科以及经济学科与其他社会科学以至自然科学学科之间彼此联结的边缘学科。与此同时，随着经济学研究的深化，对分析的精确性的要求越来越高，出现了研究经济数量的分析和计量方法的学科；为了总结历史经验，为理论研究和政策制定提供系统的历史依据，出现了经济史；为了追溯和总结经济理论本身的发展演变，出现了经济思想史；等等。从而在社会科学中逐步形成了一个庞大的、门类分支繁多的经济学科体系。

应用经济学是运用理论经济学的基本原理分别研究经济生活的某一部门、某一专业或者某一领域特殊经济规律以及运用经济规律的方法和技术的经济学。它又可进一步分为三大类：应用的经济理论学科、应用的经济技术学科和边缘经济学科。其中，应用的经济理论学科又可以细分为三个小类：部门经济学、专业经济学和区域经济学。例如，工业经济学、农业经济学、商业经济学、畜牧业经济学、运输经济学、建筑经济学、邮电经济学等是部门经济学；劳动经济学、财政学、金融学等是专业经济学；城市经济学、农村经济学等是地区经济学。经济统计学、数理经济学、国际贸易实务、国际金融实务等是应用的经济技术方法学科。边缘经济学是研究经济学与其他社会科学或自然科学在相互渗透过程中逐步派生出来的交叉关系运行规律的经济学科。例如，人口经济学是人口学与经济学交叉的学科；教育经济学是教育学与经济学交叉的学科。今天的应用经济学是经济学中的一个分支大类，是众多应用经济学分支学科的总称，是集合概念的应用经济学。理论经济学和应用经济学类似于自然科学中的理论科学与应用科学。经济学中理论经济学与应用经济学的关系，不但如物理学中理论物理学与应用物理学的关系一样，而且也和数学中的理论数学和应用数学的关系很类似。

经济学诸分支学科研究对象、具体特点的内在联系使它们构成一个经济学体系。在这个体系中，各门学科以其研究对象的共同性互相联系着，又以它们各自所研究的具体经济问题的差异性和提供的相应经济学知识的不同而相互区别；同时，它们还以角度的不同，在研究社会经济发展规律的是命中相互依托和补充。需要指出的是，以上虽然按照经济学科形成的层次范围作了划分,但是这种划分并没有严格的界限,只是一个相对的概念。分支学科的列举也不能一一列出。目前,一些新兴学科不断出现,一些学科还处于不断完善和建设阶段。

第二节 经济学的研究对象与研究任务

研究对象是对某一学科的研究内容、研究范围的高度的理论抽象和概括,是学科研究的起点。确立研究对象就是确立该学科的研究范围。经济学的研究对象是指其研究涉及的主要领域和核心内容。

一、经济学的研究对象

关于经济学的研究对象问题,在我国经济理论界存在着严重的分歧,而且近20年的分歧越来越大[1]。这种分歧从更广阔的经济思想史的背景来看,实际上是马克思主义经济学和西方经济学在研究对象上的分歧[2]。

(一)马克思主义政治经济学的研究对象

关于马克思主义政治经济学的研究对象,国内学者的观点不尽相同。这里采用以下观点:马克思主义政治经济学的研究对象是社会生产方式和与它相适应的生产关系。

马克思政治经济学研究对象的出发点是"物质生产",但马克思透过"普遍的社会物质变换",看到"全面的关系",强调生产的社会性质,研究财富生产的特殊社会形式,主张"从直接生活的物质生产出发来考虑现实的生产过程,并把它与该生产方式相联系的、它所产生的交往形式,即各个不同阶段的市民社会,理解为整个历史的基础"。马克思在《资本论》第一版序言中明确指出:"我要在本书研究的,是资本主义生产方式以及和它相适应的生产关系和交换关系。"

恩格斯精辟地概括了马克思经济学研究对象中物与生产关系的关系,指出"经济学所研究的不是物,而是人和人之间的关系,归根到底是阶级和阶级之间的关系,可是这些关系总是同物结合着,并且作为物出现"[3]。列宁也指出,"凡是资产阶级经济学看到物与物之间关系的地方(商品交换商品),马克思都揭示了人与人之间的关系"[4]。

马克思主义政治经济学的研究对象有以下特点:

1. 生产是政治经济学的出发点

这里的生产不仅涉及物质资料生产,也涉及服务领域提供的服务。生产不仅涉及人

---

[1] 徐小鹰.马克思主义经济学与西方经济学研究对象的比较分析[A].见:马克思主义经济学与西方经济学比较研究(第1卷)[M].北京:中国人民大学出版社,2014:36-37.
[2] 吴易风.政治经济学或经济学的研究对象:马克思和罗宾斯的比较[A].见:马克思主义经济学与西方经济学比较研究(第1卷)[M].北京:中国人民大学出版社,2014:1-13.
[3] 恩格斯.卡尔·马克思〈政治经济学批判〉第一分册[A].见:马克思恩格斯选集(第2卷)[M].北京:人民出版社,1995:44.
[4] 列宁选集(第2卷)[M].北京:人民出版社,1972:444.

与自然的关系,也涉及人们在生产过程中的相互关系。政治经济学研究的生产不是生产的自然属性,而是生产的社会属性。但对生产的社会属性的分析不能脱离生产的自然属性,原因是反映自然属性的生产力发展水平直接制约生产的社会属性。显然,政治经济学研究生产,不是研究生产的技术方面,而是研究生产的社会方面。

2. 生产关系是政治经济学的研究对象

政治经济学以生产为研究对象不是一般地研究生产,而是研究人们在生产过程中的关系。任何生产都是连续不断的社会再生产。社会再生产包括生产、交换、分配和消费四个环节。它们就如马克思所说,构成一个总体的各个环节,"一定的生产决定一定的消费、分配、交换和这些不同要素相互间的一定关系。当然,生产就其单方面形式来说也决定于其他要素"①。因此政治经济学研究生产关系,既要研究生产、交换、分配和消费之间的相互关系,也要研究人们在社会生产、交换、分配和消费中的关系。

3. 政治经济学对生产关系的研究不可避免地要研究生产力

社会生产是生产力和生产关系的统一。这也是作为政治经济学的出发点的生产所包含的两方面内容。政治经济学不是一般地研究生产力,不是研究生产的工艺方面,而是要研究影响和制约生产关系发展的生产力,特别注意生产力和生产关系的矛盾运动。在各个社会都会存在多种层次的生产力水平,政治经济学依据的是该社会占主导的生产力,并特别关注先进的社会生产力,因为先进社会生产力代表社会发展的方向,生产力与生产关系的矛盾运动,主要是先进社会生产力与生产关系的矛盾运动。②

(二)西方经济学的研究对象

在国际上,不同学者对西方经济学的研究对象表述不一。19世纪70年代到20世纪上半叶以后,西方经济学的研究对象集中在两个方面:一是微观经济行为;二是宏观经济行为。

1. 经济学的研究对象是微观经济行为

1932年,英国经济学家莱昂内尔·罗宾斯第一次正式地把稀缺资源的合理配置确定为经济学的研究对象。指出:经济学是一门研究作为目的和具有不同用途的稀缺手段之间关系的人类行为的科学③。根据罗宾斯的经济学定义和其追随者的解释,经济学的研究对象包含以下几个要点:经济学研究人的行为;人的行为的目的是满足需要,而需要是无限的;资源有各种不同的用途,但资源是稀缺的或有限的;一切社会的中心问题是无限的需要和有限的资源之间的冲突,即目的和手段之间的冲突。④ 总之,西方经济学或者研究人的欲望及行为,或者研究物质福利,但都以厂商、行业、个人活动为限,即研究微观经济行为。

2. 经济学的研究对象是宏观经济行为

1936年,凯恩斯发表《就业、利息与货币通论》,采用国民生产总值、就业、总供

---

① 马克思恩格斯选集(第2卷)[M]. 北京:人民出版社,1972:102.
② 洪银兴. 现代经济学通论[M]. 北京:高等教育出版社,2007.
③ 莱昂内尔·罗宾斯. 经济学与政治经济学[A]. 见:现代外国经济学论文选(第14辑)[M]. 北京:商务印书馆,1992.
④ 徐小鹰. 马克思主义经济学与西方经济学研究对象的比较分析. 马克思主义经济学与西方经济学比较研究(第1卷)[M]. 北京:中国人民大学出版社,2014:42-43.

给、总需求等总量指标，研究政府应采取的宏观经济政策，突破了古典经济学只研究微观经济行为的局限，为宏观经济学的建立奠定了基础。

总之，西方经济学的研究对象是微观经济行为和宏观经济行为的结合。经济学家把凯恩斯的宏观经济理论与新古典微观经济理论结合起来，将经济学分为微观经济学和宏观经济学两部分。微观经济学以资源配置为研究对象，因为资源是稀缺的，要对稀缺的资源进行配置；宏观经济学以资源利用为研究对象，因为资源配置中会有资源的不合理利用，出现资源闲置或浪费问题，对稀缺资源的合理利用，就需要国家干预。资源配置和利用又可以有不同的解决模式和方式，这就涉及经济体制问题。

（三）马克思主义政治经济学与西方经济学的比较

综上所述，马克思主义经济学与西方经济学对经济学的研究对象认识不同。传统的马克思主义经济学着重从社会关系方面考虑经济活动，即着重研究经济活动中人们相互间历史地发生的社会关系及其发展演化的原因和规律；而传统的西方经济学则着重从人与物关系的角度，研究如何配置资源、选择生产技术，以满足人们的各种物质需要。

马克思主义经济学和西方经济学的根本分歧不在于要不要研究资源配置，而在于要不要研究生产方式；要不要研究和生产方式相适应的生产关系；要不要区分抽象的生产一般的资源配置和具体的特定生产方式的资源配置，以及要不要研究具体的特定生产方式的资源配置。在这些问题上，马克思主义经济学的回答都是肯定的，而西方经济学的回答都是否定的。[①]

科学对待两大经济学体系的基本出发点是要明确指导思想的一元论。马克思主义政治经济学作为决定基本经济制度和社会发展方向的经济学，是经济分析的指导思想和理论基础。而西方经济学具有两重性：一方面，它具有意识形态性，反映资产阶级的根本利益，因此反映这一特性的思想和理论在社会主义经济分析中是不可取的；另一方面，它在市场经济运行和经济发展的分析方面仍有其可取的、科学的一面。

经济学对问题的研究可分为两个层次：一是本质层次的分析，即对生产关系层次的分析；二是表层层次的分析，即对经济运行层次的分析。一般来说，西方经济学偏重于对经济现象的表层描述和分析。其任务是对生产、失业、价格和类似的现象加以描述、分析、解析，并把这些现象联系起来进行系统的分析。而马克思主义政治经济学偏重于对经济关系本质的分析，它研究物与物关系背后的人与人之间的社会关系，研究经济制度的本质规律，特别是注重经济关系运动的规律性分析，建立的各种经济范畴都反映一定的社会关系。

马克思主义政治经济学与西方经济学的研究对象也可能交叉。偏重经济运行分析的西方经济学，也会涉及经济制度的分析，但它把资本主义基本经济制度作为永恒的前提而分析具体的制度或体制，从总体上说它着重研究的是微观和宏观经济运行中各种经济变量之间的关系。偏重生产关系分析的马克思主义政治经济学也会分析经济运行，但它对经济运行分析的重点是各种生产关系在经济运行中的作用和调整。

---

① 徐小鹰. 马克思主义经济学与西方经济学研究对象的比较分析. 马克思主义经济学与西方经济学比较研究（第1卷）[M]. 北京：中国人民大学出版社，2014：45.

上述研究对象的表述是就经济科学总体研究对象而言的。经济科学由许多分支学科组成，每个学科又从不同角度探索客观世界某一方面的经济规律，有着各自特殊的研究对象。

二、经济学的研究任务

经济学家门对经济学研究任务的认识，随着社会进步和历史沿革不断变化，在此概括为如下四个方面。

（一）解释社会现实中的经济现象

施蒂格勒（Stigler）在《经济学抑或伦理学》中指出："经济学的主要任务一直是以大众可以接受的方式来解释经济现象，而且近200年来我们能始终诚心诚意地尽心完成这一使命，尽管并不总能取得极大的成功。"弗里德曼（Friedman, 1953）也曾经强调，"作为一种实证科学，经济学是一种被尝试接受的，关于经济现象的概括体系，用以对条件变化的结果作出预测。"经济学作为解释社会现实中经济现象的一门实证科学，已经成为当代大多数经济学家所接受和信奉的基本立场。

经济学家们常常对同一个经济现象运用不同的理论，采用不同的方法，得出不同的解释。一个经典的例子是"水和钻石的价值"悖论。亚当·斯密在《国富论》中提出了一个问题：没有什么东西比水更有用，然而水很少能交换到任何东西；相反，钻石几乎没有任何使用价值，但是可以通过交换得到大量的其他产品。亚当·斯密的解释是：水有使用价值，而钻石有交换价值。他从价格中分离出效用，并将使用价值和交换价值分开，认为价格和效用无任何联系。

对于同样的问题，马克思的观点与亚当·斯密大相径庭。马克思认为，产品的价值是由生产这种产品的社会必要劳动时间决定的。地球上水的数量非常之大，除了荒漠和干旱地区，地球上几乎处处都有水，几乎不需要什么成本就可以获得；而钻石蕴藏在地表下超过200千米深的岩石中，而且必须经过数十亿年漫长时间与适当的条件产生，供给非常少。因此，水供给大，而钻石供给少，这就是发生这一现象的原因。

亚当·斯密和卡尔·马克思对"水和钻石的价值"悖论的解释都是从生产角度进行的，而边际效用学派的学者们则从需求角度给出了另一番解释，他们认为人们对某种产品的评价或愿意支付的价格，不是由消费这种产品的总效用决定，而是由边际效用所决定。世界上的水比钻石多得多，即使最初的几滴水相当于生命本身的价值，但最后的一些水仅仅用于浇草坪或洗汽车，所以，最后一单位的水只能以很低的价格出售。这样，像水那样非常有用的产品，因为其庞大的供给数量就只能以几乎接近于零的价格出售，因为最后一滴水几乎一文不值。而由于钻石的供给数量稀缺，给人们带来的边际效用高，所以价格变得极为昂贵。

（二）揭示经济活动运行的规律

经济学研究的重要任务是揭示经济活动中所发生的各种关系的规律性。人类在经济活动中所发生的各种关系，直接表现在各类经济活动、经济现象、经济问题、经济运行等方面。表面的现象和联系受其背后隐含的经济规律支配，这种经济规律则是各种经济关系内在的、本质的和必然的联系。经济学要揭示纷繁复杂的经济活动、经济现象、经济问题、经济运行等方面内在的、本质的、必然的联系。

经济学作为一门科学，是对经济活动运行规律的总结、抽象与概括。例如，市场经济理论揭示了市场经济运行的规律。国家干预理论揭示了现实中政府的各种政策的作用机理。生产者理论和消费者理论概括了左右企业和消费者行为的内在规律。也许企业和消费者并没有意识到这种规律，但就普遍情况而言，他们在不自觉按照地这种规律从事生产经营活动。

按照经济活动规律发挥作用的程度和范围，可以分为一般性的经济活动规律和特定的经济活动规律。理论经济学研究一般性的经济活动规律，这是最基本、最核心的经济规律，揭示经济活动最普遍、最一般的联系。这类经济活动规律反映人类经济活动最基本的要求和最本质的特征。这是抽象掉具体的社会形态性质、专门的经济活动特征后的最核心的经济规律，也是构建经济学理论体系的基石和支撑经济学理论大厦的理论骨架。这样的规律是任何领域、任何地域、任何经济发展阶段都适用的。各门应用经济学研究特定的经济活动规律。这是适用于特定的领域、特定的地域、特定的范围的经济活动规律。例如，交通经济学研究交通运输活动的经济规律，城市经济学研究城市经济活动的经济规律，国际经济学研究国际间经济联系的经济规律，等等。

（三）探索人类社会最佳地创造和使用财富的方式

早期的经济学家多是从经济学的定义来认识经济学的任务的。亚当·斯密在《国富论》中把政治经济学视为"研究国民财富性质和原因的一门学问"，还认为，"作为政治家和立法者的一门科学的政治经济学，有两个不同的目标：首先，为人民提供充足的收入或生计，或者更确切地说，使人民能给自己提供这样的收入和生计；其次，为国家和社会提供公共服务所需的充分收入"。概言之，其目的在于富国裕民。在斯密等经济学家看来，经济学的任务是劝说（preach）人类社会尤其是国家的统治者应该采取什么样的合宜治理方式和制度形式，来使一国的经济繁荣，人民致富。

马歇尔在《经济学原理》中指出："经济学是一门研究人类一般生活事务的学问"，"它研究在个人与社会活动中获取和使用物质福利必需品最密切相关的那一部分。"从中可以看出，经济学既要研究财富的增殖问题，也要研究人的经济行为，但目的是探究和论述人类社会如何才能最佳地创造和使用财富。

（四）指导人们在经济活动中进行最佳选择

罗宾斯（Lionel Robbins，1935）在《经济科学的本质和意义》（1935 年）中认为，在错综复杂的现实世界中，当人们进行多种目标选择时，经济学可以帮助人们理解自己选择的意义，以及如何选择，"它提供了人们合理行动的一种技术"。实际上，从 19 世纪中后期开始，西方社会已经较多地要求经济学家们注重探究市场运行中人们的行为方式，并较功利地研究和教导人们如何在市场经济体制中做出自己最佳的选择。现代社会经济活动更加复杂，一个国家、一个地区、一个企业或一个家庭在面临稀缺资源的限制时，为了有效地创造和使用财富，有许多选择问题，客观上要求提供多方面的指导。

第一，为政府决策提供指导。经济学的研究成果，是政府进行经济决策的主要理论依据。它对社会经济的发展产生的影响是巨大的。经济学的研究成果如果被政府经济部门正确运用，就能使国民经济顺利发展。经济规律是客观的，要求政府的经济行为符合和尊重客观规律，这就要求政府部门的经济决策等行为要科学化、规范化。

第二，为各类组织提高管理水平提供指导。掌握经济学的知识能够提高经济决策部门和企业经营者的管理水平。以企业为例，在现代经济生活国际化的环境下，从原料的来源、设备、技术、销售等一系列经济活动都不是小生产经营方式所能胜任的。在庞大、复杂的社会经济系统中，管理者要胜任驾驭复杂多变的经济活动，没有相当的经济学素养是不行的。

第三，为有效地开发和利用各种资源提供指导。经济科学成果有效地运用，可以拓宽劳动对象的领域，并为深入开发、利用和保护各种自然资源、社会资源提供了一系列理论依据和指导方法。如环境经济学、土壤经济学、物资经济学、信息经济学等应用学科的开发及其成果的运用，对于人们扩大劳动对象，开发利用和保护土地资源、信息资源、加速社会经济的良性运行，挖掘社会生产力的潜力等发挥了重要作用。

第四，为科学地预测未来提供指导。人们从事某项经济活动，常常需要进行预测，凭经验往往失误，而经济预测学、未来经济学可以提高人们对未来经济运行状况预测的科学性，使社会经济避免因急于求成或个人独断专行而导致的大起大落。经济学的研究成果，对社会经济的未来发展起预测、导向作用，使企业经营方向、社会经济的发展趋利避害，以促进全社会经济的健康发展。

第三节 经济学的研究内容与研究方法

一、经济学研究的主要内容

作为一个学科集合，经济学研究的内容十分广泛。从学科性质上分有理论经济和应用经济；从研究层次上分有宏观经济、中观经济和微观经济；从研究领域上分有部门经济、专业经济、地区经济、国际经济等。在此，将经济学研究的主要内容概括为以下九个方面。

（一）理论经济

理论经济学论述经济学的基本概念、基本原理，以及经济运行和发展的一般规律，为各个经济学科提供基础理论。它是从最一般的角度研究人类社会各个历史阶段物质资料的生产和再生产活动过程及其各个环节的一般经济规律的学科，主要包括马克思主义理论经济学和西方理论经济学两大部分。作为一般经济学原理，理论经济学揭示经济活动的一般规律，为各个经济学分支学科提供一般的理论基础，因此是所有其他经济学科的理论基础。

在西方经济学界，理论经济学通常称为一般经济理论，分为宏观经济学与微观经济学两个分支。宏观经济学以整个国民经济为视野，以经济活动总过程为对象，考察国民收入、物价水平等总量的决定和波动。其中经济增长理论和经济波动（经济周期）理论又是宏观经济学的两个独立分支。另外，与经济增长理论密切联系的发展经济学，研究发展中国家的经济发展问题，现在也已成为宏观经济学的一个分支。微观经济学研究市场经济中单个经济单位即生产者（厂商）、消费者（居民）的经济行为，包括供求价格平衡理论、消费者行为理论，在不同市场类型下厂商成本分析与产量、价格决定理论、生产要素收入决定即分配理论等。此外，福利经济学等也已成为理论经济学的独立分支。

马克思主义的理论经济学，即政治经济学，是研究人类社会各个发展阶段的生产方式或生产关系的发生、发展和灭亡的规律的，包括前资本主义生产方式（原始公社、奴隶制度、封建制度）、资本主义生产方式（垄断前资本主义和垄断资本主义）及社会主义生产方式三个部分。近年来，一些中国经济学家认为应建立一门以社会生产力为研究对象的生产力经济学，但尚在研究探索之中。

（二）经济史

经济史研究人类社会各个历史时期不同国家或地区的经济活动和经济关系发展演变的具体过程及其特殊规律，为总结历史经验和预见未来社会经济发展趋势提供依据，也为研究各个历史时期形成的经济思想、学说、政策提供历史背景。经济史按地域范围划分有国别经济史（如中国经济史、英国经济史等）、地区经济史（如欧洲经济史、拉丁美洲经济史等）、世界经济史（以世界为整体，研究世界经济的形成和发展）；按部门或专业来区分有农业发展史、工业发展史、银行发展史等；按历史分期划分有古代经济史、近代经济史、现代经济史之分。经济史如同理论经济学一样，要受研究者的阶级立场、观点、方法的影响。

（三）经济思想史

经济思想史又称经济学说史。它研究各个历史时期出现的经济观点、经济思想、经济学说及其产生的经济政治背景、所产生的影响、历史地位，以及各个人物、各个学派之间的承袭、更替、对立的关系等。作为一门评价和分析各个时期各个阶级各个学派的经济思想、经济学说的学科，受研究者的立场、观点和方法的制约。经济思想史一般包括作为经济学前史的古代经济思想的发展，资产阶级经济学的产生、发展、演变，以及马克思主义经济学的产生、发展等几个主要部分。按国别划分可分为中国经济思想史、英国经济思想史、美国经济思想史等。

（四）专业经济

专业经济学研究涉及国民经济各个部门且带有一定综合性的某一专业领域的经济问题和经济规律（包括一般经济规律和各自的特殊经济规律）。国民经济在运行中有不同的领域，包括社会再生产过程中的各要素、各环节极其不同的侧面等。研究这些领域、要素、环节的经济问题和经济规律，形成了各个专业经济学，例如劳动经济学、财政学、金融学、保险学等。

（五）部门经济

部门经济学运用理论经济学的一般原理，研究国民经济某一部门的经济问题和经济规律（包括一般经济规律和各自的特殊经济规律）。国民经济是一个多层次的大系统，包括各个物质生产部门和非物质生产部门。以这些部门的经济问题和经济规律为特定研究对象的，形成了各个部门的经济学。部门经济学的范围极其广泛，涉及社会经济运动过程的各个方面，如工业经济学、农业经济学、商业经济学、运输经济学、建筑经济学等。在已有的部门经济学中,又分立出一些子学科。如在工业经济学中分立出了纺织工业经济学、机械工业经济学、煤炭工业经济学等;在农业经济学中分立出了林业经济学、畜牧经济学等。各学科之间的发展并不平衡,有的已形成体系,有的还处于探索过程中。

(六)地区经济

地区经济学是以地区性经济活动为研究对象的学科,以"经济地理区域"为研究对象,研究各类区域经济运行的特点和发展变化规律。主要包括城市经济学、农村经济学、区域经济学等。区域经济学研究经济活动在一定的自然区域或行政区域中变化或运动规律、作用及其机制。农村经济学研究乡村中人们的经济活动、经济关系及其乡村发展规律。城市经济学研究城市经济的基本理论,包括城市化及其规律、经济区与中心城市、城市经济发展战略、城市经济结构等。

(七)国际经济

国际经济学研究国际间的经济活动规律,包括国际贸易学、国际金融学、国际投资学等。国际贸易学研究国际贸易产生、发展及其运动规律,主要包括国际贸易理论、贸易政策和贸易实务三个部分。国际金融学研究一个开放经济体的对外金融关系和经济状况及其经济规律,研究世界货币体系、国际货币收支、外汇与汇率、外汇市场与外汇业务、外汇风险管理、汇率折算与进出口报价、国际结算方式、国际租赁、证券投资、国际金融市场、国际金融一体化等内容。国际投资学研究国际投资领域中的各种经济关系和经济活动发展变化的规律,主要包括国际投资的筹集、使用和回收活动,投资区域和行业的选择、各种投资形成的比较研究和运用,各国投资环境的评价和投资市场的开拓、各种投资要素的合理组合与管理、跨国生产与营销的策略与实施、对国际投资的政策调节和法律约束活动等。

(八)数量经济

数量经济学主要包括数理经济学、经济统计学、经济计量学等。数理经济学指经济学中可以用(除数理统计学以外的)数学工具描述、研究与推理的部分。19 世纪 70 年代起,经济学家应用数学推导经济理论,建立了数理经济学。第二次世界大战以后,数理经济学得到进一步发展,广泛应用现代数学方法建立了各种静态的、动态的、微观的、宏观的经济模型。经济统计学是一门建立较早的学科,是统计方法在经济数值处理和分析中的应用。经济计量学是指根据数理经济学理论,运用数理统计学工具,对实际经济数据进行分析、研究与推理的理论与方法,是经济学与数理统计学的有机结合。20世纪 30 年代初,一些经济学家把经济理论、数学方法和统计方法三者结合起来,建立经济计量学,用以建立计量模型,估算参数,分析各种经济变量之间复杂的数量关系,验证经济理论,进行经济预测,规划有关政策。

(九)边缘经济

边缘经济学是研究经济学与其他学科相结合的经济活动规律的科学。例如,经济学与人口学交叉形成人口经济学,与教育学交叉形成教育经济学,与医药卫生学交叉形成卫生经济学,与生态学交叉形成生态经济学,与社会学交叉形成经济社会学,与自然地理学交叉形成经济地理学,与统计学结合形成经济统计学等。

二、经济科学的研究方法

经济学的产生和发展，离不开科学的研究方法。经济活动的复杂性决定了研究方法的多样性，从而形成了一个方法体系，各方法之间既互相联系，又具有相对的独立性，且还在不断发展中。从不同的角度分类，经济学有不同的研究方法，以下是主要的研究方法。

（一）归纳法和演绎法

归纳法是从特殊到一般的思维方法，即根据大量已知事实，做出一般性结论的方法。演绎法是从一般到特殊的思维方法，即从一般的原理出发认识事物的方法。

由于经济系统的复杂性，使得人们难以从对经济活动的观察、实验、分析研究中找出规律。这就要求人们既要使用从许多个别事实推出普遍原理、规则的归纳法；又要使用由假设、抽象、逻辑推理的演绎法。这两种方法在自然科学中被广泛使用。经济学家成功地把这两种方法运用于对经济现象和经济规律的分析。归纳法是建立在分析、观察、实验的基础上，是产生和推出公理的有效方法。然而，归纳法是不完全枚举法，它不能穷尽所有被观察的对象和分析所有的样本，故归纳推理只要不是完全枚举，就必然有其不完全性、不可靠性。而演绎法由于是从某种已知的结论推出另一种结论，所以它是形成理论的一种可靠途径。然而，值得注意的是一个完全符合逻辑的演绎所产生的结论，可能由于其理论前提错误而使整个理论错误。

总之，归纳法是概括事物的过去，主要是用于对事物过去现象的解释，而演绎法主要用于预测未来。

（二）定性分析法和定量分析法

定性分析法是指利用直观的资料，凭借经验和主观判断能力，通过对经济活动现象进行归纳和演绎、分析与综合及其抽象与概括等，了解和分析经济活动规律的方法，是对事物质的研究。定量分析法是通过利用指标体系、量化模型等客观的数量分析方法，对经济活动及其规律进行分析的方法。任何事物都是质和量的对立统一。从而决定了进行经济研究要做到定性和定量方法相结合。对于事物质的认识是对事物认识的开始，同时也是定量分析的基础。没有对事物质的正确分析，量的分析不可能是正确的。然而对事物仅有质的分析而无量的把握，这样的认识过于粗糙。运用数学工具进行定量分析，可以更精确地理解各种复杂的经济现象之间的数量关系，掌握其数量变化的规律。

（三）总量分析法和个量分析法

个量研究即是个体的分析方法，主要以单个经济主体的活动为着眼点和研究对象，在假定其他不变的前提下来研究个体的经济行为和经济活动，其特点是把一些复杂的外在因素排除掉，从而突出个体经济主体运行的主要现状和特征。这种研究方法在具体的使用中，主要分析单个企业要素的投入量、产出量、成本和利润的决定，以及单个企业的有限资源配置、单个居民户的收入合理使用等，由此引起的单个市场中商品供给和需求的决定、个别市场的均衡等问题。

总量分析方法是以经济发展的总体或总量为着眼点的研究方法。这种研究方法是在假定制度不变的前提下来进行的,把制度因素及其变动的原因、后果和个量都看成是不变的和已知的,在此前提下研究宏观经济总量及其与总收入、总投资、总储蓄的相互关系。总量分析对于个体的消费行为及其变动则不予以关注,这种研究方法由于一开始就抓住了经济运动的总体状况及其总体结构的基本状况,因而其研究结果对把握全局具有重要的作用。

(四) 均衡分析法和非均衡分析法

经济均衡是指经济体系中各种力量处于平衡时的状态。均衡分析方法就是研究各种经济变量如何趋于平衡的方法。马歇尔在其《经济学原理》中曾经借用力学的研究方法来说明经济的均衡,通过作用和反作用的原理来说明均衡和非均衡的形成及其变化。因此可以说,均衡研究的方法主要研究的是各种经济力量达到均衡所需要的条件和均衡实现稳定的条件。

均衡分析方法包括局部均衡和一般均衡。局部均衡分析是在其他条件不变的情况下,个别商品的均衡产量和均衡价值的形成过程。即在某种商品的需要量和供应量相等时为均衡产量,此时的价格为均衡价格。一般均衡是在市场上商品的供给、需求、价格相互影响的条件下,所有的商品供求达到均衡状态。局部均衡分析假定"其他条件不变",实质上这种分析法有一定的抽象意味,从而使这种分析法很容易揭示事物的实质。然而在现实的经济运行中,"其他条件不变"这样的前提,只有在纯理论的推导中才存在,而真实的情况是供给、需求、价格等经济的因素和给经济的因素相互作用、相互影响。所以局部均衡分析法有其局限性。由于均衡在经济运行中并非常态,非均衡才为常态,所以采用非均衡分析法在经济研究中就特别重要了。

(五) 静态分析法和动态分析法

静态分析方法是抽象掉了时间因素和变化过程而静止地分析问题的方法,说明什么是均衡状态和均衡状态所要达到的条件,而不管达到均衡的过程和取得均衡所需要的时间。当已知条件发生变化以后,均衡状态会由一种状态转化到另一种状态。如果只着眼于前后两个均衡状态的比较,而不考虑从一个均衡点的移动过程和经济变化中的时间延滞,则被称为比较静态研究方法。动态分析方法是对经济体系变化运动的数量进行研究,它通过引进时间因素来分析经济现象从前到后的变化和调整过程。

静态和动态分析法各有其所长。静态分析可以有效地说明均衡的条件。而动态分析,可以观察到经济变化过程。如何通过具体数量关系的变化来将二者统一起来,马克思主义认为物质总是在一定的时间与空间中运动的,运动是普遍的,静止是相对的,静止不过是运动的一种特例,并且认为静止是事物存在的必要条件,否则任何事物都不具有质的稳定性。

(六) 实证分析法与规范分析法

实证分析简单来说就是分析经济问题"是什么"的研究方法,侧重于分析经济体系如何运行,经济活动的过程和后果以及向什么方向发展,而不考虑运行的结果是否可取。这种方法在使用中,主要依据一定的前提假设以及有关经济变量之间的因果关系,来描述、解释或说明已观测到的事实,对有关现象将来出现的情况做出预测。规范分析方法就是研究经济运行"应该是什么"的研究方法。这种方法主要是依据一定的价值判断和社会目标,来探讨达到这种价值判断和社会目标的步骤。

现代西方经济学对实证分析法与规范分析法的划分是在19世纪20年代,由新历史学派的代表人物在反对正统经济学的利己主义理论,主张伦理学应当成为经济学主要问题的争论过程中提出的,主张用伦理学的方法来改造传统主流经济学。这样,规范分析与实证分析在这一时期被划分开来。实证分析和规范分析是相对的,而非绝对的。具体的经济分析都不可能离开人的行为。在实证分析方法中,关于人的行为的社会认识就成了其分析暗含的基础,所谓完全的客观主义是不存在的。从经济理论发展的历史来看,除少数经济学家主张经济学像自然科学一样的纯实证分析以外,基本上一致认为既是实证的科学,又是规范的科学。

(七) 数理模型分析法

数理模型分析方法是指在经济分析过程中,运用数学符号和数学算式的推导来研究和表示经济过程和现象的研究方法。这种分析方法可以使经济过程和经济现象研究的表述较简洁清晰,其推理更加直观、方便和精确,使经济学的理论框架更加条理化、逻辑化和明了化。但是关于数理经济学的应用历来是有争论的。一种观点认为,数学只是一种说明工具,只能做事后的描述和说明。而且数理公式不过是一种逻辑演绎,通过单纯理论演绎得来的结论有时难以反映复杂的经济现实;另一种观点认为,数理方法的运用不仅为经济学提供了研究工具,而且通过数理方法还可以发现规律,认为数理方法的运用使经济学具有了科学的形式。经济学研究离不开数学方法,但在应用中,要防止数学方法的滥用,防止不顾客观实际和具体社会关系而歪曲经济事实。正如茅于轼所说:"这一门主要在西方国家里发展起来的数理经济学并不是直接搬到我国来就可以应用的。社会制度不同,经济实践经验不同,人们考虑经济问题的出发点不同,不结合我国具体情况,生搬硬套,必定是害多利少。"

(八) 制度分析法

制度经济学家把制度作为变量,包括从社会经济制度、社会政治制度、社会法律制度和企业组织制度等层面进行研究,建立了更为接近现实经济活动的方法论。他们将制度作为变量,并用正统经济学的研究方法来分析制度的构成和运用,采取了结构分析法、历史分析法和社会文化分析法来研究经济问题,揭示制度对社会经济发展的影响,发现这些制度在经济体系中的地位和作用。

这种分析方法首先将经济学分析的前提假设做了重新界定,其分析方法是建立在一定假设的基础之上:一是人类行为与制度具有内在的联系。二是人的有限理性,即环境是复杂的,人对环境的认知能力是有限的,人不可能无所不知。三是人的机会主义倾向,即人具有随机应变,为自己谋取私利的追求。在这三个假设的基础之上来分析人类行为与制度的关系。这种分析方法以强有力的证据向人们表明,制度对经济行为影响的分析应该居于经济学的核心地位。说明有了制度的作用,土地、劳动、资本和企业家这些生产要素才得以充分地发挥作用,表明制度因素对社会经济发展的影响无处不在。

(九) 实验分析法

一般认为,1948年张伯伦(E. Chamberlin)在课堂上进行供给与需求的实验是实验经济学的开始,但是将实验方法规范化使其成为经济学的不可缺少的方法,当归功于史密斯。1962年史密斯发表了论文"竞争市场行为的实证研究",标志着实验方法在主流经济学中已经确立了自己的地位。目前实验经济学已经成为经济学的前沿分支。实验方法利用受控实验对已有的经济理论进行检验或通过实验发现经济规律。主要的实验方法有以下几种。

1. 生物类比实验

大致始于20世纪70年代末,通常由经济学家和实验心理学家进行,其目的在于观察描述人类行为的相关经济学原理是否也适合某些动物,通过对动物相关行为的观察来检验某些经济学原理的正确与否,因为这样可以排除复杂的人类行为及其干扰因素所设置的观察障碍。

2. 人类行为实验

直接以人为实验为对象,如实验发现人们的判断更多地基于直觉而非最优化,往往是先有一个参照目标,然后再围绕它进行调整,人们既不能获得进行最优化行为所必需的全部信息,也不会全部处理所得到的信息。这就对经济中的"最优化行为""完全信息""理性预期"等命题提出了挑战。

3. 系统模拟实验

即在一个独立的或相对独立的设定系统内,模拟经济的预定运行,从中观察各要素或各变量的反应、变化及其结果。例如,经济学家曾在一个小岛上进行减税的模拟实验,以观察减税效应。有人预言,实验方法的发展将对微观经济学中的不少原理形成冲击,也有助于宏观经济学的深入研究。萨缪尔逊也说过,"经济领域是极其复杂的。其中有成百万人口和企业,千百种价格和行业。在这种环境下探索经济规律,一种可能的方式是借助于控制下的实验。"[①]

第四节 经济学的发展与未来展望

一、经济学的发展

经济学是社会经济现实的反映,也是人们对经济规律的认识和归纳。随着社会经济的发展,人们对经济规律的认识也在不断扩大和深化,从而推进了经济科学的不断发展。

(一)经济学的内涵与外延不断拓展

今天的经济学研究的核心问题虽然仍是资源配置,但其内容的深度与广度发生了许多革命性的变化,仅举以下几例:

1. 福利经济学的建立

市场机制的调节可以实现供求均衡,但供求均衡是否能实现社会福利最大化?马歇尔没有探讨这一问题。新古典经济学的最后一个代表人物英国经济学家 A. C. 庇古于

---

① 萨缪尔森,诺德豪斯. 经济学(第12版)[M]. 北京:中国发展出版社,1992:11.

1920年发表了《福利经济学》，探讨社会福利问题，创立了福利经济学，庇古主张通过收入再分配来实现社会福利最大化，被称为旧福利经济学。以后希克斯、萨缪尔森、阿罗等人运用新理论与工具对社会福利等问题进行了广泛研究，称为新福利经济学。

2. 制度经济学的建立

在新古典经济学中，企业是一个"黑匣子"，即假设它是一个以利润最大化为目标的组织，没有探讨其内部结构。1937年英国的科斯发表的一篇文章《企业的性质》在20世纪60年代引起重视，这就是以产权为中心的新制度经济学的产生。产权经济学所引发的交易成本、产权、增长的路径依赖、委托—代理理论、合约理论等已成为经济学的重要内容，并对现代企业制度的建立、经济增长政策有不可估量的现实意义。

3. 公共经济学的发展

随着微观经济学主体的日益增多和相互联系的日益复杂以及市场调节的局限性的出现，经济学的研究领域从分散经济领域伸向公共经济领域，成为公共管理的理论支柱。公共经济包括国防、行政管理、教育文化、社会治安、环境与资源保护、城乡基础设施建设、社区发展和市场管理等广阔领域，它是分散经济发展的纽带和保障条件。同时，公共经济一般具有自然垄断性质，它往往是私人经济"所不能"、"所不愿"和"所不宜"从事的经济领域，政府通过在这类领域中发挥宏观调控对职能整个经济发展起着推动、保障、调节和服务的重要作用。

（二）经济学的高度分化与综合

自20世纪下半叶以来尤其是近几十年来，经济科学"分解"出了众多的新兴学科。其直接原因是社会经济活动发展的需要。当社会经济活动在某一领域出现了新的发展时，关于这一领域原有的理论观念就需要随之发生改变，从而需要打破原有的框架，重新建立新的理论框架，这正是经济科学出现"分解"的原因。例如，在国民经济系统中承上启下的中观层次，形成了部门经济与产业经济、城市经济与区域经济等运行规律性的知识。此外还有理论经济学、应用经济学、管理经济学、边缘经济学等学科。有些越分越细，越来越专门化。

与此同时，一些学科由分化趋于综合。学科分化的长期发展所产生的一个孪生之弊是造成了学科之间的封闭和隔离，由此产生的学科间交流和融合的障碍已成为经济学发展的制约因素。20世纪后半期则引发了关于学科划分有效性地争论，其结果是经济学界出现了学科整合和跨学科研究的潮流，从而标志着经济学进入新的"辩证综合"的时代。

现代经济学发展的重要特征是学科的高度分化与综合，各相关学科之间相互渗透、相互交叉，多学科综合研究已成为现代科学研究的重要方式。随着知识的积累、方法的完善和眼界的开阔，从而逐步认清了各种不同理论之间的相互关系，逐步形成较为全面反映事物整体联系的理论体系，形成了新的、更高级、更全面的理论。

（三）经济学的研究越来越多地采用数学方法

经济学从诞生之日起便与数学结下了不解之缘。但在当年马歇尔的《经济学原理》中，数学仅仅作为辅助性分析置于附录中。经济学真正成功地运用了数学是在20世纪。

数理经济学运用数学工具与方法来表述、论证和发展经济理论。经济学涉及经济变量之间的关系，这些变量可以用数字表示，这就是经济学运用数学的基础。计量经济学把经济理论、数学和统计学结合起来建立经济模型，分析经济行为，预测及制定经济政策。经济模型小可以分析一个家庭或企业的行为，大可以分析整个宏观经济和全球经济。它为经济学解决现实经济问题做出了重大贡献。例如，美国经济学家克莱因主持的全球经济林克（LinK）模型对预测全球经济趋势起了重要的作用，而2000年诺贝尔经济学奖获得者麦克法登有关家庭选择的微观经济模型，被成功地运用于设计旧金山地下铁路系统及老人住宅与电话系统。

数学在当代经济学中如此重要，以至于人们把数学称为经济学的"入门券"。在获得诺贝尔经济学奖的经济学家中，一半以上直接对经济学数学化做出了贡献。

（四）边缘经济学科迅速发展

近年来，经济学发展的另一个特点是跨学科化，即与更多的学科融合，并在跨学科中取得了突破，产权理论使经济学与法学结合的结果，而婚姻经济学、歧视经济学与犯罪经济学则是产生于经济学与社会学之间。至于环境经济学、卫生经济学等则是经济学与自然科学的交融。

边缘经济学科的学科群组的出现，是整个科学内部的分化与综合辩证运动的必然结果。其学科数量、结构形式的多样性、内容的丰富多彩、交叉覆盖面的广阔程度都将对经济科学带来影响。边缘经济学科有狭义和广义之分，狭义的边缘经济学科是指经济学各分支学科之间的渗透、覆盖、重叠、过渡领域生长的学科；广义的边缘经济学科是指经济科学与自然科学、技术科学、社会科学之间的渗透、覆盖、重叠、过度领域生长的一类学科群体。

边缘经济学科在经济科学体系中占重要地位，极大地丰富了经济科学的内容。边缘经济学科同其他交叉学科一样，具有共同特性：从交叉经济学科的结构形式上看，分为非交叉结构形式和交叉结构形式。前者是单科型结构的综合性学科，后者是学科体系内部及学科体系间的同级学科之间的交叉，或者非同级学科之间的交叉。从交叉经济学科组成的方向性特点来看，分为纵向交叉和横向交叉。前者是某系统内各不同层次的学科沿纵深的方向交叉，后者是横向地与经济学科领域以外的其他学科领域交叉。

二、经济学发展的未来展望

（一）经济学及其各个分支将进一步分化和综合

一方面，由于社会经济的发展及其人们对社会经济各个领域研究的深入，新思想、新方法不断地涌现，并不断地系统化，经济科学的新学科将不断地出现，越分越细；另一方面，研究过程中人们会逐渐认识各种不同理论的相互关系，吸收他人的科学体系，建立起较为全面地反映事物整体联系的理论体系，向综合发展。

在经济学及其各分支学科综合发展的同时，各分支经济学将得到较快发展，并推动基础经济理论的深化。例如，转轨经济学反映了计划经济向市场经济转变的众多国家实践，具有相当广泛的影响。中国就是其中典型的一个。在改革开放的实践中，转轨经济学既表现出与现代经济学共同的一面，也出现了许多独具特色的经验和理论。而由于世界经济一体化，包括中国加入WTO，使一国经济与国际经济联系更紧密了，甚至融为一体了，国际经济环境的改变必将会引起相应经济理论的重大调整。因此，国际经济学如国际金融、国际贸易等学科，与基础经济学表现为更大程度的合二而一，影响着 21 世纪经济学的发展。

（二）学科交叉的边缘化趋势进一步发展

21 世纪除经济学以外的人文科学，将与经济学进一步融合，对经济学的发展产生重大影响。目前的经济学出现了诸多新方向，如体现生物学对经济学影响的演化经济学、体现地理学对经济学影响的新经济地理学、体现法学对经济学影响的法律经济学、体现物理学对经济学影响的实验经济学。尤其需要指出的是，经济学与法学、心理学、政治学、社会学、哲学等的融合有着很大的发展空间。有人预计，体现心理学和社会学影响的行为经济学，可能是 21 世纪经济学发展过程中最值得关注的一个领域[①]。

（三）自然科学对经济学的影响将会相对稳定

在 20 世纪，数学对经济学的影响很大。由于微积分产生而导致了边际经济分析，由于联立方程导致了均衡分析，由于线性代数导致了投入产出分析等。但是，经济学的社会科学属性不会改变。有人预计，21 世纪自然科学对经济学的影响相对可能呈下降趋势，这与人文科学的影响情况是相反的。例如，系统论、控制论和耗散结构理论等，对经济学的巨大影响没有持久下来。同样，计量经济学虽然发展很快，但其结果的可适用性，仍然没达到理想程度。原因之一是由于现实社会中多种因素的影响。难以获得正确的数字结果。预计数学对经济学发展的影响将会处于一个相对稳定的时期，在 21 世纪的中后期因新的突破而再次崛起。

（四）研究领域的非经济化趋势进一步发展

20 世纪经济学演变中出现的一个十分引人注目的现象是，其研究领域与范围逐渐超出了传统经济学的分析范畴，经济分析的对象扩张到几乎所有的人类行为，小至生育、婚姻、家庭、犯罪等，大至国家政治、投票选举、制度分析等。经济科学几乎覆盖了社会生活的各个角落。作为人类文化的一个重要组成部分，它对整个社会文化产生着巨大的影响。也对人们的行为方式、思想意识和价值观念等深层次的文化产生巨大影响。对于经济学研究领域的这种帝国式的"侵略"与扩张，有人称之为"经济学帝国主义"。例如，在人力资本理论中，舒尔茨和贝克尔认为，家庭就像一个企业，既生产用于增加未来收益的"产品"——繁衍后代、教育子女等，也生产"消费"——社会住行、休闲保健等。因此，家庭需根据其货币收入与时间这两种资源进行有效配置并做出合理决策。

第五节 经济科学导论的内容设计

一、经济科学导论的性质与设置目的

经济科学导论课程是经济学类专业的引导性专业基础课程。本课程初步介绍经济科

---

① 李刚，张震．圭臬：影响生活的 20 大经济学原理 [M]．上海：上海文化出版社，2008：9．

学及其各个分支学科的发展历史、研究任务、学科性质、研究方法等基本理论和实践问题，其目的是引导学生较全面、系统、概括地了解经济科学及其各个分支学科的研究对象、任务和内容，明确经济科学各分支学科的发展规律和内在联系，初步掌握经济学的研究和学习方法，了解经济学及其各个分支学科在经济建设中的地位和作用，初步学会用经济学的基本范畴、基本思想、基本方法分析现实经济活动，为以后学习其他各门专业基础课和专业课奠定基础。

通过学习这门课程，达到以下教学目的：
（1）了解经济学的发展历史、现状与发展趋势；
（2）了解经济学的规律与构成；
（3）熟悉经济学常用的基本概念和基本方法；
（4）初步掌握经济学的主要分支学科研究问题的基本方法、原理和研究方法；
（5）认清学习经济学的使命。

二、本书的基本内容和章节设计

本书共分九章，各章的主要内容为：

第一章：绪论。介绍经济科学的内容与学科体系的构成，经济科学的研究对象和社会功能，经济科学的研究内容与方法，经济科学的发展历史与展望。

第二章：理论经济。分别简要介绍西方理论经济学和马克思理论经济学的产生和基本原理。

第三章：经济史与经济思想史。介绍经济史和经济思想史的基本知识。

第四章：专业经济。介绍有代表性的涉及国民经济各个部门而带有一定综合性的专业经济活动，包括劳动经济、财政经济、金融经济、保险经济等。

第五章：部门经济。介绍几个典型的国民经济个别部门的经济活动，包括工业经济、建筑经济、运输经济、商业经济。

第六章：地区经济。介绍地区性经济活动，包括区域经济、城市经济、农村经济。

第七章：国际经济。介绍国际间的经济活动，包括国际贸易、国际金融、国际投资。

第八章：数量经济。介绍经济学中常用的数理经济、经济统计、经济计量方法。

第九章：边缘经济。介绍与非经济学科交叉联结的边缘经济学科，包括与生态学交叉的生态经济，与教育学交叉的教育经济，与信息科学交叉的信息经济等。

本章思考题

1. 简述经济科学的内涵与分类。
2. 如何理解马克思主义政治经济学与西方经济学研究对象的差异？
3. 为什么要学习经济学？

第二章

理论经济

理论经济学是从最一般的角度论述经济学的基本概念、基本原理以及经济运行和发展规律的学科。理论经济学研究经济生活中揭示经济运动的一般规律，为各门经济学分支学科提供理论基础。理论经济学分为西方理论经济学和马克思主义理论经济学两种截然不同的理论。西方理论经济学指的是在西方发达资本主义国家占主流地位的资产阶级经济学，简称西方经济学；马克思主义理论经济学指的是流行于社会主义国家的无产阶级政治经济学，即马克思主义政治经济学。

第一节 西方经济学

对什么是西方经济学，有许多不同的定义。这里采用美国著名经济学家保罗·安东尼·萨缪尔森（Paul Anthony samuelson）在其《经济学原理》教科书中给经济学下的定义。经济学（economics）研究社会如何使用稀缺资源来生产有价值的产品并将它们分配给不同的个人。本节介绍西方经济学最基本的知识，包括经济学研究的基本问题、经济学十大原理、两个基本经济模型，以及微观经济学和宏观经济学的主要内容。

一、经济学研究的基本问题

（一）经济学的两个基本假设

经济学的两个最基本的假设：经济资源是相对稀缺的；经济个体是理性的。整个经济学科就是建立在这两个基本假设的基础之上。

1. 经济资源是相对稀缺的

（1）资源的概念与分类。资源（resources）可以被定义为生产过程中所使用的投入。实际上，当资源是生产性的，则它们被称为生产要素。有些经济学家把资源和生产要素两个概念当成同义词使用。经济拥有的资源总量决定该经济可能生产什么。任何经济都需要大量不同的资源或生产要素。按照常见的划分方法，资源被划分为自然资源、人力资源、物质资本和企业家才能。

① 自然资源（natural resources）——土地和矿物藏量。土地与其固有矿物藏量是最常见的自然资源。自然资源还包括全球范围的水、气候、植物等。

② 人力资源（human resources）——劳动。人力资源由工作人员（如煤矿工人、推销员、专业足球选手）所构成。每当潜在的劳动者经受学校教育和专业训练，以及每当实际劳动者学习新技术后，他们对生产的产出量的贡献就会提高，或者说，人力资本已被增进了。

③ 物质资本（physical capital）——资本。当劳动者在土地上种植小麦时，他们还要用到其他的东西，如犁或者拖拉机。也就是说，人们为了生产所需要的东西，土地和劳动者之间必须用加工资源联系起来。这种加工资源就叫做资本，或者严格地说，叫做物质资本，包括机器、建筑物、生产工具以及生产过程中用到的其他辅助设施，如水渠等。

④ 企业家才能（entrepreneurial ability）。这是一种特殊的人力资源。新企业的建立、新产品的开发、新技术的引进，都需要企业家才能。更重要的，它还包括：承担风险（冒着新风险，很可能失去大量财富），发明一种新的生产方法，用一种新的思维方式进行试验，以及整合前面的资源，加强管理等。这些都可以带来货币利益。

（2）资源的稀缺性。经济学之所以产生和发展，正是因为人类的一切活动都受资源稀缺性的约束。如果任何资源都取之不尽、用之不竭，人们就可以任何方式动用无限的资源去达到预期的目的，此时，方式的选择就无所谓了。因此，所有经济问题都源于这个不可回避的事实：任何社会或个人总是无法得到自己想要的一切东西，人们生活在一个存在稀缺性的世界上。

稀缺性（scarcity）是指欲望总是超过了能用于满足欲望的资源。有限的资源相对于人类无限的欲望总会显得不足，因而我们说资源是稀缺的。稀缺并不意味着难以得到，而仅仅意味着，不付出代价就不能得到。

在自然界和社会中，从稀缺性出发，我们将满足人们消费需求的物品分为两类，自由物品（free goods）和经济物品（economic goods）。不用付出代价就可以得到的物品被称为自由物品。在这个稀缺的世界上自由物品是个例外，是大自然的恩赐；需要付出代价才能得到的物品，就是经济物品。由于自由物品非常稀少，人们要满足其欲望，就必须付出代价。这就是我们所说的"世界上没有免费的午餐"。

定义：经济活动（economic activity）就是人们克服稀缺性的活动。经济学研究的是人们如何利用有限的资源去满足无限的欲望。从某种意义上说，稀缺性就是经济学的研究对象。

2. 经济个体是理性的

经济学研究的是人类的行为，然而经济学家并不关心具体某个人的具体行为，他们关注的是人类行为的共性。在经济学家看来，大千世界千差万别的无数经济个体都是理性人（经济人），即不懈地追求自身最大限度满足的理性人。

理性是对经济生活中一般人的抽象，其本性被假设为是利己的。理性人在一切经济活动中的行为都是合乎理性的，即都是以利己为动机，力图以最小的经济代价去追逐和获得自身最大的经济利益。经济行为是理性的（rational）或合乎理性的（rationality）（而不是本能的或是感情用事的），即指人们总是深思熟虑地对各种选择权衡比较，以便找出一个方案，这个方案能够使他耗费给定的劳动或金钱，带来最大限度的收益。对于消费者而言，理性行为就是用自己有限的收入最大限度地满足个人的欲望。对于企业而言，理性行为就是在给定的生产技术条件下，选择最佳的投入组合以取得最大的利润或经济效益。尽管理性假设不完全真实，但与现实基本接近，至少从长远来看是如此。例如，作为一个竞争性企业，如果总是不追求利润最大化，终究会被淘汰。

具体来说，"理性"的经济学包括以下三个含义：

（1）人的自利性假设。其核心思想是，人具有和动物一样的求生本能，由于人的物质欲望大大超出稀缺资源所能满足的程度，于是发生了与达尔文进化论提出的"物竞天择"类似的社会竞争规律。每个人都从利己心（self-love）出发，争相选择一个对自己最有利的经济行为。

（2）极大化原则。即经济主体以约束条件下的幸福最大化为目标（或等价地追求痛苦最小化）。在理想状态下，经济人总能充分利用其智力资源，经过精确的计算，使他们的选择在理性的时候停止下来。

（3）一致性原则。每个人的自利行为与群体内其他人的自利行为之间存在一致性。每个人的自利行为都是在与社会中其他自利人发生相互作用的前提下完成的。

经济学主要研究人类在经济活动中，即在生产、消费、交换等活动中的理性行为。在现代经济学中，理性行为实际上解释为最优行为。

（二）经济学研究的基本问题

1. 资源配置问题

人类进行选择的过程也就是资源配置过程。面对资源的稀缺性，人类社会必须对如何利用既定资源生产经济物品作出选择，具体要解决以下三个基本问题。

（1）生产什么和生产多少？由于资源有限，用于生产某种产品的资源多一些，用于生产其他产品的资源就会少一些。人们必须作出选择：用多少资源生产某种产品，用多少资源生产其他产品。例如，是多生产军需用品满足国防需要，还是多生产民用品满足消费需求。

（2）怎样生产？不同的生产方法和资源组合是可以相互替代的。同样的产品可以有不同的资源组合（例如，劳动密集型方法或资本技术密集型方法）。人们必须决定：各种资源如何进行有效组合，才能提高经济效率。同样的产品生产在不同的外部环境下会有不同的劳动生产率，所以人们还必须决定，资源配置在哪种外部环境下最有效。比如，是用石油和煤炭发电还是用水力、风力、原子能发电？是手工操作还是机器大规模生产？

（3）为谁生产？包括产品如何进行分配，根据什么原则、采用什么机制进行分配，以及分配的数量界限如何把握等。

由资源的稀缺性和选择性引发的这三大基本问题，被称为资源配置问题。

2. 资源利用问题

当经济出现失业时，意味着经济资源的闲置与浪费。所以，经济学家不仅要研究资源配置问题，还要研究资源利用问题。所谓资源利用是指人类社会如何更加充分地利用现有的稀缺资源，使之生产出更多的物品。资源利用包括以下三个问题：

（1）为什么资源得不到充分利用？如何解决失业问题，实现"充分就业"。

（2）货币购买力是否发生了变动？为什么产生这种变动？对经济有怎样的影响？如何控制通货膨胀？

（3）经济为什么会发生变动？如何才能实现持续稳定的经济增长。

对以上三个问题的研究，把经济学从微观层次带入了宏观层次。

由上可见，稀缺性不仅引起了资源配置问题，而且还引起了资源利用问题。许多经济学家认为，经济学是研究稀缺资源配置与利用的科学。

二、经济学的两个基本经济模型

经济学常常用模型来研究问题。经济模型通常包括图表、方程式等。经济模型把许多细节忽略不计，只根据研究需要确定一些重要的变量，并通过可观察的变量，由已知变量推导未知变量。市场运行图和生产可能性曲线就是两个最基本的经济模型。

（一）市场运行图

资源配置有两种基本方式（计划经济体制和市场经济体制），由于计划经济体制不能解决诸如信息问题、动力问题、失衡问题、配置成本问题、条块分割和政企不分等问题，因此，当今世界绝大多数国家都选择了以市场为基础的市场经济体制。

所谓市场经济是指通过市场配置社会资源的经济形式，它是竞争性价格、市场供求、市场体系等一系列市场要素及其相互关系的总和。经济学运用市场运行图对市场经济中的市场主体、供求关系、市场体系、价格机制及市场经济的运行进行概括。

1. 市场经济体制及其构成

市场经济体制是在市场机制作用下配置经济资源的体制，由市场主体、市场客体以及市场机制构成。

所谓市场，简单地说就是商品或劳务交换的场所。市场可以是有形的场所，如商店、贸易市场、证券交易所、展销会、订货会等；也可以是无形的场所，如一个电话或某个场合签订的合同便可完成商品或劳务的交换。即任何存在供求关系的时空，都可称为市场。市场除了有形和无形的划分外，还有其他的划分方法，如国际市场、国内市场和地区市场（按范围划分）；消费品市场、生产资料市场或生产要素市场（按商品的自然属性划分）；批发市场和零售市场（按流通方式划分）；现货交易市场和期货交易市场（按交易时间划分）等。

市场的参与者称为市场主体，即市场上从事各种交易活动的当事人。它包括自然人、家庭、企业、社团组织的法人等。市场主体以买者或卖者身份参与市场经济活动，活动中不仅有买卖双方或供求双方的关系，还有买方之间、卖方之间的关系。供给方为市场提供商品、劳动力、房屋、土地、资金、技术和信息等，供给者之间为争取更多的卖者和更高的价格以获取更多的盈利，会展开激烈的竞争，如提供新产品和服务，提高产品和服务质量，降低价格、利率、租金和工资等来吸引购买者；需求方同样为争取到自己所需要的产品、劳务或生产要素而展开竞争，谁出价高，谁就能在竞争中获胜；供求双方的竞争导致价格上下波动并趋近于均衡。因此，市场主体之间的竞争表现为买者之间的竞争、卖者之间的竞争和买卖双方的竞争。

市场客体是指市场主体在市场活动中的交易对象。它体现了市场中的经济关系，是各种经济利益关系的物质承担者，包括商品、劳动力、工资、技术、资金和信息等。市场主体和市场客体是构成市场运行的两大系统。

市场机制是指通过市场价格和供求关系变化及经济主体之间的竞争，协调生产与需求之间的联系和生产要素的流动与分配，从而实现资源配置的一套有机系统，其核心是市场价格与竞争机制。市场机制作为价格、竞争、供求、利率、工资等诸如市场要素形成的制约体系，主要包括价格机制、竞争机制、供求机制、利率机制和工资机制等。

2. 两部门经济市场运行图

人类经济活动从稀缺性衍生出来的最基本的活动不外乎两种：生产活动和消费活动，与此对应的自然也有两个行为主体：生产主体—厂商（生产者）和消费主体—居民（消费者）。这样，一个基本的经济模型就能建立起来了。

两部门经济指经济体系中只有企业和居民两类经济主体。两部门经济市场运行图对现实经济运行中的基本经济行为进行了简单而富有意义的简化，把一些对分析问题关系不大的因素省略掉，突出了对经济运行最为关键的两个行为主体的联系。图2.1是经济运行最基本的一个经济模型。

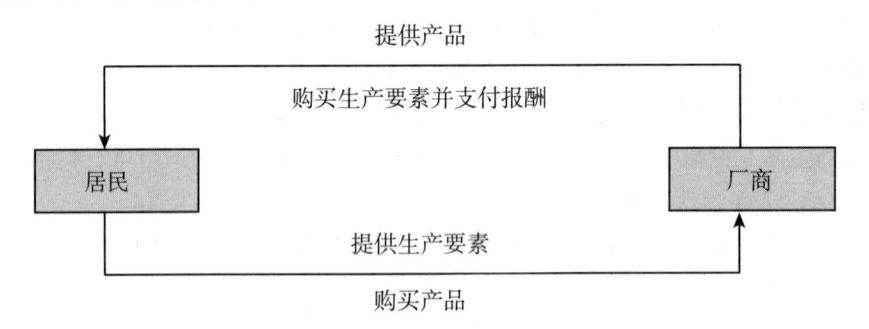

图2.1 两部门经济市场运行

图2.1对人类最基本的经济行为生产和消费之间的联系做了最本质的描述。

从微观经济分析的角度看，图的下半部分，居民向厂商提供生产要素并购买厂商的产品；图的上半部分，厂商购买居民的生产要素并支付报酬，而且还向居民提供产品。需要说明的是，产品的买卖发生在产品市场，生产要素的买卖在要素市场中进行，因此，厂商和居民是通过产品市场和要素市场建立联系的。通过交换，厂商得到了他（们）生产产品需要的生产要素，而居民在提供了生产要素后，则获得了他们购买产品和服务所需要的货币收入，即劳动者获得工资、土地所有者获得了租金、资本所有者获得了利润。正是两种行为人的角色互换，使得市场活动得以顺利进行，也最终完成了经济活动的循环。

从宏观经济分析的角度看，该图表现了经济总体运行的方向和过程，也反映出了一国经济运行最基本的等式：总需求等于总供给。就两部门经济而言，可以把居民对产品的购买和厂商对要素的需要看成是国民经济的总需求；把居民对要素的提供和厂商对产品的提供看成是总供给。显然，当既不存在过剩的需求也不存在过剩的供给的时候，即总供给等于总需求时，宏观经济就可以良好的运行。事实上，居民不会把全部的要素收入都用于购买产品，一定还会储蓄到金融机构中一部分，然后金融机构再将这些钱放贷出去就形成了经济运行中的投资。只要厂商的投资等于居民的储蓄，宏观经济就能正常运转。

如果需要分析经济中其他行为人的行为，我们还可以对该图进行扩展，把政府、甚至其他国家包括在其中，于是就构成了三部门经济，甚至四部门经济。

3. 三部门和四部门经济市场运行图

在两部门经济中再加上政府，就构成了包括居民、企业和政府在内的三部门经济。居民和企业的关系依然如上述两部门经济中那样。现在，需要着重考察政府与居民及企业的关系。政府在经济运行中的作用主要通过政府支出和政府收入表现出来。政府支出包括政府购买（以换取产品为目的的货币支出）和转移支付（不以换取产品为目的，如各种补助金、救助金等）；政府收入主要指税收。从图2.2中可以清楚地看出经济活动在政府与居民及企业之间的循环。从宏观角度看，要保证三部门经济的良好运行，同样需要三部门经济的总需求等于总供给。即在产品市场和要素市场均衡的同时，还需要政府支出与政府收入大体平衡，即财政收支的平衡。

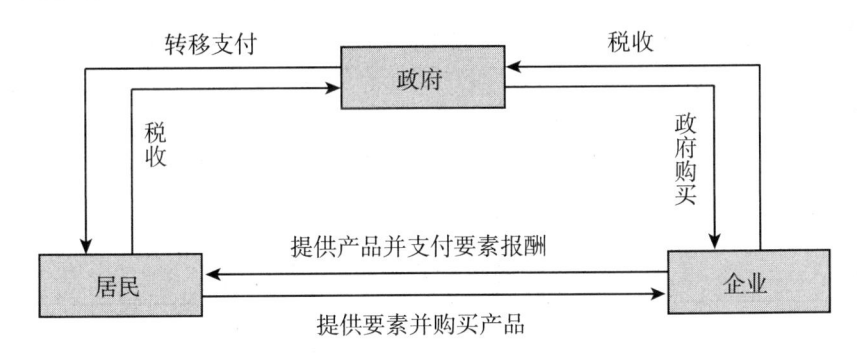

图 2.2 三部门经济市场运行

最接近现实的经济运行系统要数四部门经济，即在三部门经济的基础上再加上国外部门。四部门经济，又称为开放经济系统。宏观而言，开放经济系统的良好运行，仍然需要整个经济的总供需平衡。如图2.3所示，如果我们把产品的买卖看成是产品市场的供求，把生产要素的供需看成是要素市场的供求，把与政府相关的收支看成是政府供求，以及把进出口看成是国外的供求的话，那么，宏观经济的总供需就可以归结为产品市场、要素市场、政府收支和国际收支这四个方面的供给与需求。四部门经济的良好循环，就需要产品市场和要素市场均衡的同时，政府收支平衡和国际收支平衡。

（二）生产可能性曲线

不同情况下资源配置与利用的效率是不一样的，经济学用生产可能性曲线来表示。生产可能性曲线是指一个社会用其全部资源和当时的技术所能生产的各种产品和劳务的最大数量的组合。

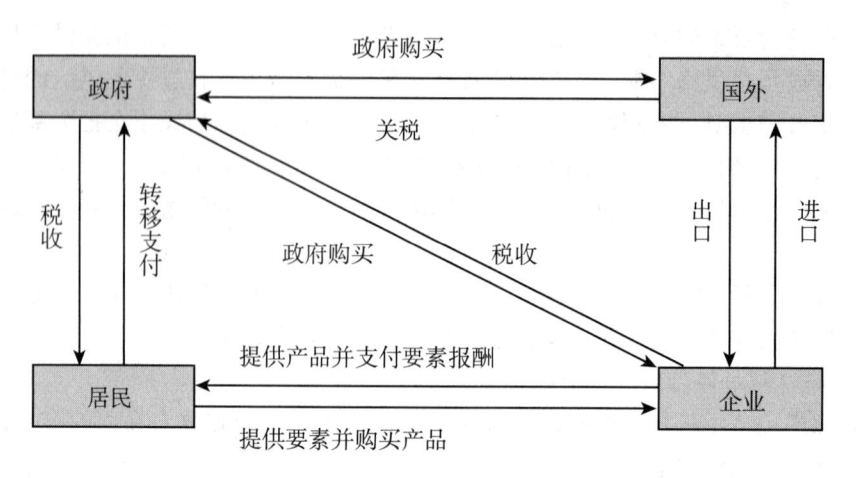

图 2.3　四部门经济市场运行

由于整个社会的经济资源是有限的，当这些经济资源被充分利用时，增加一定量的一种产品的生产，就必须放弃一定量的另一种产品的生产。整个社会生产的选择过程形成了一系列产品间的不同产量的组合，所有这些不同产量的组合就构成了社会生产的生产可能性曲线。下面用一个简化的模型说明生产可能性曲线的含义。

假设在某个经济体系中：（1）假设现有资源仅用于生产两种产品，即民用品与国防品，分别用 A 和 B 表示。（2）资源是固定的而且充分利用。即在现有生产过程中可供使用的各种生产要素的数量是固定不变的，所有的生产要素均得到了充分利用，不存在资源闲置。（3）生产技术即由投入转化为产出的能力，在一定时间内是固定不变的。现有资源既可以全部用于生产民用品，也可以全部用于生产国防品，或生产民用品和国防品的某种组合。假定这个经济的可能生产的产量组合如表 2.1 所示。

表 2.1　　　　　　　　民用品与国防品的生产可能性组合

组合	a	b	c	d	e	f
民用品（X）（百万件）	0	1	2	3	4	5
国防品（Y）（万台）	54	52	47	38	24	0

将表 2.1 中的数值在图 2.4 中标出，并作连线，就得到一条生产可能性曲线，这条曲线表示可能生产的民用品和国防品的最大数量组合的轨迹图。图 2.4 所示的生产可能性曲线是一条凹向原点的曲线。

图 2.4 中的生产可能性曲线（a~f 的连线）表示一个社会在资源有限、技术一定的情况下所能生产的产品 A 和产品 B 的不同产量组合，其经济含义包括以下几个方面：

（1）生产可能性曲线是稀缺性的具体化。任何经济不可能无限量地生产，使用一定资源所能生产出来的民用品和国防品也有一个最大限量，这个最大量就是生产可能性曲线内和线上任何一点，如点 c 和点 d，民用品和国防品的组合都可以实现，但在线外的任何一点，如点 h，就是现有条件下无法实现的。

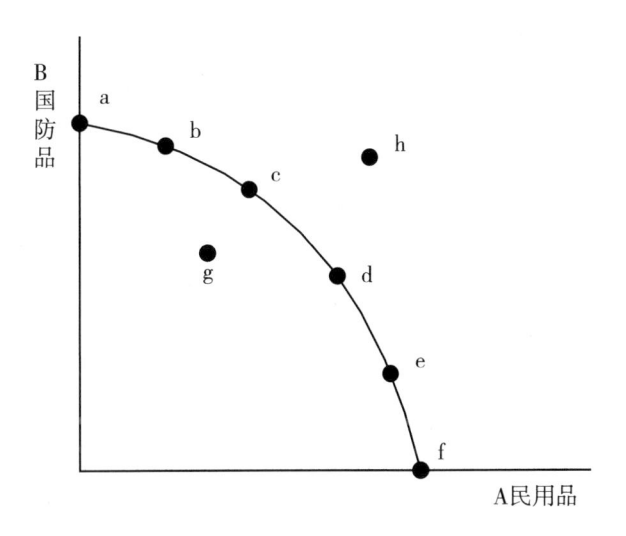

图 2.4 生产可能性曲线

（2）生产可能性曲线表明任何一个经济都必须进行选择。由于稀缺性的存在，人们在生产这两种产品时受最大量的限制，因此必须选择多生产民用品少生产国防品，或少生产民用品多生产国防品。在图 2.4 上就表现为生产可能性曲线上选择某一点的组合，再根据这种选择进行资源配置。而选择生产可能性曲线上的哪一点取决于人们的偏好，如果注重国防，则会选 a 点或 b 点；如果注重消费品生产，则会选择 e 点或 f 点。

（3）生产可能性曲线还说明选择的具体内容，即选择"生产什么""如何生产""为谁生产"。当选择了在生产可能性曲线上某一点进行生产时，就解决了生产什么及生产多少的问题。如选择图 2.4 中的 c 点，则决定了既生产民用品又生产国防品，同时决定了民用品的数量为 2 百万个单位，国防品的数量为 47 万个单位。当从资源使用的效率出发来决定选择生产可能性曲线上的某点时，也就选择了如何进行生产，如选择 c 点时，资源利用的效率高过其他点，而过多生产民用品，会由于资源的不适用而使同样的努力得不到同样增加的生产。生产可能性曲线上的某一点表示了人们的某种偏好，而对某点的选择也就解决了为谁生产的问题，如果生产更多的民用品表示注重于消费品生产，而生产更多的国防品则表示注重国家军事安全。

（4）生产可能性曲线可说明资源配置的效率。当生产的民用品和国防品的组合是生产可能性曲线上的任何一点时，表明资源得到了充分利用。如果二者的组合在生产可能性曲线以内的任何一点上（如图 2.4 的点 g），则表明资源没有得到充分利用，或者说是无效率的。当然，在既定的资源和技术条件下，生产可能性曲线之外的任何一点都不具有实现的可能性。

（5）生产可能性曲线与机会成本。选择就要付出代价，就会存在机会成本。在生产可能性曲线上选择了一种产品时所放弃的另一种产品就是被选择的这一产品的机会成本。如图 2.4 所示，假设把全部生产要素资源用来生产民用品，如 a 点（X = 0，Y = 54）可生产 54 万台国防品，当选择从 a 点移到 b 点（X = 1，Y = 52）时，增加 1 百万个单位的民用品生产就要放弃 2 万个国防品的生产，因此增加生产 1 百万个单位（件）

民用品的机会成本是 2 万个单位（台）的国防品。再如，从点 a 依次到点 f，民用品依次增加 1 百万个单位，而每增加 1 百万个单位民用品所放弃的国防品数量依次是 2 万个、5 万个、9 万个、14 万个、24 万个，即机会成本呈递增的趋势。这种变化体现在生产可能性曲线上使之成为一条向右下方倾斜并凹向原点的曲线。

最后，对生产可能性曲线的经济含义的理解需要注意的是，当关于生产可能性曲线的假设条件发生变化，生产可能性曲线就会发生平移。如资源的数量增加、技术水平的提高等，就会使生产可能性曲线向右方平移，则代表着正的经济增长；如资源的数量减少或技术水平的降低等，就会使生产可能性曲线向左方平移，则代表着负的经济增长。

三、微观经济学和宏观经济学

当代经济学的学术观点流派林立，理论见解千姿百态。随着 1936 年凯恩斯的《就业、利息和货币通论》发表，经济学理论在分析内容、研究层次等方面形成了两大类别：以单个经济单位为研究对象的微观经济学；以国家和地区经济系统作为整体，研究经济总量的宏观经济学。

（一）微观经济学

西方微观经济学是在市场经济的背景下，研究资源如何配置的经济学，又可称资源配置理论。微观经济学以单个经济单位作为考察对象，分析个别市场的经济活动和个别企业、个别消费者、个别资源所有者的经济行为。其中心思想在于阐述"看不见的手"的原理，表明在以私有制为基础的资本主义社会里，个人的利己行为在"看不见的手"的引导下，将促使经济资源得到最有效地配置，社会利益将得到最大促进，整个社会将处于一种被称为帕累托均衡的十分理想完美的境界，即只要不减少某一社会成员的经济福利，就无法再增加任何其他成员的经济福利，从而这样一种社会制度也就是最有效率的制度。目前，在西方经济学教科书中介绍的微观经济学，其分析框架基本上来自西方经济学第一阶段发展所确立的新古典经济学的理论体系，具体内容主要有以下几个部分。

1. 均衡价格理论

研究商品的价格如何决定，价格如何调节整个经济的运行。分析市场怎样通过需求和供给的力量来达到均衡，什么因素影响需求和供给，即需求定律、供给定律、供求定理；如何从个别需求、个别供给推导市场需求和市场供给；需求弹性和供给弹性等。该部分是微观经济学中最基本的内容。

2. 消费者行为理论

消费者行为理论旨在说明消费者的行为规律及对商品的需求是如何决定的，以解决生产什么与生产多少的问题。消费者行为理论假定消费者都是合乎理性的人，其行为目标在于以既有的经济资源获取最大化的效用。通过进一步对效用状况的分析与描述，消费者行为理论解释具有一定收入的消费者会选择怎样的方式来支配自己的收入，在一定价格条件下购买什么样的商品与劳务，保留多少储蓄，使一定的收入能换取到最大的效用，或获得最大程度的满足。在了解清楚消费者进行选择的行为规律之后，对特定商品与劳务的需求状况，如需要什么及需要多少等，即可得到确定。所以，这一理论又被称为需求理论。

3. 生产者行为理论

生产者行为理论旨在说明生产者的行为规律以及商品的供给状况，以解决"如何生产"的问题。与消费者行为理论类似，生产者行为理论假定生产者的行为目标是追求利润最大化。借助于等产量曲线与等成本线等的分析，生产者行为理论考察生产者如何在特定条件下选择最佳生产要素组合、最佳产品组合及最佳产量水平等，以获取最大利润的问题。在了解了生产者的选择方式之后，也就使特定商品与劳务的供给规律得到确定，所以这一理论又称供给理论。

4. 市场理论

市场理论是需求理论与供给理论的结合，其主要任务是研究不同市场条件下，厂商为获取最大利润将根据什么原则来决定产量和价格。为此，西方市场理论区分了四种市场形式，即完全竞争市场、完全垄断市场、垄断竞争市场与寡头市场，认为在这些市场上，厂商利润最大化的生产决策都遵循边际成本等于边际收益的原则，厂商将按照不同市场上自己所面临的成本与需求曲线，依据边际成本等于边际收益的原则决定自己的产量。

5. 分配理论

分配理论主要研究在市场机制条件下，社会产品如何在生产要素所有者之间进行分配，以说明"为谁生产"的问题。在西方经济学中，分配被认为应该依据贡献来进行，因而只有将自己所拥有的生产要素投入生产过程中才能依据要素的贡献来获取相应报酬，这一报酬即要素的价格。因此，分配机制即为生产要素价格的决定机制，这一机制与一般的产品价格决定机制是一致的，是由供求关系决定的。因此，西方经济学的分配理论实际上是一般价格理论的一部分。

6. 一般均衡理论与微观经济政策

上述研究采用的都是局部均衡理论分析方法，即假定单个主体之间、市场之间是相互独立的，在此前提下，研究单个市场上某一种商品或某一种生产要素价格的决定。一般均衡理论采用一般均衡分析方法，在承认各经济主体决策行为相互影响的前提下，分析所有商品与生产要素价格之间是如何相互影响并最终达到均衡的。研究帕累托状态及其实现条件，即资源配置达到最优，所有的改进都不存在。微观经济政策则研究在存在垄断、外部影响、公共物品、不完全信息的情况下政府的决策规则，这些规则属于政府对价格调节作用的经济干预，是以微观经济理论为基础的。

(二) 宏观经济学

宏观经济学以整个国民经济作为考察对象，分析整个经济社会中有关经济总量及其变化。因而，也称总量分析。宏观经济学是围绕资源利用这一研究主题形成的理论。在西方经济学家看来，不同于微观经济学着眼于个体的经济行为，宏观经济学关心的是整个经济的结构、表现与行为，其主要任务是分析决定经济运行总体状况的因素，如商品与劳务的总产量、失业率、通货膨胀率及国际收支差额等是由什么因素决定的，是否能够进行调控以及怎样调控。

宏观经济学的基本内容包括以下几个方面：

1. 国民收入决定理论

国民收入是衡量一国或地区经济资源利用情况和整个国民经济状况的基本指标。这一部分内容主要从社会总需求和总供给的角度分析国民收入决定及其变动规律，研究在总供给与总需求、总支出与总产出的相互作用中宏观经济均衡的状态与实现条件。宏观经济均衡意味着总产出等于总支出。在两部门经济中，总支出包括消费和投资，在三部门经济中，总支出包括消费、投资和政府购买支出；在四部门经济中，总支出包括消费、投资、政府购买支出和净出口。该部分研究总支出的增加（减少）能够引起总产出数倍增加（减少）的乘数效应，分析投资乘数、政府支出乘数、税收乘数和平衡预算乘数等。

2. 失业和通货膨胀理论

失业和通货膨胀是国民经济中最重要的问题。宏观经济学把失业和通货膨胀与国民收入联系起来加以研究。失业理论考察失业的成因类型、代价和失业的治理。按失业的成因，失业分为摩擦性失业、结构性失业和需求不足型失业三类。摩擦性失业指由于劳动力市场上的信息不对称造成的暂时性失业，结构性失业指由于劳动力供需结构不一致造成的失业，需求不足型失业是由于总需求水平过低，企业解雇工人造成的。对不同类型的失业应采取不同的治理方法。

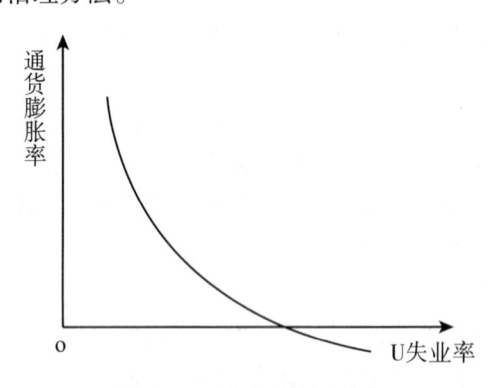

图 2.5 菲利普斯曲线

通货膨胀理论研究通货膨胀的成因、类型、危害及其治理，研究通货膨胀与失业的关系。1958 年英国伦敦经济学院的菲利普斯教授的研究表明，失业和通货膨胀在短期内是此消彼长的，把二者的关系刻画在图上就是原始的菲利普斯曲线（如图 2.5 所示）。后人的研究表明，长期内，菲利普斯曲线是一条垂直的直线，失业率稳定在自然失业率的水平上，与通货膨胀之间没有彼此替代的关系。

3. 经济周期和经济增长理论

该部分研究国民收入产生波动的原因、经济增长的源泉等问题。经济周期是指经济发展过程中出现的周期性波动，经济扩张和经济衰退交替出现。一个经济周期包括低谷、扩张、顶峰和衰退四个阶段。经济周期理论研究经济周期的规划、经济周期的原因等。经济增长是指社会生产能力不断提高，带来社会福利的持续增加。经济增长理论主要研究经济增长的内涵、经济增长的条件、经济增长的源泉和最佳的经济增长方式等。

要保持经济持续增长，需要具备良好的自然条件、丰富的人力资本、合理有效的经济体制和不断扩大的对外开放。经济增长最重要的源泉是技术进步、劳动供给增加和资本积累水平的提高。

4. 宏观经济政策

宏观经济政策是宏观经济理论的实际运用，主要包括财政政策和货币政策。在每一种政策中又包括政策目标、政策工具和政策效应。一般认为，宏观经济政策应同时达到的目标是：充分就业、物价稳定、经济增长、国际收支平衡。充分就业并不是人人都有工作，而是把失业率维持在社会允许的范围之内。物价稳定是维持一个低而稳定的通货膨胀率。经济增长是达到一个适度的经济增长率，既能满足社会发展的需要，又是人口增长和技术进步所能实现的。国际收支平衡是既无国际收支赤字又无国际收支盈余。宏观经济政策作用的主要对象是经济中的总需求。在经济过度繁荣，总需求过度增长时，应采取紧缩性的经济政策；在经济萧条、总需求不足时，应实施扩张性的经济政策。

5. 开放经济理论

开放经济理论研究一国或地区国民收入的变动如何影响别国，以及如何受别国的影响，同时也研究一国或地区在开放经济条件下的经济调节问题。开放经济能够实现经济资源在世界范围内的最优配置，促进各国经济的发展。开放经济包括国际商品往来和国际资金往来。每一个国家都可以进口和出口商品，也可以在国际金融市场上借款和贷款，其中，国际商品往来属于国际贸易的内容。国际资金往来属于国际金融的内容。开放经济理论包括各种国际贸易理论、汇率理论、国际收支、开放条件下的经济政策等内容。

◆学习拓展：

机会成本应用的实例——维护治安的"最适当"程度

所有犯罪的人应当一网打尽吗？如果不考虑一网打尽的经济成本，答案当然是肯定的。但是当政府尽全力来抓逃犯时，其所用的人力与财力就不能同时用于其他方面。这就是经济学上"机会成本"的考虑。因此，维护治安的"最适当"或"最优"程度不一定就是把所有的犯人都抓到。试看图2.6。

图2.6中的横坐标是"抓到犯人的可能率"，纵坐标是"政府抓犯人的成本"。图中有三条曲线：A线——抓犯人的成本曲线，显然，犯人被抓到的可能率越高，所花费的成本也越大。例如，犯人被抓到的可能率为0.2时，成本比较低；0.8时就比较高。B线——犯罪引起的成本曲线，当犯人被抓到的可能率越低时（如0.2），对社会带来的成本也就越高；反之越低。C线——总成本曲线，A、B两线的综合，也就是"抓犯人的成本"加上"犯罪引起的成本"。

图2.6中显示如果"犯人被抓到的可能率"为0.4时，"抓犯人的成本"是oa，"犯罪所引起的成本"是ob，两者相加总成本等于oc。如果"犯人被抓到的可能率"是0.8时，总成本为od。

从经济上最低成本的观点来看，"犯人被抓到的可能率"为 0.6 时是治安"最适当"的程度（optimal level），因为这是总成本的最低点，也就是 oe。

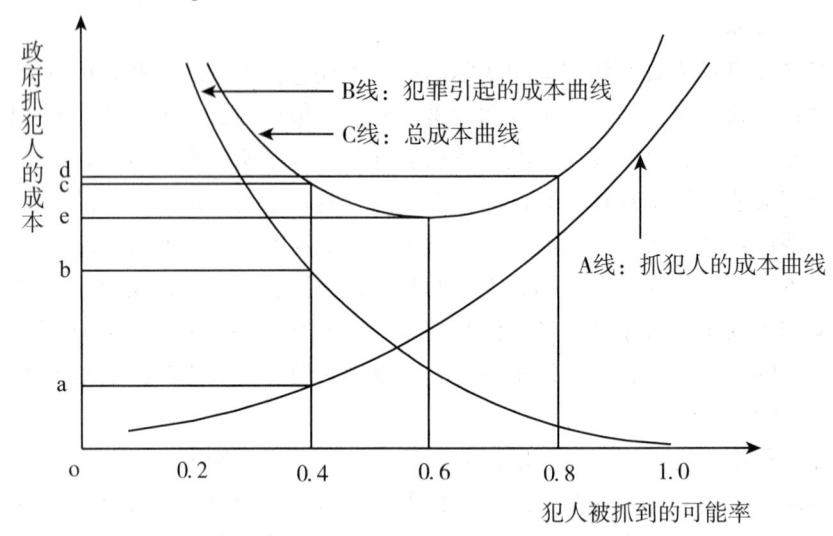

图 2.6 维护治安的"最佳"选择

资料来源：高希均. 经济学的世界 [M]. 二十世纪的经济面貌. 香港：博益出版集团，1991：23-24.

第二节 马克思主义政治经济学

西方经济学代表的是资产阶级的利益，马克思主义政治经济学代表的则是无产阶级的利益。本节主要介绍马克思主义政治经济学的产生和理论来源、马克思主义政治经济学的理论体系以及主要理论，并简要介绍马克思主义政治经济学的发展。

一、马克思主义政治经济学的产生

马克思主义政治经济学是在 19 世纪中叶伴随着资本主义生产方式内部矛盾的激化和无产阶级革命斗争的需要应运而生的。

（一）马克思主义政治经济学产生的时代背景

18 世纪中叶至 19 世纪中叶，英国、法国、德国等国家先后建立了资本主义制度。当时发生的第一次产业革命，极大地提高了生产力，巩固了资本主义各国的统治基础。同时，产业革命也促使社会关系发生了重大变化，形成了两大对立阶级——工业资产阶级和工业无产阶级。

随着产业革命的深入，资本主义得到迅速发展，但资本主义制度的各种弊端也日益暴露。一方面，自 1825 年英国爆发了第一次经济危机以后，差不多每隔十年左右，资本主义国家就发生一次经济危机,严重破坏了社会经济;另一方面,工业无产阶级和工业资产阶级的矛盾逐渐成为资本主义社会的主要矛盾。无产阶级反对资产阶级剥削和压迫,从改善经济待遇的经济斗争发展到要求提高政治地位的政治斗争,从自发斗争发展到有组织的联合行动。19世纪三四十年代爆发的西欧三大工人运动标志着无产阶级开始作为一支独立的政治力量登上历史舞台。

随着资本主义社会各种矛盾的发展,特别是进入19世纪30年代,资产阶级政治经济学的研究出现了重大转折。一方面,代表资产阶级利益为资本主义制度进行辩护的资产阶级庸俗政治经济学应运而生,并逐渐取代古典政治经济学在经济学界的统治地位;另一方面,适应无产阶级革命的斗争需要,代表无产阶级利益的马克思主义政治经济学也应运而生。

(二) 马克思主义政治经济学的理论来源

马克思主义政治经济学是马克思、恩格斯在批判地继承前人的一切优秀成果的基础上创立起来的。古典政治经济学和空想社会主义是马克思主义政治经济学的重要理论来源。

古典政治经济学,产生于17世纪中叶,完成于19世纪初期,在英国获得了最大发展。古典政治经济学代表了当时新兴资产阶级的利益,探讨了社会经济发展规律,并取得了有科学价值的成果。它在一定程度上揭示了资本主义生产关系的内在联系,提出了劳动创造价值的观点,继而接触到了剩余价值问题,看到了在资本主义制度下工资、利润和地租的对立关系,进而初步揭示了资本主义社会的构成和阶级对立状况,还研究了社会资本配置问题。资产阶级古典政治经济学对经济科学的贡献,为马克思主义政治经济学的建立提供了丰富的营养。

空想社会主义是一种产生于资本主义尚未充分发展时期的不现实的社会主义学说,最早出现在16世纪的资本原始积累时期,19世纪初达到了顶峰。其代表人物是法国的圣西门、傅立叶和英国的欧文。他们代表被剥削、被压迫阶级的利益,尖锐地批判了资本主义制度,揭示了资本主义的种种罪恶和内在矛盾,并提出了他们对未来社会的美好设想。在无产阶级自觉地开展争取自身解放和全人类解放的政治斗争之前,空想社会主义作为人类思想史上的进步成果,为马克思主义政治经济学的产生提供了重要的理论来源。

由于阶级与历史的局限,古典政治经济学和空想社会主义的思想与学说中不可避免地存在着非科学的因素。例如,古典政治经济学未能考察剩余价值的实质和来源,未能揭示出资本主义的经济本质;空想社会主义者由于缺乏唯物主义历史观,亦未能揭示出资本主义的经济运动规律,未能找到实现社会变革的阶级力量。他们甚至反对无产阶级开展对资产阶级的斗争,而只是寄希望于资产阶级的明智之士接受他们改造社会的方案并实现社会变革。

马克思和恩格斯汲取了古典政治经济学和空想社会主义的思想和学说中的科学成分,摒弃其中不科学的因素,站在无产阶级的立场,创立了无产阶级政治经济学。马克思主义政治经济学运用科学的世界观和方法论,全面分析了自由竞争资本主义经济的现实,深刻地揭示了资本主义生产方式产生、发展和灭亡的客观必然性,以及资本主义经济运行的一般规律，并在此基础上对未来社会的经济作了原则性的预见。

（三）马克思主义政治经济学的创立过程

19世纪40年代是马克思主义政治经济学创立的初期。卡尔·马克思（1818～1883）在大学学的是法律，之后又致力于哲学研究。1842～1843年，在担任《莱茵报》主编时遇到的要对物质利益发表意见的难事促使他开始研究政治经济学。1843年年底～1845年年底，马克思在巴黎开始了政治经济学研究。他研读了包括亚当·斯密、大卫·李嘉图等古典政治经济学家和当时正活跃于欧洲经济学界的李斯特、麦克库洛赫等人的著作以及恩格斯的《国民经济学批判大纲》，形成了涉猎内容广泛的《巴黎笔记》。《1844年经济学哲学手稿》是他建立政治经济学理论体系的首次尝试。随后他又单独或与恩格斯合作撰写了《神圣家族》《德意志意识形态》《哲学的贫困》《雇佣劳动与资本》《共产党宣言》等重要著作。到1848年欧洲革命前，马克思经过近5年的潜心研究已经取得了一些初步的理论成果。

19世纪五六十年代是马克思主义政治经济学创立的完成期。1849年8月马克思移居英国伦敦。从1851～1853年，马克思写出了24大本《伦敦笔记》。后来，因健康和家庭困难等原因，研究工作曾一度中断。为迎接1856年英国新一轮经济危机爆发后可能来临的无产阶级革命，从1856年下半年起马克思又抓紧了研究工作，写出了《1857～1858年经济学手稿》，即《资本论》的第一份手稿。马克思主义政治经济学理论基本形成。1859年6月，手稿的部分内容以《政治经济学批判》第一分册的名义出版。从1861年8月～1863年，马克思又完成了一部包括23个笔记本的内容丰富的手稿——《1861～1863年经济学手稿》，即《资本论》的第二稿。该手稿对政治经济学的重大理论问题在更深层次上做了研究，对剩余价值理论史做了重点研究，《资本论》的名称、四册结构、体系纲目及主要细节已经大体上确定。从1863年8月至1865年年底，马克思在积极参加政治斗争的同时，用两年半的时间撰写了《资本论》第三稿，为《资本论》第1卷的出版，为恩格斯编辑出版第2卷、第3卷，打下了良好的基础。1867年9月14日，《资本论》第1卷德文第1版的正式出版，标志着马克思主义政治经济学的创立。

19世纪70～90年代是马克思主义政治经济学的发展完善时期。在此期间，马克思一方面继续做《资本论》第1卷的翻译修订工作，另一方面也为《资本论》第2卷、第3卷的创作付出了艰辛劳动，先后写出了关于第2卷的7个手稿，并对第3卷中剩余价值转化为利润、利润转化为平均利润等问题进行了专门研究。同时，马克思加强了对古代社会经济关系和未来社会经济关系的研究。在《哥达纲领批判》中，对共产主义社会发展阶段，共产主义社会第一阶段的分配原则以及高级阶段的基本特征作了分析。不过，直至1883年马克思逝世，《资本论》第2卷、第3卷均未能问世。马克思逝世后，恩格斯肩负起马克思未竟的科学事业的重任，对马克思留下的经济学手稿进行整理、挑选和细致的研究，为编辑出版《资本论》第2卷、第3卷做出了杰出的贡献。恩格斯花费了近12年的时间，付出了艰辛的创造性的劳动，克服了重重困难，使《资本论》第2卷和第3卷分别在1885年7月和1894年年底出版。

二、马克思主义政治经济学的理论体系

马克思主义政治经济学的基本原理主要包含在马克思的重要著作《资本论》中。《资本论》包括四卷：第1卷"资本的生产过程"；第2卷"资本的流通过程"；第3卷"资本主义生产的总过程"；第4卷"剩余价值理论"也称《资本论》第4卷。其中，前三卷是《资本论》的理论部分，第4卷是历史文献部分。《资本论》是以资本为主题，以资本与雇佣劳动的关系为主轴、以剩余价值为主线构建和展开的。

《资本论》第1卷"资本的生产过程"研究了资本主义生产作为商品生产的一般规定性、货币转化为资本的条件、资本的生产与积累，建立了科学的劳动价值论；揭示了资本主义生产的实质、资本主义积累的实质以及资本主义积累的一般规律和历史趋势。马克思首次提出生产商品的劳动具有二重属性，即一方面是具体劳动，创造了商品的使用价值；另一方面是抽象劳动，创造了商品的价值。商品的价值量是由凝结在商品中的抽象劳动量决定的。单位商品的价值量由生产这一种商品的社会必要劳动时间决定。或者说，同一行业中，单位商品的价值量与生产这种商品的社会必要的抽象劳动量成正比。在资本主义社会，劳动力成为商品是货币转化为资本的关键，劳动力的使用即劳动创造出了剩余价值，并被资本家无偿占有。资本主义社会生产的实质就是剩余价值的生产。马克思通过区分劳动和劳动力、不变资本和可变资本，以及对资本主义工资的分析，揭露了资本主义社会资本家和工人之间的剥削和被剥削的关系。马克思进一步通过对资本主义再生产的分析，指出资本主义再生产也是资本主义生产关系的再生产，同时揭示了资本积累的实质，即资本家用过去无偿占有的雇佣工人创造的剩余价值，去不断地扩大生产规模，不断地无偿占有工人更多的剩余价值。马克思提出了资本有机构成的概念，并指出在资本积累的过程中，资本有机构成不断提高，对无产阶级的命运产生了重大影响，即造成人口相对过剩。而且，伴随着资本积累的不断增长，一方面是资产阶级财富的积累；另一方面是无产阶级贫困的积累，这是资本主义积累一般规律作用的必然结果。马克思指出，资本主义的积累过程加剧了资本主义的基本矛盾，资本主义生产关系已日趋不能适应社会生产力发展的要求，因此，资本主义积累的历史发展趋势是资本主义制度必然灭亡，社会主义制度必然胜利。

《资本论》第2卷"资本的流通过程"研究了单个资本的运动（循环和周转）以及社会总资本的运动（即社会总资本的实现），建立了马克思主义的流通理论和社会资本再生产理论。通过这些理论，马克思揭示了个别资本连续运动的条件以及资本运动速度对剩余价值生产的影响；揭示了资本主义经济发展的内在规律性，即社会生产的两大部类之间以及两大部类内部各部门之间，必须保持一定的比例关系。该理论最终目的是为了揭示资本主义在生产过程中存在的各种矛盾，这些矛盾的综合作用使社会资本再生产的比例失调从而导致经济危机的爆发，进一步强调资本主义生产关系最终会被新的生产关系所替代的客观必然性。

《资本论》第3卷"资本主义生产的总过程"研究了剩余价值的分配，建立了包括生产价格理论、商业利润理论、利息理论和地租理论等在内的剩余价值分配理论。本卷

在第 1 卷和第 2 卷的基础上进一步从资本主义生产总过程的角度，考察资本和剩余价值所采取的具体形式，分析剩余价值如何采取利润、商业利润、利息和地租的形式在产业资本家、商业资本家、借贷资本家、大土地所有者与农业资本家之间进行分配。马克思揭示出：在资本主义社会，各类资本家之间在瓜分剩余价值问题上尽管存在着矛盾，但在剥削工人阶级这个根本问题上，他们的利益是完全一致的；而工人不仅受本企业、本部门资本家的剥削，还受到整个资本家阶级的剥削。工人与资本家的对立，完全是两个阶级的对立，无产阶级只有推翻资产阶级，消灭资本主义剥削制度，才能从根本上摆脱受剥削的地位。

《资本论》第 4 卷"剩余价值理论"围绕着剩余价值理论这个政治经济学的核心问题，对各派资产阶级经济学家的理论进行了系统的、历史的分析批判，同时以论战的形式阐述了自己的政治经济学理论的许多重要方面。在这里，马克思系统地、科学地、有充分说服力地阐明了剩余价值的一般形式和真正来源，说明了资本主义生产劳动和非生产劳动的本质，阐明了经济危机的本质和经济根源，揭示了资本主义生产方式的历史性质。

归结起来，全部《资本论》主要是回答了什么是资本主义？涉及以下问题：什么是资本？资本主义生产方式的质的规定性是什么？有哪些基本特征？资本和资本主义生产方式借以产生和存在的经济条件是什么？在资本主义生产条件下有哪些主要的经济规律？资本主义生产方式在人类历史上的历史地位和重要作用是什么？有哪些历史局限性？资本主义生产方式是不是永恒的？人类社会能不能跨越资本主义的发展阶段？

马克思主义政治经济学以严谨的逻辑和缜密的论证建立起了科学的剩余价值学说，实现了政治经济学的革命性变革；同时，向人们展示了资本生活的全过程及其内部矛盾的发生和发展，揭示了资本主义生产方式必然被新的生产方式所替代的历史趋势。

三、马克思主义政治经济学的发展

马克思主义政治经济学自 19 世纪中叶创立以来，始终没有停止过它的发展。

（一）列宁对马克思主义政治经济学的发展

第一个对马克思主义政治经济学发展做出重大贡献的是列宁。19 世纪末 20 世纪初，资本主义进入帝国主义阶段，资本主义经济制度发生了局部调整和变化，出现了许多新情况和新问题。列宁分析了当时帝国主义的基本经济特征，特别是帝国主义阶段经济的垄断特征，创立了帝国主义理论。列宁还通过分析资本主义经济、政治发展不平衡规律在垄断资本主义阶段作用的新特点，得出了社会主义可以首先在一个或几个国家取得胜利的结论，改变了马克思、恩格斯根据以前的社会条件做出的社会主义革命只能在一切或大多数先进资本主义国家取得胜利的结论，创造性地发展了马克思主义政治经济学。列宁指导俄国无产阶级发动十月社会主义革命，建立了世界上第一个无产阶级专政的社会主义国家。

（二）斯大林对马克思主义政治经济学的发展

在列宁以后，斯大林继承列宁的事业，领导苏联人民进行社会主义经济建设。斯大林依据社会主义建设的最初实践,对社会主义建设的一系列规律做出了新的概括。为社会主义政治经济学的发展做出了贡献。苏联科学院经济研究所在20世纪50年代初出版了《政治经济学教科书》,全面总结了列宁、斯大林对马克思主义政治经济学的新贡献,使马克思主义政治经济学由只是对资本主义经济的分析发展为既包括对资本主义经济的分析又包括对社会主义经济的分析。以苏联《政治经济学教科书》为代表的政治经济学侧重于对资本主义制度的批判和对社会主义优越性的分析,在无产阶级推翻旧制度的革命斗争中,以及在无产阶级建立和巩固新制度的过程中,确实发挥了巨大的理论效应。但是由于时代条件的限制,它的理论体系是从把市场经济等于资本主义、计划经济等于社会主义的观念出发建立起来的,极大地束缚了马克思主义政治经济学的发展,在实践中也对社会主义的建设造成了若干误导。这本教科书一度曾经广泛流传于各个社会主义国家。

(三)马克思主义政治经济学在中国的发展

斯大林逝世以后,各个社会主义国家先后进行了经济体制改革。改革的实践又不断地丰富和发展了马克思主义政治经济学,特别是社会主义政治经济学。

以毛泽东(1893~1976年)为代表的中国共产党人,始终坚持把马克思主义基本原理同中国革命和建设的具体实践相结合,创造性地发展了马克思主义政治经济学,产生了马克思主义中国化的第一次理论飞跃和重大理论成果——毛泽东思想。毛泽东思想是一个完整的科学体系,内容十分丰富。其中,关于中国革命和社会主义建设的经济理论,极大地丰富和发展了马克思主义政治经济学。毛泽东思想成为中国进行社会主义革命和建设的指导思想。

邓小平理论是马克思主义同中国实际相结合的第二次历史性飞跃的理论成果。它第一次系统地回答了中国社会主义现代化建设的一系列基本问题,形成了中国特色社会主义理论的科学体系,极大地丰富和发展了马克思主义政治经济学。邓小平(1904~1997年)根据当代资本主义发展的新特点和社会主义经济体制改革的实际情况,创造性地把马克思主义政治经济学基本原理同中国改革开放的社会主义现代化建设相结合,他提出的社会主义初级阶段理论、社会主义市场经济理论、社会主义本质和根本任务理论、社会主义改革开放理论、社会主义发展战略理论等一系列新观点,都是对马克思主义政治经济学的新贡献。

党的十三届四中全会以后,提出了"三个代表"的重要思想,即中国共产党要始终代表中国先进生产力的发展要求,代表中国先进文化的前进方向,代表中国最广大人民的根本利益。"三个代表"重要思想,继承和发展了马克思列宁主义、毛泽东思想和邓小平理论,深化了对中国特色社会主义的认识,发展了马克思主义政治经济学。

党的十七大报告提出,科学发展观是发展中国特色社会主义必须坚持和贯彻的重大战略思想。科学发展观是在继承和发展党的三代中央领导集体关于发展的重要思想的基础上提出来的,是同马克思列宁主义、毛泽东思想、邓小平理论和"三个代表"重要思想既一脉相承又与时俱进的科学理论,是我国经济社会发展的重要指导方针,是发展中国特色社会主义必须坚持和贯彻的重大战略思想。科学发展观运用辩证唯物主义和历史唯物主义的立场、观点和方法,进一步回答了实现什么样的发展、怎样发展等重大问题，是与时俱进的马克思主义发展观，体现了对社会主义建设规律和人类社会发展规律的新认识，是对马克思主义政治经济学的重大发展。

党的十八届三中全会强调，全面深化改革，必须高举中国特色社会主义伟大旗帜，以马克思列宁主义、毛泽东思想、邓小平理论、"三个代表"重要思想、科学发展观为指导，坚定信心、凝聚共识、统筹谋划、协同推进，坚持社会主义市场经济改革方向，以促进社会公平正义、增进人民福祉为出发点和落脚点，进一步解放思想、解放和发展社会生产力、解放和增强社会活力，坚决破除各方面的体制机制弊端，努力开拓中国特色社会主义事业更加广阔的前景。全会指出，全面深化改革的总目标是完善和发展中国特色社会主义制度，推进国家治理体系和治理能力现代化。必须更加注重改革的系统性、整体性、协同性，加快发展社会主义市场经济、民主政治、先进文化、和谐社会、生态文明，让一切劳动、知识、技术、管理、资本的活力竞相迸发，让一切创造社会财富的源泉充分涌流，让发展成果更多更公平惠及全体人民。

◆学习拓展：

马克思炒股

1864年，马克思在英国伦敦全身心地创作《资本论》，因为没有经济来源，生活拮据，多亏了亲密战友恩格斯和其他朋友的资助，才能勉强度日，继续工作。由于每天工作量巨大，吃住又简陋，他的身体状况日益糟糕。有一天，他不得不去看医生，医生建议他好好休息，否则后果不可预料。马克思无奈地放下工作，好好调养身体。但无所事事的日子实在难以忍受，他更加抑郁烦闷。

这年5月9日，马克思的老朋友威廉·沃尔弗去世，留下遗嘱——将自己一生辛勤积攒的600英镑送给马克思。悲伤的马克思接受了遗产，决定不辜负老友的信任，要干出一番事业！

这笔钱是存进银行，还是投资赚钱？马克思对经济学造诣颇深，仔细研究了当时英国刚颁布的《股份公司法》，敏锐地意识到英国的股份公司一定会飞速发展，股票市场也会随之繁荣。他决定亲自上阵搏一把，一为放松紧张的情绪，二为体验一下股民的生活，赚取更多的生活费。

马克思立即写信给恩格斯，请他帮忙："假如你能在十天内办妥遗产交接手续的话，我就可以投资股票交易市场——现在伦敦已到了可以凭机智和少量资金赚钱的时候了。"

恩格斯接到信以后，用六天时间就为马克思办好了沃尔弗的遗产交接手续，很快将600英镑汇给了他。

马克思专心研究股市行情，每天都买份《金融时报》，留心关注股票每日的指数变化。终于，他看准时机，果断地把600英镑分四次购买了不同类别的股票证券。在股票价格上涨一段时间后，他毫不犹豫地逐一清仓，不到一个月时间，就以600英镑的本金净赚400英镑的纯利润。

> 赚钱后的马克思颇为得意，他写信给恩格斯报喜说："医生不许我从事紧张和长时间的脑力劳动，所以我就做起股票投机生意来了，不过效果还不错，我用那600英镑赚取了400英镑，这下我暂时不用你和朋友们资助了，这段经历也为我的研究工作提供了有益帮助。"
>
> 此后，有朋友劝马克思不妨继续投资股票，马克思说："老朋友赠送我的遗产确实是雪中送炭，我也小试牛刀赚了一把，但适可而止就行了。万一太多沉迷，赔个血本无归的话就对不起老朋友，也对不起我一直在做的研究工作了。我时刻清醒，知道对自己最重要的是什么。"
>
> 这是马克思第一次涉猎证券投资生意，也是他人生中唯一的一次炒股经历。
>
> 资料来源：张达明. 马克思炒股 [J]. 传奇故事, 2014 (1).

本章思考题

1. 经济学的两个基本假设是什么？经济学为什么要做出假设？
2. 如何理解"看不见的手"原理？
3. 在市场经济中为什么需要政府发挥作用？
4. 这是"经济人"吗？

有人说："用自己的钱办自己的事，少花钱，多办事；用自己的钱办别人的事，少花钱，少办事；用别人的钱办自己的事，多花钱，多办事；用别人的钱办别人的事，多花钱，少办事。"（如下表所示）试问：这是"经济人"吗？

正方：正是！这只顾自己利益的"经济人"的典型行为。别人的钱花多花少，别人的事办多办少，都无所谓，与己无关。只有自己的钱，少花一分等于多赚一分，只有自己的事，多办一件等于白得一件。

反方：反对！多赚一分等于多得一分，这是私有小生产者的心态。在现代化大生产中，无论公有私有，每个公司成员都可以说是"拿别人的钱，办别人的事"，分工合作出效益，大家首先把"馅饼"做大，自己分得那份自然变大。这是生产走向集中的必然趋势，也是"大鱼吃小鱼"的必然规律。

你的看法呢？

花钱＼办事	自己的事	别人的事
自己的钱	多办事／少花钱	少办事／少花钱
别人的钱	多办事／多花钱	少办事／多花钱

5. 简述马克思主义政治经济学创立的时代背景。
6. 有人说，《资本论》已经过时了，你怎么看待这种说法？

第三章

经济史与经济思想史

　　经济史研究人类经济活动的发展演变过程及其规律，试图发现经济发展的规律以作为当前经济活动之参考。经济思想史研究历史上的各种经济思想和经济学说的发展演变及其相互关系。从历史上看，经济活动中总是不断地出现新问题，促使人们去思考和解决；人们对经济问题分析思考后会提出经济思想包括解决经济问题的主张，用以指导经济活动。经济史和经济思想史相互依存，共同发展。如果把人类经济史比作一座高山，那么经济思想史就是这座高山上流淌的水。山有多高，水就有多长。基于两者的关系，把经济史和经济思想史列为一章介绍。

第一节　经济史

　　说起中国的强大繁荣时期，国人每必称汉唐。那么，汉唐时期中国的经济状况如何？数百年来，中国为何没有像欧美发达国家那样出现产业革命从而逐步实现经济现代化？美国经济百年来独领风骚，原因何在？这些问题都属于经济史学的研究范围。本节先阐述当前经济史的发展概况，然后就中国经济史和世界经济史分别介绍其主要研究内容。

一、经济史的含义与任务

（一）经济史的含义

　　一般认为，经济史是研究人类社会历史上的经济关系、经济活动和经济发展的演变过程及其规律的学科。它是一门经济学和历史学的交叉学科，既研究人类经济活动的历史过程，又对经济发展作出理论性的诠释，试图说明经济发展的规律性以指导当前的经济活动。

　　也有学者指出，经济史属于经济学和历史学两大学科之间的交叉学科是一种"误解"。虽然经济史学和历史学在研究对象上有一定的重叠性，经济史学研究经济的历史或历史的经济部分，但两者有着根本的区别。因为两者尽管在描述历史经济活动方面差别不大，但经济史要发现总结的是经济规律，而历史学要发现总结的则是历史规律；更为重要的是，经济史用的是经济学的方法。所以，"经济史是经济学的一部分"。这种观点在经济史的研究中被越来越多的人所接受。

（二）经济史的任务

经济史的研究任务主要包括两个方面：一方面，说明人类历史上的经济活动"是什么"，即试图对人类经济发展的历史过程做出客观的描述，称为描述性经济史；另一方面，研究经济发展过程中的"为什么"，意在找出其规律性，称为解释性经济史。描述性经济史首先承认历史的客观性、独立性，在此基础上对史料进行搜集、整理和考证，探讨人类经济活动的历史发展路径，人们在经济发展中的行为，以及经济演进的情境等。它尽量客观、全面、丰富、连续地描述经济发展的过程。解释性经济史着重在经济史料的基础上对经济发展过程做出解释，探讨经济发展的内在联系。要解释历史，就必然要运用相关理论。因为解释的是经济的历史或者说是历史的经济部分，探讨的是经济发展的规律而不是政治、文化等方面的发展规律。这类研究运用现代经济学理论，主要从逻辑的角度对历史上的经济发展过程进行分析，让经济理论和经济史进行互动，从而给出历史上的经济事件发生发展的原因、后果以及它们之间的内在联系。

当然，描述性经济史和解释性经济史是不可割裂的。前者为后者提供了分析的基础和对象，后者对前者进行抽象和提升，它们都是经济史中不可缺少的部分。

二、世界经济史

（一）世界古代经济（远古～15世纪）

1. 古代东方经济

东方是世界文明的最早发源地，也是代表古代先进生产方式农业生产方式的发源地。距今约1.1万年前，人类进入定居生活的农业时代，由母系氏族社会过渡到父系氏族社会，私有产权开始发展。两河流域、尼罗河流域和黄河、长江流域是最早进入农业时代的地区，都有稳定的农作物、水利设施和历法。在东方的奴隶制国家，以国家土地所有制和村庄制度为基础，国家和国王拥有无上的权力，没有公民或自由民观念，奴隶状态明显。

古代埃及、巴比伦、印度和中国都存在过比较发达的奴隶制国家。在古埃及，全国的土地属于国王，公社中的农民耕种土地并向国王纳贡，还要和奴隶一起为国王服劳役，建造宫殿、神庙和金字塔。古巴比伦把全体人分为全权自由民、无权自由民和奴隶。奴隶服务于农业、手工业和公共工程等部门。根据《汉谟拉比法典》，奴隶主可以像处置自己的物品一样任意处置甚至杀死奴隶。奴隶主的财产受到保护，但奴隶的产权不受保护。

印度于公元前3000年～公元前1750年进入奴隶制时期，其特征即为种姓制度。整个社会被分为四个严格的等级，即婆罗门、刹帝利、吠舍和首陀罗。波罗门是社会首脑，垄断宗教文化大权，刹帝利掌握国家机器，它们都拥有大量土地和奴隶。吠舍是农民和手工业者。首陀罗处于被压迫和受歧视的最底层，没有人身和财产权利。

公元前1046年周朝建立以后，东方的封建领主制经济逐渐形成，在中国一直延续到近代。除中国外，亚洲的日本、印度的封建领主制经济也有相当的发展。日本于公元646年开始的大化改新标志着封建关系建立，其基本内容仿效中国唐朝。土地为国有，奴隶成为农民，实行"公地公民"。土地制度实行班田收授法，对农民计口授田，受田农民要承担国家的租庸调义务。天皇还对贵族封地。100多年后，土地私有化开始出现和发展，至12世纪班田制废除，封建庄园制经济形成。庄园内部实行层层分封和管理，诸子继承、分户析产和土地自由买卖，土地所有权不稳定。封建领地相对弱化，中央政府利用行政司法权力，对地方领土实施控制。这种制度一直连续到19世纪。印度于公元4~5世纪出现封建领主制经济。7世纪戒日王朝建立后，国有土地被分封给臣属和封国。各臣属自食采邑，各封国再次分封给贵族作为食邑且各封地渐成世袭。13世纪初到16世纪初的德里苏丹王国和16世纪上半叶建立的莫卧儿帝国也实行了类似的分封制。印度的封建领主一般不直接经营采邑，而是把土地分给享有土地永久占有权的农村公社，农村公社向国家缴纳田赋。农村公社再将土地和田赋分配给社员。这种封建经济在莫卧儿帝国晚期开始瓦解，商品经济有所发展，直到印度成为英国的殖民地。

2. 古代西方经济

古代西方经济主要是古代希腊、罗马经济和中世纪西欧封建经济。古希腊位于希腊半岛及其附近的沿海和岛屿，于公元前8世纪到公元前6世纪形成了古代希腊城邦即城市国家。这些城邦多以一个城市为中心，加上周边农村而成，独立自主，是典型的奴隶制城邦，斯巴达和雅典是其中最著名的两个。随后希腊城邦展开了持续200多年的"大殖民"运动，将势力扩展到了环地中海沿岸。在这些城邦里存在着贵族、平民和奴隶。奴隶被当成"会说话的工具"，在各个部门劳动，可以自由买卖甚至处死。古希腊农业比较发达，主要种植葡萄、橄榄等，出口较多。土地公有私有并存，多由奴隶耕种。由于地少人多，希腊各城邦除农业外，多利用丰富资源和海岸良港等有利条件发展工商业，并进行海外贸易以换取足够的粮食。繁荣的贸易活动是古希腊经济的一大特色，这也促进了货币和银行业的发展。公元前338年，马其顿统一了全希腊后建立了一个基本统治地中海沿岸但不久分裂的大帝国。马其顿王亚历山大开创了一个融合古希腊、古埃及、古巴比伦乃至印度文明的"希腊化时代"。希腊化诸王推行了东方的土地制度，即国王拥有土地并具有税收、贡赋权力。希腊的城市文明也被推广到东方，推动了东方城市和工商业的繁荣。

整体上晚于古希腊的古罗马主要包括意大利半岛及西西里岛，主要居民是印欧人，大约在公元前8世纪开始建立国家。公元前509年，罗马共和国建立，公元前5世纪至公元前2世纪，国有土地逐渐私有化，并成为统治地中海沿岸大部分地区的奴隶制国家。奴隶主要来源于对外征服战争，奴隶主则主要是掌握权力的新贵族和元老。奴隶在庄园、牧场、矿山和手工业作坊劳动，并为奴隶主个人和家庭服务，可以任意买卖、处罚甚至杀死。此后直到3世纪，罗马经济经历了发展、繁荣和衰落时期，进入自由佃农的隶农制时期。罗马的农业出现了带轮的犁和割谷器等工具，普遍采用轮作制，并有一定的区域分工。手工业方面使用了水磨、起重装置和矿山的排水器械，品种有玻璃、石工、金属工业和纤维工业等80余种，以家庭手工作坊为主。统一的帝国使交通和商业很便利和活跃，并带动了城市的繁荣，罗马城在2世纪时人口多达100多万。

中世纪西欧封建经济，是在欧洲中北部的日耳曼人向衰落中的罗马帝国不断征服渗透中建立起来的。日耳曼经济关系的突出特点是农民是土地的实际所有者和占有者，公社财产只表现为每个人所占土地的公共附属物。日耳曼人在征服罗马的过程中，将罗马的隶农制和自己的氏族制度结合起来，形成了西欧的封建制。此后，法兰克人在法国、盎格鲁—萨克森人在不列颠分别在9世纪和10世纪确立了封建制经济。西欧封建土地所有制实行土地层层封授，领有土地须以履行封臣各项经济和政治义务为条件，封建主享有大部分经济成果，封君封臣关系实行世袭制并不能随意解除，自由人也依附于其中。与此相联系的是封建等级制度，自上而下分别为僧侣、骑士贵族集团和平民。僧侣主管宗教和文化，骑士贵族掌握国家机器，平民是普通劳动者。自11世纪后，封建土地制度逐渐衰落，由于商品经济的冲击，封建主们越来越按自己的利益来行使权利，封君封臣关系趋于瓦解。在整个中世纪，欧洲社会经济缓慢而稳定地发展。农业是自给自足的，并使用了重犁、马拉犁和三圃制耕作，农业生产力明显提高，粮食产量有所增加。自11世纪起，手工业发展加快，出现了较大规模的工业，有纺织业、采矿业、冶金业、皮革业和造船业等，其工业水平在14~15世纪逐渐超过东方。10世纪后西欧商业活动增加，至13世纪各地市集大增，货币和银行业也随之发展起来。各地城市也渐渐脱离当地领主而通过城市宪章走向自治，城市宪章规定了人身、土地、财政和贸易自由以及司法独立等。

（二）世界近代经济（15世纪~1945年）

1. 地理大发现与商业革命

地理大发现是世界市场形成的必要条件，也是作为一个整体的世界历史的开端。完成这一划时代的高风险的壮举，欧洲人要具备两方面的条件：一方面是强烈意愿；另一方面是必要的航海技术和知识。开辟欧洲与东方的海上通道、扩张宗教和政治势力被认为是主要的推动力量，地圆学说和比较成熟的远洋航海技术则提供了能力保障。在葡萄牙政府的支持下，迪亚士和达·伽马分别于1487年和1498年率船队到达了好望角和印度，而西班牙政府支持的哥伦布率领的船队于1492年发现了美洲大陆。1519年，麦哲伦率领的船队出发完成了经大西洋、美洲、太平洋、亚洲、印度洋、非洲而返回欧洲的环球航行。欧洲诸国紧随其后，完成了发现新土地和开辟新航线的地理大发现。地理大发现使世界市场逐渐形成，世界各地之间的交往日益增多，并且引发了商业革命。

商业革命一般指地理大发现到工业革命之间的时期。世界市场的日渐形成使欧洲商业迅速发展，并带动了农业、手工业的进步。西班牙、葡萄牙通过对美洲、非洲的掠夺和垄断贸易，迅速获得了金银等财富。随后，荷兰、英国、法国和德国等国家凭借工业生产能力和商业政策发展起来，其中英国以工场手工业为支撑，商业革命更为彻底。农业出现了商业化变革，开始以市场需求为中心，以获利为目的而生产并且逐渐专业化。土地市场活跃起来，地价上涨，英国的数百年的圈地运动开始了。农业劳动生产率也快速提高。这一时期，季节性的农民家庭手工业活跃，以出口为目的，往往以市镇为中心，相互联系而发展。这些都为以后的工业革命打下了基础。商业的繁荣促进了金融业的进步。金银币成为主要货币，信贷形式多样化，出现了伦敦、巴黎等世界性的金融中心。1694年，后来成为英国中央银行的英格兰银行建立。在商业革命中，重商主义被普遍信奉。西欧各国认为财富就是金银，国家应干预经济，奖出限入，以积累国内财富。国家对商业活动的干预和支持盛行，以英国和法国为甚。

2. 工业革命

从18世纪中后期开始的工业革命始于英国，是人类历史上的一场划时代变革，标志着资本主义的确立和农业文明过渡到工业文明。地理大发现后，英国人在中北美洲和印度建立了殖民统治并大量移民，积累了巨额资本，成为压倒西班牙、葡萄牙和法国的全球性殖民帝国。殖民扩张为英国的工业品带来了广阔的市场。同时，"圈地运动"中失地的农民为工业带来了劳动力，科学技术也发展较快并应用到生产中去。此外，制度变迁被认为是工业革命产生于英国的重要原因。君主立宪制逐渐形成，私有财产得到保护；专利法的诞生保护和鼓励了发明与创新；金融制度开始确立，伦敦成为世界金融中心；近代化的企业越来越成为市场活动的主体。再加上便利的水运条件和必要资源，工业革命就首先在英国兴起了。

工业革命的标志是机器的发明应用和"工厂制"的出现。1733年发明了飞梭，提高了织布效率，使织布快于纺纱。数十年后发明的机械纺纱机又使纺纱的效率大为提高。瓦特改良的蒸汽机最终成为替代人力和水力的新动力，是具有决定性的发明。蒸汽机被应用到纺织、冶金、采矿和运输等方面，大大提高了生产效率，而且使工业不再受地区限制。同时，铁路、公路、运河被发明和改进，出现了蒸汽机车和汽船，运输能力大增。工厂制度也建立起来，成为新的生产组织形式。总体上看，工业革命使以机械化生产为基础的工厂制度代替了以手工技术为基础的工场手工业，使人类从经验时代到了科学时代。从经济角度看，工业革命使经济增长从传统的间断性增长过渡到现代的持续性增长，总产值和人均产值进入了革命性的快速增长时期。英国第二产业产值在1850年超过第一产业，从传统农业国转变为近代化工业国，并成为世界工厂，第三产业也开始占有一定比例。同时，工业城市和小城镇迅速膨胀和发展，城市代替乡村成为经济增长的主体。另外，人口增长加快，大不列颠的人口从1800~1850年几乎增长了一倍；人民生活明显改善；科学文化事业全面发展，科技院校兴起。工业资本主义逐渐成为英国的生产方式并向全世界传播，世界范围的工业化也开始了。

3. 工业化进程

继英国之后，美国和欧洲各国相继进入了工业化时代。地理大发现后的200多年，以英法为主的多个国家向北美大规模移民。1763年英国战胜法国单独控制了北美。1789年美国正式独立，到19世纪中叶整个美利坚合众国基本成形。美国没有历史遗留的经济实力，但具有得天独厚的自然资源，主流的新教主张勤奋节俭以及独立之初确立的民主政体和对自由与人权、产权的保障，都为美国的工业化并成为世界经济强国创造了条件。19世纪下半叶，美国农业成倍增长，并成为世界粮食和肉类的主要出口国，是工业化的坚实后盾。工业化带来的农业机械化等又反哺了农业。1830年至20世纪早期，美国建成了遍布全国的铁路网。钢产量快速增加，1889年跃居世界首位。电力、电报、电话和汽车业开始出现和普及，又带动了石油、钢铁等工业的发展。金融业也建立起来并为工业提供资本支持，至1913年已比较完备。劳动力方面则大量吸引外来移民。城市化也是美国工业化的推动力量。

美国工业化之所以十分成功，首先是吸收应用了英国工业革命的成果和拥有丰富的自然资源及人文条件，还和其在企业方面的创新有关，主要是美国大型工业企业较多并贡献率较大。大企业可以取得规模经济、专业分工，也便于应用资本和技术。效率更高的标准化生产使美国工业生产加速，企业管理逐渐专业化并成为一门独立的科学。英美两国的工业化也有其共同点，主要是：文化开放开明、自然资源丰富、市场广阔、政治制度自由民主、实行私有制及法制、政府干预极少等。

欧洲主要国家也稍后于英国实现了工业化，其中主要是法国、德国、俄国。法国在工业革命前，农业和工业不逊于英国，也有大量的殖民地和工场手工业。18世纪后半期法国开始引进英国的工业技术，迈开了工业化步伐。1799~1815年拿破仑主政期间，法国政府推行了一系列扶持工商业和扩大市场的政策，创办以后成为中央银行的法兰西银行和金融制度，颁布了民法典、商法典等保障私有财产的法律，废除阻碍资本主义发展的旧制度。这些措施推动了法国的工业化进程。1815年后法国扩大对外开放，生产技术更新，蒸汽动力逐渐推广，交通运输、煤、钢都发展起来，至1870年工业水平已处于仅次于英国的世界第二位。1815年后，德国尚处于分裂状态，经过不懈努力，至19世纪80年代，通过关税同盟实现了经济统一。1871年德意志帝国成立，德国实现了政治统一。德国的工业化始于19世纪30年代，也由纺织业起步。随后铁路、水运、采煤、钢铁等逐渐发展起来。德国统一后，工业发展加速，另外还利用第二次科技革命的成就发展电气、化学等新兴工业，赶超了英法两国，成为欧洲大陆最发达的国家。俄国在19世纪上半叶开始出现机器生产，19世纪50年代起开始从工场手工业向机器大生产过渡。此后机器制造业、铁路、航运业有所发展。1861年的农奴改革使农民获得了人身自由但失去了土地，为工业化提供了大量劳动力。钢铁、石油、煤炭成为新兴的工业部门，铁路建设也大规模展开。至19世纪、20世纪之交，俄国也完成了工业革命。在俄国的工业化中，政府积极干预，外国资本家和技术也起了重要作用。20世纪早期，欧美主要国家和日本相继完成了工业化进程，而与此相联系的，是亚洲、非洲和拉丁美洲的殖民地、半殖民地和具有殖民地色彩的经济，它们与工业化、自由贸易共同构成了完整的世界经济体系。

4. 自由市场经济的终结

20世纪上半叶，完成了工业化的欧美主要国家和日本，在国际经济领域展开竞争，在此期间出现了两次世界大战和20世纪30年代的大萧条。稍后进入工业化的德、美两国的实力超过了英、法两国后，即展开对殖民地的争夺，使得许多国家卷入。1914~1918年的第一次世界大战是人类历史上的一次浩劫，影响巨大。英国、法国、德国等国家损失惨重，美国则成为世界头号经济大国，俄国走上了社会主义道路。欧洲总产出倒退8年，世界倒退约5年。国际自由贸易秩序被破坏，各国加强了对国内经济、国际贸易和国际投资的干预，战后贸易额下降40%。美国经济实力大幅增长，积累了全世界30%的黄金储备。原来稳定、合理的金本位制崩溃，再也没能恢复起来。

另外，工业化国家的经济危机也频繁、剧烈起来。英国于1825年爆发了第一次经济危机，其后工业化国家的经济危机大约每隔十年就爆发一次。1929~1933年，美国爆发的严重经济危机迅速传遍全球，带来了经济大萧条。至1932年，这次危机使美国产出下降32%，失业率上升到23.6%，大批银行和工业企业破产倒闭，全国经济一片萧条。作为应对危机的办法，罗斯福总统实行了"新政"，主要内容是：稳定和完善金融体系，规范企业竞争，维护农产品价格，政府投资公共工程，增加转移支付等，其基本思想是政府干预经济。"新政"实施后，美国经济有了好转。英国、法国、德国等国家政府也纷纷实施干预主义政策，贸易保护主义盛行。

"大萧条"使各国更加注重争夺世界市场，矛盾加深，也使得德国、意大利、日本的法西斯政权迅速崛起。它们不满"一战"后的经济格局，发动了第二次世界大战。"二战"比"一战"规模更大，造成的损失更惨重。战争卷入了60多个国家和地区的20亿人口，死亡的军人和平民超过5 500万。"二战"使苏联、英国、法国、德国、意大利、日本元气大伤，德国被一分为二，美国也付出了重大代价，但仍是世界第一强国并且实力更加强大。同时，亚洲、非洲和拉丁美洲的殖民地基本上获得了独立。

这一时期，国际共产主义运动兴起，并走上了一条不同于资本主义世界的计划经济发展道路。1917年，列宁领导的十月革命取得胜利，苏维埃政权通过短暂的"国家资本主义经济"和战时共产主义政策，实行了国有化、高度集中的经济管理体制和配售制等。随后实行了新经济政策，用粮食税代替余粮收集制，允许土地出租、企业租让制和商品买卖。至1926年，苏联的国民经济基本恢复，并开始了社会主义国家工业化、农村集体化进程。1925年的联共（布）第十四次代表大会确定了国家工业化的方针，要把苏联从农业国变为能自己生产必需装备的工业国。主要内容有：大力发展重工业，保证较高的经济发展速度；加强国内资金积累，保留工农业产品价格较大的剪刀差；实行计划经济体制；采用物质鼓励生产和发明创新；加强企业核算；引进先进技术等。到1937年，苏联工业总产值已跃居欧洲第一位，在世界上仅次于美国。在农村，苏联努力把个体小农经济联合并改造为大规模集体经济，农民加入集体农庄，实行国有和集体所有两种公有制，国家控制了农业生产、流通和分配，农民生产积极性不高，农业基本上是简单再生产。苏联实行的是公有制和高度集中、高度计划的计划经济，忽视商品经济和市场作用。这种体制在20世纪二三十年代使苏联的国民经济得到恢复和发展并完成了工业化，这和当时资本主义世界的大萧条形成了鲜明对照，在世界范围内产生了较大吸引力，"二战"以后的东欧多国和中国也实行了社会主义计划经济。这些国际经济新格局给第二次世界大战以后的世界经济带来了深刻影响。

（三）世界当代经济（1945年~21世纪初）

1. 第二次世界大战后的国际经济关系

第二次世界大战以后，欧洲衰落，美国成为世界头号强国和资本主义世界的领导者，苏联则成为社会主义国家的"老大哥"。以美国、苏联为首的两大集团展开了"冷战"，全球形成了相对分隔的两个市场。国际贸易方面，美国倡导的关税与贸易总协定及其随后的世界贸易组织推动了削减关税和贸易扩大。苏联发起的1949~1989年存在的经济互助委员会也促进了社会主义国家间的贸易和经济合作。这一时期，国际贸易格局由原来的以工业国家与非工业国之间为主转变为发达国家之间的贸易额占主导，世界出口额由1950年的61亿美元增长到1990年的34 470亿美元，贸易商品由原来的产品为主扩展到生产要素领域，几乎所有的国家都参与到国际贸易中去，经济全球化趋势明显。国际金融方面，战后以美国为主导建立了布雷顿森林体系，以美元为中心的国际货币体系形成，同时建立国际复兴开发银行、国际货币基金组织。该体系促进了国际贸易和经济全球化。第二次世界大战后美国经济一直遥遥领先于其他国家，但由于发动了对朝鲜和越南的战争以及西欧、日本经济的恢复与崛起，至20世纪70年代已形成三足鼎立之势。中国经过改革开放以来的大发展，也成为世界第二位的经济体。从20世纪70年代起，东西方经济关系明显缓和，经济交往增多。这一时期的"南北合作"和"南南合作"在一定程度上缓和了国际经济关系，有利于发展中国家的经济成长。另外，区域经济一体化进程加速推进，欧洲联盟、北美自由贸易区和亚太经合组织等的作用日益明显。

2. 市场经济国家的新发展

20世纪早期已完成工业化的美国、西欧和日本，在第二次世界大战后有了新的发展。美国经济在战后二十多年发展迅速，年增长率在4%左右，石油、化工、天然气、电子、汽车、航空航天和原子能等部门兴起或发展顺利。技术进步、战争和政府干预刺激了经济增长。但20世纪70年代"滞胀"出现，布雷顿森林体系崩溃，美国GDP平均年增长率降为3.2%，其原因主要是竞争加剧、石油价格上升和资本外流等。20世纪80年代以后，美国放松了经济干预，出现了计算机和信息技术的技术进步和制度创新、金融创新，经济又出现了二十多年的几乎持续的高速发展时期。但2008年金融危机爆发，美国经济走向衰退。

西欧曾是世界上经济最繁荣的地区，但两次世界大战几乎使欧洲成为废墟。第二次世界大战后，美国出于冷战的需要，实施了对西欧广泛经济援助的"欧洲复兴计划"即"马歇尔计划"。英国、法国、意大利、联邦德国等国家在该计划的帮助下数年即恢复了经济。此后20世纪50年代至21世纪初，西欧经济基本上持续稳定较快地增长，社会稳定，人民生活持续改善。西欧经济长时间持续增长的原因除美国的帮助外，得益于其较雄厚的市场经济基础、技术进步、企业管理的改进和稳定的社会环境。另外，欧洲经济一体化也为其提供了重要的制度保障。

日本经济的发展也是战后世界经济的一大亮点。战后十年，日本经济在美国的支持下恢复到了战前水平。此后1956~1973年，日本国民生产总值年均增长超过10%，成为当前的世界第三大经济体。1973年以后，日本经济进入低速、稳定增长时期，20世纪90年代至今则持续低迷，甚至出现负增长。

3. 社会主义计划经济与转型

苏联、东欧诸国和中国在战后进行了经济改革和转型。战后苏联的经济增长速度逐渐缓慢，从20世纪50年代的10%左右下降到1990年的-4%，1991年更走向了解体。造成苏联社会经济危机和解体的经济原因，在于其计划经济体制。这种体制带来的弊端有：不能有效地进行资源的优化配置；国民经济比例严重失调，过分优先发展重工业尤其是军事工业；缺乏激励机制，企业和劳动者生产积极性不高；科技成果较少应用在经济方面；人民生活水平提高日益缓慢甚至下降等。1985年戈尔巴乔夫加大经济体制改革力度但收效甚微，遂将改革重点转向政治领域，但不久苏联解体。组成苏联的15个加盟共和国普遍走上了资本主义、私有化和市场经济道路，不少国家还在政治、经济上向美国和西欧靠拢。苏联的主体俄罗斯经济在经过了"休克疗法"和经济混乱之后，于21世纪初逐渐稳定和好转，成为世界上经济增长速度最快的国家之一。但自2008年国际金融危机后便开始下降，特别是2013年起俄罗斯经济陷入低迷状态。

东欧社会主义国家的经济改革始于20世纪50年代。南斯拉夫自20世纪50年代起就走上了"自治社会主义"道路，先后实行了"企业自治"、"市场社会主义"和"契约社会主义"的改革，但均不成功。20世纪90年代，南斯拉夫联邦瓦解，独立后的各国实行了私有化和市场经济。民主德国市场经济倾向的改革始于20世纪60年代，取得了明显成效。1990年，民主德国并入联邦德国。1957年开始的匈牙利的经济改革先农业、后工业，把计划经济同市场经济结合起来，比较成功。1989年匈牙利政治转型后，经济上也转向了私有化和市场经济。20世纪50年代至80年代的波兰经济改革走走停停，局势动荡多变，未取得成功，1990年后实行了以出售国有企业为主的私有化转变。捷克斯洛伐克始于20世纪50年代的经济改革经过数次反复，收效不大。20世纪90年代初，该国分裂为捷克和斯洛伐克两个独立的国家并都走上了私有化道路。此外，亚洲的中国、越南等社会主义国家也于20世纪70年代末以后走上了市场经济道路并取得了举世瞩目的成就。

4. 发展中国家的经济发展

发展中国家经济在战后普遍得到了发展。东亚地区的多个国家和地区取得了年均增长率长期在7%以上的高速经济增长，被称为"东亚奇迹"。其中最为突出的是中国香港、中国台湾、韩国和新加坡亚洲"四小龙"。"东亚模式"的特征是政府主导、出口导向和东方文化。1997年亚洲金融危机后，东亚经济遇到了困难，市场经济制度尚需完善。

印度于18世纪成为英国的殖民地，1947年独立后加速发展工、农业和经济多元化，并走过了从引进计划经济因素到逐步自由化的道路。经过半个世纪的发展，印度经济总量已位居世界前十位左右，其前景也被看好。

位于西亚和北非的阿拉伯国家在第二次世界大战后纷纷独立，但该地区政局动荡，冲突不断，经济发展没能走向良性轨道。它们最大的资源和优势是石油，为了维护自身利益，主要产油国于1960年组成了石油输出国组织，逐渐掌握了石油市场的部分主导权，国民收入大幅上升。但这些国家没有发达的工业体系，对石油的依赖性也是未来发展的隐患。

非洲目前仍是世界上最贫困的地区，工业、农业均基础薄弱，农业生产技术落后，粮食问题也没有解决，还伴随着艾滋病、种族冲突、自然灾害频繁等问题。但非洲一体化趋势给以后的非洲经济发展提供了一定条件。

"二战"以后,拉美国家经济由初级产品出口导向向进口替代模式发展,并开展了国有化运动和经济一体化,其经济实力到20世纪70年代初明显增强。但进口替代战略持续性差,保护了落后工业并导致了贫富分化,并引起了社会动荡。此后,拉美国家转向出口导向模式并大规模引进外资,但又在20世纪80年代引发了债务危机和经济危机,又转向私有化、经济自由化和市场化的道路。经过20世纪90年代的经济增长后,拉美国家经济又在世纪之交陷入停滞和衰退,贫富分化更加明显。进入21世纪后,政府干预经济势头明显。拉美经济发展的不成功被认为是没有一个稳定的经济指导思想体系,缺乏经济发展的经济、政治制度和文化背景。

三、中国经济史

中国经济史可以按时间大致划分为三个历史阶段。第一是中国古代经济史,时间从远古时代到鸦片战争发生的1840年,属于传统经济,主要是传统农业阶段,它是中国经济现代化的起点;第二是中国近代经济史,从1840年到中华人民共和国成立的1949年,属于中国经济从封闭到被动开放、从传统农业经济向近代工业经济、市场经济演变的时期;第三是从1949年到21世纪初,主要经历了社会主义计划经济向对外开放、社会主义市场经济转变的过程。

(一)中国古代经济(远古至1840年)

中国古代的传统经济发源于黄河、长江流域,历史悠久。它以封建小农业和家庭手工业相结合,主要是自给自足的自然经济。

1. 中国传统经济发展概况

在原始社会时期,人类先以渔猎为生,又发展了传统畜牧业和种植业。其生产单位是氏族,基本上是刀耕火种,氏族成员集体劳动,共同消费,生产力低下。夏商周时期,农业经济发展较快,逐渐成为主要产业。农业生产工具有了改进,生产技术有了提高,农作物的种类逐渐稳定,历法、水利等农业知识和技术逐渐发展起来。同时,工商业经济也有所发展。青铜器是这一时期手工业的杰出代表,此外还有纺织、酿酒等行业。由于生产的发展,商业活动日益频繁,用于交易的货币出现了,当时主要是贝类。春秋战国到明清时期,地主制经济在整个经济中占主导地位,传统农业是主要生产部门。这一时期,耕地面积大量增加,传统农业生产技术得到充分发展,土地主要归地主和自耕农所有,无地和少地的农民租种地主的土地并缴纳地租。

作为中国传统经济中主要生产部门的中国传统农业,是介于原始农业和近代农业之间的农业生产形式。其动力是畜力和人力,生产工具为金属农具。个体家庭是基本的生产单位,也是基本的消费单位。生产规模较小,设备简单,劳动生产率提高缓慢。土地是最重要的生产资料,可以买卖。土地所有权的变化是农业生产乃至整个社会动荡的主要原因,基本上在"农民战争——地广人稀——休养生息——土地兼并——农民战争"这样的周期中循环。传统手工业有铁器、纺织业、制瓷业等,其主要经营方式是农村家庭手工业。

2. 古代中国经济在世界经济中的地位

以经济发展水平高低和经济总量来看，古代中国经济在世界经济中的地位大致经历了落后——先进——落后的一个"倒U型"。

从距今1万多年到14世纪，中国经济由落后逐步发展至世界第一。中国农业大概出现在距今1万年以内，而现叙利亚地区距今1万年就出现了农业。西亚地区的两河流域和北非的埃及在公元前4000年出现了铜器，中国则稍晚。中国的冶铁技术和铁器的出现也晚于埃及等国。此后，中国经济发展迅速，至东汉的公元50年，中国的GDP比欧洲高20%，人口比欧洲多17.64%，人均产值比欧洲高1.8%，与当时的罗马帝国大体相当。东汉以后中国陷于战乱和分裂，但经济仍有发展，后经隋唐的较快发展，至宋代中国经济和科技达到当时世界的顶峰。公元960年的北宋开国元年，中国的GDP是欧洲的1.56倍，人口是1.38倍，人均GDP是1.13倍。至宋亡元兴的1280年，中国的GDP是欧洲的1.77倍，人口是1.47倍，人均产值是1.2倍。宋代经济处于世界第一。

明代的15世纪中叶以后，中国的科技、经济发展逐渐落后于欧洲。至1500年，中国的GDP是欧洲的1.38倍，人口是1.43倍，人均GDP是1倍即相等。此后中国的GDP虽然一直高于欧洲，但差距迅速缩小，到1820年，欧洲与中国的GDP之比为82∶100，人均GDP之比为188∶100。中国经济的地位明显下降了。

3. 中国传统经济的市场结构

中国传统经济以自给自足的自然经济为主，商品经济为辅。家庭既是生产者又是消费者，生产与消费直接融合，交换只在极狭小的领域内进行，仅仅是自然经济的补充。自然经济追求产品的使用价值。个体小农经济是最典型的自然经济，它把小农业和家庭手工业紧密结合，男耕女织是经济生活的最典型写照。地主占有土地主要是为了自身消费需要而非盈利。自然经济在内部表现为自给性、封闭性、同构性，以及各个经济主体之间的分散性和持久稳定性；在外部表现为以耕织结合为核心内容，以地方小市场互通有无以及自给自足。

在漫长的传统经济阶段，随着生产力的提高，商品经济也伴随着社会分工和专业化生产而逐渐发展起来。市场上商品供给的来源有：农民的部分农产品、手工业产品、官营手工业的部分产品。消费方面，农民消费日用品和生产资料，地主权贵阶层消费奢侈品。就商业本身而言，商业活动频繁，商人积聚财富巨大，商人结构复杂，商业税收在国家财政收入中的比例逐渐增加。总体上看，商业的发展较不稳定，出现了多次兴衰起伏。

中国古代的市场有以下几个层次。第一是农村市场。其特征是：其范围一日内可往返以单日或双日定期集市，市场规模小。在南方称"墟"，北方叫"集"。因时间有限，故北方有"赶集"之说。第二是市镇。市镇有一定数量的工商业户定居，是农村剩余劳动力转移的场所，交通便利，有稳定的市场。历史上形成了朱仙镇、佛山镇、景德镇等名镇。第三是城市。城市是政治和经济结合的产物，辐射范围较大，各类市场云集。南京、北京、扬州、洛阳就是古代著名的城市。第四是区域市场。它是以某个地域为活动空间的市场，其地理、气候条件和生活习惯相同，是重要的物资集散地，如成都、重庆等。第五是全国市场。其辐射范围为全国。一般是首都或交通发达的大都市。最后是国际贸易。中国的对外贸易通道，先通过丝绸之路到中亚，宋代以后通过海上贸易到南洋、西亚、欧洲和日本、朝鲜。出口商品主要是丝绸、茶叶、瓷器等，进口商品主要是香料、象牙等。

生产要素市场主要是土地市场和劳动力市场。土地是传统经济中最重要的生产要素，主要为私人占有，可以自由买卖。宋代以后土地交易普遍而频繁，有"千年田，八百主"之说，交易也逐渐规范下来。除买卖外，还有出租、典当和抵押等其他交易形式。劳动力市场也出现较早，劳资关系由人身依附到受市场法规支配，比较尊重市场规律。金融市场方面，中国传统经济中最常见的信用形式是高利贷，它是金融市场不发达的表现。货币则经历了铜本位到银本位。金融组织中值得一提的是票号。票号多由山西人经营，先是为了解决异地汇兑问题，后开展存放款等业务，且官商结合，影响较大。著名的票号有山西平遥日升昌等。

4. 中国传统经济中的政府职能

中国古代社会自夏朝起即进入家天下时期，且"普天之下莫非王土，率土之滨莫非王臣"，政府无限，皇（王）权至上。国家管理以统治者利益最大化为目标。

政府促进经济发展的政策主要有：（1）颁布实施促进农业发展的"均平"土地政策，如三国时期的屯田制，北魏至唐朝的均田制等。（2）兴修水利。著名的有都江堰、郑国渠、白渠以及治理和利用黄河等。（3）劝农政策。中国有上自皇帝下至地方官员的劝农传统，提倡因时耕作，推广先进生产技术。（4）奖励垦荒、移民垦殖。不少王朝鼓励农民垦荒，并以免除若干年赋税为奖励。移民垦殖也出现多次，明代的大量山西人口迁移至河南等地就是著名的例子。当然，历代王朝阻碍经济发展的政策也有不少，主要包括：（1）直接维护和巩固皇权的行为，如修建帝王宫殿、陵墓和战争等。像秦始皇、万里长城这样的工程耗费了大量人力财力。（2）制定不符合经济发展要求的政策。典型的有王莽的集中土地的"王田令"和"以少代多"的王莽大钱。（3）缺乏产权保护制度。农民和民营手工业者受官府盘剥、掠夺普遍。（4）重农抑商政策。这是中国传统经济的一项基本国策。它阻碍了商品流通，增加了交易费用。

此外，政府还对市场进行管理。设置主管官吏，颁布市场相关法典，维持市场秩序，稳定市场；盐、铁、酒、茶等专卖制度产生了垄断，政府和官员获利，消费者受损；平准即官府平抑市场物价有利于调节市场供求，稳定物价。

（二）中国近代经济（1840~1949年）

1. 资本主义势力对中国的冲击

自15世纪到19世纪早期，西欧经历了地理大发现和产业革命，资本主义迅速发展。地理大发现为西方资本主义开辟了广阔的世界性市场，产业革命使生产效率大大提高，蒸汽机也推动了交通运输业的巨大进步。同时，西欧各国也开始了持续的海外扩张和掠夺，其中也包括中国。但这一时期，明清政府基本实行海禁政策，只允许少量口岸对外通商，但实行官方垄断，贸易货物种类和数量有限。1840年，英国发动鸦片战争，打开了中国对外通商的门户。此后，经过第二次鸦片战争、中法战争、中日战争、八国联军等一系列战争和事件，中国除割地赔款外，官方外贸垄断被打破，各口岸乃至其腹地对外开放，被迫协定关税，海关行政权丧失，大量商品和投资涌进中国。19世纪下半叶，中国对外贸易额增加迅速，并由原来的出超变为入超（见表3.1）。

表3.1　　　　　　　19世纪下半叶中国对外贸易部分年份数据

年　份	进口额（白银万两）	出口额（白银万两）
1864	4 600	4 900
1866	6 500	5 100
1876	7 000 ~ 8 000	—
1887	10 000	7 000
1894	16 000	12 800

资料来源：刘方健，史继刚．中国经济发展史简明教程［M］．成都：西南财经大学出版社，2001：192．

　　进入20世纪后，第二次产业革命再次推进了资本主义的发展，西方国家由自由竞争向垄断过渡，对中国的投资和渗透日深，不同程度地介入和控制了中国的铁路权、开矿权，划分了租界地。清政府试图通过戊戌变法和实施新政改革图强，资本主义工商业有所发展。民国以后的北洋政府，颁布了一系列有利于工矿业、金融业发展的法规，民族工矿农商业和金融业均初具规模。1927~1937年，国民政府进行了"十年建设"，在经济上进行了改革，规定统一财政、整顿税务、整顿外债、统一货币、发展交通煤铁、兴修水利和公用事业等，并颁布了相关经济法规，经济发展迅速。1900~1929年，中国GDP增长52.52%，年均增长1.5%，其中1914~1936年年均增长1.02%。19世纪与20世纪之交至1937年是中国近代自由资本主义发展最好的时期。1937~1945年，中国处于战时经济时期，经济现代化进程被日本侵略者打断。1946~1949年的国共内战使中国仍处于战时经济。此间，比较发达的沿海工业遭战争毁坏，部分工厂向中西部内迁，抗战胜利后又外迁，打乱了中国的整个工业布局。东北三省在日本侵略的14年间，大量的自然资源和工矿产品被日本掠夺。农村土地抛荒严重，生产资料和农产品被破坏、掠夺。因战争需要，铁路、公路线比战前有所增加，著名的滇缅公路即是其中之一。国统区财政一直入不敷出，财政赤字呈扩大趋势，赤字额1937年为15亿元，1941年为88亿元，1945年为6 854亿元，分别占当年财政支出的6.93%、88.19%和56.4%。国民政府加大了财政收入并发行内外债，在内战时期还实行了一系列的通货膨胀政策。国家资本地位加强，外国资本力量削弱。1949年，中国的GDP比1936年下降24.64%，国民收入下降26.56%；人均GDP下降30.3%，人均国民收入下降32.2%。

　　1840~1949年的约100年间，长期的战争严重摧残了中国经济。中国1880年的经济水平与1850年相当，1952年的经济水平与1936年相当。1929~1950年，中国GDP从379.5亿美元下降至335.5亿美元，减少11.6%；中国GDP在世界GDP中所占的份额则从10.3%下降到6.25%，是有史以来的最低点。中国近代的100年，经济发展水平与世界经济发展水平差距逐渐拉大。

　　2．传统经济向近代化转变

　　近代化即资本主义化。进入近代以后，中国农村的自给自足经济受到冲击并逐步解体。农产品逐渐直接面对国际市场；各种专业化农业区进一步发展，如北方的棉花、东北的大豆、珠江三角洲的鱼和生丝等；经济作物和粮食商品化也不断增长。例如，1935年全国需要购买粮食的农户达到35%。农业的商品生产中，一部分是追求利润的地主和专业企业，另一部分是贫困家户面对日渐扩大的商品经济而被迫进行的商品生产。农村的家庭手工业因西方廉价棉纱的冲击和棉花的稀缺而逐渐停止。传统的男耕女织的经济生活结束了。传统手工业中，手工棉纺织业和手工钢铁业因抵挡不住近代生产方式的冲击而衰落；丝茶手工业与具有民族特色的手工业得到保存与发展，但新式的缫丝机被引进，陶瓷、制扇、竹木家具、刀剪、中药等行业因其民族特色具有一定比较优势而继续发展下去。此外，近代资本主义的生产方式被引入传统手工业中。如资本主义性质的工场手工业、新式缫丝机、纺纱机的应用以及开始使用机械动力等。

近代中国的资本主义工矿交通业的发展也引人注目。19世纪60~90年代出现了从军工到民用的洋务运动，以曾国藩、李鸿章、左宗棠、张之洞为代表。官办军事工业以御侮图强为目的，学习西方的坚船利炮，著名的有江南制造商、福州船政局等，近代军事工业开始起步。官办民用工业以求富为目的，学习西方创办民用工矿交通企业，重要的有轮船招商局、开平矿务局、上海机器织布局和汉阳铁厂等，带动了国家资本主义和民族资本主义的发展。甲午战争后至1937年，民营工矿交通业发展加快，其中1914~1936年发展尤快，工矿业增长率为7.7%，新式运输业增长率为4%，快于同期的美国、英国、德国、法国等国家，是中国近代工业发展最好的时期。1937~1949年，中国工业因战争影响走上了国家垄断资本工业的道路。中国近代的工矿交通业，从资本构成看，外国资本由弱到强，国民政府后则由强到弱渐至微不足道，国家资本则和私人资本整体上由弱到强，其中私人资本在第一次世界大战期间发展较快，而国家资本在国民政府时期迅速膨胀。

3. 市场的近代化

近代中国的中外关系变化首先引起了中国国际贸易的变化，并进一步引起了国内商品市场、金融市场的近代化和城市化进程。对外贸易中由出口以茶为主、进口以鸦片和纺织品占主导，逐步发展到出口棉花、铁矿石等初级产品而进口棉制品、钢铁制品等工业制成品，显示出明显的殖民地特征，贸易条件恶化。中国的进出口商品价格受制于国际市场，遭受了长期的贸易损失。

国内市场随着对外开放出现了近代化趋向。商品流通额增长较快，20世纪30年代到达最高峰，1936年国内埠际贸易额约为47.4亿元。商品结构由鸦片战争前粮食、土布分别占42%和24%，到1936年工业品棉布和棉纱上升为分别占16.2%和10.8%，分列第一、第二位。商品价格由原来的等价交换发展到受国际贸易影响的农产品价格低、工业品价格高的剪刀差不断扩大。商品流通网络由原来的贸易中心向通商口岸和铁路沿线转移，京广、陇海、京沪铁路沿线许多城市迅速崛起，地区之间和城乡之间的经济联系日趋紧密。

金融市场也向近代化转变。传统的票号、钱庄等旧式金融机构受政局和外国新式银行业的冲击而于20世纪30年代以后消亡。近代化的银行、保险和交易所等金融机构兴起。首先出现的是外资银行，如英国丽如银行、沙俄的华俄道胜银行、美国花旗银行等。至1926年，外资银行在中国已有65家，在政治贷款、铁路和多项实业中发挥重要作用。中国民族资本随之出现。1897年创办的中国通商银行是第一家中国人自办的银行。户部银行正式成立于1905年，1908年改为大清银行，1912年又改为中国银行至今，是近代影响最大的银行之一。此外还有交银银行、浙江兴业银行等。对全国银行业进行管理的中央银行也出现了。大清银行和其后的中国银行，号称中央银行其实并未真正发挥央行的作用，1928年成立的"中央银行"通过官僚资本的迅速扩张和抗战，于1942年垄断货币发行而真正成为中国的中央银行。近代保险业随国际贸易的扩大而产生，保险费收入外商占大部分。最早的交易所是1919年开设的北京证券交易所，19世纪二三十年代发展到巅峰时期，以上海最为兴盛。

金融领域的货币问题值得一提。近代之初，中国的流通货币以制钱和白银为主，清末民初起试图"废两改元"，到1933年完成。1935年国民政府实行了币制改革，以纸币为法定货币，并很快实现了统一发行。

此外，劳动力市场随近代工业和城市的发展而有所发育但尚不完整；土地市场以城区及郊区发展为快，土地价格也大幅度上涨；随城市而兴起的商业、金融和市政公用事业等城市经济也发展起来。

4. 近代政府的经济行为

近代中国政府的经济行为，大致可分为清末、民国和国民政府三个阶段。清末19世纪60年代起有南北洋通商大臣和总理各国事务衙门，主管对外通商、外交和铁路、关税、海军、电报等洋务。1898年和20世纪初，清政府实行改革，发展近代经济，裁撤了传统的包括主管经济的户部在内的吏、户、礼、兵、刑、工六部。设立了近代性质的外务部、商部、度支部、邮传部等经济主管部门。其中商部制定了一系列新型的经济法规和奖励章程。清末适应"三千年未有之大变局"，设立了专业化的新型工商管理机构，并颁布法律政令发展近代资本主义经济。但这些机构和法规带有被动和殖民地色彩。

1912年以后的民国政府设有财政部、农商部和交通部等工商机构，整顿税务、盐务和币制，并相继颁布了一系列保护和奖励工商实业的法规和措施，政府对市场的干预相对较少。1912~1927年，近代工矿交通、金融诸行业开始较快发展，各类市场较快发育，民族工业、民族资本迅速崛起，是近代经济一段繁荣时期。

1927~1949年，受世界各主要国家干预主义的影响和巩固自身统治、战争的需要，国民政府一方面采取措施促进经济发展；另一方面加大政府干预经济、主导市场的力度。通过整顿财政体系由中央掌握了财政大权，通过"四行二局"和币制改革，统一了币制，建立了比较完整的货币金融体系；政府主导大力修筑铁路和公路、发展水运和航空业；战略物资由政府统筹开发管理；颁布农业推广章程、指导和控制农业生产等等。另外，经过不懈努力，1943年，国民政府基本废除了100多年来列强强加于中国的一系列不平等条约。这些政策和措施使政府控制了各类市场，起到了集中资源、稳定经济和支持抗战的作用，但同时也使市场运行严重扭曲，经济活动失去自由，整个国民经济也最终走向了衰退。

(三) 中国当代经济（1949年~21世纪初）

从中华人民共和国成立起，大致分为三个阶段：一是1949~1956年为国民经济恢复和社会主义改造时期；二是1957~1978年为高度集中的计划经济时期；三是1978年至今是市场经济导向的改革和发展时期。

1. 由新民主主义经济到社会主义经济

新中国成立之初，存在着传统的生产工具和近代机器的多层次的生产工具和生产技术，工业产值只相当于农业产值的30%且轻工业占绝大部分，地区和部门之间经济发展极不平衡，经济成分有国营经济、国家资本主义经济、私人资本主义经济和个体经济、合作社经济等多种，市场混乱。政府取消了外国的在华特权，没收了国家垄断资本，控制了经济命脉，并夺取了市场领导权，整顿了市场，统一了国家财政和币制。在农村，经过三年的土地改革，大部分农民分得了土地和其他生产资料，消灭了地主阶级，农民的生产积极性增加。在城市，通过政府介入调整了工商业的公私关系、农资关系和产销关系。经过三年多的调整和改革，国民经济恢复迅速，许多领域的生产已达到和超过历史最好水平，但同时，政府作用加强，市场作用逐渐弱化。

三年的国民经济恢复、土地改革的基本完成、国营经济的迅速壮大以及人民民主专政政权巩固以后，进行了国民经济的社会主义改造。过渡时期的总路线和总任务是：要在一个相当长的时间内，基本上实现国家工业化和对农业、手工业和资本主义工商业的社会主义改造。改造前的1952年年底，在中国国民收入中，国营经济占19.1%，集体经济占1.5%，公私合营经济占0.7%，私人资本主义经济占6.9%，农民和手工业者的个体经济占71.8%。到1956年年底，农业合作社的农户达到96.3%，农村基本实行了农业合作化；手工业合作社占全部手工业人员的91.7%，其产值占手工业产值的92.9%；公私合营的工商企业占私营企业总数的99%，私营资本主义经济被基本消灭。至此，中国经济中只有社会主义性质或基本上是社会主义性质的经济成分在国民经济中占了绝对优势。"一五"计划后，工业产值在工农业总产值中的比重由1949年的25.1%上升到1957年的33.5%，农业产值年均增长4.5%。通过社会主义改造，国营经济占据了绝对优势，计划体制确立，市场体制逐渐消亡。

2. 社会主义计划经济

1957年后约二十年的社会主义计划经济总体上经历了一个探索和挫败的过程。1957年，提出了以大炼钢铁为中心的赶超英国的"大跃进"计划，高指标和浮夸风随之而来。在农村开展了人民公社化运动。至1958年，全国农户基本都加入了人民公社，其主要特点是"一大二公"，搞集中管理和平均主义。"大跃进"和人民公社化运动建成了一批工业项目，但浪费严重，可持续性差，国民经济各部门比例失调。1958~1960年，国民总产值年均下降0.4%，国民收入年均下降3.1%，其中农业净产值年均下降5.9%，粮食产量1960年比1957年减少26.4%，出现了大面积饥荒现象。脱离实际的"大跃进"事与愿违，国民经济和国民生活陷入困难局面。

1960~1965年，中共中央对国民经济进行了调整，使国民经济在纠正"大跃进"的基础上有了恢复和发展。农业方面，改平均主义为按劳分配，减轻农民负担，恢复社员的部分财产；工业方面，降低生产指标，压缩工业企业和基建投资规模，加强薄弱环节；商业方面，恢复农业和轻工业品的流通渠道，扩大商品流通，提高农副产品收购价格；财政金融方面，加强财政管理，减少财政支出，回笼货币等。经过数年调整，到1965年，工农业生产接近或超过历史最高水平，农轻重关系大致协调。同时，中央1965年提出了应对战争威胁的"三线建设"，其总目标为：争取以多快好省的办法，在纵深地区建立起一个工农业结合的、为国防和农业服务的、比较完整的战略后方基地。此后，持续15年的"三线建设"吸引了中国相当大的经济资源。

1966～1976年，全国工作重心转向"阶级斗争"，社会持续动乱，国民经济遭受极大破坏，到达崩溃的边缘。宏观经济管理基本瘫痪；工业生产能力下降，组织松懈，甚至停产；农业所有制"升级"，开展"农业学大寨"运动，农业徘徊不前。此外，"大跃进"式的高指标、高速度死灰复燃，造成又一次大面积损失浪费。"文革"十年，工农业总产值年均增长7.1%，农业生产稳定增长，石油、冶金、煤炭、交通和核技术有较大发展，但经济增长低于此前十多年10%的水平，且大起大落，损失严重，国民经济比例严重失调，产业结构不合理。

高度集中的计划经济的二十年间，使中国国民经济在起点低的基础上比较迅速地恢复和发展，保证了较高的资本积累和相对平均地分配经济产品。但计划经济的弊端也是明显的，主要是：权力集中，忽视经济规律；政治挂帅，官僚主义，政企不分，闭关自守；否定商品经济和市场的作用。结果是公平有余，效率不高，难以持续。

3. 社会主义市场经济

1976年"文革"结束后至1979年，国民经济经过调整有了恢复，并逐渐走上持续增长的轨道。1978年的中共十一届三中全会，提出了以经济建设为中心和经济体制改革的任务。此后，经历了计划经济为主、市场调节为辅，有计划的商品经济和市场经济三个阶段，1992年确立了社会主义市场经济的目标模式。

经济改革起步于农村。1978年开始逐步实行了家庭联产承包责任制，并在此后多次明确长期不变。随后进行了农副产品流通体制和粮食购销体制改革，发挥市场作用，保护粮食生产；人民公社体制改为乡（镇）和行政村，经济权力放开；21世纪初全国废除农业税，减轻了农民负担。1984年后进行了国有企业改革，先是推行承包经营责任制，后确定建立现代企业制度。流通领域逐步减少物资调控，改以市场为主调节、适度放开外贸经营权。适应市场运行要求的，以间接调控为主的宏观调控体制如财政、金融、税收等体制初步建立。对外开放由最初的港口和经济特区逐步扩大到东西部、多层次的全方位开放，大力引进外资并与世界上绝大多数国家建立了外交关系和经贸交往，对外贸易成为拉动中国经济增长的重要动力。

根据邓小平1992年的谈话精神，中共十四大明确指出：坚持以经济建设为中心的基本路线不动摇；突破旧观念、旧体制的束缚，中国经济体制改革的目标是建立社会主义市场经济体制；国家实行宏观调控，主要要靠市场配置资源等。同时确定社会主义市场经济体制框架为：以公有制为主体、多种经济成分共同发展，国有企业实行"产权清晰、权责明确、政企分开、管理科学"的现代企业制度；建立全国统一开放的市场体系，并与国际市场相衔接；建立以间接手段为主的完善的宏观调控体系；实行以按劳分配为主体，效率优先，兼顾公平的收入分配制度和多层次的社会保障制度；建立相应的法律体系等。2001年年底，中国加入了世界贸易组织（WTO）。

自经济体制改革到21世纪初期，中国经济以年均10%左右的速度持续高速增长。2008年，中国GDP突破30万亿元人民币，成为仅次于美国和日本的世界第三大经济体。2010年，中国GDP超过日本，成为世界第二大经济体。但同时，中国经济还存在着经济增长方式落后、收入差距过大、市场体系需要进一步完善等问题。

◆学习拓展：

中国历史上为何没实现工业革命？

一、已具雏形

11世纪初，中国政府的兵工厂就能年产1 600多万个完全相同的铁箭头。到13世纪，在中国的北部，以水车带动的传送装置作为动力的机器可以把粗糙的麻纤维变成细纱。这种机器可使32个纱锭同时旋转，使用的技术大概与现代的纺纱锭纺纱机相似。就是说，11世纪的初期，中国经济已经具备了实行工业革命的关键因素：大规模生产和机械化。

工业革命所需的先决条件，如建立廉价的运输系统，实行全面的商品化、货币化和信用票据，中国早在宋朝就已经具备了。宋朝在长江下游地区广泛开展了水稻种植，河道和运河以及沿海的水上运输网迅猛发展，金融机构和金融工具发达，并已出现世界上最早的纸币，货币发行量增加。可以说，中国已经具备了产生工业革命的诸多因素，却仍然没有实现革命性的突破，其中的原因是什么呢？

二、动力消失

女真人在12世纪攻占了东北，紧接着蒙古人在13世纪占领了整个中国，给中原生产造成了巨大的破坏，更重要的是，它导致长江沿岸的生产发展对经济的推动力消失了。

在16世纪末和17世纪初，经济重又恢复活力，但随后又因内部的叛乱活动、满族人的占领和遭遇最寒冷的时期之一——欧洲人称之为"小冰河时代"而中断。

三、原因深刻

首先，该次经济回升主要是数量上的而不是质量上的。进步主要体现在粮食作物方面，如从新大陆引进了白薯，稻米品种得到了某种改良，出现了中稻。但这些都不是重要的发明和创造，原有格局基本没变。

其次，经济增长对环境造成的破坏达到了空前的程度。到1850年，中国的人口已达到4亿人以上，为了满足众多人口的需要，中国以更大的规模破坏原始植被，砍伐森林，开采煤和金属矿藏等其他资源。

最后，经济组织的形式总的说来是包买商制度。由于把销售与生产分割开来，技术革新难于进行，并使生产者进行试验的储备金或推动力降低到最低限度。

四、未知因素

除此之外，还有两个可能因素值得考虑。

其一，中国在文化的分析实验方面比西方弱得多。在西方，文化的分析实验已经结晶成现代科学，并对技术发展起着至关重要的影响。

其二，以民主方式管理政府事务。民主方式保证辩论在稳定的框架内进行并促进广为接受的变革，这可能对西方采用新的思维方式和建立新的社会组织起了帮助作用。

资料来源：改写自马克·埃尔文：《中国历史上为何没实现工业革命？》，网址 http://www.chinanews.cn/2001-07-27/26/108959.html。

第二节 经济思想史

人类在进行各种经济活动的过程中，对经济现象和经济问题不断认识和思考，形成了早期的经济思想，后来发展成为系统化、理论化的经济学说，从而形成了经济思想史。经济思想史可分为外国经济思想史和中国经济思想史。外国经济思想史主要指西方经济思想史，是经济学产生以来市场经济发展过程中形成的经济思想。中国经济思想史研究中国数千年来的经济思想的发展演变过程，其中主要是中国古代思想家们的思想体系中的经济部分和近代以来引进外国经济思想所形成的研究成果。

一、经济思想史的含义与任务

（一）经济思想史的含义

经济思想史，就是研究历史上的各种经济思想和经济学说的发生、发展、演变及其相互关系的一门经济学的分支学科。把这些思想和学说作为研究对象的，有经济思想史、经济学说史、经济学史、经济分析史、经济理论和方法史等不同的名称。它们研究的都是人类认识经济现象的历史过程。但从研究范围讲，经济思想史既包括系统化的经济思想即经济学说，也包括非系统化的经济思想，涉及范围最为广泛。

（二）经济思想史的任务及意义

研究经济思想史，是把历史上单个经济思想家的思想及其演变过程客观、全面地加以描述，还是探讨经济思想主流的发展演进过程及其规律性呢？总体来讲，两者都需要，但后者是经济思想史的目的和任务，所以更为重要。在研究中，需要抓住不同历史时期、不同国家的经济思想的主流和典型，描述并分析其背景、人物、思想及其方法，最后探讨其经济思想的发展动因及其适用性等。

研究经济思想史的意义在于：首先，它展现了各个历史时期和国家的经济思想家针对当时的经济背景提出的见解、理论和主张。这些思想，有的可以解决当时的经济问题，或者为解决以后的经济问题提供借鉴，成为人类整个思想史的组成部分，但有的却被淘汰。其次，经济思想史反映了经济思想的发展规律。它告诉人们一种经济思想产生的条件、背景、局限性和普适性，可以为当前经济思想的创新提供源泉。最后，可以从以往的经济思想中得到启发，根据背景的比对，提出解释当前经济现象的理论和解决当前经济问题的主张。

二、外国经济思想史

外国经济思想史大致可分为以下几个时期：一是早期的经济思想；二是古典经济学；三是新古典经济学；四是现代西方经济学。自古典经济学开始，外国经济思想就系统化、理论化了，而且基本思想、研究方法具有直接的延续性和继承性，在国际上占据主流地位。

（一）早期的经济思想

早期的经济思想主要是几个古文明、古希腊、古罗马及中世纪的经济思想。

西亚的两河流域是人类文明的最早发源地。古巴比伦王国约建于公元前1894年，其第六位国王汉谟拉比统一了两河流域，建立了一个经济文化发达的中央集权的奴隶制帝国。以他的名字命名的《汉谟拉比法典》是一部较完备的维护奴隶制的法典，其中的经济思想主要有：第一，保护奴隶主对奴隶的所有权，奴隶是奴隶主的财产；第二，重视农业；第三，有明显的等级观念；第四，土地主要是国王和贵州领主所有，允许买卖等。位于尼罗河流域的古埃及文明的经济思想主要有：一是重视治水和历法；二是维护法老的土地所有权和集中管理的经济模式；三是政府确定税收和平衡经济。另一古代文明古印度的经济思想主要包括：其一，维护种姓制度，把人由高到低分为婆罗门、刹帝利、吠舍、首陀罗四个等级，各自拥有自己的社会和经济地位；其二，阿育王时期宣扬仁慈和宽容；其三，孔雀王朝时期的《政事论》维护国王的权威，包括征税权，还描绘了美好国家的蓝图。稍晚的古希伯来和早期犹太人的经济思想体现在《圣经》和《塔木德》两部著作中，对后世有深远影响，主要内容有：财富是上帝赐予的和荣耀的；知识就是财富，学习是一种义务；十分重视契约和法律；倡导勤劳致富；强调行义行善和正义等。

古希腊位于巴尔干半岛的南端及其附近的岛屿，于公元前8世纪到公元前6世纪进入奴隶制形成时期，公元前5世纪高度发展。国家以城邦的形式出现，商品经济比较发达。其经济思想主要是色诺芬、柏拉图和亚里士多德的经济思想。色诺芬（约公元前440～公元前355年）出身奴隶主贵族，是苏格拉底的学生。经济思想主要体现在其著作《居鲁士的教育》和《经济论，雅典的收入》中。他最早使用"经济"一词，在古希腊"经济"是家庭管理的意思。色诺芬用"经济"来概括奴隶主阶级对财产和生产的管理。他的《经济论》是古希腊流传下来的最早的一部经济学著作，是一部奴隶主经济学。色诺芬的经济思想主要包括以下内容：第一，认为一切对其所有者有用的东西都是财富，有害的东西就不是财富；财富物品具有使用和交换两种功用。第二，农业是各行各业发展的基础，也是增加财产的重要手段。第三，拥护发展商业和货币经济。第四，劳动分工是必要的。

柏拉图同样出身于奴隶主贵族并师从苏格拉底，是古希腊伟大的思想家。柏拉图的经济思想主要体现在其著作《理想国》和《法律篇》中，主要有：其一，每个人应根据自己的秉性进行社会分工并在此基础上建立起国家。其二，有分工就有交换，并必然有商业和货币。其三，在分工的基础上形成哲学家、武士和农工商劳动者，其中哲学家和武士实行共产共妻共子以消除统治阶级的内部矛盾。生活在公元前4世纪的亚里士多德是柏拉图的学生，被马克思誉为"古代最伟大的思想家"。

亚里士多德的经济思想主要体现在其著作《政治学》和《尼可马科伦理学》两部书中。亚里士多德认为研究家庭管理的"经济"既要研究奴隶主的家庭关系，又要研究奴隶主阶级的"致富之术"；奴隶制是劳动分工的自然结果；真正的财富是由使用价值构成的；商品交换的最初形式是物物交换，后来扩大到通过货币交换。亚里士多德还认识到商品具有使用价值和交换价值两种属性以及不同的价值形式。

稍晚于古希腊的古罗马以亚平宁半岛为中心，从公元前2世纪到公元2世纪是其全盛时期，其经济思想主要体现在一些农学家、哲学家、法学家和早期基督教神学家的著作中。农学家们认为农业是罗马人最重要的职业，农庄应该自给自足，奴隶是一种生产工具。哲学家认为农业是罗马人最可贵的职业，反对小商业而赞扬大商业，社会分工作用巨大。法学家们以个人而不是家族为社会单位规定个人的财产权利，由此建立私有财产制度和自由契约制度。早期基督教神学家认为所有人都应当劳动，以营利为目的的大商业是不能容忍的，还提出了"公平价格"的概念。

从公元476年西罗马帝国灭亡，到17世纪中叶英国资产阶级革命的1 100多年，被称为欧洲的"中世纪"，其占统治地位的生产方式是封建制度。西欧中世纪占统治地位的意识形态是基督教神学，经济思想主要是经院学者和英国两位哲学家洛克、休谟的经济思想。生活在13世纪的西欧中世纪最著名的经院学者托马斯·阿奎那的经济思想主要有：私有财产不仅符合自然法的观念，而且是人类生活不可缺少的基础；等级制度符合上帝的意志，劳动也有等级；公平价格就是商品或商品与货币之间的均等，这种均等是以生产上所耗费的劳动量为转移的，还认为公平价格是由供求关系决定的；作为表现商品价格的货币只是便利交换，起辅助和从属作用，而不能成为社会财富的代表，它是人们协议的结果，是为交换而发明创造出来的；赚取利润的大商业是合理的等。14世纪的法国经院哲学家尼科尔·奥雷斯姆著有专门论述货币问题的《论货币的最初发明》，其主要论点有：货币是人们交换财富的人为手段，金银最符合要求；铸币是用金属铸造盖有印记的硬币，"除了用价值较低的金属铸造的低值币外，铸造货币决不可使用合金"，只有国王才有铸币权；不能任意改铸货币或改变币值以保持货币稳定；贬损货币会对国王本人不利、造成劣币驱逐良币和财富的再分配等。

约翰·洛克是英国著名哲学家、政治学家和经济学家，主要生活在17世纪。洛克提出"财富就在于黄金和白银丰足"，金银主要通过对外贸易中的出超获得，并主张节俭，具有浓厚的重商主义色彩。关于价值、价格问题，洛克认为商品的市场价格由它的供求关系决定，其内在价值由该商品效用决定。关于货币，洛克认为货币是一种普遍通用的商品，对货币的需要不仅取决于货币数量，还取决于货币流通速度。另外，洛克还承认了劳动创造财富的作用，论证了私有财产的合理性。

另一位18世纪的英国哲学家、历史学家和经济学家大卫·休谟在经济上的基本思想是货币数量论，其要点有：其一，货币是劳动和商品的代表，本身不具有价值；其二，商品价格取决于国内流通的货币量的多少；其三，当一国的货币量逐渐增加时，各种商品价格的上涨有一个时间上的滞后，劳动的价格最后上涨，这会刺激工商业生产；其四，一国货币过多将引起物价上涨，从而削弱出口商品的竞争能力，引起外贸逆差，使货币外流；其五，反对发行纸币。休谟的货币数量论反对当时流行的重商主义，主张自由贸易，对亚当·斯密有直接影响。

（二）古典经济学

古典经济学一般是指从1776年亚当·斯密发表《国富论》起到1870年"边际革命"出现这一个世纪内，占主流地位的资产阶级经济思想。它之所以被称为"古典"的，不仅因为经济学在这一时期有较大的发展，奠定了经济学在社会科学中的地位和作用，更是因为在这一时期出现了许多经典大师，他们的思想观点和政策主张对现代经济学仍然有重要的影响。这些大师大多是英国人，因为英国是这一时期最发达和最典型的资本主义国家。

1. 古典经济学的基本思想

古典经济学是自由资本主义时期对资本主义生产方式的理论考察，代表着产业资产阶级的利益。古典经济学维护资本主义的私有产权关系，认为资本主义制度是自然的和合理的，最有利于财富的增长；它把理论研究从流通领域转到生产领域，揭示了资本主义市场经济生产、交换、分配和消费的一般规律；它推崇自由竞争的资本主义模式，强调竞争的市场力量使追求私利的个人为社会利益最大化做出贡献，奠定了经济自由主义的理论基础和政策主张；同时，也探讨了经济学的研究对象和方法，建立了政治经济学的理论框架，并提供了许多有用的经济分析工具。主要代表人物包括亚当·斯密及其追随者李嘉图、马尔萨斯、边沁、西尼尔和穆勒等。

2. 古典经济学代表人物的理论

亚当·斯密（1723~1790年）在继承和发展了前古典学派众多学者研究成果的基础上，于1776年出版了《国富论》，在经济学说史上第一次创立了比较完备的古典政治经济学的理论体系，被誉为古典学派的创始人和代表者。《国富论》的核心概念国民财富是国民收入。斯密明确指出，政治经济学研究的富裕，是指全体人民的普遍富裕。他从消费者利益出发揭出了衡量富国裕民的标准，即衡量一国的富裕程度在于消费者所希求的价廉物博。斯密提出，劳动是财富的唯一源泉，增加财富总量只有两种办法：第一是提高劳动生产率；第二是增加有用劳动的人数。斯密说明了分工对提高劳动生产率的促进作用。斯密在经济学说史上首次正确地论述了资本主义社会的阶级结构，他按照人们占有的生产条件和获取收入的形式，把国民划分为三个阶级：只有自身劳动，以劳动挣得工资的工人阶级；占有资本，来购买劳动获取利润的资本家阶级；占有土地，以出租收取地租的地主阶级。斯密指出，工资、利润和地租是全社会的基本收入，其他收入，如利息、租金等都是这三种收入派生的。他认为，资本增加的原因在于勤劳、节俭和谨慎，资本减少的原因是游惰、奢侈和妄为，节俭和谨慎都是社会的恩人。斯密的

"经济人"概念是经济学家用以解释人类经济行为及动机的一个简单抽象模型，这个模型的核心观点是经济活动起因于个人对自身利益的关心和追求，以及基于对成本—收益精确计算的理性选择。斯密的另一个重要思想是"看不见的手"的理论。早在《道德情操论》中，斯密就提出"看不见的手"，这个用语被运用来说明社会以一种人们自己也察觉不到的方式保持着整体的和谐，他把"看不见的手"的作用归结为"伟大的自然设计师"——仁慈的神。

古典经济学的集大成者李嘉图是英国产业革命高潮时期的资产阶级经济学家，他继承和发展了斯密经济理论中的精华，使古典政治经济学达到了最高峰，是英国资产阶级古典政治经济学的杰出代表和完成者。李嘉图对价值的概念作了更深入的分析，坚持价值取决于生产所必需的劳动量的原理。李嘉图指出，由于土地的肥沃程度和位置不同，等量资本和等量劳动所生产出来的农产品是不同的；农产品的价格决定于劣等土地耗费的劳动量；农产品的价格使耕种优等土地或中等土地的等量资本除足以补偿生产成本和平均利润外，还有一个超额利润。李嘉图还提出了依照生产成本的相对差别而实行国际分工和贸易的理论——比较优势理论。若一国的全部生产物的生产成本都高于外国，则该国只有进口而无出口，反之亦然。在这种情形下，两国如何实现国际分工和交换呢？李嘉图认为，即使在这种情形下，只要每个国家专门生产自己在国内生产占相对优势的产品即成本相对低的商品，用以同别国交换，两国之间的贸易仍是相互有利的。

（三）新古典经济学

新古典经济学是19世纪70年代由"边际革命"开始而形成的一种经济学流派。它在继承古典经济学经济自由主义的同时，以边际效用价值论代替了古典经济学的劳动价值论，以需求为核心的分析代替了古典经济学以供给为核心的分析。新古典经济学形成之后，代替了古典经济学成为当时经济理论的主流。新古典学派主要包括奥地利学派、洛桑学派、剑桥学派，认为边际效用递减规律是理解经济现象的一个根本基础，利用这一规律可以解释买主面对一批不同价格时所采取的购买行为、市场参与者对价格的反应、各种资源在不同用途之间的最佳配置等各种经济问题。

1. 边际革命

19世纪70年代边际效用学派的出现，被认为是经济学中爆发了一场全面革命的标志。这场革命被称为边际革命。这场革命使经济学从古典经济学强调的生产、供给和成本，转向现代经济学关注的消费、需求和效用。英国经济学家杰文斯、洛桑学派的法国经济学家瓦尔拉斯和奥地利学派的门格尔被认为是边际效用学派的代表人物。他们在19世纪70年代初先后出版了各自的代表作，并不约而同地讨论了同一个问题，即价值由什么决定。

边际革命包含着两项重要内容，即边际效用价值论和边际分析方法的广泛运用。

在杰文斯看来，价值由"最后效用"决定，门格尔认为价值由"最小重要的用途"决定，瓦尔拉指出价值由"最后欲望满足的程度"决定，这也就是说在他们的代表作中虽然没有使用"边际效用"这一概念，但他们都认为价值是由物品的最终效用决定的，而效用是用以满足人们欲望的程度。以物的最终效用去衡量价值，可谓"边际效用价值论"，这种理论强调物对人的满足程度，而满足程度完全是主观的感觉，因而

"边际效用价值论"是主观主义的价值学说。从这一点上说，它是不科学的。但必须指出："边际效用价值论"的提出使经济学的研究进入了一个新的领域即消费领域，因为物的效用只有进入消费领域后才能评价。

经济学的研究进入消费领域是资本主义经济发展的需要。资本主义经过了三四百年的发展，竞争加剧，生产矛盾比较突出，而市场问题集中呈现在供求关系上，供求反映了人们的消费和欲望，所以经济学的研究不能不从人们的消费和欲望出发。门格尔曾经指出："一切经济理论研究的出发点都是人类的欲望本性。没有欲望，就没有经济活动，就没有社会经济和以它为基础的科学。对欲望的研究是经济学的关键。"借助于边际分析方法测量消费者欲望的满足程度，衡量物的效用从而决定价值，推动了经济学的研究。

边际分析的方法实际上是一种数学分析方法，也就是运用数学中的微积分去观察经济问题。但是这一方法开始还不为更多的人所接受，甚至门格尔对在经济理论中使用数学的方法都表示怀疑。门格尔认为经济学理论是一种理性的、逻辑的科学，不可能用数学方法去"精确"测定，只能用演绎法或归纳法。随着时间的推移和经济研究的实践，特别是经济资源"稀缺性"的提出，使越来越多的人接受这一方法，运用边际分析的方法去观察经济问题。"稀缺论"认为，财富的增长，人类福利的增进不是经济增长的自由展现，而是经济资源的最优配置；不是一切增量投入都是可取的，只有把增量投入与增量产出联系起来分析才是可取的。在这种理论的影响下，经济学家提出了边际生产力、边际成本、边际收益、边际替代率、边际消费倾向等范畴，极大地丰富了经济学研究的内容。

2. 马歇尔的理论

马歇尔把边际革命的成果及其分析工具与古典经济学理论结合起来，完成了对古典经济学和边际主义经济学的综合，成为新古典经济学的领袖。他阐述了现代微观经济学的几乎所有原理。就像边际革命的三位奠基人搭建了边际主义经济学大厦的框架一样，马歇尔搭建了新古典经济学的框架。

马歇尔运用边际效用理论说明了需求规律，即"需求数量随着价格的下跌而增加，随着价格上涨而减少"；又运用边际生产费用理论说明了供给规律，即"供给与需求相反，价格高则供给多，价格低供给少"；最后，他把需求规律和供给规律结合起来形成均衡价格规律，即"当供给价格和需求价格相一致时，需求量和供给量也相一致，就会形成均衡价格"。

马歇尔认为，收入分配就是把国民收入在各种生产要素之间进行分割。国民收入是各生产要素所带来的纯产量，也就是从总收入中减去各种费用之后的余额。同时，国民收入也是对各种生产要素进行支付的唯一源泉。四种生产要素共同创造了国民收入，所以，分配只是份额的确定问题。马歇尔认为，确定分配的份额，也就是确定要素的价格。劳动的价格是工资，土地的价格是地租，资本的价格是利息，企业经营的价格是利润。马歇尔把分析一般商品均衡价格的方法和原理运用到了生产要素价格的确定上。他认为，各生产要素都有一个正常的价格水平作为实际工资、利息、地租和利润的基础。这种正常价格决定于生产要素供给与需求价格的均衡。

（四）现代西方经济学流派

对经济学流派的划分一直是一个比较复杂的问题，划分流派所依据的标准也各不相同。这里把理论观点、分析方法和政策主张的基本一致与否，作为划分当代西方经济学流派所依据的基本标准。

1. 凯恩斯主义经济学派

1929～1933年，从美国开始的经济危机蔓延整个资本主义世界，经济普遍陷入严重衰退。衰退显现出来的供给相对于需求的过剩使传统经济学信奉的"供给自动创造需求"的自由放任思想受到严峻挑战。1936年，英国著名经济学家凯恩斯（1883～1946）的《就业、利息和货币通论》（以下简称"通论"）出版，倡导政府干预经济，在西方经济学中掀起了一场"凯恩斯革命"。此后，尤其是第二次世界大战以来，凯恩斯主义逐渐成为风靡世界资本主义各国的"新经济学"。后凯恩斯经济学发展到20世纪50年代末至60年代初，形成了两大主要支派：一是以美国经济学家保罗·萨缪尔森为代表的"新古典综合派"；二是以英国经济学家琼·罗宾逊为代表的"新剑桥学派"。而另一个比较独特的支派是以希克斯为代表的经济学流派，希克斯把剑桥学派、洛桑学派的传统微观经济理论与他所解释的凯恩斯经济理论相结合，形成了一套自成体系的经济学说。

在《通论》中，凯恩斯指出，在资本主义经济生活中，总需求不足是资本主义经济时常存在的现象。因此，经济完全可能处于非充分就业均衡的状态。凯恩斯的基本观点是：资本主义社会的就业量决定与有效需求的水平。根据他的看法，所谓有效需求是由消费需求和投资需求两个部分组成；而有效需求最终是由"消费倾向"、"对资本资产未来收益的预期"和"流动偏好"这三个"基本心理因素"与货币数量决定的。凯恩斯认为，由于三个基本心理因素的作用，一方面随着收入的增加，边际消费倾向（消费增量和收入增量之间的比例）递减，消费的增加总跟不上收入的增加，引起消费需求不足；另一方面，随着投资的增加，资本边际效率下降，同时由于流动偏好的作用，利息率的下降受到限制，从而吸引资本家投资的诱惑力减弱，造成投资不足，导致大量失业。

"新古典综合"一词是萨缪尔森首创的，其实质是将马歇尔为代表的新古典经济学与凯恩斯主义经济理论"综合"在一起。"综合"的核心思想是：只要采取凯恩斯主义的宏观财政政策和货币政策来调节资本主义社会的经济活动，使现代资本主义经济能避免过度的繁荣或萧条而趋于稳定的增长，实现充分就业，则在这种经济环境中，新古典经济学的主要理论（如均衡价格理论、边际生产分配力理论等）将再度适用。

希克斯对西方经济学理论有许多重要贡献。他完善了以序数效用论和无差异曲线来解释的边际效用价值论，发展了一般均衡理论。提出了IS-LM模型，其中，I代表投资，S代表储蓄，L代表货币需求，M代表货币供给，并利用它分析产品市场和货币市场达到同时均衡时，国民收入与利息率的同时决定，以及它们之间的相互关系。这一模型把新古典经济学的一般均衡分析与凯恩斯的国民收入决定理论结合在一起，成为现代凯恩斯主义宏观经济学的理论核心。他继卡尔多之后提出了新的补偿标准，在批评庇古福利经济学基础上，建立起新福利经济学理论体系。他还研究了通货膨胀，提出结构性通货膨胀理论。他与萨缪尔森提出乘数—加速原理，用以解释经济中产生周期性波动的根源。他在工资理论、货币理论、增长理论、资本理论以及经济学方法论和经济史理论方面都有所贡献。

2. 货币主义学派

货币主义学派是20世纪50年代中期在美国出现的一个重要经济学流派。代表人物主要有米尔顿·弗里德曼、哈帕格、布伦纳、罗宾斯、沃尔特斯、莱德勒等。货币主义学派的思想渊源是传统货币数量学说，这一学说的核心观点是：物价水平和货币价值由一国的货币数量决定，物价水平与货币数量成正比，货币价值与货币数量成反比。此外，货币学派的另一个理论渊源是早期芝加哥学派的经济理论，该学派重视货币理论研究，主张经济自由主义，重视市场机制的调节作用。

货币主义的政策主张主要有三个方面。第一，采用"单一规则"货币政策，即把控制货币供应量作为唯一的政策工具，这样就能避免经济波动和通货膨胀；第二，"收入指数化"，将工资、政府债券收益和其他收入同生活费用联系，根据物价指数的变化对其调整；第三，实行"浮动汇率制"。

3. 理性预期学派

理性预期学派诞生于17世纪70年代资本主义各国陷入严重通货膨胀、失业、经济停滞的背景之下。该学派的代表人物主要有罗伯特·E·卢卡斯、托马斯·萨金特和尼卡·华莱士等。

所谓理性预期，"它假定单个经济单位在形成预期时使用了一切有关的、可以获得的信息，并且对这些信息进行理智的整理。"理性预期理论有两个显著特点：第一，人们对未来经济的理性预期总是尽可能最有效地利用现在的所有可以被利用的信息而非仅仅是过去的经验，而且经济主体在利用理性预期十分注意政策的变化；第二，理性预期理论并不排除现实生活中的不确定因素以及其对人们预期的干扰，但是，它强调一旦发现错误，就会立即做出正确反应，并纠正预期错误，这样就不会犯系统的错误。理性预期学派的政策主张主要是批判凯恩斯主义的"积极行动主义的宏观经济政策"，提出过多的政府干预只能引起经济的混乱，为保持经济稳定，唯一有效地办法就是尽量减少政府对经济生活的干预，充分发挥市场的调节作用。

4. 供给学派

供给学派是在20世纪70年代西方经济出现生产呆滞、失业严重，同时物价持续上涨的"滞胀"背景下产生的。供给学派的主要代表人物有：阿瑟·拉弗、马丁·费尔德斯坦、罗伯特·贝雷特、裴德·万尼斯基、保罗·罗伯茨等。供给学派的思想渊源是以供给为理论出发点，以经济自由主义为主要政策主张的古典经济学。供给学派反对凯恩斯主义的有效需求管理理论及其政策主张，注重供给，刺激储蓄、投资和工作的积极性，主张更多地让市场机制自行调节经济。

5. 新制度经济学派

自20世纪六七十年代以来，新制度经济学派成为新自由主义经济学中最富有吸引力且最有助于使传统的经济研究和政治研究发生革命性变化的理论。这一流派的主要代表人物是科斯和诺斯。新制度经济学派的理论对新古典经济理论体系中关于经济人行为的两大基本假设进行修正，提出经济人行为的有限理性假定和机会主义行为倾向假定。目前新制度经济学派没有形成统一的、规范化的理论体系，主要涉及产权理论、交易成本理论、新经济史理论、代理理论、新产业组织理论和法与经济学等。

三、中国经济思想史

中国经济思想的发展，可以大致划分为三个阶段：一是从远古至1840年，属于中国传统经济社会的意识形态；二是从1840~1949年，体现了中国经济从传统走向近代和西方经济思想的西学东渐；三是从1949~21世纪初，反映了中国由社会主义计划经济模式向市场经济转变的过程。

（一）中国古代经济思想（远古~1840年）

中国具有悠久的历史和灿烂的古代文化，丰富的经济思想是其重要组成部分。这些经济思想不仅仅伴随了几千年的中国经济社会，而且还对西方产生了影响。源远流长的中国古代经济思想，经过早期的酝酿和准备，到春秋战国时代出现了百家争鸣的繁荣局面，这些经济思想是以后两千多年的中国经济思想发展的源头。自秦汉至宋元是中国经济思想的缓慢发展阶段，封建专制条件下的经济思想逐渐具体、成熟和丰富。明代至清中期，是传统经济走向衰落，商品经济有所发展的时期，经济思想也有所转向。

1. 先秦经济思想

中国古代随着经济活动的发展，很早就开始了对经济问题的探讨。中国最早的哲学著作《易经》中的卦辞和爻辞就出现了"利"的观念，如"元亨利贞""不习无不利"等。到了春秋战国的大动荡时代，土地所有制等社会经济关系剧烈变革，经济领域的矛盾尖锐，于是出现了代表不同利益的具有系统性的经济思想，出现了百家争鸣的局面。争论的焦点，先是义利之辩，后是重本抑末，主要是儒、墨、道、法、商家和《管子》的经济思想。

儒家思想在中国历史上影响最大，代表人物是孔子。孔子的经济思想的核心是其义利观。孔子认为，人们求利求富应有一定的道德规范限制，不能见利忘义。《论语·述而》曰："不义而富且贵，于我如浮云。"所谓义，也就是要遵守社会行为规范，要讲适宜性。针对当时礼崩乐坏的社会状况，孔子主张"君子喻于义，小人喻于利"，"君子谋道不谋食"等。孔子鼓励学生们"学而优则仕"，"学也，禄在其中矣"。对于广大劳动者，孔子则主张要先使其富裕起来，才能进行教育和治理。

墨家的代表人物是墨子。墨子认为买卖是商品和商品的交换，提出"为屦以卖不为屦"，认识到了商品的两种属性。又说"贾宜，贵贱也"，"贾宜则售，说在尽"，即认为商品价格有一定的浮动标准，价格合适就能卖完。墨子认为"下强从事，则财用足矣"，即劳动才能创造财富，反对不劳而获，主张"强力疾作"。墨子还提出了生产分工的思想，说"譬若筑墙然，能筑者筑，能实壤者实壤，能饮者饮，然后墙也"。消费方面：墨子主张节俭，反对奢侈淫逸。墨子认为应减少战争，爱惜民力，用于发展生产，"土地者，所有余也；王民者，所不足也"。为了增加人口，应该采取早婚、禁蓄私奴、停止战争、轻徭薄赋和短丧薄葬等措施。

道家的创始人是老子，在战国时期则有杨朱和庄子。老子主张"见素抱朴，少私寡欲"，"富莫大于知足"，把贫富之别归于主观判断，并崇尚俭朴。老子的思想以"道"和"德"为核心，"道"是事物的本源，"德"是具体事物的本性，以"法自然"为基本准则，认为应尊重自然规律，甚至"无为"。另外，老子谴责贫富悬殊，主张均富。杨朱主张"贵生"和"重己"，认为"人人不损一毫，人人不利天下，天下治矣"。庄子继承和发展了老子的自然无为思想，认为"夫虚静恬淡，寂寞无为者，天地之平，而道德之至"，要绝对服从天道。

法家重法、术和势，主要是法治和权术思想，其代表人物有商鞅和韩非。商鞅辅佐秦孝公变法图强，为秦灭六国打下了基础。商鞅创立了农与战结合作为基本国策的农战论，"国之所以兴者，农战也"，重农以养战。为此，商鞅主张首先发展农业生产，认为农业是财富的源泉，所以要"事本禁末"，抑制工商业，并且增加人口。韩非认为把握人际关系的关键是"自为心"，人的一切行为动机都是由自为心出发而趋利避害的，它是人们积极行动的原动力。韩非以此为基础，否定一切伦理规范的作用，以自为自利解释经济活动，提出"足民不可治"。另外，韩非还提出了人口相对过剩的思想。

商家的代表人物有范蠡和白圭，提出了早期的经商思想。范蠡辅佐越王勾践灭吴称霸后功成身退，经商致富。范蠡提出了农业经济循环论以预测经济前景和商品价格变化趋势，认为农业丰歉取决于有规律的天时变动，"以五谷一贱一贵，极而复反"，乃至整个经济也会呈现有规律的周期波动。所以，可以以此把握最佳的买卖时机，贱买贵卖，积聚财富，并且"务完物，无息币"。白圭被后世尊奉为商业祖师，他认为经商要"乐观时变"，实行"人弃我取，人取我与"的经营原则，提出了"欲长钱，取下谷"的观念，即薄利多销。

管子名夷吾，字仲或敬仲，春秋时期辅佐齐国40年而使齐桓公成为春秋霸主之一。《管子》一书一般认为是战国时期齐国的数代稷下先生们以管仲为旗帜而作。该书近1/3篇幅论述经济问题，主要探讨发展经济和富国富民之策。在土地问题方面，《管子》提出了正地论，认为"地者，政之本也"，"地不均平和调，则政不可正也，政不正则事不可理也"，应该"均地分力"以变革生产关系。在自然资源方面，主张保护自然资源，反对滥用无度，应"禁发有时"和注意森地防火。在人力资本方面，提出培养人才乃百年大计，说"一年之计，莫如树谷。十年之计，莫如树木。终身之计，莫如树人。树·获者，谷也；一树十获者，木也；一树百获者，人也"。《管子》还提出士农工商分业定居以提高劳动技能。在货币方面，《管子》认识到物价的变动随着流通中货币数量的增减而涨跌，而单位货币的币值则随着货币供给的多寡而升降。在消费方面，《管子》提出既要节俭以避免浪费，又要侈靡以使生产和流通顺畅。在经济发展方面，《管子》主张以农业为中心，适度发展工商业，认为工商业也是富国富民之途，也应使其发展。《管子》认为求利之心是经济发展的动力，"故利之所在，虽千仞之山无所不上，深源之下，无所不入焉。故善者执利之所在，而民自美安，不推而往，不引而来，不烦不扰，而民自富"。《管子》还认识到了市场机制的调节和刺激作用，商品价格由市场供求力量决定，"夫物多则贱，寡则贵"。同时《管子》也强调计划的作用，"田有轨，人有轨，用有轨，人事有轨，币有轨；乡有轨，县有轨，国有轨"，提出

"上应轨于国,国贫富如加之以绳,谓之国轨"。

2. 秦汉至宋元时期的经济思想

这一时期经历了大约1 600年,历经秦、两汉、三国、两晋、南北朝、隋、唐、五代十国、两宋和元等封建时期,我国封建经济渐至全盛而衰。该时期的"天下大势,分久必合,合久必分",社会经济在比较稳定的两汉、唐前期、两宋时期发展较快,其他时期则动荡起伏。秦至宋元的经济思想家主要有桑弘羊、司马迁、刘晏、杨炎和李觏、王安石等。

桑弘羊主要生活于西汉武帝时期,长期担任经济管理部门职务,其主要经济思想有:第一,肯定商业活动,主张内外贸易;第二,主张官营并垄断,抑制地方兼并;第三,坚持铸币权归中央;第四,实行均输等政策增加财政收入。

稍后的司马迁为"究天人之际,通古今之变,成一家之言"而作《史记》,其经济思想亦体现其中的《平准书》和《货殖列传》之中:一是主张自由放任。他说,"天下熙熙,皆为利来;天下攘攘,皆为利往",人们求利"若水之趋下,日夜无休时,不召而自来,不求而民出之",贤人、勇士、隐士等概莫能外。颇似现代经济学的"经济人"之说。基于此,司马迁主张社会经济放任为主,国家只在必要时予以引导和教诲。二是主张农工商各自分工、各有其用,应任其发展。三是主张"贫富之道,莫之夺予"。司马迁认为人各有异,贫富无常,不必加以均平,否则会挫伤致富的积极性,有效率优先之意。

刘晏长期担任唐朝财政要职,是杰出的理财家,其经济思想亦主要体现在财政方面:一是提出征收租税应"取人不怨",租税不要激起民怨;二是强调生产自救胜于财政赈灾,大致相当于用增加政府购买来代替转移支付,殊为难得;三是推行雇佣劳动,反对强制劳役,有利于提高经济效率。几乎同时期的杨炎提出了一些财政思想。第一,提出了"量出以制入"的财政原则,与历代之"量入为出"相反,与众不同。第二,主张按贫富差别征收租税,有优越性和合理性。第三,强调简化税制,全部租税在夏秋两税中征收,减少了税负成本。

李觏是北宋著名的功利主义学者,其主要思想包括:其一,反对"贵义贱利"的儒家传统思想,充分强调"利""财"的作用;其二,肯定土地私有制并抑制兼并,防止贫富分化;其三,认为应按人的实际能力与社会需要进行分工,"能其事而后事以食"。稍晚的王安石则主政变法改革,其经济思想有:明确说明财富来源于劳动与自然,"人致己力,以生天下之财","欲富天下,则贫之大地";主张"摧抑兼并,均济贫乏";肯定财政在政治中的首要作用,宣称"政事所以理财,理财乃所谓义也",并主张以有偿募役制代替徭役劳动。

3. 明代至清中期的经济思想

明代至清中期即14世纪后期至鸦片战争以前。该时期封建经济趋衰落并在某些方面制约了经济发展,新的资本主义萌芽缓慢积累,商品经济有了一定发展,总体上是一个缓慢变革的时期。明中期的"一条鞭法"减轻了农民负担,农业、手工业和内外贸易均有发展。但明末土地兼并严重。清初实行"圈地"和"迁海",农业受损严重,康熙时废除"圈地"和"迁海",实行"更名田",将土地复归民有,雍正时实行"摊丁入田",废除了两千多年的人头税而以土地多寡纳税,对手工业和商业也逐渐放宽政策,农业、手工业和城市商业逐趋繁荣。明代中叶以后,资本主义生产关系已开始出现,商品生产渐成规模,小商品生产者两极分化,出现了劳动力市场,商业资本开始支配生产并向产业资本转化,农村中出现了经营地主和佃富农,雇佣农民大量出现。与之相适应,这一时期的经济思想既有所发展,也带有一定的革命色彩,其主要人物有丘浚、黄宗羲、王夫之和顾炎武。

丘浚是明中前期人,长期为官,经济思想主要体现在其著作《大学衍义补》中。丘浚认为财富是自然力与人力共同创造的,"财生于天,产于地,成于人",在分配问题上,"天生众民,有贫有富",贫富属自然现象。丘浚认识到了货币的价值尺度和流通手段的职能,流通中的货币数量必须适应商品的流通数量,货币应与交易商品"当值"。此外,还提出了"三币之法",即以当时的"银为上币,钞为中币,钱为下币。以中下二币为公私通用之具,而一准上币以权之焉。……每银一分,易钱十文。新制之钞,每贯易钱千文",即以白银为本位币,钞、钱为辅币,是一难得创见。关于贸易问题,丘浚主张商业民营,并开放海外贸易。

黄宗羲、顾炎武、王夫之均生活在明末清初并参加过抗清斗争。黄宗羲著有《明夷待访录》等著作,经济方面主要强调私有制和工商业的合理性。对于土地,黄宗羲主张将全部国有土地用于授田,实行私有化,一切土地改革均不应损害之,同时对土地减少赋税,对于上上之田也只应征"什一之税",对重税深恶痛绝。另外,他否定传统以农为本、工商为末的观念,提出"工商皆本"。顾炎武强调自利自为是增加财富的动力,"圣人因而用之,用天下之私成一人之公,而天下治"。类似于亚当·斯密对于"经济人"的论述。顾炎武还主张地方自行雇佣劳动开发山泽和发展纺织业,使用雇佣劳动力。他反对国家干涉商业,主张自由贸易。王夫之是唯物主义思想家,具有进化论观点,反对因循守旧。他认为农业、工业和商业都是财富的源泉,"农末相资",财富生产乃人之自发自利行为,不可"夺之",贫富差别是合理的,不必消除。王夫之从历史的观点论证土地私有制的合理性与合法性,国家不必过分干预,主张以租税为杠杆予以遏制土地兼并。对于赋税,王夫之主张轻税和放弃农业单一税政策,扩大征收范围,适应了当时发展较快的工商业。

(二)近代中国经济思想

近代中国的经济思想大致可分为两个时期:前期自1840年至"中华民国"初年,中国被迫打开国门并日益成为半殖民地半封建社会,开始艰难地学习西方,走向资本主义道路;后期自"中华民国"初年至1949年,中国政治、经济逐渐摆脱了外国的控制,走上了资本主义道路,系统引进西方的经济理论并在某些方面有自己的见解。近代以后,对经济问题探索日甚,涉及人物众多。

1. 清末民初的经济思想

在清末民初这个"三千年未有大变局"的巨大转型期,经济思想的主流是向西方学习,由基本理论到具体措施,由地方到中央,由个别人物到社会潮流。主要流派先是以魏源、林则徐为代表的地主阶级改革派,接着是以洪秀全、洪仁玕为代表的太平天国的革命派和以李鸿章等为代表的洋务派,随后是资产阶级改良派和以孙中山为代表的资产阶级革命派。

地主阶级改革派在与西方的接触和了解后,承认了中国的落后之处,主张向西方学习,"师夷长技以制夷"。他们首先认识到西方列强的"船坚炮利",主张学习以强兵。魏源提出重视商业以富国,商人除了向国家缴纳一定的税收外,不应再受制于官吏。为了更好地富国强兵,应该实行私有财产制度,国家应放开对盐、铁、茶等的垄断经营而改为私营。针对当时的银荒问题和外国银铸币的优点,林则出主张铸造银币并支持信用货币的流通。太平天国运动试图为中国开创一个理想天国,在前期颁布了反应洪秀全经济思想的《天朝田亩制度》,其经济主张有:其一,消灭封建土地私有制代之以土地公有制,"凡天下田,天下人同耕";其二,平均分配,"有田同耕,有饭同食,有衣同穿,有钱同使","天下从不受私,物物归上帝";其三,提倡男女平等,包括在经济方面的平等;其四,小农经营。从内容上看,这种经济思想反映了封建经济下农民的理想状况。太平天国后期,其重要领导人洪仁玕著有《资政新篇》作为太平天国的经济纲领性文件,其基本思想是倡导资本主义经济,为近代中国发展资本主义描绘了蓝图。主要内容有:第一,学习西方兴办各种实业;第二,发展交通运输和金融业,包括铁路、轮船、邮政、银行和保险业;第三,倡导资本主义经营方式,鼓励创造发明。

洋务思想产生于19世纪60年代,延续和影响数十年。洋务派的领军人物多为地方上的实权人物,其思想得到了相当程度的实施,形成洋务运动。改派主张"中学为体,西学为用",以实现"自强求富",带有明显的封建性、买办性和垄断性,也建成了一批近代军用工业和民用工业,推动了资本主义的发展。其主要思想包括:其一,"中学为体,西学为用",即坚持中国原有的伦理道德和基本制度,同时学习西方的科学技术和机器设备;其二,兴办新式的军事工业已求"自强",兴办新式民用工业和农、工、商并重但"以工为本"以求富;其三,企业经营方式应取官办、官督商办为主,"由官总其大纲",垄断性明显。

戊戌变法前后的资产阶级改良派则主张全面向西方学习,不仅学其"用",还要学其"体",从经济到政治全面学习西方。在政治上主张学习西方开议院、兴民权、实行君主立宪,改变封建专制制度以利经济发展。经济上大力倡导全面、自由地发展资本主义经济和实行民营,政府对经济应取自由放任的政策,发展对外贸易,建立完整的货币制度。这些思想开始有了系统性和理论性,西方经济理论开始在中国传播和产生影响。

晚清政府的腐败无能和资本主义的初步发展使得辛亥革命前后的资产阶级革命派的资本主义思想迅速传播,民主共和深入人心。孙中山的经济思想可以概括为以下几方面:第一,重民生。他说:"民生就是人民的生活,社会的生存,国民的生计,群众的生命。"认为民生是历史的重心,人类求生存是社会进化的定律。第二,平均地权。其核心思想是通过实行单一土地税,把土地价格增加额收归国家,从而逐步实现土地国有化。第三,节制资本。孙中山根据发达资本主义国家的经验,认为发展资本主义经济要扬善去恶,防止垄断。第四,要振兴实业。振兴实业以提高社会福利为目的,要靠政府的力量主导,应协调发展,突出重点,铁路先行。孙中山的经济思想对中国产生了深远影响。

2. "中华民国"时期的经济思想

这一时期的经济思想主要有三大脉络：一是西方经济学说在中国的传播和影响；二是关于中国经济建设的思想；三是马克思主义经济学说在中国的传播和运用。

西方经济学说在20世纪初以后在中国的传播加快，20世纪20年代后更是数量增加，表达规范，范围也从经济学原理扩展到财政、货币、会计、工业等应用领域，介绍和翻译经济学的人士也越来越专业，甚至受过欧美的经济学专业教育如马寅初和陈岱孙等人，传播主体也大为扩展。中国的现代经济学教育也于1912年北京大学设立商学社而起步，多所高校也纷纷设立商科或经济学系。和以往数十年的被动性不同，该时期中国先进知识分子学习和传播西方经济理论具有主动性，认识到应该向西方学习以求救国自强之道。由于传统思想不同和经济实践的局限性，当时国人学习时基本上全盘接受了西方经济理论，具有明显的单向性。同时，由于当时中国相对落后，急于发展经济，所以在引进西方经济理论的同时就力图消化和吸收，用以建立中国现代化经济制度，促进资本主义经济发展。本时期西方经济学说的传播使中国主流经济思想摆脱了传统的桎梏，逐渐和世界经济科学沟通并使经济学成为一门独立的学科延续下来，成为指导经济实践的理论工具。

在20世纪30年代，马寅初、宋子文等主张实行统制经济。受西方经济危机的启示，他们认为应该既保留有计划之生产，又保留私有制度，对于重要部门应实行国营，其他则任由民营企业发展。与此相对的是顾翊群等人的经济自由主义思想。顾翊群认为苏联式的计划经济不如自由经济，中国的统制经济只可作为战时经济政策，不可用于和平建设。关于工业问题，多数学者主张中国采取激进式的工业建设，尽量缩短工业化进程，提升经济社会水平，赶上世界发展潮流。应优先发展重工业，同时农、轻、重协调发展。但以梁漱溟为代表的乡村建设派则主张要由农业引发工业，以乡村建设为基础，在乡村发展先进的生产技术和社会化经济组织，逐步实现工业化。该时期发展国家资本的思想影响巨大，主要内容是政府积极干预经济，扩大国家管制经济的范围。孙中山强调运用国家力量发展国家资本，认为既可以发展资本主义经济又不至于造成贫富悬殊。30年代的世界资本主义经济危机和苏联等计划经济的成就使国家资本主义更有市场，同时也符合当政的国民政府建立强势中央政府和规范经济运行的需要。

马克思主义经济学在中国的传播始于19世纪末，五四运动和中国共产党成立后传播较快，并和中国的共产主义运动结合起来。1938年郭大力、王亚南全译本《资本论》问世，极大地推动了马克思主义经济学在中国的研究和中国化。至20世纪三四十年代，马克思主义经济学说在中国已形成了一个独立的经济学分支，马恩列斯的经典著作几乎都有了中译本，国人在学习研究之外，还运用该理论体系分析解决中国的实际问题，出现了一批马克思主义经济理论和实践性强的论著，其中后世影响最大的是毛泽东的新民主主义经济思想。新民主主义经济学说是毛泽东运用马克思主义的基本原理，结合中国实际而创立的中国经济发展道路。他认为在社会主义社会前应建立社会主义性质的以国营经济为主导的，同时包括合作经济、个体经济和私人资本主义经济成分在内的过渡性经济体系。新民主主义革命致力于取消帝国主义在中国的特权，改革旧的封建生产关系，取消帝国主义、官僚资本主义和封建主义对广大人民的剥削，发展资本主义并最终过渡到社会主义。毛泽东的新民主主义理论成了中国新民主主义革命和1949年后一段时期中国国民经济建设的指导思想。

（三）现代中国经济思想

1949年~21世纪初，现代中国的经济思想有两条主线：一是马克思主义经济理论的研究和发展；二是西方经济理论的引进和影响。

1. 马克思主义经济理论的研究状况

自1949~1978年，马克思主义经济学是中国的主流经济学。其中1965年前，研究方向不仅有对马克思主义经济学经典著作的全面、系统的翻译介绍，还有对马克思主义经济理论的广泛深入的学习研究，而且还运用马克思主义经济学的基本原理和基本方法研究经济问题，建立了社会主义政治经济学学科体系。在理论研究方面，一是对马克思主义经济学经典著作的研究；二是苏联社会主义政治经济学理论体系的引入和研究。理论研究的规范分析和思辨色彩浓厚，研究的课题主要有政治经济学的研究对象、生产力与生产关系的相互关系、社会主义基本经济规律、按劳分配问题、社会主义制度下的商品生产和价值规律的作用、社会主义所有制等问题，主要主张是公有制、计划经济和按劳分配等。在理论研究的基础上，毛泽东提出了社会主义工业化和经济建设的战略规划，马寅初提出"新人口论"，王亚南研究了社会主义政治经济学等。1966~1976年的"文化大革命"，马克思主义经济学的正常研究被扰乱，一些研究只是对马克思主义经济学的歪曲和篡改。1976~1978年主要是对文化大革命期间的错误思想和理论的批判和拨乱反正。

1979~1991年，马克思主义经济学主要是对马克思主义经典理论的研究，并与中国社会主义经济发展实践相结合，提出了有计划的商品经济、社会主义初级阶段等观点。研究方法以规范分析为主，同时采用实证分析和数量分析的方法。研究对象也很广泛，包括了马克思主义经济学传统理论问题和现实的社会主义经济问题。20世纪80年代中期以后，由于一系列新问题、新思想、新理念的提出，实际上已基本形成了不同于以往的社会主义政治经济学体系。

1992年邓小平在南方发表讲话，论述了社会主义的本质和社会主义市场经济问题。他指出社会主义的本质是解放生产力、发展生产力，消灭剥削、消除两极分化，最终达到共同富裕。对于社会主义市场经济，他认为计划多一点还是市场多一点，不是社会主义与资本主义的本质区别。计划经济不等于社会主义，资本主义也有计划；市场经济不等于资本主义，社会主义也有市场，计划和市场都是经济手段。受此影响，马克思主义经济学在以后数年内研究的重要问题包括社会主义的本质、所有制及公有制的主体地位、社会主义市场经济、生产力标准、私营经济及其地位、国有企业产权改革、私有化、宏观调控、经济改革的道路以及分配问题等，主要认为社会主义和市场经济可以兼容，以公有制为主体，多种所有制共同发展，政府以市场手段间接调控经济，按劳分配和按其他生产要素分配相结合等。

2. 西方经济学的引进及影响

从1949年~21世纪初60年的时间内，西方经济学在中国的地位和影响总体上呈现逐步上升的态势。1949~1978年，对西方经济学的引进和研究基本上局限于资产阶级古典经济学和"庸俗"经济学,态度基本上是批判和全盘否定,认为是资产阶级意识形态,应以马克思主义思想为指导,进行批判性研究。但这一时期,古典经济学和新古典经济学的主要经典著作以及凯恩斯等人的部分现代经济理论已经有了中译本,为研究西方经济理论提供了基础条件。

1979~1991年,对西方经济学的引进、传播、研究和应用进入了一个大的发展阶段,西方经济理论被大规模和比较全面地介绍进来,态度也由原来的全盘否定转变为批判之中有借鉴和利用。影响较大的有美国经济学家萨缪尔森的《经济学》和货币主义学派、供给学派以及经济增长理论和发展经济学等,西方经济学的产权理论和新制度经济学由于适合中国转型经济的需要而被系统引进和研究。

1992年~21世纪初,由于社会主义市场经济的大背景,西方经济学的地位迅速上升。这十几年来,西方经济理论在中国的引进和研究的基本情况如下:第一,中西方经济学术交流频繁,西方经济学的前沿理论和基本研究动态被跟踪和引进。第二,新制度经济学的引进、研究和运用长盛不衰,货币主义、理性预期等自由主义经济学颇受重视。第三,在西方经济学的理论研究方面几无建树,但在西方经济学的应用方面有了很大进展。第四,西方经济学的部分理论和方法被引入马克思主义经济学的理论体系之中,两者有融合之现象。

对于西方经济学和马克思主义经济学在中国的地位,在学术界颇有争议。一些中老年学者从捍卫马克思主义经济学的观点和立场出发,批判西方经济学的阶级辩护性和一些理论上的缺陷,指出照搬西方经济学不能解决中国经济问题,中国经济学不能走西方经济学化的道路,还是应当发展社会主义政治经济学。另一些中青年学者则认为,传统社会主义政治经济学在解释现实经济运行上苍白无力,所揭示的"规律"与社会经济活动没有什么相关性,应运用西方经济学的基本假设、理论框架和研究方法来构建中国经济学。

◆学习拓展:

亚当·斯密

亚当·斯密(1723~1790),生于英国苏格兰法夫郡的柯尔卡迪,父亲也叫亚当·斯密,曾任苏格兰地方政府官员,但斯密出生前的几个月就去世了。亚当·斯密的母亲玛格丽特·道格拉斯对亚当·斯密相当疼爱,母子关系非常和谐。斯密少年时体弱多病,但他脾气温和,性格友善而且慷慨。到入学年龄的斯密首先进入了柯尔卡迪的市立学校,并很快以对书籍的热爱和超人的记忆力引起同学们的注目。1737年,斯密进入格拉斯哥大学学习,在此期间斯密最喜爱的学科是数学和自然科学。1740年起在牛津大学就读的六年间,斯密把大部分时间耗在了图书馆里,此时斯密的兴趣从数学转移到拉丁语和古典著作。在牛津大学毕业后,斯密从1748~1750年做了爱丁堡大学的讲师。此时兴趣转移到经济学,并大力提倡自由贸易。不久,他再度回到格拉斯哥大学担任逻辑学教授。在格拉斯哥大学期间,斯密主要讲授道德哲学,并且阐发了自由贸易思想。

1759年，斯密发表了他的科学巨著《道德情操论》。该书既是对英国情感主义伦理学的综述与总结，同时又有独到的理论特色。其一，斯密虽然沿袭了英国的经验主义传统，但有所突破。尤其他对于公正旁观者的论述和对责任感形成的分析，以及对理性在道德情感中的作用的认识，都是对狭隘经验的挑战。其二，斯密尝试运用联想主义和想象的分析方法，而且这种尝试是非常成功的。他对生活中司空见惯的现象进行了透彻的分析。其三，主观主义思想的运用。《道德情操论》和后来的《国富论》有密切关系，就思想而言，甚至可以说后者是前者的续篇。《道德情操论》的发表给斯密的生活带来一个很大的转折，他获得了赴法国旅行的机会。此次法国之行使他得以接触、进而深入了解重农主义思想，收集许多第一手材料、获得空闲构思他的经济学巨著，并为他创造了以后从事研究的良好条件。他不必再考虑工作和收入，研究经济、读书思考成为他生活的主体。

1776年，斯密发表了他伟大的经济学巨著《国富论》。《国富论》的主旨是要研究国民财富的性质，增加国民财富的原因和途径，是斯密经过十二年的努力才孕育出的成果。该书的出版引起很大的社会轰动，公众的反应是毁誉不一，但很快反对的意见就淹没在赞扬声中了。休谟表现出极大地热情，他在信中写道："太棒了！好极了！亲爱的斯密先生：我对您取得的成绩非常满意。细细读完，我如释重负。该书思想之深刻，结构之完整，观察之敏锐，实例之新奇丰富，终究会引起公众的注意。"有人甚至认为这本书对人类幸福做出的贡献，可能会超过有史以来著名政治家和立法者所作贡献的总和。

斯密的一生是顺利的，他没有颠沛流离、曲折坎坷的生活经历；他出生之前失去了父亲，从小在母亲的溺爱中长大；他早期接受的教育也算不上很好，这一切造就天才的条件似乎都不存在，但他却成了经济学思想的天才。他的思想统治了整整一个时代，其影响一直延续至21世纪的今天。

本章思考题

1. 你认为工业革命为何发端于英国？
2. 根据各国经济增长的经验，促进一国经济长期增长的因素有哪些？
2. 简述墨子经济思想的基本内容。
3. 新古典经济学与凯恩斯经济学在政府对经济的干预方面有何不同？

第四章

专业经济

国民经济运行中有不同的领域,包括社会再生产过程中的各要素、各环节及其不同的侧面。专业经济是指国民经济各部门中带有一定综合性的某一专业领域的经济活动。专业经济学主要是研究这些领域、要素、环节的经济问题和经济规律。在国民经济体系中专业经济部门众多,本章主要介绍劳动经济、财政经济、金融经济和保险经济的基本知识。

第一节 劳动经济

劳动是具有一定生产经验和劳动技能的劳动者使用劳动工具所进行的有目的的生产活动,是生产的最基本内容。劳动经济是劳动资源在即定目标下实现有效利用的经济活动。劳动经济学是研究活劳动这一生产要素投入的经济效益以及与此有关的社会经济问题的经济学科。其核心是如何以最少的活劳动投入取得最大的经济效益,包括微观经济效益和宏观经济效益。本节主要介绍劳动与劳动力、劳动力市场、就业与失业、劳动关系以及劳动经济学的相关知识。

一、劳动与劳动力的内涵

(一) 劳动的含义

劳动是具有一定生产经验和劳动技能的劳动者使用劳动工具所进行的有目的的生产活动,是生产的最基本内容。劳动具有广义和狭义之分,广义的劳动指从生物学的角度对劳动所做出的最广泛的抽象或概括,是指人们在各种活动中劳动力的使用或消耗。狭义的劳动是指人类在自身智能分配下,通过各种手段和方式创造社会财富以满足人类日益增长的物质、精神等方面需要的有目的的活动。

劳动是专属于人和人类社会的范畴,是人类本身及自然界与社会关系的积极改造,其根本标志在于制造工具。劳动是整个人类生活的第一个基本条件,它既是人类社会从自然界独立出来的基础,又是人类社会区别于自然界的标志。马克思主义还认为,劳动创造了人本身。人类生产出的人和财富,都是劳动、生产工具、劳动对象这三种基本要素共同作用的产物,劳动是其中的决定因素。劳动创造文明,创造财富,促使人类发展,推动历史前进。在一定的历史下生产力体现为劳动与生产工具总体的对于自然及外在社会关系的矛盾。劳动是公民的权利和义务。

（二）劳动力的含义

对劳动力可以有两种理解：一种是指劳动力的属性；另一种是指具有劳动能力的人口。

1. 劳动力的属性

劳动力是指蕴藏在人体中的脑力和体力的总和。根据马克思主义政治经济学的解释,物质资料生产过程是劳动力作用于生产资料的过程。离开劳动力,生产资料本身是不可能创造任何东西的。劳动力是商品,它和其他商品一样具有使用价值和价值。劳动力商品的价值是由生产和再生产劳动力商品的社会必要劳动时间决定的。劳动力商品的价值包括三部分：维持劳动者自身生存必需的生活资料的价值,用以再生产他的劳动力；劳动者繁衍后代所必需的生活资料的价值,用以延续劳动力的供给；劳动者接受教育和训练所支出的费用,用以培训适合再生产需要的劳动力。劳动力商品的价值还受历史和道德因素的影响。

在不同的社会中,由于生产资料和劳动力结合的方式不同,劳动力的使用状况也不同。在资本主义社会中,资本家占有生产资料,并通过购买商品的方式占有劳动力,迫使劳动者进入生产过程与生产资料相结合,为他们创造剩余价值；在社会主义社会中,劳动者是生产资料的主人,劳动力与生产资料在生产过程的结合与资本主义社会不同,在社会主义市场经济体制下,通过劳动力市场,使劳动力与生产资料的结合不断优化。

2. 劳动人口

劳动力是指具有劳动能力的人口,指在一定的年龄之内,具有劳动能力与就业要求,能够从事某种职业劳动的全部人口,包括就业者和失业者。我们可以将一个经济中一定时点的总人口划分为劳动年龄人口和非劳动年龄人口,世界上大多数国家把年龄在16~60周岁的人口定义为劳动年龄人口,在我国一般将16周岁作为劳动年龄人口的年龄下限,将法定退休年龄作为上限,即男性60周岁、女55周岁（见图4.1）。

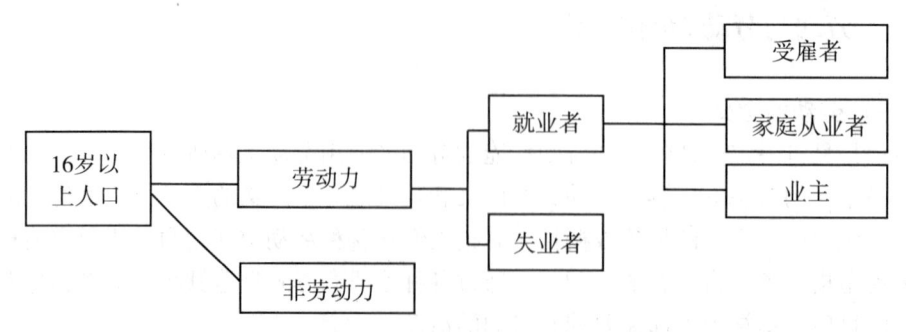

图4.1 人口与劳动力、非劳动力、就业与失业

我们将劳动年龄人口划分为劳动力人口和不在劳动力人口。根据各国劳动就业统计的惯例，这样一些人员一般是不被列入劳动力人口的：（1）军队人员；（2）在校学生；（3）家务劳动者；（4）退休和因病退职人员以及丧失劳动能力、服刑犯人等不能工作的人员；（5）不愿工作的人员；（6）在家庭农场或家庭企业每周工作少于15个小时的人员。由此可见，在劳动年龄人口中减去以上六类人员的余下部分称为劳动力人口。

劳动力人口划分为就业人口与失业人口。就业人口一般可以区分为两种情况：（1）受雇于企业或政府部门，即作为人力资本所有者的劳动者受雇于非人力资本的所有者；（2）处于自我雇用状态，即人力资本的所有者本身也是一定量的非人力资本的所有者，两者直接结合，以个人或家庭为单位进行劳动。

劳动力人口中除去就业的部分即为失业。国际劳工组织关于失业的界定有三条标准：（1）没有工作，既不被人雇用，也没有自我雇用；（2）当前准备工作，在相应的时期内愿意被雇用或自我雇用；（3）正在找寻工作，在近期内积极地寻找被人雇用或自我雇用的机会。

二、劳动力市场

（一）劳动力市场概述

1. 劳动力市场的含义

劳动力市场是连接劳动力供给和需求的重要桥梁，劳动力市场是生产要素市场体系的组成部分，是交换劳动力的场所，即具有劳动能力的劳动者与生产经营中使用劳动力的经济主体之间进行交换的场所，是通过市场配置劳动力的经济关系的总和。劳动力市场的有广义和狭义两种理解：广义的劳动力市场是指劳动力所有者个体与使用劳动要素的企业之间，在劳动交换过程中所体现的、反映社会经济特征的经济关系；狭义的劳动力市场是指市场机制借以发挥作用，实现劳动力资源优化配置的机制和形式。劳动力市场交换关系表现为劳动力和货币的交换。

2. 劳动力市场的性质

建立劳动力市场是市场经济条件下实现人力资源优化配置的有效手段。劳动力市场的作用是调节劳动力的供求关系，使劳动力与生产资料的比例相适应，实现劳动力合理配置，使企业提高劳动生产率、提高经济效益，保证社会再生产的正常进行。

劳动力市场具有以下性质：（1）劳动力市场是社会生产得以进行的前提条件；（2）劳动力与工资的交换行为是一种等价交换；（3）劳动力市场的劳动交换，决定了劳动力的市场价值——工资；（4）通过劳动力市场的交换，实现劳动要素与非劳动生产要素的最佳结合，是一种具有最高效率、消耗最低费用的最经济的形式。

（二）西方劳动力市场的划分

无论从理论上或实际上来说，现代西方发达国家均不存在统一的、竞争性的劳动力市场，而有的仅是被分割为若干各具特色和规章的劳工市场，它们具有封闭性特点，不同市场之间很难发生流动。西方国家劳动力市场有以下三种划分：

1. 主要劳动力市场和次要劳动力市场

主要劳动力市场提供大公司大机构中的就业岗位,以就业稳定、工资高、条件优越、享有平等的权利和晋升机会为特点;次要劳动力市场提供小公司小企业中的就业岗位,以就业不稳定、工作条件差、规章制度严苛、晋升机会少为特点。进入主要市场的,一般是教育水平较高、有相当工作经验的劳动者;而囿于次要市场的,主要是教育水平较低或缺少工作经验的劳动者。两种市场之间,人员很少流动。

2. 内部劳动力市场和外部劳动力市场

外部劳动力市场指劳动力的价格确定和分配是由外部经济变量直接控制的市场,主要存在于小型的竞争性的企业中,不稳定,条件差。内部劳动力市场指劳动力的价格确定和分配不是由外部经济变量而是由企业内一系列管理规则和管理秩序控制的市场,存在于大企业大公司中,是一种相对封闭的等级制市场。进入蓝领工人内部市场的一般要具备中等教育水平,然后按资历提升职位和工资;进入管理人员内部市场的,应具有大学毕业水平,然后主要按能力而不是按资历提升职位和工资。内部劳动力市场的雇员有较高的工资待遇,并享有某些特权。

3. 高等教育、垄断和竞争三个劳动力市场

按照劳动力素质和所受教育程度的不同,劳动力市场可分为高等教育、垄断和竞争三个劳动力市场。高等教育市场主要包括行政、管理、科技和各种专业的职位,获得这些职位的前提条件是要有较高的学历。能进入该市场的基本上是经济上享有特权、家庭背景良好的有产者阶级或中产阶级成员。他们享有较高工资待遇和更大就业保障,并拥有相当大的自主权。垄断市场又称工会组织劳工市场,集中在资本密集型的大规模生产部门,是一种金字塔式的等级制市场,接受一定程度的教育是进入该市场的必要条件,其工资待遇和工作条件不如高等教育市场,但优于竞争市场。

由此可见教育水平高低不仅是不同劳动力市场的重要标志,而且是构成不同劳动力市场的重要条件。教育对个人的经济价值,在于它是决定一个人在何种劳动力市场工作的重要因素;教育对整个经济增长的作用,在于它将人们分配到不同的劳动力市场,从而使整个社会形成一个有效的经济运行体。

(三)我国劳动力市场的特点

我国劳动力市场具有以下特点:

1. 区域性市场为主

劳动力市场和其他商品市场一样,也应是全国统一的市场。但是,由于社会生产力在各地区发展水平不平衡,原始手工业、传统的大机器和现代技术产业并存,劳动力的素质相差悬殊,职业偏见的存在,再加上地区分割等,阻碍了劳动力在全国范围流动,大多数只能在区域内运转,只有少数高科技人才可在全国范围内流通,从而形成的主要是区域性市场。

2. 市场主体来源具有广泛性

进入劳动力市场的劳动力的范围是广泛的,一切具有劳动能力并愿意就业的人都可以进入劳动力市场。我国由于劳动力资源丰富,随着科技进步、劳动生产率不断提高,以及经济体制改革的进行,农村出现剩余劳动力,加上国有企业和国家机关的富余人

员，因而在一个相当长的时间里，我国劳动力供大于求，形成买方市场。

3. 劳动力市场以市场调解为主

劳动力的合理配置主要是通过市场流动和交换实现的，市场供求关系调节着社会劳动力在各地区、各部门和各企业之间的流动；劳动报酬受劳动力市场供求和竞争的影响，劳动力在供求双方自愿的基础上实现就业。劳动力的市场配置行为，不可避免地会出现劳动者由于原有的劳动技能不能适应新的经济结构变化而产生的结构性失业现象。

三、就业与就业体制

（一）就业

就业是劳动力资源处于被利用的状态，就是一定年龄阶段内的人们所从事的为获取报酬或经营收入所进行的活动。如果再进一步分析，则需要把就业从三个方面进行界定，即就业条件，指一定的年龄；收入条件，指获得一定的劳动报酬或经营收入；时间条件，即每周工作时间的长度。就业包括充足就业和不充足就业。就就业而言，劳动时间有长有短，劳动报酬有多有少。充足就业即劳动时间充足、劳动报酬达到一定标准的就业；与此相对，不充足就业即劳动时间不充足、劳动报酬达不到一个基本标准。不充足就业又可分为与时间相关性的不充足就业、与报酬相关的不充足就业等。

在我国，就业人口是指在16周岁以上，从事一定社会劳动并获取劳动报酬或经营收入的人员，其中，城镇就业人口是指在城镇地区从事非农业活动的就业人口。包括在国有单位、城镇集体单位、股份合作单位、有限责任公司、股份有限公司、私营企业、港澳台投资单位、外商投资单位和个体工商户从业的人员。

（二）就业能力

就业能力是指从事某种职业所需要的能力。一个人想要顺利地找到工作，在工作中做出成绩，就必须具备一定的就业能力。就业能力包括一般就业能力和特殊就业能力。

一般就业能力主要包括一个人的态度、世界观、价值观、习惯；与工作有关的一些能力，主要是指处理与周围的人和工作环境的关系的能力，如怎样进行工作，如何与人相处等；自我管理能力，如决策能力、对现实的理解能力、对现实资源的利用能力等。特殊就业能力是指某个职业所需的特殊技能和环境所需的某种特殊技能，如一个会计必须具备较好的数学功底，护士需要某种特殊的护理技能，美术工作者必须具备色调感、浓度感、线条感和形象感等。

一般就业能力和特殊就业能力在职业活动中都很重要。要成功地从事某种职业，常常需要一般就业能力和特殊就业能力的有机配合。如果一个人只有一般就业能力而无特殊就业能力是很难胜任某种职业的，一个不精通医术的大夫又如何能给病人治病呢。同样，只有特殊就业能力而无一般就业能力的人也是很难在事业上取得成功的，一个缺乏团结协作、全心全意为人民服务的精神，缺乏事业心和责任感的人，纵使有再娴熟的职业技术，最终也会成为职业的失败者。

在现实生活中，一般就业能力更为重要。这是因为：社会在发展，科学技术的更新在加快，一般就业能力强的人能更好地适应社会，在掌握新知识、更新技术方面更具主动性与积极性。从事某种职业必须具备这种职业所需要的特殊就业能力，因容易引起个人、学校或单位的足够重视；而一般就业能力由于与工作的关系不是十分明显，因而很少被注意到。而事实上，用人单位越来越看重一般就业能力，许多求职者就是因为一般就业能力不强而未被录用。一般就业能力与失业关系密切。许多研究表明，人们失去工作不是因为缺乏特殊就业技能，而是缺乏一般的就业能力。美国一份有关失业的报告说，失业中的90%的人不是因为不具备工作所需要的技能，而是因为不能与同事、上司友好相处，或者经常迟到。实际上，这些人失业是因为他们缺乏一般就业能力而不是特殊就业能力。

（三）我国就业体制的沿革

在新中国成立以后到改革开始之前，我国基本上照搬了苏联的计划体制来实行各种资源（包括消费品和生产资料）的配置。对劳动力资源的配置，我国政府也学习了苏联的计划体制，实行这种体制的一个直接原因是所有的社会主义国家在当时都以充分就业作为一重要的目标。尽管有一些经济学家指出社会主义国家虽然表面上实现了充分就业，其实只不过是以隐性失业取代了公开的失业，但这种表面上的充分就业仍然是让实行传统体制的社会主义国家引以为豪的。

在计划就业体制下，城市职工虽然将一部分的劳动所得交给了国家，仅得到了被人为压低的工资，但他们也由此获得了一些其他的利益，其中最为重要的就是没有失业的风险，此外还有养老、医疗、住房等福利。而从政府来看，虽然计划就业体制的实施使得工业部门的高投资得以实现，但却由此而导致了国有企业内部大量的隐性失业，同时也因为职工的养老、医疗和住房等福利造成了政府财政的沉重负担。

面对传统计划就业体制下所遗留下来的一系列问题，我国在20世纪80年代初开始在就业体制中引入了一些市场化的因素，以解决当时严峻的就业问题，但是以劳动合同制全面推行和失业保险体系建立为标志的就业体制改革是从1986年才真正开始的。改革开放后劳动力就业体制转轨可分为两部分。

1. 新生劳动力市场的发展

在改革开放的30多年历史中，按照先后次序，新生的劳动力市场的发育是从三个方面逐步推进的：首先，城市劳动力的体制外就业成为劳动力市场发育的最初动力。其次，农村剩余劳动力向城市的流动加强了劳动力市场的竞争，促进了劳动力市场的发育。最后，传统国有部门的富余劳动力寻求体制外就业是城镇劳动力走向市场化就业的关键一步。

非国有部门的发展对新生劳动力市场的发育过程起到了关键性的作用。首先，非国有部门的发展壮大同时就意味着实现市场化就业体制的范围逐步扩大，新的就业体制对传统的就业体制产生了巨大的冲击，对就业体制的市场化改革起到了一定的示范作用。其次，非国有部门的市场化就业体制也促使从业于这一部门的劳动力更新观念，带动了劳动力（特别是国有部门职工）平等竞争、自主就业观念的形成，促使劳动力向适应市场化就业体制的劳动力市场供给主体转变。最后，非国有部门在发展壮大的过程中不仅吸纳了大量城镇新生劳动力和农村剩余劳动力的就业，还为国有部门的富余劳动力再就业提供了大量的就业岗位，就有效地缓解了国有部门就业体制市场化改革可能导致的社会矛盾，为改革的进一步推进创造了条件。

2. 传统部门劳动力市场的逐步转轨

与非国有部门形成对照的是，我国的国有部门仍然保留着带有计划色彩的就业体制，但改革开放以来，国有部门的就业体制总体上进行了市场化取向的改革。我国城市就业体制的改革开始于1986年，其标志性的事件是劳动合同制的实施。在这一制度下，合同工的劳动合同期满后就业即自行终止，而在合同期内，如企业和工人任何一方在规定允许的情况下也可以终止合同。实行劳动合同制以后，企业雇用增量劳动力的权力已经较为自由。从劳动力进入和退出行为选择来说，自由度也增大了，劳动力的自由流动机会也增多了。

改革开放30多年来，我国就业体制的市场化正逐步形成。首先明确了市场经济体制下劳动力市场机制的基本框架，同时，培育了大量的市场主体，明确他们各自的角色。

四、劳动关系

（一）劳动关系的概念、构成要素

1. 劳动关系的概念

劳动关系又称为劳资关系、雇佣关系，是指社会生产中，劳动者与用人单位（包括各类企业、个体工商户、事业单位等）在生产劳动过程中所结成的一种必然的、不以人的意志为转移的社会经济利益关系。

从广义上讲，生活在城市和农村的任何劳动者与任何性质的用人单位之间因从事劳动而结成的社会关系都属于劳动关系的范畴。从狭义上讲，现实经济生活中的劳动关系是指依照国家劳动法律法规规范的劳动法律关系，即双方当事人是被一定的劳动法律规范所规定和确认的权利和义务联系在一起的劳动关系。其权利和义务的实现，是由国家强制力来保障的。劳动法律关系的一方（劳动者）必须加入某一个用人单位，成为该单位的一员，并参加单位的生产劳动，遵守单位内部的劳动规则；而另一方（用人单位）则必须为劳动者提供工作条件及按照劳动者的劳动数量和质量给付其薪酬，并不断改善劳动者的物质文化生活。

2. 劳动关系构成要素

劳动关系要素包括劳动关系的主体、客体和内容。劳动关系的主体是劳动法律关系的参与者，包括劳动者、劳动者的组织（工会、职代会）和用人单位。劳动关系的客体是主体的劳动权利和劳动义务共同指向的事物。如劳动时间、劳动报酬、安全卫生、劳动纪律、福利保险、教育培训、劳动环境。劳动关系的内容是主体双方依法享有的权利和承担的义务。

（二）劳动关系的实质

劳动关系是双方合作与冲突的统一体。在劳动关系中，双方之间既存在着合作又存在着潜在的冲突，劳动关系的实质是双方合作与冲突的统一。同时，劳动关系既是经济关系，又是社会关系。正是由于这种经济关系和社会关系的性质，使得在一定社会环境下的心态、期望、行为特征等各异的劳动者与管理理念、管理文化等不同的用人单位之间形成了合作与潜在的冲突，可以说合作与冲突贯穿于劳动关系的始终。

合作是指在就业组织中，劳动关系的双方共同生产产品或提供服务，在很大程度上遵守一套既定制度和规则的行为。对于员工及工会来说，冲突的形式主要有罢工、旷工、怠工、抵制等，辞职有时也被当做一种冲突形式。对用人方而言，冲突的形式主要有关闭工厂，惩处或解雇不服从领导的员工。

（三）劳动关系管理

劳动关系管理包括宏观管理和微观管理两个方面，其中微观管理是重点。宏观上的劳动关系管理是指政府依照现有的劳动法律、法规及相关的法律、法规，调整协调劳动关系的行为。微观上的劳动关系管理是指以促进组织经营活动的正常开展为前提，以缓和调整组织劳动关系的冲突为基础，以实现劳动关系的合作为目的的一系列组织性和综合性的措施和手段。其基本领域主要有两个方面：一是限于促进劳动关系合作的事项内；二是限于缓和和解决劳动关系冲突的事项内。

劳动关系管理主要包括：员工的罢工、怠工和抵制等因用人单位关闭工厂、处分和排斥员工等而引发的劳动关系问题，员工参与管理，合同管理，沟通制度等。前两个方面属于劳动关系冲突的范畴，后三个方面属于劳动关系合作的范畴。

五、劳动经济学

劳动经济学是研究活劳动这一生产要素投入的经济效益以及与此有关的社会经济问题的经济学科。其核心是如何以最少的活劳动投入费用取得最大的经济效益，包括微观经济效益和宏观经济效益。

（一）劳动经济学的形成与发展

随着资本主义生产方式的产生和发展，劳资雇佣关系扩展到社会生活的各个领域。与此相联系，劳工问题（包括工资失业、劳动时间、劳动条件、工伤事故与职业病、妇女与童工劳动、劳资谈判、罢工等）日益突出，劳工运动不断发展。这是劳动经济学产生的社会背景。

19世纪中叶，劳工政策一词开始在经济学著作中出现。此后，许多资本主义国家都把劳工政策作为社会经济政策的重要组成部分，力图通过一定的劳工政策来缓和劳资矛盾，以保持经济发展和资本主义社会的稳定。劳工政策通常包括：工资标准及最低工资制度，劳动时间的规定，社会保险和社会救济，社会就业的指导，职业技术教育，劳动条件的监督，劳资纠纷的调解，工厂法、工会法、罢工法、劳资关系法，等等。

19世纪的一些空想社会主义者，对于资本主义剥削制度进行了深刻揭露和批判，对建立合理的社会制度提出各种设想，并进行改善劳工处境的实验。科学社会主义的创始人马克思、恩格斯在《资本论》、《英国工人阶级状况》等著作中，对资本主义制度下的劳工问题作了深刻的剖析，并对社会主义社会的劳动关系作出科学的预言。

20世纪初，一些专门研究劳动和劳工问题的经济学著作相继问世。美国管理学家泰罗（1856~1915）在工厂组织中进行劳动定额和以劳动定额为基础的有差别计件工资制的实验，并发表了《科学管理原理》（1911）等著作，对微观劳动管理具有重大意义。1925年出版的美国布卢姆的《劳动经济学》，包括就业、工资、劳资关系、劳工运动、劳动立法等主要内容。

1929~1933年世界性资本主义经济危机的爆发，致使劳工问题极端尖锐化。此后，西方劳动经济学有了较大发展。英国经济学家凯恩斯的"有效需求不足"理论和"非自愿失业"概念的提出，对西方劳动经济学的发展，具有重要的影响。此外，西方现代管理方法的研究，例如行为科学、工效学等学科的发展，也不断丰富着劳动经济管理的内容。

中华人民共和国成立前，劳动经济学在中国已得到了初步传播。1928年，日本北泽新次郎的《劳动经济论》译本在中国出版。1929年出版的陈达（1892~1975）的《中国劳工问题》一书，论述了中国劳工问题的历史、现状和解决途径。1931年，朱通九的《劳动经济》一书出版。朱通九认为，劳动经济学是研究劳动者的经济行为的科学。20世纪20年代以来，中国还出版了一批有关劳工问题的社会学著作与法学著作，在一定程度上充实了劳动经济学的内容。

中华人民共和国成立后，苏联的劳动经济学传入中国。20世纪50年代初期至60年代中期，劳动经济学在中国获得了明显的发展，有的高等院校建立了劳动经济专业，政府有关部门和中华全国总工会建立了研究劳动经济问题的机构。20世纪80年代以来，劳动经济学在中国进一步获得了长足的发展。

（二）劳动经济学的研究对象

劳动经济学是研究劳动资源在既定目标下有效利用的学科，它研究劳动力市场的运行和结果，即劳动力供需双方的相互作用。劳动经济学研究劳动者与经营者对于工资、价格、利润以及劳动关系的非货币因素（如工作条件）的行为反应。具体讲其研究对象有劳动要素在一组局限条件下的投入—产出机理及其经济效益；用既定的价值观和目标所确定的某种标准对劳动投入经济效益及决定这种经济效益的制度和政策前提进行评价；通过劳动力市场的运行分析，揭示劳资双方在生产、交换、分配、消费中的关系。

（三）劳动经济学的研究内容

劳动经济学的研究范围较广，从微观层面的劳动力市场运行和企业内部人力资源的配置，到宏观层面的失业和收入分配问题。具体来说，劳动经济学的主要研究内容有以下几个方面：

第一，劳动力的供给与需求。包括劳动力资源的人口基础，劳动力的结构，劳动力供求的短期平衡和长期平衡。

第二，劳动就业。包括就业的宏观经济目标和宏观社会目标，就业与劳动生产率的关系，就业与工资的关系，待业及其类型，就业前培训和就业后培训。

第三，劳动力的宏观管理。包括劳动力的合理流动，劳务市场及其管理，劳动力管理体制。

第四，劳动力的微观管理。包括劳动的分工与协作，劳动组织与人员配备，劳动定额与劳动计量，劳动环境与人体保护。

第五，工资。包括影响工资的因素，工资职能，工资形式，工资水平，货币工资与实际工资，最低工资与最高工资，工资差别。

第六，劳动保险中的经济问题。包括疾病、工伤、老年退休等社会保险中的经济问题。

第七，劳动效率。包括影响劳动效率的因素，提高劳动效率的途径，微观劳动效率与宏观劳动效率及其相互关系。

◆学习拓展：

如何认识我国劳动力供求形势

近年来，我国就业出现了一系列新特征，一方面表现在出现了民工荒或招工难等新现象，并愈演愈烈；另一方面，大学毕业生和部分城镇劳动者就业困难仍然顽固地存在。正确认识这种现象，需要了解我国劳动力市场所处的发展阶段以及未来劳动力供求变化趋势。

我国劳动力供求关系正在经历新的变化，在今后经济社会发展的中长期内将呈现一种更为复杂的就业局面。由于我国已经长期处于低生育水平阶段，人口年龄结构相应发生了变化，表现为劳动年龄人口增长速度减缓，劳动力供给总规模将于近期达到最高点。

根据最新预测，我国15～64岁劳动年龄人口增长率逐年下降，预计在2015年达到峰值，届时劳动年龄人口总量为9.96亿人。不过，这个劳动年龄人口是一个年龄范围比较宽泛的群体，并不直接对应就业人口。为了更直观地观察劳动力供给变化趋势及其带来的就业压力，我们采用20～59岁这个就业年龄人口的口径，重新进行了测算。按照这个口径预测，我国劳动力供给高峰仍将持续，要到2020年该年龄组人口总量才达到8.31亿人的峰值。

可见，未来10年我们仍将长期面对巨大的就业总量压力。其中最为突出的是以高校毕业生为主的青年就业问题。与此同时，农业劳动力转移就业问题也是一个长期的问题。在今后10年中，我国将从中等偏上收入向高收入国家迈进。国际上人均国内生产总值在6 000～12 000美元之间的国家，平均农业劳动力比重为14.8%，比我国目前水平低22个百分点。这意味着在今后10年内我国农业劳动力比重每年至少需要减少1个百分点，即转移约800万农业劳动力。

劳动力需求是一种派生需求，就业的增长与经济增长和产业结构的变化密切相关。未来劳动力需求以什么样的速度增长，取决于我国今后一段时期内的经济增长速度。国外经济学家的研究发现，高速增长的经济体，通常在按照购买力平价计算的人均国内生产总值达到7 000～17 000美元的发展阶段上，出现明显的减速。按照相同的计算口径，我国目前正处在这个减速区间。特别是，随着我国人口抚养比的下降已经明显减速，并预计在2013年前后停止下降后迅速提高，推动经济高速增长的人口红利生产率的提高，经济增长速度将会低于"十一五"时期。此外，金融危机发生后发达国家面临种种经济困境，世界经济复苏乏力；而我国调整结构和稳定通货膨胀预期的要求，以及资源环境和减排压力，也是导致经济增长速度适当放缓的因素。

因此,即使经济增长对就业增长的弹性保持不变,经济增长减速也会相应降低对劳动力的需求。按照目前的就业弹性计算,如果国内生产总值增长速度达到10%,第二产业的劳动力需求将增长4.7%,第三产业将增长7.6%。但是,一旦国内生产总值增长速度降低到8%,每年对劳动力的需求第二产业就将降到3.7%,第三产业将降到6.1%。从这个数据也可以看到,提高第三产业比重具有更明显的就业扩大效果。

我国经济发展呈现的新特点,决定了未来劳动力需求不会保持既往的强劲势头。随着劳动力结构性短缺现象的日益普遍化,以及由此带来的普通劳动者的工资持续上涨,导致劳动力成本提高,必然出现企业用资本替代劳动的反应,产业结构也趋向于提高资本密集度。因此,经济增长的就业弹性有减小的趋势,即同样速度的经济增长所创造的劳动力需求相对减少。可见,从未来劳动力供给与需求的变化趋势上看,就业压力大、就业形势复杂、就业任务繁重的基本格局不会改变,同时,就业的结构性矛盾更加突出。

……

资料来源:蔡昉.如何认识我国劳动力供求形势[J].今日中国论坛,2012(4).

第二节 财政经济

财政是以国家为主体的分配活动。它在一国经济发展和分配体系中占有重要地位。从实际工作来看,财政是指政府的一个经济部门,即财政部门,通过其收支活动筹集和供给经费和资金,保证实现国家职能。本节主要介绍政府经济活动与财政的关系,财政的概念,财政的产生与发展,财政在社会再生产中的地位和作用,财政的职能与特征,财政学的主要研究内容等。

一、政府活动与财政

(一)现实生活中的财政现象

在现代社会中,每个人的生活都无时无刻地受到政府经济活动的影响。一早醒来,开灯照明,用的电是政府兴建的供电厂提供的;刷牙洗脸,用的水是由政府投资的自来水公司供应的;烧菜做饭,用的煤气是由政府创办的煤气供应公司提供的;上班下班,走的是市政部门投资修筑的道路,乘的是市政部门提供的公共汽车;晚餐之后,既可以待在家里看看政府创办的电视台的节目,也可以到政府兴建的公园散散心。可见,我们每天的起居住行都与政府有着相当密切的关系。

从每个人的一生看,啼哭落地的那一天,我们中的多数人是在政府经营的医院里度过的。伴随时光的流逝，我们渐渐成长，开始接受应有的教育，而我们就读的幼儿园、小学、中学、大学等，多半是由政府开办的。在完成学业的过程中，如果经济方面出现困难，我们可以申请政府提供的助学贷款。当我们走上工作岗位后，受伤生病，可以享受政府提供的医疗保障服务；万一失业，可以按规定领取失业保险金。而当我们年老退休之时，可以获得社会养老保险金。此外，政府还专门针对穷人、老人和老兵们提供了相应的扶贫、补贴或抚恤计划。

当然，天底下没有免费的午餐。我们在享受政府所提供的各种产品和服务的时候，也需要付出相应的代价。与消费其他产品相似，我们在用水、用电、用气，或者在收看有线电视、乘坐公共汽车时，需要向相应的城市公用事业部门缴纳一定的使用费。同时，尽管像公园、广场、国防、治安等各种服务往往由政府向公众免费提供，但实际上，我们在享受政府所提供的各种服务的同时，也以纳税义务人的身份为政府的各方面开支缴纳各种税收。例如，在买卖各种商品的过程中，我们所支付的价格中已经包含了一定数量的税款；而当我们的收入达到一定水平后，就要向政府缴纳个人所得税；如果我们拥有一定数量的动产或不动产，就要为此而缴纳不同形式的财产税；此外，作为劳动者，我们之所以能够享受到社会医疗保险、失业保险和养老保险等各种服务，也主要是因为我们的收入所得中有一部分要以社会保险税（费）的形式上缴给政府部门。

可见，我们每个人的一生都时时、处处受到政府经济活动的影响。由于财政是政府经济活动的核心，因此，它也就成为我们所生活的现实社会中最为普遍的经济现象之一。

（二）财政的概念

财政是个历史范畴，它是随着国家的产生而出现的一种社会关系；财政同时又是个经济范畴，它是以国家为主体而形成的一种分配关系。财政的产生必须具备两个条件：一是经济条件，即指社会上存在着可供财政分配的那部分剩余产品；二是政治条件，即国家的产生。国家有执行国家政权的职能和某些社会职能，如公安、司法、监察、国防、外交、行政管理，以及普及教育、卫生保健、基础科学研究、生态环境保护等，这些需要是典型的社会公共需要。

国家本身通常不直接从事生产劳动，但为了执行国家职能又要消耗社会产品。因此，国家必须凭借它的公共权力强制地、无偿地征收一部分社会产品，以满足社会公共需要，这就产生了一种由国家凭借政治权力集中分配一部分社会产品的分配形式，它从一般的产品分配中独立分化出来，这就是财政。从以上的分析可以看出，财政就是国家凭借政治权力集中分配一部分社会产品用于满足社会公共需要而形成的分配活动和分配关系。

（三）政府与财政

财政是国家为了实现其职能的需要，以国家为主体对一部分社会产品进行分配和再分配的活动，它是国家配置资源的重要方式和调控社会经济运行的重要手段。财政作为人类社会一种特殊的社会现象，不是从来就有的，而是人类社会发展到一定阶段的历史产物，它是随着国家的出现而诞生的。进入20世纪，随着市场与政府关系的不断探索与调整，财政经济在不断创新和发展，表现在财政制度与政策的不断创新，从而使财政活动领域逐步延伸到社会公共部门的方方面面，成为公共经济或公共部门经济。

财政经济逻辑思路如下：资源配置和分配方式包括市场和政府两种方式，由于公共产品等因素导致市场失灵，政府职责决定其必须对经济活动进行干预。政府干预经济主要手段是提供公共产品，干预目的是满足公共需求，政府向社会提供公共产品，就构成了政府的公共支出。政府要满足公共支出的需要，就必须依靠公共权利取得收入，同时要对收支进行管理。

二、财政的产生与发展

（一）财政的产生

由政府组织收入、安排支出并对收支进行管理，是现代社会的一种普遍现象。我们每个人都可以列举出不少属于财政现象的例子，不少人也经常遇到和思考财政问题。可以说，财政已与人们的生活密不可分。然而，财政并不是自人类出现时就有的经济范畴，实际上，它是社会生产力和生产关系发展到一定阶段，伴随着国家的出现而产生的一个历史范畴。

在原始社会初、中期，由于社会生产力水平低下，人类以氏族群体过着共同劳动、共同占有劳动成果并大致平均地分配产品，以维持最低限度的生活需要的原始共产主义生活。在这一漫长的历史时期里，没有剩余产品、没有阶级与国家，不可能产生财政。到了原始社会晚期，人类社会先后出现三次社会大分工。这种社会分工的出现与扩大促进了生产效率的提高，带来了剩余产品的出现与增多，商品生产与交换也随之萌芽，于是人类社会发生了如下重大变化：各个家庭逐渐脱离氏族群体而成为独立的生产、消费单位，私有观念与私有制便由此产生。原来氏族内部公共事务的组织者日益脱离生产、逐渐成为利用其职权占有他人劳动果实、依靠剥削他人为生的氏族贵族与奴隶主；同时，战俘及一部分贫困至极的氏族组织内部成员逐渐沦为奴隶。随着社会分裂为阶级，阶级斗争随之发生，昔日处理内部事务的氏族组织逐步转变为国家——阶级统治的工具。

国家区别于氏族组织的一个重要特征是公共权力的设立。构成这种公共权力的既有武装的人，也有监狱和其他强制机关。然而，奴隶制国家本身并不直接从事物质资料的生产，因此，为了维持其存在和实现其阶级统治等职能，就只能依靠其政治权力，强制地、无偿地将一部分社会产品据为己有。于是，在整个社会产品分配中，就分化、独立出一种新的分配范畴，即以国家为主体并依赖于国家政治权力进行的社会产品的分配——财政。

通过简要地对财政起源的历史性考察，我们可以对财政产生的经济、政治条件做出以下归纳：社会生产力的发展所带来的剩余产品的出现，构成了财政产生的物质基础和经济条件；而私有制和阶级以及国家的出现，则是财政产生的政治条件。

（二）财政的发展

自财政产生以后，随着社会生产力的进步、生产关系的演化以及国家形态的更替，财政的收支内容以及财政的一些特征也在不断发展和变化。迄今为止，人类社会已经历了奴隶制国家、封建制国家、资本主义国家以及社会主义国家四种不同制度类型，财政的收支内容及其特点也在发展变化。

财政是社会生产力发展到一定历史阶段的产物。在国家产生以前，原始公社末期已经存在着从有限的剩余产品中分出一部分用于满足社会共同需要的经济现象。但这只是集体劳动成果由集体分配，属于经济分配，还没有财政分配。国家产生以后，在经济上占统治地位的阶级，为了维护国家的存在，依靠政治力量，强制占有和支配一部分社会产品，以保证国家机器的运行和社会的发展，从而便从一般经济分配中分离出独立的财政分配，于是产生了财政。

由于社会生产方式以及由此决定的国家类型不同，财政经历了奴隶制国家财政、封建制国家财政、资本主义国家财政和社会主义国家财政的历史演变。资本主义国家及其以前的财政是以生产资料私有制为基础的，是在经济上占统治地位的阶级凭借国家的政治权力对劳动人民进行的额外剥削，反映了剥削阶级对劳动人民的超经济剥削关系。社会主义国家财政是建立在生产资料公有制基础之上的，消灭了剥削制度，它是服务于人民根本利益的国家财政，体现了取之于民、用之于民的新型分配关系。但是，不同类型的国家财政，一般具有下列共性：即财政分配的国家主体性、无偿性、强制性和社会基金性。这些特性之间相互关联，使财政分配与其他经济分配相区别。

三、财政在社会再生产中的地位和作用

财政分配在社会再生产中居于极为重要的地位，财政分配得正确与否，对社会再生产的影响极大。财政在社会再生产中的地位和作用主要体现在财政同生产、交换、消费诸环节之间的相互关系上。

（一）财政与生产的关系

物质资料的生产是社会再生产中起支配作用的主导环节，是一切经济活动的基础。只有产品生产出来，才能有产品的分配、交换和消费。但是，进行社会生产要从取得生产资料和劳动力开始。因此，生产要素的分配又成为生产的前提和条件。生产和财政的关系，可概括为生产决定财政，财政影响生产、制约生产。

生产决定财政的主要表现：首先，生产发展的规模和水平决定着财政收支的规模和增长速度。国家财政收入主要来自各物质生产部门创造的国民收入。从客观经济来说，在一定时期内国家财政收支主要是取决于生产的结构和规模以及经济效果等因素。其次，生产关系决定着财政分配的性质和政策，分配关系是生产关系的一个重要方面。在一定的生产方式中，人们以什么样的方式占有生产资料，决定着他们以什么样的方式参与分配。

在生产与财政分配的相互关系中，生产决定财政分配是主导方面。但是财政分配对生产也不是消极无能的，而是可以发挥反作用的，甚至是决定性的制约作用。国家财政资金积累的规模制约着扩大再生产的规模和发展速度，财政分配结构制约着生产结构。

（二）财政与商品交换的关系

在社会再生产中，分配决定着社会总产品的价值量在社会成员之间以及各种用途之

间的分割，而交换表现为社会成员用他们所获得的份额去换取他们所需要的具体物品。虽然分配和交换两者在再生产中承担的具体使命不同，但是，它们都是连接生产和消费的中介环节，在它们之间存在着相互联系、相互依存、互为前提、相互制约的关系，特别是在存在商品、货币的条件下，财政分配与商品交换的关系尤其如此。商品交换的顺利进行，是财政分配得以实现的基本条件。另外，合理地组织财政分配，又是商品交换顺利实现的基本条件。商品交换的实现为财政提供了可进行分配的资金，而财政分配又为交换提供了持有货币的购买力，它们之间相互为对方提供了实现的前提和条件。

（三）财政与消费的关系

满足人民物质文化生活需要是社会生产的目的，而人民物质文化生活需要是靠公共消费和劳动者个人消费两个方面得到满足的。不仅劳动者的个人消费决定着劳动者的物质生活状态和精神生活状态，而且公共消费也起着同样的作用。像文化、教育、卫生、科学等方面所花的钱，都是提高劳动者的精神素质、智力素质和健康素质所必要的。而劳动力素质及其觉悟水平的提高归根到底是发展经济、扩大财源的决定因素。这是消费对生产的影响同时也是对财政的影响。另一方面，财政分配对于消费有重要作用，国民收入分配中用于消费的基金，是直接或间接受财政分配制约的，为了合理兼顾人民群众当前消费的需要和今后消费水平的提高，就必须正确处理积累与消费的关系。国家财政作为国家有计划地组织国民收入分配的中枢，在调节积累与消费的关系中具有决定性的作用。

四、财政的特征与职能

（一）财政的基本特征

1. 阶级性与公共性

由财政与国家或政府的关系，产生了财政并存的两个鲜明特征，即阶级性与公共性。国家历来是统治阶级的国家，政府则是执行统治阶级意志的权力机构，财政具有阶级性是不言而喻的。但是，国家又是一个公共权力中心，并且统治阶级的政治统治是以执行某种社会职能为前提的。这就决定了财政既具有阶级性，又具有公共性，是两者相统一的分配形式。其公共性是指财政满足社会公共需要的基本属性，阶级性是指政府财政在履行满足社会公共需要的职责时总是优先考虑统治阶级的利益。

公与私是相对应的。政府财政历来就是履行满足社会公共需要的职责或办"公事"的一种分配形式，公共性是其天生的特质。在我国过去传统的计划经济体制下，尽管政府包揽的事务过多过宽，但也没有包揽私人的全部事务，如没有包揽家庭理财，没有包揽企业财务，甚至国有企业财务也不是完全属于财政范围。

在市场经济下，财政的公共性仍包含了其满足社会公共需要的一般公共特质，但更重要的是体现了政府与市场的分工，其满足的社会公共需要是以市场失灵为出发点的，有其特定的内容，范围更广泛。这种市场经济下特有的财政模式即"公共财政"。

2. 强制性与无直接偿还性

财政的强制性是指财政这种经济行为及其运行是凭借国家政治权力，通过颁布法令来实施的。财政的强制性是由政府作为一个公共权力中心和政治统治机构的身份决定的。首先，财政收入具有强制性。税收就是典型的强制性收入形式。其次，财政支出也具有强制性。在财政支出规模和用途的安排中，众多的公民可能有不同的主张，但财政支出不能按某一公民的意愿进行决策。即使在民主政治下，也必须通过一定的政治程序作出决策并依法强制执行。由此而言，财政本质上是一种超经济的分配形式。

财政的无直接偿还性说明两个方面的问题。首先，从整个财政收支过程来看，财政是具有偿还性的。因为财政从公众手里取得收入，还用于为公众提供公共物品。其次，这种偿还不是直接的，即每一个纳税人都无权要求从公共支出中享受与其纳税额等值的福利。由于国家征税筹集的是提供公共物品的费用，因此，就直接的税收征纳关系来讲，是无偿的。

财政的强制性和无直接偿还性是一致或相互依存的。强制的重要原因就是其是无偿或不直接偿还的。强制性和无直接偿还性是财政区别于一般经济分配形式的最重要的特征之一。

3. 收支的对称性或平衡性

财政运行的基本过程就是收入和支出，因而收支的对称性构成财政运行的一个重要特征。在处理财政收支的关系上，虽然久有"以收定支"和"以支定收"的争论，但这都说明收支是财政运行过程中相互制约的两方，收支是否平衡是财政运行的主要矛盾，收支平衡是财政运行本身内在的客观要求。

在市场经济条件下，财政是政府调控经济的重要手段，财政收支平衡对经济的影响是中性的。要发挥财政的某种政策功能就需要打破财政收支的平衡状态，但这种失衡性的政策操作也必须围绕收支平衡这个轴心，不能过度和失控。有的国家规定财政赤字和国债发行的上限，或通过立法来制约公债的发行，就是这个道理。

（二）财政的职能

财政职能是指财政在社会经济生活中所具有的职责和功能，它是财政这一经济范畴本质的反映，具有客观必然性。财政具有三大职能：资源配置职能、收入分配职能、经济稳定与发展职能。

1. 资源配置职能

资源配置职能是指政府通过各种手段（主要是财政预算手段）以合理确定社会总资源中私人物品与公共物品之划分，以及合理选择公共物品之构成，使之有助于实现全社会范围内资源的有效配置（形成一定的资产结构、产业结构、技术结构及地区结构），称之为资源配置职能。

一般来讲，市场机制在资源配置的大多数方面是有效的，具体来讲就是市场机制很适合私人产品的配置。不过市场机制在诸如竞争失效、公共产品短缺、外溢性、不完全市场、信息不灵等方面的资源配置却是无效率的。为了解决市场机制这方面的失效问题，必须求助于市场以外的力量——政府。于是政府就有了资源配置职能，政府的资源配置职能一般是在一定政治程序下通过运用特定的预算手段（支出和税收）并提供相应的公共物品和劳务来实现的。对于竞争失效（垄断、自然垄断）、外溢性、不完全市场、信息不灵等方面的资源配置失灵问题，政府干预所提供必要的公共服务，除了运用财政措施外，有时还要加上必要的金融、行政、法律措施。

2. 收入分配职能

收入分配职能是指政府通过各种手段（主要是财政预算手段）使国民收入和社会财富在初次分配的基础上进行再分配，并使之符合社会公民认为"公平"或"公正"的分配状态，称之为收入分配职能。

在经济学家看来，市场内在的分配机制是按照等价交换、公平自愿的原则进行的，这种以要素禀赋分配为根据的收入分配原则本身并没有任何不公平之处。按理它应该产生一个近乎完美的分配结果，但是不幸的是一个完全由市场决定的收入分配状态其结果却总是不能合乎社会所认为的"公平"状态。在市场经济中可以观察到的一个基本事实是：要素禀赋分配导致了贫富差距和两极分化。西方经济学家把这种现象称之为"马太效应"，喻指贫者越贫，富者越富。

市场分配导致两极分化的原因在于，人们先天拥有的要素禀赋的分配是不均的以及人们后天获得的生财能力各不相同。在市场经济中，这种收入分配的不平等，尤以资本收入分配为甚，原因是资本收入分配比劳动收入分配更占优势，资本生利的结果是拥有大量资本者不劳动也可以收入越来越多，而劳动者即使辛勤劳动境况却极难改善，进一步的积累则造成贫富悬殊。禀赋分配的不均对生而平等的观念本身就是一个很大的打击，而食利者阶层坐享其成以及贫困者阶层的绝望挣扎也对市场分配的公平性形成了极大的冲击，但是两极分化问题是市场分配自身产生的弊端，完全按照市场方式是无法解决的，于是客观上就要求依靠外部力量，以非市场的方式——财政手段来完成这一任务，这样就产生了政府的收入分配职能。

政府的收入分配职能一般是由一套直接的所得税与转移支付所承担的。政府一方面通过对富人征收累进所得税、遗产税和赠与税等巧妙地减少高收入者的一部分收入；另一方面又可以将筹集的资金以转移支付的方式对穷人进行救助以提高低收入者的收入，这样就可以大大缓解市场分配中出现的两极分化和收入分配不公问题。政府对收入进行再分配的手段除了财政措施如转移支付和税收外，还可以有行政法律措施如最低工资法、减贫目标等。

3. 经济稳定与发展职能

经济稳定与发展职能是指政府通过各种手段（主要是财政预算与政策手段）有意识地影响、调控经济，消除波动，以实现宏观经济稳定的目标称之为经济稳定职能。

市场机制虽然本身具有很强的自我调节和自动均衡能力，在大多数情况下，市场能够实现自动稳定，但是在解决诸如失业、通货膨胀和经济稳定增长等方向往往是力不从心的。在市场经济中可以观察到的一个基本事实是：在严重的经济危机或经济萧条冲击下，市场自我调节的能力失效。正是因为市场无法自动实现稳定，就有了政府的经济稳定职能。政府的经济稳定职能主要是通过一整套宏观经济政策调节来实现的。其手段除了财政政策与货币政策外，还有行政法律措施，如价格管制、工资管制和外贸管制等。在政府所拥有的各种宏观经济政策手段中，财政政策的地位举足轻重，它在维持社会总供求的平衡方面具有无法替代的作用，特别是在解决总供求的短期稳定和结构性失衡方面效果尤佳。财政政策虽然不能完全消除经济波动，但毕竟可以减轻波动。

五、财政学

（一）财政学的形成与发展

财政学是研究以国家为主体的财政分配关系的形成和发展规律的学科。它主要研究国家如何从社会生产成果中分得一定份额，并用以实现国家职能的需要，包括财政资金的取得、使用、管理及由此而反映的经济关系。财政现象的存在已有几千历史，但财政学的产生到现在才只有几百年的时间，其产生和发展历史大致可分为以下三个阶段：

1. 朴素财政思想和财政学的萌芽阶段（奴隶社会——封建社会）

经验材料的积累，理财知识和理财思想的分散发展时期。这一阶段中国的理财思想和理财知识在世界上是最为丰富和最为杰出的。例如，早在西周时期中国就已经出现了"量出为入""量入为出"的财政收支原则；在西汉时期就已提出并实施了"平万物而便百姓"的"均输""平准"两大宏观调控方法。

2. 与政治经济学的分离和财政学的创立阶段（自由资本主义——垄断资本主义）

财政学的创立是随着文艺复兴（1300~1650年）之后的科学大分化而出现的。这一阶段西方走了世界的前列。1615年蒙克利钦首次使用"政治经济学"一词，政治经济学进入历史舞台。1776年亚当·斯密出版了《国民财富的性质和原因的研究》，首创先支后收财政学基本理论体系。1892年，巴斯塔布尔首次用 Public Finance 为书名出版了独立的财政学，使财政学从经济学的附属物中独立出来发展。1903年钱恂出版了《财政四纲叙》——分租税、货币、银行、公债四部分，是中国最早的财政学著作。

3. 现代财政学的产生和公共经济学的崛起阶段（国家垄断资本主义——）

1936年凯恩斯发表《就业、利息和货币通论》。20世纪五六十年代公共经济学崛起。1936年意大利学者马尔科的《公共财政学基本原理》一书翻译出版，为美英财政学的理论基点从"政府收支"转到"公共经济"上来提供了最为重要的前提条件。1947年阿兰和布朗里首次采用财政是经济学的观点，出版了《财政经济学》（Economics of Public Finance）。1965年约翰逊首次以公共经济学为书名，出版了《公共经济学》（Public Economics）一书。西方财政学在从经济学中分离出来近200年后，开始向经济学回归。20世纪60年代中国在反思苏联"货币关系体系说"的基础上初步建立"国家分配论"。20世纪90年代中后期，中国在建立社会主义市场经济过程中提出"公共财政论"。

（二）财政学的研究对象

财政学是研究财政分配及其客观规律性的科学。其研究对象包括以下几个层次。

第一，财政学研究财政分配活动。政府应当占国民收入多大比重；开征哪些税；是否发行公债；财政资金在各项目间如何合理安排，采取什么方式安排；如何有效地使用财政资金等。

第二，财政学研究财政分配关系。财政学要透过财政分配活动，探索隐藏财政分配关系：国家各级政权、国家与各经济成分以及个人之间、地区与地区之间的财政关系等。

第三，财政学研究财政体制和财政政策。财政学要研究财政体制的设计、如何运用财政政策等。

第四，财政学研究财政管理及其方法。采用科学的方法对财政分配进行有效的管理，是财政分配顺利实现的重要保证。

(三) 财政学的研究内容

1. 财政基础理论

包括财政的概念和本质，财政的产生和发展，市场经济运行和财政分配的关系，公共物品理论，公平与效率的关系，财政职能理论，公共财政的提出和发展、西方公共选择理论及其与公共财政建设的关系等。

2. 财政支出规模与结构

由于财政是与市场经济体制相辅相成的财政制度，其支出是为了满足市场机制无法或难以解决的共同需要，因此支出的构成要素主要包括：

其一，公共机构支出，这是维持国家政权存在、保障各级国家管理机构正常运转必需的费用，是纳税人必须支付的社会成本。公共机构经费的合理安排，对于建立卓有成效的财政机关及其他各类管理机关具有重要作用。如果必要的行政经费供应不足，就会影响国家管理机关工作的正常开展，导致其服务效能下降。另外，公共机构支出毕竟不会直接创造社会物质财富，因此对公共机构支出必须进行适度控制。

其二，公共安全支出，这是财政用于防范对公众造成集体侵犯或危害的支出。在总体上，公共安全支出由军事安全支出和生态安全支出两部分构成。军事安全的需要来自公众对国际和平的渴望，军事安全支出则代表全体社会成员为国家防卫这一公共产品所支付的成本。

其三，公共事业支出。与公共行政机构相比较，公共事业单位是一类既与之密切相关，又具有不同特点的社会组织。一方面，公共事业单位所行使的职能是政府职能的延伸，例如提供医疗、卫生和保健服务是现代政府的社会职能，但具体工作则由医院和防疫站等专门机构来完成。从这一意义上讲，公共事业单位与执行市场职能的企业迥然不同。另一方面，行政机构和事业单位所行使的职能存在较大区别，例如，教育行政机关所行使的是宏观教育管理职能，它既不可能，也没有必要去组织各级各类教学活动，而这恰恰又是学校应行使的职能。由此而论，公共事业单位又不同于公共行政机构。这就决定了公共事业单位的经费来源既不能百分之百地来自政府拨款，又不能完全通过市场来筹集。

其四，公共福利支出。这主要由以下两方面构成：社会保险支出、社会救济支出。

其五，公共工程支出。

3. 财政的收入规模与结构

其一，无偿性财政收入。既然公共支出是为了满足公共需要，在大部分情况下，其受益者或收益量必然是难以精确分割和计量，而政府本身又是一个非营利性的行政机构，这一切都决定了政府收入只能以无偿性的税收为主。

其二，是有偿性财政收入。这主要涉及政府公债和行政性收费两个收入项目。值得指出的是，政府固然可通过发行公债来筹集收入，但是政府以举债方式来进行的筹资活动是有限的,无论是对于纳税人,还是政府而言,公债的无节制扩张所引致的后果毕竟是消极的,有时甚至是灾难性的,因而公债只是财政收入的辅助形式。

4. 财政的管理机制

其一,财政决策机制。从实质上讲,财政的决策范围涉及:公共需要的甄别、公共产品的提供方式、公共机构提供的公共产品的数量与质量、公共机构提供公共产品的资金来源及其形式。财政决策机制的运行目标则是使上述诸方面的决策更趋科学化、民主化和法制化。

其二,财政的计划机制。即建立规范化的政府预算,主要包括:完整的政府预算形式;翔实的政府预算内容,即编制政府部门预算;科学的预算编制方法。

其三,财政的执行机制。其构成要件是:财政的支出执行机制,主要包括政府竞价采购制度和国库集中支付制度;财政的收入执行机制,重点是构建申报、征收、稽查相分离的税收征管模式,与此同时,为更好地体现财政的效率要求,降低税收征收成本,应建立一支高效的税收征管队伍。

其四,财政的调节。重点是构建高效的预算调节制度,即财政转移支付制度。

5. 财政的宏观调控

财政在经济稳定和增长中的作用,相应的财政政策和调控手段。

◆学习拓展:

中国 2013 年财政支出情况分析

2013 年,各级财政部门在财政收支矛盾十分突出的形势下,认真抓好预算执行和资金监管工作,扎实实施积极的财政政策,优化财政支出结构,着力改善民生,促进经济社会持续健康发展。

一、公共财政收入情况

2013 年 1~12 月累计,全国公共财政收入 129 143 亿元,比上年增加 11 889 亿元,增长 10.1%。其中,中央财政收入 60 174 亿元,比上年增加 3 999 亿元,增长 7.1%;地方财政收入 68 969 亿元,比上年增加 7 891 亿元,增长 12.9%。财政收入中的税收收入 110 497 亿元,比上年增长 9.8%。

全国公共财政收入主要项目情况如下:

1. 国内增值税 28 803 亿元,比上年增长 9%。其中,中央增值税 20 528 亿元,增长 4.3%,增幅偏低主要是受工业增加值增速趋缓,工业生产者出厂价格下降以及扩大营改增试点范围后结构性减税等因素影响;地方增值税 8 275 亿元,增长 22.8%,增幅较高主要是由营业税改征的增值税全部属地方收入,其中交通运输业和现代服务业增值税完成 1 542 亿元,增加 1 246 亿元。

2. 国内消费税 8 230 亿元,比上年增长 4.5%。

3. 营业税 17 217 亿元,比上年增长 9.3%。其中,受全年商品房销售面积增长 17.3%、销售额增长 26.3%的拉动,房地产营业税 5 411 亿元,增长 33.6%;

受固定资产投资较快增长拉动,建筑业营业税4 315亿元,增长16.5%;金融业营业税3 172亿元,增长10.3%;受营改增影响,交通运输业营业税604亿元,下降37.1%;租赁和商务服务业营业税962亿元,下降7%。

4. 企业所得税22 416亿元,比上年增长14%。扣除年度间退税等不可比因素后增长约8%。分行业看,金融业企业所得税6 276亿元,增长14.3%;房地产企业所得税2 850亿元,增长25.1%;工业企业所得税7 422亿元,增长1%,与1~11月累计工业企业利润增长13.2%存在差距,主要是受煤炭企业所得税同比大幅减少,建材、钢坯钢材、有色金属、通用设备等行业企业所得税下降,以及实施结构性减税的影响。

5. 个人所得税6 531亿元,比上年增长12.2%。其中,工薪所得税4 092亿元,增长14.4%,主要是受居民收入增长及加强征管的影响;财产转让所得税664亿元,增长38%,主要受二手房市场交易活跃的影响。

6. 进口货物增值税、消费税14 003亿元,比上年减少799亿元,下降5.4%;关税2 630亿元,比上年减少154亿元,下降5.5%。进口环节税收下降,主要是受一般贸易进口增长低于预期,大排量汽车等高税率产品进口减少,原油、铁矿砂等大宗商品价格走低,以及上年收入基数较高等因素影响。

7. 出口退税10 515亿元,比上年多退86亿元,比上年增长0.8%。出口退税增幅较低,主要是可退税出口货物结构变化,以及加强对虚增出口、出口骗税等行为的打击力度。考虑上述因素后,全年出口退税与实际出口增长大体适应,基本上做到了应退尽退。

8. 车辆购置税2 596亿元,比上年增长16.5%,主要受汽车销量增长13.9%拉动。

9. 地方其他税种收入情况:受房地产成交量增加带动,契税3 844亿元,增长33.8%;土地增值税3 294亿元,增长21.1%;耕地占用税1 808亿元,增长11.6%;城镇土地使用税1 719亿元,增长11.5%。

10. 非税收入18 646亿元,比上年增长12.1%。其中,中央非税收入3 540亿元,增长22.9%,主要是部分企业一次性上缴利润增加;地方非税收入15 106亿元,增长9.8%。

二、公共财政支出情况

2013年1~12月累计,全国公共财政支出139 744亿元,比上年增加13 791亿元,增长10.9%。其中,中央本级支出20 472亿元,比上年增加1 707亿元,增长9.1%;地方财政支出119 272亿元,比上年增加12 084亿元,增长11.3%。

在财政收支矛盾十分突出的情况下,优化财政支出结构,盘活财政存量,用好财政增量,促进各项社会事业发展,着力改善民生,落实中央厉行节约的要求,从严控制"三公经费"等一般性支出。1~12月累计,教育支出21 877亿元,增长3%,主要是上年基数较高(增长28.3%);科学技术支出5 063亿元,增长13.7%；文化体育与传媒支出2 520亿元，增长11.1%；医疗卫生支出8 209亿元，增长13.3%；社会保障和就业支出14 417亿元，增长14.6%；住房保障支出4 433亿元，下降1%，主要是按计划保障性安居工程建设工作量比上年有所减少；农林水事务支出13 228亿元，增长9.7%；城乡社区事务支出11 067亿元，增长21.9%；节能环保支出3 383亿元，增长14.2%；交通运输支出9 272亿元，增长13.1%。

资料来源：中国行业研究网2014-01-24。

第三节 金融经济

金融是货币流通和信用活动以及与之相联系的经济活动的总称。金融体系对经济增长具有巨大的推动作用。金融业的健康稳定发展是一个国家经济稳定发展的基础。本节主要介绍金融业的特点，金融业的产生与发展，金融业在国民经济中的作用，金融活动的主体，金融活动的场所，金融安全与金融监管，金融学与相关学科。

一、金融与金融业

金融，是指货币资金的融通，通俗地讲就是钱从哪里筹集，用到何处。可分为直接金融和间接金融，这两种资金融通方式的区别在于是否有金融中介机构介入，没有则为直接金融，有则为间接金融。

金融业是指经营金融商品的特殊行业，包括银行业、保险业、信托业、证券业和租赁业。金融业主体是金融机构。金融机构是专门从事货币信用活动的中介组织。按功能可分为两大类：银行金融机构和非银行金融机构。银行金融机构主要包括中央银行、政策性银行、商业银行等。非银行金融机构包括证券公司、保险公司、信托公司、财务公司等。

金融业的主要特点表现在以下五个方面。其一，指标性。是指金融的指标数据从各个角度反映了国民经济的整体和个体状况，金融业是国民经济发展的"晴雨表"。其二，垄断性。垄断性一方面是指金融业是政府严格控制的行业，未经中央银行审批，任何单位和个人都不允许随意开设金融机构；另一方面是指具体金融业务的相对垄断性，信贷业务主要集中在四大国有商业银行，证券业务主要集中在国泰、华夏、南方等全国性证券公司，保险业务主要集中在人保、平保和太保。其三，高风险性。是指金融业是巨额资金的集散中心，涉及国民经济各部门。单位和个人，其任何经营决策的失误都可能导致"多米诺骨牌效应"。其四，效益依赖性。是指金融效益取决于国民经济总体效益，受政策影响很大。其五，高负债经营性。高负债经营性是相对于一般工商企业而言，其自有资金比率较低。金融业在国民经济中处于牵一发而动全身的地位，关系到经济发展和社会稳定，具有优化资金配置和调节、反映、监督经济的作用。金融业的独特地位和固有特点，使得各国政府都非常重视本国金融业的发展。

二、金融业的产生和发展趋势

（一）金融业的产生与发展

金融业起源于公元前 2000 年巴比伦寺庙和公元前 6 世纪希腊寺庙的货币保管和收取利息的放款业务。公元前 5 世纪至前 3 世纪在雅典和罗马先后出现了银钱商和类似银行的商业机构。在欧洲，从货币兑换业和金匠业中发展出现代银行。最早出现的银行是意大利威尼斯的银行（1580 年）。1694 年英国建立了第一家股份制银行——英格兰银行，这为现代金融业的发展确立了最基本的组织形式。此后，各资本主义国家的金融业迅速发展，并对加速资本的积聚和生产的集中起到巨大的推动作用。19 世纪末 20 世纪初，主要资本主义国家进入垄断资本主义阶段。以信用活动为中心的银行垄断与工业垄断资本相互渗透，形成金融资本，控制了资本主义经济的命脉。

中国金融业的起点可追溯到公元前 256 年以前周代出现的办理赊贷业务的机构，《周礼》称之为"泉府"。南齐时（479～502 年）出现了以收取实物作抵押进行放款的机构"质库"，即后来的当铺，当时由寺院经营，至唐代改由贵族垄断，宋代时出现了民营质库。明朝末期钱庄（北方称银号）曾是金融业的主体，后来又陆续出现了票号、官银钱号等其他金融机构。由于长期的封建统治，现代银行在中国出现较晚。鸦片战争以后，外国银行开始进入中国，最早的是英国丽如银行（1845 年）。随后又相继设立了英国的麦加利银行（即渣打银行）和汇丰银行、德国的德华银行、日本的横滨正金银行、法国的东方汇理银行、俄国的华俄道胜银行等。中国人自己创办的第一家银行是 1897 年成立的中国通商银行。辛亥革命以后，特别是第一次世界大战开始以后，中国的银行业开始有较快的发展，银行逐步成为金融业的主体，钱庄、票号等相应退居次要地位，并逐步衰落。中国银行业的发展基本上是与民族资本主义工商业的发展互为推进的。这表明了金融业与工商业之间的紧密联系，及其对国民经济的重要影响。

中华人民共和国的金融业始创于革命根据地。最早的金融机构是第一次国内革命战争时期在广东、湖南、江西、湖北等地的农村信用合作社，以及 1926 年 12 月在湖南衡山柴山洲特区由农民协会创办的柴山洲特区第一农民银行。随着革命战争的发展，各革命根据地纷纷建立起农村信用合作社和银行。1948 年 12 月 1 日，中国人民银行在河北省石家庄市成立。中华人民共和国成立后，革命根据地和解放区的银行逐步并入中国人民银行。政府没收了国民党的官僚资本银行，并对私营金融业进行了社会主义改造。在此基础上建立起高度集中统一的国家银行体系。同时，政府在广大农村地区，发动和组织农民建立了大批集体性质的农村信用合作社，并使它们发挥了国家银行在农村基层机构的作用。高度集中的"大一统"国家银行体系与众多的农村信用合作社相结合是 20 世纪 50～70 年代中国金融业的最显著特点。

从 1979 年起，中国开始对金融业进行体制改革。中国人民银行摆脱了具体的工商信贷业务，开始行使中央银行的职能；国家专业银行逐一成立；保险公司重新成立并大力发展国内外业务；股份制综合性银行和地区性银行开始建立；信托投资机构大量发展；租赁公司、财务公司、城市信用合作社、合作银行、证券公司、证券交易所、资信评估公司、中外合资银行、外资银行等都得到一定程度的发展，形成一个以专业银行为主体，中央银行为核心，各种银行和非银行金融机构并存的现代金融体系。

（二）金融业的发展趋势

1. 趋同趋势

金融业传统分业经营的格局将被打破，银行、证券、保险、信托和金融信息咨询等传统行业的区分将消失。现有的各类金融机构通过业务的相互渗透或全能型发展显示出趋同的趋势。

2. 行业集中趋势

全球化经营的目标、信息技术巨额投资的压力，以及新经济收益递增趋势对扩大市场份额的要求正在推动着金融机构实行跨行业、跨地区和跨国界的兼并收购，金融机构的巨型化和少数机构控制市场的寡头垄断特征将日益得到加强。

3. 经营模式与机构类型的多样化趋势

在相当长历史时期内，不同类型的金融机构仍将同时并存。巨型的和小型的金融机构会同时并存，全能型的金融大超市与专业型的金融专卖店会同时并存，专营批发业务的和专营零售业务的会同时并存。总之，金融机构将根据自身的核心优势从实现规模经济和范围经济的内在要求确定自己的业务范围，并根据交易成本的约束来选择内部分工以及参与外部分工的程度。

4. 投资的机构化与传统银行衰退趋势

机构投资者的崛起与传统银行的衰退已成为不争的事实与不可避免的演变趋势。未来的赢家将是那些能将金融功能有效组合并以尽可能低的成本来满足客户特殊需要的机构。传统银行金融功能的现有组合不能满足客户对金融服务的多样化和个性化的需要，其金融产品与服务的供给成本过高，不具有竞争优势。共同基金管理公司等机构投资者的优势在于：借助现代信息和交易技术，具有巨大的成本优势；其投资管理服务可以满足客户对金融服务的多样化和个性化要求；适应证券化趋势，可以随着货币和资本市场在国民经济生活中地位的提高得到迅速发展。

5. 生产能力过剩趋势

这一趋势将首先出现在银行业。生产能力过剩表现在：一是资本过剩。在现有或未来市场和竞争条件下，资本所要求的收益率不可能长期得到满足。资本总量过剩的原因是新机构进入、需求转移和法定资本要求过高。二是银行过剩。许多国家银行数目的过多已妨碍了规模经济效益的实现。基础设施和分支机构网络过剩。银行的选择可以是关闭部分分支机构，或兼并收购，并关闭重复设置的分支机构，或开拓并提供更多业务和产品。三是技术过剩。是指现有银行数目与市场给定条件下，新技术的使用不能达到最经济的程度。

三、金融业在国民经济中的作用

金融业对经济发展的促进作用主要体现在以下几个方面。

（一）充当经济运行的中介

在市场经济条件下，货币和其他金融工具作为经济的中介和载体，贯穿于经济运行过程的每一个环节，贯穿于社会商品生产、分配、交换和消费的全过程。货币作为一种中介桥梁，把各经济主体紧密地联结成一个有机整体，使得社会再生产得以正常进行。从国内看，金融连接着社会各个经济主体的生产经营，联系每个社会成员和千家万户，成为国家管理、监督和调控国民经济运行的重要杠杆和手段；从国际看，金融已经成为国际政治经济文化交往，实现国际贸易、引进外资、加强国际间经济技术合作的重要纽带。

（二）促进社会资源的优化配置

金融作为一种特殊的资源，具有引导和配置其他资源的作用。金融作为资金运动的信用中介，它的最基本的特征和作用就是采用还本付息的方式聚集资金、分配资金，调节各经济主体之间的资金余缺，以促进社会资源的优化配置。金融机构作为媒介一方面大量吸收社会资金，形成高效、稳定、长期的资金来源，另一方面又通过借贷、投资等方式，投入到资金短缺的部门和行业。金融机构的贷款对象、贷款数量以及贷款利率水平高低，直接决定着生产要素在不同行业、部门和产业的分布。

（三）是宏观经济调控的重要载体

在现代社会，金融宏观调控是国家宏观经济调控最重要的手段和方式之一。金融的调控作用，主要是中央银行以其各种货币政策手段作用于商业银行等金融机构，并通过它们的信用活动来实现。国家可以根据宏观经济政策的需要，通过中央银行运用各种调控手段，适时松紧银根，调控货币供应的数量、结构和价格，从而调节经济发展、规模、速度和结构，在稳定物价的基础上，促进经济发展。

四、金融经济活动主体：金融机构

金融机构是经济活动的主体。由于历史原因和制度原因，中外金融机构功能存在差异，因此在机构设置上也有所不同。

（一）西方国家的金融机构

西方国家的金融机构体系主要由中央银行、商业银行、专业银行和非银行金融机构组成。中央银行是整个金融体系的核心，商业银行是金融机构体系的主体。

1. 中央银行

中央银行是一国金融机构体系的中心环节，处于特殊的地位。中央银行不同于其他银行，它是货币的发行银行、银行的银行和政府的银行，具有对全国金融活动进行宏观调控的特殊功能。

2. 商业银行

商业银行是以自营存款、放款为主要业务的金融机构。目前西方国家商业银行业务呈多样化趋势，除原有业务外，还开展中长期信贷、租赁、信托、保险、咨询等许多服务性业务。在西方资本主义国家的金融机构体系中，商业银行机构数量多、业务量大、经营范围广，因而具有其他任何金融机构不能代替的重要地位。

3. 专业银行

专业银行是指有特定经营范围和提供专门性金融服务的银行。西方国家的专业银行种类非常多，名称也各异，其中主要的专业银行有：

（1）储蓄银行。储蓄银行是指专门办理居民储蓄，并以储蓄存款为主要资金来源的专业银行。储蓄存款的金额虽比较零星分散，但存款期限比较长，流动性较小。由于储蓄存款余额较为稳定，因此主要用于长期信贷和长期投资，如发放抵押贷款，投资政府债券、公司债券及股票等。

（2）投资银行。投资银行是专门经营长期投资业务的银行。投资银行的资金来源主要靠发行自己的股票和债券。投资银行不得吸收存款，在一些国家虽准许投资银行吸收存款，但也主要是吸收定期存款。此外投资银行也可从其他金融机构或其他融资渠道获取借款，但这并不构成其主要的资金来源。

（3）抵押银行。抵押银行是"不动产抵押银行"的简称，是指专门从事以土地、房屋和其他不动产为抵押办理长期贷款业务的银行。抵押银行有公营、私营和公私合营三种形式。抵押银行的资金来源，主要是发行不动产抵押证券募集。

（4）农业银行。农业银行是指专门经营农业信贷的专业银行。农业银行的资金来源主要有政府拨款、吸收存款、发行各种股票和债券。农业银行的贷款业务范围很广，几乎包括农业生产过程中的一切资金需要。由于农业贷款风险大、期限长、收益低，大多数西方国家对农业银行贷款给予贴息或税收优待。

（5）进出口银行。进出口银行是专门经营对外贸易信用的专门银行，一般为政府的金融机构。进出口银行的主要业务是提供各种出口信贷。出口信贷通常有两种方式：一种是卖方信贷，即出口商所在地银行对出口商提供的信贷；另一种是买方信贷，即出口商所在地银行给国外进口商或进口商银行提供贷款，以购买本国设备。

（6）开发银行。开发银行是专门为经济开发提供投资性贷款的专业银行。开发银行是一种重要的专业银行，可分为国际性、区域性和本国性三种。国际性开发银行由若干国家共同设立，其中最著名的是国际复兴开发银行，简称世界银行。区域性开发银行主要由所在地区的成员国共同出资设立，如泛美开发银行和亚洲开发银行。本国开发银行由国家在国内设立，为国内经济的开发和发展服务，其资金来源主要是在国内发行的债券。

4. 非银行金融机构

（1）保险公司。保险公司是指依法成立的、专门经营各种保险业务的经济组织，它是一种最重要的非银行金融机构。保险公司按险种可分为人寿保险公司、财产灾害保险公司、存款保险公司、老年和伤残保险公司、信贷保险公司等，其中最为普遍的是人寿保险公司和财产灾害保险公司。保险公司的资金来源主要是保费收入，保险公司的资金主要运用于长期投资，如投资债券、股票，以及发放不动产抵押贷款等。

（2）信用合作社。信用合作社是具有共同利益的人集资联合组成的互助合作性质的金融机构，其普遍存在于西方国家。信用合作社的资金来源是社员交纳的股金、吸收的存款及向外借款。信用合作社主要向社员提供小额短期性生产贷款和消费贷款。

（3）信托公司。信托公司是以受托人身份经营信托业务的金融机构。信托投资公司主要是通过发行股票和债券来筹集资本，来投资其他公司的股票和债券，然后再以所持有的证券作担保增发新的投资信托证券。

（4）养老或退休基金会。养老或退休基金会是一种向参加养老计划者以年金形式提供退休收入的金融机构，其资金来源为雇主或雇员交纳的退休基金及投资收益。

（5）共同投资基金。共同投资基金是一种利益共享，风险共担的金融投资机构或工具。共同投资基金运作方式是通过发行基金证券，集中投资者的资金交专业性投资机构投资于多种有价证券，投资者按投资的比例分享其收益并承担相应的风险。其优势是：投资组合、分散风险、专家理财、规模经济。

（二）我国现行金融机构体系

1. 中央银行

中国人民银行是我国的中央银行，是在国务院领导下监督管理金融事业、实施货币政策的国家机关，是我国金融体系的核心。中国人民银行分支机构根据中国人民银行的授权，负责其辖区内的金融监督管理并承办相关业务。1998年年底，中国人民银行对其分支机构的组织结构进行改革，放弃过去按行政区划来设置分支机构的做法，而重新按经济区划在全国设立上海、广州、济南、武汉、南京、沈阳、西安、天津、成都九个大区分行，以利于经济的发展。

2. 商业银行体系

（1）国有控股股份制商业银行。国有股份制商业银行是我国金融机构体系的主体，包括中国工商银行、中国农业银行、中国建设银行和中国银行。这四家国有控股股份制商业银行都为全国性商业银行，总行均设在北京，各省、市、自治区设分行，地、市和县区设分行、支行或办事处、分理处、储蓄所等，其各级机构网点遍及城乡。

（2）股份制商业银行。股份制商业银行可分为全国性和地方性两种。全国性股份制商业银行主要有交通银行、中信银行、光大银行、华夏银行等。地方性股份制商业银行是指在一定区域范围内经营金融业务的商业银行，如福建兴业银行、南京银行、北京银行等。从1998年开始，各地的城市合作银行陆续改组为以城市命名的商业银行。这种类型的商业银行是由城市企业、居民和地方政府财政投资入股组成的地方性股份制商业银行。

3. 政策性银行

政策性银行是由政府投资设立，不以盈利为目的，专门经营政策性金融业务的银行。由于专门从事某一特定领域的金融活动，故也称政策性专业银行。根据政策性金融与商业性金融相分离的原则，在1994年我国相继组建了国家开发银行、中国进出口银行和中国农业发展银行三家政策性银行。

（1）国家开发银行。主要办理政策性国家重点建设贷款及贴息业务。国家开发银行资金来源主要为财政拨款和发行债券，信贷业务由建设银行代理。

（2）中国农业发展银行。主要承担国家粮棉油储备和农副产品合同收购、农业开发等业务的政策性贷款，并代理财政支农资金的拨付。中国农业发展银行的资金来源主要是财政支农资金、对金融机构发行的金融债券、农业政策性贷款企业的存款等。

（3）中国进出口银行。其主要业务有：为大型机电成套设备进出口提供出口信贷；

办理短期、中长期出口信用保险,进出口保险,出口信贷担保,国际保理等业务。中国进出口银行的资金来源以财政专项资金和发行金融债券为主。

4. 非银行金融机构

目前,我国的非银行金融机构很多,主要有以下一些机构:

(1) 保险公司。改革开放以来,保险公司的发展十分迅速。目前我国的保险公司按经营区域可分为全国性公司和区域性公司。全国性保险公司主要有中国人民保险公司、太平洋保险公司、中国平安保险公司等,区域性保险公司主要有天安保险公司、上海大众保险公司等。

(2) 证券公司。我国对证券公司实行分类管理,分为综合类证券公司和经纪类公司。综合类证券公司可经营证券经纪业务、自营业务、承销业务。经纪类证券公司只允许专门从事证券经纪业务。我国规模较大的证券公司主要有申银万国、华夏、国泰君安、海通等。

(3) 信托投资公司。我国目前的信托投资公司主要有中国国际信托投资公司、中国光大国际信托投资公司、中国信息信托投资公司、中国教育信托投资公司以及许多地方性的信托投资公司。

(4) 财务公司。与西方国家不同的是,我国的财务公司均由企业集团内部集资组建,为企业集团内部提供融资服务。其业务主要有存款、贷款、结算、票据贴现、融资性租赁等。

(5) 邮政储蓄机构。邮政储蓄自1986年4月1日恢复开办以来,经过近30年的长足发展,已成为我国金融领域的一支重要力量,为支持国家经济建设、服务城乡居民生活做出了重大贡献。现已建成全国覆盖城乡网点面最广、交易额最多的个人金融服务网络。有近60%的储蓄网点和近70%的汇兑网点分布在农村地区,成为沟通城乡居民个人结算的主渠道。2006年12月31日,经国务院同意,中国银监会正式批准中国邮政储蓄银行成立。邮政储蓄银行由中国邮政集团公司组建,邮政网络是邮政储蓄银行生存和发展的依托。

5. 外资金融机构

改革开放的深入,外资金融机构已逐步进入我国。目前在华的外资金融机构主要有两类:一类是外资金融机构在华的代表处,其不从事任何直接盈利性业务活动;另一类是外资金融机构在华设立的营业性经营机构,其主要包括外资、侨资、中外合资的金融机构。在华的外资机构在业务上均要接受中国人民银行的管理和监督。

五、金融活动的场所:金融市场

金融市场是金融资产交易的场所,是金融资产交易和确定价格的机制。

(一) 货币市场

1. 同业拆借市场

同业拆借市场是指金融机构之间为调剂短期资金余缺而相互融通的市场。其交易对象为各金融机构的多余头寸,因资金不足借入称拆入,因资金盈余而贷出称拆出。同业拆借市场是货币市场的一个重要组成部分,它交易频繁且量大,能准确地反映资金供求的状况,因而同业拆借利率也就成了货币市场乃至整个金融市场的指标利率。

同业拆借市场以隔夜交易为主,即大多进行以一日为期的拆借。这类拆借通常不需要担保品。拆借时间超过隔夜的是通知贷款,实际期限常在一周以内。这类拆借一般要求拆入方提供诸如国债、金融债券等有价证券为担保品。美国的同业拆借市场被称为联邦基金市场。

2. 短期国债市场

短期国债市场又常被称为国库券市场。短期国债是国家财政为满足短期资金需求而发行的一种债券。因为它风险极小,而且期限短、流动性高,在一些国家,其收益还可享受税收方面的优惠,所以是一般金融机构热衷于投资的对象,因而成了各国中央银行开展公开市场业务、实施货币政策的有效工具。这就使得短期国债市场成为最主要的货币市场之一。短期国债每次发行的数量取决于财政预算的资金需求和货币政策的需要,发行的时间有定期和不定期两种。

3. 国债回购市场

国债回购交易是一种以国债为抵押品拆借资金的信用行为,买卖双方在成交同时,就约定于未来某一时间以某一价格双方再行反向成交,并由融资方商定利率支付利息。

4. 商业票据市场

商业票据市场是指各类票据发行、流通及转让的场所,主要包括商业票据的承兑市场和贴现市场,也包括其他融资性票据市场,主要有融资性票据市场和中央银行票据市场。由于商业票据的信用质量高、期限短、信息透明,得到广大投资者的青睐,目前商业票据市场已经成为很多公司短期资金的重要来源。

5. 银行承兑汇票市场

汇票是由债权人开出的要求债务人付款的命令书。当这种汇票得到银行的付款承诺后,即成为银行承兑汇票。银行承兑汇票的收益率略低于商业票据。银行承兑汇票作为短期融资工具,期限一般为30~180天,90天的最为普遍。

6. 大额存单市场

大额存单就是银行发行的可以流通的短期存款单,通常简称为CD。由于存单可以流通,因此对持有人来说,其流动性高于定期存款。大额存单于1961年起源于美国的花旗银行。存单的产生是美国银行逃避利率管制的结果。在美国,存单的面额通常以100万美元为单位,初始偿还期为1~6个月,它以面额发行,到期还本付息。

(二) 资本市场

1. 股票市场

股票市场是股票发行和交易的场所。根据市场的功能划分,股票市场可以分为发行市场和流通市场。我国的股票市场在20世纪90年代初产生以来,得到了较快的发展。1990年12月,上海证券交易所成立,深圳证券交易所试营业。1991年开始发行B股,1993年后又出现了H股和N股等境外上市外资股。

2. 政府债券市场

在美国,政府债券包括三类:中央政府债券、地方政府债券和政府机构债券。与其他有价证券相比,政府债券具有安全性高,易变现,并可能享有纳税优惠等显著特征。我国目前只有中央政府债券,但地方政府可以委托中央政府代行发债。

3. 公司债券市场

公司债券是指由工商企业和金融企业发行的偿还期在一年以上的债券。公司债券通常半年支付一次利息,到期归还本金。有的公司债券可以赎回和转换。它的发行方法通常有两种:公募和私募。公司债券的发行价格可能高于、低于或等于债券的面额,这主要取决于债券的票面利率与债券发行时的市场利率的比较。公司债券相对于股票风险较小,相对于政府债券收益率又较高,是金融机构、特别是保险公司、储蓄银行、投资公司等长期资金来源比重较高的机构所乐于投资的对象。

六、金融研究的理论:金融学

(一)金融学的产生与发展

金融学是以融通货币和货币资金的经济活动为研究对象的学科。金融学在古代不是独立的学科。如在中国,一些金融理论观点散见在论述"财货"问题的各种典籍中。它作为一门独立的学科,最早形成于西方,称之为"货币银行学"。近代中国的金融学,是从西方介绍来的,有从古典经济学直到现代经济学的各派货币银行学说。

20世纪50年代末期以后,"货币信用学"的名称逐渐被广泛采用。这时,开始注意对资本主义和社会主义两种社会制度下的金融问题进行综合分析,并结合中国实际提出了一些理论问题加以探讨,如人民币的性质问题,货币流通规律问题,社会主义银行的作用问题,财政收支、信贷收支和物资供求平衡问题等。总地来说,在此期间,金融学没有受到重视。

自20世纪70年代末以来,中国的金融学建设进入了新阶段,一方面结合实际重新研究和阐明马克思主义的金融学说;另一方面则扭转了完全排斥西方当代金融学的倾向,并展开了对它们的研究和评介;同时,随着经济生活中金融活动作用的日益增强,金融学科受到了广泛的重视;这就为以中国实际为背景的金融学创造了迅速发展的有利条件。

(二)金融学的研究对象

金融学的研究对象是货币运动规律及其对经济的影响、金融市场和包含银行在内的所有金融机构。从金融学产生、发展的过程看,首先对宏观经济的货币层面做出一个准确的描述是金融学研究的基础。研究和考查货币和货币替代品的运行规律是贯穿本学科的一根主线。在了解货币的含义、制度以及一般性规律等基本内容的基础上,把那些带有公理性质的理论代入现实金融体系中,与金融体系的演化过程结合起来,得出在具体金融环境下,货币运行的特殊规律以及其与经济相互影响的关系是货币金融学的目的和任务。金融学是以货币、金融市场、金融机构以及宏观经济等方面的理论为工具,集中讨论在不断变动的金融体系中,货币与金融机构、金融体系以及宏观经济之间相互作用、相互影响的一般规律的学科。其中,揭示货币运动的一般规律,以及演绎货币与真实经济之间关系,是贯穿这门学科的一条主线。

(三) 金融学的研究内容和框架

金融包括三个层面的内容：微观层面是货币、资金与资本；中间层面是金融机构、金融市场与金融工具；宏观层面是金融运行机制与体制、金融调控机制与体制、金融稳定机制。货币银行按其理论体系和逻辑规律划可分以下几个部分：货币、信用、金融市场与金融机构、货币供求与货币政策、金融安全与金融监管。这几部分之间的逻辑关系可以归纳为横向和纵向两条线索。

横向看，货币的产生是经济发展的必然产物，货币在现代经济中发挥着重要作用；必须通过制定一定的制度来规范其发行与流通——货币制度。现代货币经济的特征是出现资金的余、缺双方，二者之间有融通资金的需要，而且必须采用有偿形式，因此，信用行为产生；信用行为的有偿性体现为资金融通是必须支付利息，边际资金的利息即为利率；资金融通需要载体或证明——信用工具；资金融通总是在一定的场所进行——金融市场。资金在余、缺双方的融通有两种方式，即直接金融和间接金融。间接金融在20世纪80年代以前占据了主要地位，间接金融需要一定的中介——金融机构来沟通借贷双方。

纵向看，货币产生后，货币运行的结果导致社会存在一定的货币需求；面对经济运行对货币的需求，金融体系必须供应货币来满足——货币供给；货币需求和货币供给之间总是表现为三种状态：货币均衡、供给大于需求、供给小于需求。货币供给大于货币需求体现为通货膨胀，货币供给小于货币需求体现为通货紧缩，都会导致经济失衡。在货币供求出现失衡时，中央银行必须通过一定的货币政策操作来使之恢复均衡。

◆ 学习拓展：

2013年中国互联网金融的八大事件

（1）2013年6月17日，余额宝正式上线。针对支付宝账户中的闲散资金，天弘基金联手支付宝推出网上理财业务"余额宝"。这是互联网和基金融合创新的第一大理财产品，一经推出便成为互联网金融挑战传统金融业的一大利器。上线3个月时，余额宝资金规模达到556.53亿元，为用户带去3.62亿元收益。截至11月15日，余额宝的资金规模突破1 000亿元大关。

（2）2013年7月6日，新浪、百度等获第三方支付牌照。央行发放新一批第三方公司的支付牌照，包括新浪、百度在内的27家公司上榜。支付对互联网公司的移动互联战略尤为关键，是形成O2O闭环的必要条件。之后，新浪正式发布"微银行"，借此涉足理财市场。新版微博客户端也推出了针对个人用户的微博钱包、卡包等功能。

（3）2013年8月1日，七位资本市场大佬投资成立民生电商。董文标、刘永好、郭广昌、史玉柱、卢志强、张宏伟等七位资本大佬，联合投资30亿元人民币资本金，在深圳前海成立民生电子商务有限责任公司。公司定位将民生银行产业链金融电商化，是国内第一家与商业银行形成对应关系的银商紧密合作型企业。

(4) 2013年8月5日,微信5.0增加"微信支付"功能。新版微信增加了支付功能,用户可以绑定银行卡,实现一键支付。在"个人信息"栏中新增"我的银行卡",用户可以绑定常用的银行卡或信用卡。凭借微信支付,腾讯可以开发出微信电商实物销售的O2O模式,形成整合线上线下营销的模式。

(5) 2013年10月9日,阿里11.8亿元控股天弘基金。天弘基金主要股东内蒙君正发布公告称,支付宝母公司阿里巴巴电子商务有限公司拟出资11.8亿元认购天弘基金的注册资本,交易完成后将以51%的持股成为其第一大股东。该消息刺激了互联网金融板块整体走强,涨幅一度超过7%。

(6) 2013年10月28日,百度正式进军互联网金融。百度首款理财产品"百发"上线,上线第一天便实现破10亿元的销售额。百度在宣传中称,"百发"的目标年化收益率将高达8%,参与购买用户数也超过12万。"百发"由中国投资担保有限公司担保,最低投资门槛1元,支持快速赎回、即时提现。"百发"有望成为继余额宝后挑战传统金融的又一利器。

(7) 2013年11月6日,三马互联网保险开业。国内首家互联网保险公司——众安在线宣布开业,由阿里巴巴董事局主席马云、中国平安保险董事长马明哲、腾讯CEO马化腾联手打造。传统保险企业往往对每一单投保申请都要进行审核,在众安核保部门的人数很少,保单的风险已经在产品设计、数据挖掘时被削减。由于互联网人群风险特征集中,批量和自动化核保成为可能。

(8) 2013年12月5日,央行禁止比特币作为货币流通。中国央行表示,禁止中国的银行和支付系统开展比特币业务,比特币在法律上没有货币的地位,仍然允许私人交易比特币,但风险自负。此前几个月,比特币币值一直呈上升趋势,此次声明导致的比特币币值下跌使比特币全球价值总和减少了50亿美元。

资料来源:福布斯中文网,2013-12-30。

第四节 保险经济

保险业凭借自身特有的功能在国民经济中占有特殊地位,对经济社会发展发挥着重要作用。保险经济是以契约形式确立双方经济关系,以缴纳保险费建立起来的保险基金,对保险合同规定范围内的灾害事故所造成的损失,进行经济补偿或给付的一种经济形式,它体现的是一种经济关系。保险学是一门研究保险及保险相关事物运动规律的经济学科。保险学涉及的领域是多元化的,包括金融学、法学、医学、数学、经济学以及有关自然科学知识等。本节内容主要介绍保险与保险业的概念,保险业的产生与发展,保险的基本原则,保险的职能和作用,保险经济活动的主要内容,保险市场监管,保险学与相关学科。

一、保险与保险业

从经济关系的角度来看,保险是一种分散风险、消化损失的经济补偿制度。从法律角度看,保险是指投保人根据合同约定,向保险人支付保险费,保险人对于合同约定的可能发生的事故因其发生所造成的财产损失承担赔偿保险金责任,或者当被保险人死亡、伤残、疾病,或者达到合同约定的年龄、期限时承担给付保险金责任的商业保险行为。保险是一种经济工具,可以保证被保险人在未来获得保障。保险的原理是集合大众,分摊损失。

保险制度是依据大数法则,以公平合理的原则,集合千千万万的人,每个人缴纳少许的保险费,由保险公司汇集成为庞大的资金,作妥善的管理运用。所以购买保险的人,即使本身并未发生不幸事故,却可以帮助其他不幸的人及其家属渡过难关,而如万一自己遭受不幸事故,则可以帮助自己及家人。所以有人说保险是"我为人人,人人为我"的制度。保险最基本的职能在于管理风险,补偿损失,它是一种避险工具。

保险必须以存在的不确定的风险为前提,以多数人的互助共济为基础,以对危险事故所致损失进行补偿为目的。保险分为财产保险和人身保险。从保险的特征看,保险是一种商事法律行为,保险是一种经济补偿制度,保险关系是一种合同法律关系。保险标的是指作为保险对象的财产及其利益或者人的寿命和身体。

保险业分为广义和狭义的。广义的就是一切与保险有关的行业,如中国的广义保险业包括保险监管行业:保险业监督管理委员会,保险行业协会;学界组织:中国保险学会;保险业务组织:社会保险公司(社保);政策性保险公司(中国出口信用保险公司),再保险公司(中国再,慕尼黑再,瑞士再等);商业保险公司:财产保险公司,寿险公司;保险中介机构:保险代理公司,保险经纪公司,保险公估公司。狭义的就是指商业保险公司和保险中介机构。

二、保险业的产生与发展

(一) 世界保险业的起源与发展

1. 海上保险的起源与发展

(1) 共同海损分摊是海上保险的萌芽(general average)。公元前916年在罗得岛上制定的罗地安海商法所采用,并正式规定为:"凡因减轻船只载重投弃入海的货物,如为全体利益而损失的,须由全体分摊归还。"这一共同海损分摊原则可以说是海上保险的萌芽。"一人为众,众为一人"(one for all, all for one)体现了海上保险的分摊损失、共助共济的要求,因而被认为是海上保险的萌芽。

(2) 意大利是现代海上保险的发源地。在11世纪后期,十字军东侵以后,意大利商人曾控制了东西方的中介贸易。世界上最古老的保险单是一个名叫乔治·勒克维伦的热那亚商人在1347年10月23日出立的一张承保从热那亚到马乔卡的船舶保险单。1384年1月15日由比萨的一组保险人出立的承保四大包纺织品的从法国南部城市阿尔兹到比萨的货物运输保险单，则被认为是第一张出现承保内容的"纯粹"保险单。保险史上称为"比萨保单"。第一家海上保险公司于1424年在热那亚出现。

（3）英国海上保险的形成对近代保险制度的完善具有重要的意义。在美洲的新大陆发现之后，英国的对外贸易获得迅速发展，保险的中心逐渐转移到英国；1568年12月22日经伦敦市市长批准开设了第一家皇家交易所，为海上保险提供了交易所，取代了从伦巴第商人沿袭下来的一日两次在露天广场交易的习惯；1720年成立的伦敦保险公司和皇家交易保险公司因各向英国政府捐款30万英镑而取得了专营海上保险的特权，这为英国开展世界性的海上保险提供了有利条件。从1756~1788年，首席法官曼斯菲尔德收集了大量海上保险案例，编制了一部海上保险法案。

2. 火灾保险的起源和发展

火灾保险是财产遭受火灾所致损失的一种保险。起源可以追溯到12世纪初期冰岛成立的互助社，对火灾及家畜的死亡所致的损失承担赔偿责任；1591年德国汉堡的酿造业者成立了火灾救助协会，凡加入者，遭遇火灾后，可获得救济。直到1676年，由46个协会在汉堡合并成立火灾保险局，这是公营火灾保险的开始。

现代火灾保险起源于1666年伦敦大火。18世纪末叶到19世纪中叶，欧洲主要资本主义国家相继完成工业革命，随着资本主义经济的发展，物质财富大大增加，客观上产生对火灾保险的需要。火灾保险公司相继成立和壮大，火灾保险承保的范围日益扩大，如洪水、风暴、地震等非火灾危险都列入保险责任范围，保险标的物也由房屋扩大到各种固定资产。

3. 其他保险业的产生与发展

（1）人寿保险的起源和发展。人寿保险的起源要比财产保险晚得多，它是城市经济发展的产物。原因是工业革命之后，许多农民逐渐涌向城市，城市生活与农村生活有很大的差异。哈雷于1693年根据德国布雷斯劳市1687~1691年的市民按年龄分类的死亡统计资料，编制了第一张生命表，为现代人寿保险奠定了数理基础。具有现代意义的人寿保险是直到18世纪中期，辛普森设想出一种每年收取平衡保费、有固定保额的保单。

（2）责任保险的起源和发展。责任保险是对无辜受害人的一种经济保险，它的起源更晚于人寿保险。责任保险产生的基础是健全的法律规定，早在19世纪初，法国就在《拿破仑法典》中作出了有关赔偿责任的规定，并率先开办了责任保险，其后，德国、英国、美国等也相继创办了责任保险。

（3）保证保险的起源和发展。随着资本主义商业信用的普遍发展，保证保险应运而生。1702年，英国设立了雇主损失保险公司，开创了忠诚保证保险。1842年又有英国保证公司成立。美国于1876年在纽约开办了忠诚保证保险。保证保险严格地说可以区分为保证保险和信用保险两类。

（二）我国保险业的产生与发展

1. 我国近代保险业的产生

1801年广州作为当时唯一的通商口岸由外国商人成立了一个临时保险协会，1805年成立了广州保险社，是外商在中国开设的第一个保险机构，至鸦片战争前，外商保险事宜均委托洋行代理。1842年后，列强迫使清廷打开国门，上海因地理位置优越，进出口贸易量快速增长，洋货如潮涌来，洋行中心也大量扎堆上海，现代保险制度随之进入，洋行大力发展代理保险业务，之后更直取其利，外商直接在华设立保险公司或分公司，例如英资怡和洋行成立谏当保险公司，宝顺行成立于仁洋面保安行，由于租界和治外法权对外资公司的偏袒性眷顾，外资保险公司在华顺利开辟市场，形成了以英国资本为主的外商保险公司垄断中国保险市场的格局。

2. 华商保险公司的兴起

由于中国长江及沿海水运船只多为沙帆船，无动力，抗风浪性能差，鸦片战争后，面临外国机械动力船只的竞争，很快发生了全行业危机，加之外资保险公司不给沙帆船承保，民族行业岌岌可危。为挽回败局，1872年清政府成立轮船招商局，外资保险公司索取高达10%的保险费，加大了公司经营成本，竞争力日渐式微。时任北洋大臣的李鸿章认为在与外资公司竞争中，"须华商自立公司，自建行栈，自筹保险。"于是在1875年筹建了轮船招商总局保险招商局，合理的保险费和比较合理的保险合同受到华商欢迎，公司业务蒸蒸日上。1876年成立仁和水险公司，1878年成立济和水火险公司，1886年保险招商局、仁和水险公司与济和水火险公司合并为仁济和水火险公司，保险业务基本能够胜任当时竞争的需要。自1865年第一家华商保险公司成立以来，华商保险公司不断新设，显示了中资保险机构已经能够运用现代保险理论和保险规则与外资保险公司竞争，至19世纪后期已经能够自立了。

3. 新中国成立后保险业的发展

1949年10月20日，中国人民保险公司在北京成立，宣告了新中国统一的国家保险机构的诞生，中国保险史从此揭开了崭新的一页。改革开放后我国保险业进入一个快速发展的新阶段。1979年恢复国内保险业务，组建各地分支机构。我国保险事业有了很大的发展，并逐渐打破了自新中国成立以来所形成的由中国人民保险公司独家经营的传统格局。

1982年，香港民安保险公司经中国人民银行批准，在深圳设立了分公司。1991年4月，组建了中国太平洋保险公司。太平洋保险公司是我国第一家全国性、综合性的股份制保险公司。1995年6月《中华人民共和国保险法》颁布，为规范我国保险市场提供了有力的法律依据，也为发展我国保险市场创造了良好的法律环境。1998年11月，中国保险监督管理委员会在北京宣告成立，标志着我国的保险业宏观管理体制日渐成熟。

（三）世界保险业的发展趋势

19世纪初期，全世界只有几十家保险公司，到20世纪初的1910年，全世界的私营保险公司总数已超过2 500家，到1985年，私营保险公司的数目超过了14 000家。目前，保险公司的数目已经不下于2万家。保费收入不断增长，竞争更加激烈。1950年世界的保费收入仅为210亿美元左右，到2000年全世界的保费收入已达24 436亿美元，50年的保费增长近120倍。保险业在快速发展的同时，日益呈现出如下趋势：

1. 银行和保险的业务融通发展

随着市场金融结构的迅速变化，银行业和保险业打破了原先各自平行发展分业经营的状况，转变为相互渗透，混业经营，并呈蓬勃发展之势。

2. 保险业兼并与收购进一步加剧

各国保险机构纷纷展开兼并收购，扩大经营规模，增强综合实力，借以拓展业务范围,降低经营成本,提高利润水平。

3. 保险业分工进一步细化

大部分的保险业务,如保险展业、损失鉴定和保险咨询等已从保险公司转移出来,由专业保险代理公司、经纪公司以及保险顾客公司承担。

4. 保险公司更加重视资本运用,提高投资收益

由于保险竞争日益激烈,承保利润变得微薄,甚至亏损,投资收益成为公司弥补承保亏损和获得利润的来源。在 1996~1999 年,美国、加拿大、英国、法国、意大利的承保亏损率分别为 6.5%、5.7%、7.9%、8.3%、14.1%,而由于投资收益率分别为 7%、8.3%、9%、5.8%、7.8%,从而保证了保险公司的稳健经营。

5. 保险市场自由化

保险市场自由化是保险适应世界经济发展的形势变化、满足投保人或被保险人客观要求所必须采取的对策。保险市场自由化主要体现在放宽对费率的管制;保险服务自由化;放宽对保险公司设立的限制。

三、保险的原则、职能和作用

(一) 保险的基本原则

1. 最大诚信原则

保险双方在签订和履行保险合同时,必须保持最大的诚意,互不欺骗和隐瞒,恪守合同的承诺,全面履行自己应尽的义务。否则,将导致保险合同无效,或承担其他法律后果。最大诚信原则的内容包括告知、保证、说明、弃权与禁止反言。

2. 保险利益原则

保险利益是投保人或被保险人对保险标的因存在某种利害关系而具有的经济利益。投保人对保险标的不具有保险利益的,保险合同无效。坚持保险利益原则可避免赌博行为的发生、防止道德风险的诱致、限制损失赔偿金额。

3. 近因原则

近因原则指保险赔付以保险风险为损失发生的近因为要件原则,即在风险事故与保险标的损失关系中,如果近因属于保险风险,保险人应负赔付责任;近因属于不保风险,则保险人不负赔偿责任。

(二) 保险的职能

就单个保险行为来说,它的职能是补偿被保险人所遭受的损失,但是若把保险放在整个社会条件下,从保险制度的整体机制来看,保险的职能在于共担风险,保险人只是把社会上的风险集中起来进行管理而已。保险的职能可分为基本职能和派生职能两大类。

1. 基本职能

保险的基本职能是经济补偿职能。从微观的角度来看,就单个个体而言,保险可使其在遭受保险危险后,就其所受的损失请求补偿,这是其经济补偿职能的重要表现形式。从宏观的角度来看,保险制度的主要作用是稳定社会经济,安定人民生活;增加生产性资金,使社会生产或经营得以扩大;促进防灾减损,促进国际经济交流,增加外汇收入。

2. 派生职能

保险的派生职能是融资职能、防灾减损职能、投资职能。保险适用大数法则，通过集合投资人缴纳的保险费，建立保险基金，因而保险具有筹资职能；尽管保险存在以风险为前提，但保险本身就是进行风险管理，如负担防灾减损职能。具体体现为保险人承担承保到理赔的社会责任；保险人应以谨慎合理的注意，防止保险标的发生意外；保险人可以运用资金，从事银行存款、买卖政府债券、金融债券等投资行为。

（三）保险的作用

保险具有如下作用：

1. 转移风险

购买保险就是把自己的风险转移出去，而接受风险的机构就是保险公司。保险公司接受风险转移是因为可保风险还是有规律可循的。通过研究风险的偶然性去寻找其必然性，掌握风险发生的规律，为众多有危险顾虑的人提供了保险保障。

2. 均摊损失

转移风险并非灾害事故真正离开了被保险人，而是保险人借助众人的财力，给遭灾受损的被保险人补偿经济损失，为其排忧解难。保险人以收取保险费用和支付赔款的形式，将少数人的巨额损失分散给众多的被保险人，从而使个人难以承受的损失，变成多数人可以承担的损失，这实际上是把损失均摊给有相同风险的投保人。

3. 实施补偿

分摊损失是实施补偿的前提和手段，实施补偿是分摊损失的目的。其补偿的范围主要有以下几个方面：（1）被保险人因灾害事故所遭受的财产损失；（2）被保险人因灾害事故使自己身体遭受的伤亡或保险期满应享有的保险金；（3）被保险人因灾害事故依法对他人应付的经济赔偿；（4）被保险人因他方当事人不履行合同所蒙受的经济损失；（5）灾害事故发生后，投保人或被保险人因施救保险标的所发生的一切费用。

4. 质押贷款和投资收益

保险法中明确规定了人寿保险合同"现金价值不丧失条款"，虽然投保人与保险公司签订合同，但投保人有权中止这个合同，并得到退保金额。有的保险合同中也规定投保人资金紧缺时可申请退保金的90%作为贷款。如果急需资金，又一时筹措不到，投保人或被保险人便可以将保险单质押在保险公司，从保险公司取得相应数额的贷款。一些人寿保险产品不仅具有保险功能，而且具有一定的投资价值，就是说如果在保险期间没有发生保险事故，那么在到达给付期时，被保险人所得到的保险金不仅会超过已经缴纳的保险费，而且还有本金以外的其他收益。由此可以看出，保险既是一种保障，又兼有投资收益。

四、保险机构与业务

（一）保险机构

公司的组织形式决定着公司的成立条件、设立程序、资金的募集方式以及公司的组织机构等。基于我国目前保险业的基本情况，《保险法》规定了我国商业保险公司的两种法定组织形式：股份有限公司和国有独资公司。

1. 保险股份有限公司

保险股份有限公司，也称股份保险公司，我国现有的保险公司多是保险股份有限公司。如平安保险（集团）股份有限公司、太平洋保险（集团）股份有限公司、华泰财产保险股份有限公司、华安财产保险股份有限公司、泰康人寿保险股份有限公司、新华人寿保险股份有限公司、天安保险股份有限公司等。

2. 国有独资保险公司

我国目前国有独资保险公司有中国再保险公司、香港中国保险（集团）有限公司、中华联合财产保险公司和中国出口信用保险公司等。

3. 我国保险公司的分支机构

（1）保险公司分支机构及种类。保险公司的分支机构是指保险公司依法设立的，以总公司名义进行保险经营活动，其经营后果由总公司承担的营业性机构，包括分公司、中心支公司、支公司、营业部。保险公司和保险公司分支机构在我国相关的法律法规中，一般被统称为保险机构。

（2）保险公司分支机构的法律地位。虽然保险公司分支机构有自己的营业场所和设施，有一定的运营资金，但在法律上仍然是总公司的一个组成部分。保险公司分支机构不具有法人资格，其民事责任由总公司承担，但是分支机构可以在总公司的授权范围内独立参加民事诉讼活动。

（二）保险业务

保险公司的业务范围，也称保险公司经营范围，是指由法律规定的对保险公司承保险种的明确限制和界定。从具体保险险种来看，保险公司业务范围主要包括以下三大类保险业务。

1. 财产保险业务

以物或其他财产利益作为保险标的而从事的保险业务。具体而言，财产保险业务又包括财产损失保险、责任保险、信用保险、保证保险、农业保险、海上保险等险种。在我国，海上保险主要适用海商法的规定。

2. 人身保险业务

以人的身体、生命或健康为保险标的而从事的保险业务。人身保险业务又包括人寿保险、健康保险、意外伤害保险等险种。

3. 再保险业务

以保险公司的保险责任作为保险标的而从事的保险业务。其本质属于责任保险。再保险业务包括两个方面：一是分出保险业务，即保险公司将所承保的业务的一部分分给其他保险公司承保的业务；二是分入保险业务，即保险公司接受其他保险公司分来的业务。

五、保险市场的监管

（一）保险经营风险

1. 保险经营风险的类型及其成因

保险经营风险有非控性、突发性、联动性等特点。第一类风险是承保风险，具体包括财务风险、逆向选择、道德风险、竞争风险。财务风险主要是由于承保金额超过公司的承保能力、市场竞争导致赔付率上升、通货膨胀对资本金或总准备金的腐蚀、投资亏损或坏账等因素所致。逆向选择和道德风险主要是由于保险合同双方当事人掌握承保标的风险信息的不对称所致。第二类风险是投资风险,包括系统性风险和非系统风险,系统性风险是不可控风险,如商业周期风险、利率风险、汇率风险、不可预料的政治风险、政策风险等;非系统风险是可控风险,如投资项目或对象选择上判断错误、对融资对象的资信调查不够、义务人违约造成呆账、坏账等的信用风险、投资的流动性结构不合理、投资过于集中,没有贯彻分散原则以控制风险等。

2. 保险经营风险防范

保险经营风险的防范主要从两方面着手,一是危险单位承保限额决定,包括法定承保限额、理论承保限额、承保限额极限比率等。法定承保限额是由国家保险管理当局以法规的形式规定每一危险单位保险公司所能承受的最高保险责任数额;理论承保限额是通过数理统计的办法,求出单个保险公司的承保限额,即单个保险公司愿意和可能向保险市场提供的保险商品的数量;承保限额极限比率是指扩张的承保限额与经营资本的比例关系。二是单个公司承保总额决定。承保总额是单个保险公司能够向保险市场提供保险商品的数量,承保总额受保险公司经营资本制约,对单个公司承保总额进行考察,主要是分析公积金与承保总额之间的比例关系、经营资本与承保总额之间的比例关系两个方面。

(二) 保险市场监管的方式与内容

现代保险监管制度的一个重要标志是国家授权给专门的保险监管机构,使之专司保险监管之责。现代保险监管制度最早产生于美国。现代保险监管制度的另一进步体现在保险监管法规的不断完善,代表是英国。保险事业的公共性、保险合同的特殊性、保险技术的复杂性要求对保险进行监管。保险监管的原则有坚实原则、公平原则、健全原则、社会原则。保险监管的目的是维护保险市场秩序。

1. 保险监管体系

保险监管体系由保险监管法规、保险监管机构、保险行业自律构成。1998年成立中国保险监督管理委员会统一监管中国保险市场。保险行业自律组织有保险同业公会、保险行业公会等。

2. 保险监管方式

保险监管方式有公示方式、准则方式、实体方式等。公示方式指政府对保险业的经营不作直接监督,只是规定保险人按照政府规定的格式及其内容,将其营业结果定期呈报给主管机关,并予以公布;准则方式指国家对保险业的经营制定一定的准则,要求保险业者共同遵守的一种监管方式;实体方式指国家制定有完善的保险监督管理规则,主管机构根据法律法规赋予的权力,对保险市场尤其是保险公司进行全面的监督管理的一种方式。

3. 保险监管的内容

(1) 组织监管。申请设立的许可,包括申请核准、营业登记、缴存保证金、领取营业执照等;组织形式的限制,如我国大陆采取股份有限责任公司和国有独资公司;从业人员的资格认定,从业人员包括:保险企业的高层管理人员、保险专业部门的经营人员。保险企业的专业人员包括:核保员、理赔员、精算师;保险中介人的监管,包括资格监管、业务监管、报表账簿监管;停业解散的监管,如整顿、接管、解散、清算;外资保险企业的监管,包括开业条件、经营业务范围、投资方向、纳税。

(2)经营监管。经营范围的监管,如有的国家规定同一保险人不得同时兼营财产保险业务和人身保险业务;保险条款的监管;保险费率的监管。

(3)财务监管。资本金监管,目的是增加保险公司承保、再保及投资能力,避免偿付能力不足的情况发生,增加承保及投资预期与非预期损失的弥补能力,维护被保险人的权益,促进保险公司社会责任的履行;准备金的监管,目的是充实保险公司营运资金,增加投资能力,促进保险业的健康发展,维持保险公司适当的清偿能力,保障被保险人的权益;资金运用的监管,目的是确保资金运用安全,维护保险公司的偿付能力,提高资金运用收益,增强保险公司的经营实力,防止投机性或不当投资行为的发生,促进保险业履行社会责任。包括资金运用的程度、资金运用的范围、资金投向、资金运用的比例;偿付能力的监管,目的是确保被保险人的权益不受损害,当保险公司偿付能力发生困难时,有比较足够的缓冲时间来调整经营方向,并且为评估机构提供评估与检查保险公司偿付能力的标准。

六、保险学

保险学是一门研究保险及保险相关事物运动规律的经济学科。保险涉及的领域是多元化的,包括金融学、法学、医学、数学、经济学以及自然科学。

(一)保险学的研究对象

保险学的产生与发展,是一个不断变化、不断升华的过程,从保险法学到保险数学,从综合保险学到微观保险学,保险学逐渐成为一门相对独立的学科,其研究对象是保险商品关系。作为保险学研究对象的保险商品关系是指保险当事人双方之间遵循商品等价交换原则,通过签订保险合同的法律形式确立双方的权利与义务,实现保险商品的经济补偿功能。在保险商品关系中,一方当事人按照合同的规定向另一方缴纳一定数额的费用;另一方当事人按照合同的规定承担经济补偿责任,即当发生保险事故或出现约定事件时,保险人按照合同规定的责任范围,对对方的经济损失进行补偿或给付,以保障对方的生产或生活的正常运行。

(二)保险学的研究内容

保险学研究内容主要包括以下四个方面:

1. 保险当事人之间的关系

保险当事人之间的关系是指保险人与投保人,被保险人,保险受益人之间因保险商品交换而形成的相互关系。保险人作为保险商品经营的主体,在为投保人或被保险人提供保险商品服务的过程中,与客户结成一定的社会经济关系,即商品交换关系。联结保险当事人权利与义务关系的纽带是保险合同。由保险合同确定的保险当事人之间的关系表现为一种法律关系。保险法律关系是保险经济关系的表现形式,保险经济关系是保险法律关系的存在基础。

2. 保险当事人与保险中介人之间的关系

这种关系一方面表现为保险人与保险代理人，保险经纪人，保险公估人等之间因经营保险业务而形成的保险商品交换关系；另一方面表现为保险代理人，保险经纪人，保险公估人等与被保险人或保险受益人等之间因从事保险代理，保险经纪，保险公估活动而产生的保险商品交换关系。

3. 保险企业之间的关系

保险企业之间的保险商品关系包括保险公司之间，原保险公司与再保险公司之间以及再保险公司之间因保险经营活动而产生的保险商品关系。如我国保险市场上存在的保险企业，从性质上看，有国有独资保险公司与股份有限保险公司；从形式上看，有内资保险公司，外资保险公司和中外合资保险公司；从业务内容上看，有财产保险公司，人身保险公司，再保险公司；从经营范围上看，有全国性保险公司，区域性保险公司等。随着改革开放政策的进一步深入，社会经济的发展，还会出现一些其他形式的保险企业，从而形成一种不同经济结构，不同层次，不同形式并存的保险市场格局。这些保险企业，不论其规模大小，实力强弱，在市场经济中均处于平等地位。为了各自的经济利益，它们在保险经营活动中既存在相互竞争关系，又存在相互协作关系。

4. 国家对保险业实施监管而形成的管理与被管理的关系

这种关系是指国家保险主管机关对在本国领土上从事保险业务的保险人和从事保险中介业务的保险中介人实施监管而形成的管理与被管理的关系。具体表现在两个方面：一是政府与保险企业之间的关系。政府实施宏观调控，根据保险市场的需要，决定是否批准成立新的保险企业等。政府对国家负责。企业按政府规定经营保险业务，自主经营，自负盈亏，自我约束，自我发展。二是监管者与被监管者之间的关系。保险商品关系本质上是一种商品经济关系。只要存在商品经济关系必然有保险市场的竞争。为了保障保险企业的正常经营，保护保险当事人的合法利益，宏观上需要对保险市场进行管理，包括经济手段的管理，行政手段的管理和法律手段的管理，从而形成一种为保证保险商品交换正常运作的管理与被管理的关系。

◆ **学习拓展：**

家财被盗未及时报案　保险公司拒赔合理吗

案情介绍：

李某出差回家后，发现家庭财产被盗。于是，他迅速到派出所报案。经公安人员现场勘查，发现有1万多元的财物被盗走。10多天后此案还没告破，这时李某才想起自己参加了家庭财产保险。于是，他急匆匆手持保单来到保险公司要求索赔。保险公司以在出险后未及时通知为由拒赔。

分析结论：

"及时通知"是指被保险人应尽快通知保险公司，以便及时到现场勘查定损。

家财险案件应在 24 小时内通知保险公司。为什么李某投保了家庭财产保险，却不能获得赔偿呢？这是因为李某在家庭财产被盗后，虽然及时向公安部门报了案，却忽视了向保险公司报出险通知，使本该履行的及时通知义务迟延履行。

依照《保险法》第二十一条的规定，"投保人、被保险人或者受益人知道保险事故发生后，应当及时通知保险人。"这里的"及时通知"是指被保险人应尽快通知保险人，以便及时到现场勘查定损。通知的方式可以是口头方式，也可以是书面形式。"及时通知"是被保险人应尽的义务，同时，被保险人向保险公司索赔也是有时间限制的。如果被保险人没有履行此项义务，保险公司可免除保险责任。

家庭财产保险条款还专门就被保险人"及时通知"义务进行了明确规定，即被保险人必须在知道保险事故发生后，保护好现场，并在 24 小时内通知保险公司。否则，保险公司有权不予赔偿。

结论：保险公司拒绝赔偿是按照法规及合同规定处理，是合理的。

案例启示：

目前，家庭财产保险已成为城乡百姓首选的一大险种，其覆盖面较广。此案给我们每个参加家庭财产保险的被保险人带来三个警示：一是要树立家财出险后"及时通知"的意识，做到处事不慌。一方面要向公安部门报案，另一方面也要向保险公司报险，做到"两报"都不误。这样保险公司人员就可及时进行现场核实定损，为后期理赔奠定基础。二是家财出险后，要注意在 24 小时内到保险公司"报险"，以免超过规定时效而引发双方在理赔中的纠纷。三是要注意通知的方式。出险后，被保险人要迅速找出保单，亲自去所投保的保险公司"报险"，或者打电话及时告知保险公司。只有这样，才能避免上文中李某的后果，使家庭财产得到有效保障。

资料来源：http://www.zjlvshi.cn/falvzhuanti/HTML/63293.html.

本章思考题

1. 简要说明人力资本对经济增长和社会发展的效应。
2. 简述西方国家失业的主要类型。
3. 公共产品有哪些主要提供方式？
4. 财政的主要职能是什么？
5. 简述金融业的发展趋势。
6. 试述我国现行的金融机构体系。
7. 简述世界保险业的起源与发展。
8. 谈谈你对保险经济活动基础的认识。

第五章

部 门 经 济

国民经济的运行由多个部门协同进行。各个部门的经济活动既遵循一般的经济规律，又有各自的特殊经济规律。以各部门经济问题和经济规律为研究对象，形成了部门经济学。部门经济涉及多层次、多领域，内容十分广泛。本章简要介绍部门经济中的工业经济、建筑经济、运输经济、商业经济的基本知识和基本原理。

第一节 工业经济

工业属于第二产业，是国民经济的主导产业。本节简要介绍工业的概念、特征与发展；工业的分类与地位；工业化与工业现代化；工业经济学的基本知识等。

一、工业的概念、特征与发展

（一）工业的概念

工业是采掘自然物质资源和对原材料进行加工或在加工的物质生产部门。它为国民经济各产业提供原材料、燃料动力和技术装备，为人类提供日用工业品，为社会经济的发展提供物质基础。

（二）工业的特征

1. 工业生产不能由自然过程自动实现

工业生产同农业生产的区别主要是，后者的生产过程需有很大程度的自然过程作用，因为植物和动物的生长是一个新陈代谢的自然过程，即自然生长；而前者的生产过程基本上是一个人为过程，除了酿酒的窖藏等特殊工艺之外，工业生产不能由自然过程来自动实现。

2. 工业生产的约束性越来越强

工业生产是人为改变物质形态的过程，大量采用自然资源（作为工业原料）和开发能源，而有很多自然资源和能源是不能自然再生的。大规模的现代工业生产受到自然资源和能源供应条件的影响，对工业生产活动的约束性将越来越强。

（三）工业的产生与发展

工业是在一定的社会经济形态下形成与发展的。

古代工业最初是随着第二次社会大分工，即手工业和农业分离而形成的，主要是织布业、金属加工业等。

近代工业则是从手工业发展而来的。在前资本主义社会，手工业有两种基本形式：一种是作为农民自然经济的副业而存在的家庭工业；另一种是有独立的个体手工业者所从事的手工业小商品生产。随着小商品生产的发展和分化，逐渐产生了资本主义生产关系，并使工业成为独立的物质生产部门。近代工业的形成以第一次产业革命为发端，通常认为开始于17世纪或更早些。首先是英国，随后美国、法国、俄罗斯、日本等国先后于19世纪建成了近代工业，前后历时约200年。它标志着工业与农业的最终分离，标志着近代工业体系的初步形成，标志着机器和机器体系已经取代手工劳动而成为近代大工业的物质基础。

现代工业是在社会分工发展的结果。第一批工业是通过一般分工，直接从农业中分离出来的，如纺织工业、酿造业等。但是大部分的工业，特别是新兴工业，主要是通过特殊分工的方式形成的。它既可以在原有工业生产规模日益扩大，品种不断增加，工业生产进一步专业化的基础上分离出新的工业，如从机械制造业中分离出纺织机械制造业、矿山机械制造业、农业机械制造业等，也可以随着科学技术进步，在不断出现新设备、新材料、新工艺、新产品的基础上，形成一些新的工业，如电子业、高分子化学工业等。总之，生产和技术越发展，社会分工越细，工业的数目也越多。

随着世界经济的迅速变化，现代工业取得了很大发展。其特点是：其一，国民经济中的地位普遍上升。近百年来发达国家工业一直呈上升趋势，战后又有所提高，一般占就业人口和国民生产总值的30%以上；进入20世纪70年代以来，传统工业的衰落和第三产业的急剧发展，其比重出现停滞或下降的趋势。如1990年美国工矿业就业人口只占就业总人口的25.2%，比1979年减少5.1%。发展中国家一般占20%左右，并处于增长势头，其中石油生产国与拉丁美洲国家比重较高。东欧国家多高达40%。其二，重工业发展迅速，20世纪60年代到70年代中期达到高峰，许多发达国家高达70%左右；80年代以来，发达国家进行工业部门调整，重化工业增长速度放慢，高科技产业发展迅速。发展中国家轻纺工业增长幅度较大。其三，向知识技术密集型化发展。第二次世界大战后相当长一段时间，发达国家以发展资源密集型和资本密集型工业为主，把劳动密集型工业转移到工资低廉的发展中国家。20世纪70年代后期进一步调整产业部门结构，重点发展尖端技术的高科技产业，其比重明显上升，而污染严重的资源密集型再一次向外转移。目前发展中国家仍多以劳动密集型为主，次为资本密集型，而新兴的工业化国家、中国和印度等国已开始发展知识技术密集型工业。

目前，在科学技术革命的推动下，生产工艺高度发展，世界加工工业不仅成倍增长，且兴起了新的、现代化的高科技工业部门，引起工业地域结构的变化。基本特点是：一是工业生产向大型化、系列化和综合化发展，是战后工业布局规模的主导方向。根据地域条件，以一两个工业部门为主导，多发展成为综合性联合生产基地，是工业地域部门结构的特点。二是工业地域不同层次的集中与相对分散。集中与分散是产业空间运动的形式，工业地域在不断集中与分散中形成，而集中是主导方面。自资本主义工业化以来，工业地域集中是突出特点。第二次世界大战后又有所增强，并出现了不连续的带状世界性大工业地带。发展中国家集中程度更高，呈点状分布，如各国首都多发展成为最大的工业中心。世界工业生产由高密度区向低密度区扩展是工业空间运动的总趋势。世界工业地域自西向东、向北、向南扩散着，同时在一国内同样存在着相对分散的趋势。如美国向西部、南部发展，日本向南北两端和日本海侧开发，俄罗斯工业地域东移等。在许多大工业城市周围出现了工业卫星城镇，一些发展中国家新的加工出口区的建立等都是例证。三是随着世界经济的发展，工业布局在原有的煤铁复合体型和战后发展起来的临海型的基础上，又出现了临空型、临路型的新布局类型。以机场和四通八达的高速公路的中心点为中心，依托中心城市，在其周围或外围地区，发挥人才、交通信息等软环境的优势，发展起各种类型的高科技产业，以美国的"硅谷"和日本的"硅岛"为典型代表。四是世界各国各地区工业发展不平衡状态依然存在。工业生产集中在发达国家和几个发展中国家。如美国、苏联、日本、西欧经济共同体合占世界工业生产的3/4以上。五是近年亚洲太平洋地区工业发展迅猛，已经成为世界新的工业基地。

二、工业的分类、结构与地位

（一）工业的分类

产业经济学往往根据产品单位体积的相对重量将工业划分为重工业、轻工业。

1. 重工业

重工业是指为国民经济各部门提供物质技术基础的主要生产资料的工业。按其生产性质和产品用途，可以分为下列三类：

（1）采掘（伐）工业，是指对自然资源的开采，包括石油开采、煤炭开采、金属矿开采、非金属矿开采和木材采伐等工业。

（2）原材料工业，指向国民经济各部门提供基本材料、动力和燃料的工业。包括金属冶炼及加工、炼焦及焦炭、化学、化工原料、水泥、人造板以及电力、石油和煤炭加工等工业。

（3）加工工业，是指对工业原材料进行再加工制造的工业。包括装备国民经济各部门的机械设备制造工业、金属结构、水泥制品等工业，以及为农业提供的生产资料如化肥、农药等工业。

2. 轻工业

轻工业是指主要提供生活消费品和制作手工工具的工业。按其所使用的原料不同，可分为两大类：

（1）以农产品为原料的轻工业，是指直接或间接以农产品为基本原料的轻工业。主要包括食品制造、饮料制造、烟草加工、纺织、缝纫、皮革和毛皮制作、造纸以及印刷等工业。

（2）以非农产品为原料的轻工业，是指以工业品为原料的轻工业。主要包括文教体育用品、化学药品制造、合成纤维制造、日用化学制品、日用玻璃制品、日用金属制品、手工工具制造、医疗器械制造、文化和办公用机械制造等工业。

(二) 工业的结构

工业结构指各工业部门组成及其在再生产过程中所形成的技术经济联系。常指部门结构、轻重工业结构和采掘——原材料——制造工业结构三种。

一个国家的工业结构，是这个国家经济结构的重要组成部分。它反映一个国家的工业发展水平、方向和国家的经济实力。研究工业结构，要了解工业部门的构成、作用及其比重，要掌握各部门之间的技术经济联系现状及其变动趋势，要分析工业部门之间以及工业内部的各种数量比例。

分析和衡量工业结构的主要指标有：①独立工业部门或门类的固定资产、流动资金和劳动力在全部工业中所占的比重；②各工业部门或门类的总产值、净产值和利润在全部工业中的比重；③各工业部门间的产品消耗系数（包括直接消耗系数和完全消耗系数）。

影响国家或地区工业结构的因素有：社会经济制度、供给结构（包括自然资源、资金、劳动力及技术系统）、社会需求结构、国际贸易和地区贸易及经济地理位置等。

工业结构一般具有以下特性：①区域性。不同地区的不同工业结构，不仅反映地区经济发展条件的不同，还反映地区间现状经济发展水平的差异及结构的先进程度，揭示国际和地区劳动地域分工的不同；②时序性。每一次大的技术革新、工业革命，都会给工业结构带来巨大变化；③层次性。一个国家或大地区的工业结构往往相对完整，而地域较小的地区工业结构比较简单，往往与相邻地区表现为一定的互补关系。

合理的工业部门结构是工业高度发展的必要条件，也是工业发展战略的重要内容。工业部门结构合理化，是一个相对的概念，在科学技术和生产力发展水平的不同阶段上，其合理化的要求也有所不同。合理的工业部门结构，一般应满足下列基本要求：建立部门之间的最适宜的技术经济联系和数量比例，充分地和有效地利用本国的资源和国际的有利条件，采用现代科学技术，建立新型工业部门，全面提高经济效益，改善人民的物质文化生活。

(三) 工业在国民经济中的地位

1. 工业是国民经济的主导产业

工业决定着国民经济现代化的速度、规模和水平，在当代世界各国国民经济中起着主导作用。工业还为自身和国民经济其他各个部门提供原材料、燃料和动力，为人民物质文化生活提供工业消费品。它还是国家财政收入的主要源泉，是国家经济自主、政治独立、国防现代化的根本保证。除此以外，在社会主义条件下，工业的发展还是巩固社会主义制度的物质基础，是逐步消除工农差别、城乡差别、体力劳动和脑力劳动差别的前提条件。

2. 工业是国民经济中最重要的物质生产部门

工业生产主要是对自然资源以及原材料进行加工或装配的过程。工业在国民经济中的地位，还取决于它在社会生产过程中多方面的重大作用。在生产领域，工业是使用现代劳动手段的主要部门。工业向国民经济各部门提供技术装备、能源和原材料。在交换领域，工业推动着社会分工的发展以及交通运输业和通信业的发展，导致商品交换的扩大和商品流通的加快。在分配领域，工业是创造国民收入的主要部门，优势占用固定资产投资比例最高的部门。在消费领域，人们生活中的大部分消费资料由工业提供。

3. 工业是判断国家发达与否的重要标识

一个国家工业的规模、水平和结构，在相当大的程度上决定着国民经济的发展水平。由于工业生产部门的生产技术装备水平和发展状况，对国民经济其他部门的技术改造和发展，始终起着重要的甚至是决定性的作用。因为如此，在现代，判断一个国家是发展国家还是发达国家，主要以该国的工业发展状况为依据。一般情况下，一个国家的工业越发展，发达程度就越高。

三、工业化与工业现代化

（一）工业化

1. 工业化的概念

工业化通常被定义为工业（特别是其中的制造业）或第二产业产值（或收入）在国民生产总值（或国民收入）中比重不断上升的过程，以及工业就业人数在总就业人数中比重不断上升的过程。

工业化是工业发展的显著特征之一，但工业化并不能狭隘地仅仅理解为工业发展，因为工业化是现代化的核心内容在这一过程中，工业发展绝不是孤立进行的，而总是与农业现代化和服务业发展相辅相成的，总是以贸易的发展、市场范围的扩大和产权交易制度的完善等为依托的。在工业化进程中，主要表现为工业生产量的快速增长，新兴部门大量出现，高新技术广泛应用，劳动生产率大幅提高，城镇化水平和国民消费层次全面提升。

2. 工业化的衡量指标

国际上衡量工业化程度，主要经济指标有四项：一是人均国内生产总值，人均GDP达到1 000美元为初期，人均3 000美元为中期，人均5 000美元为后期。二是工业化率，即工业增加值占全部国内生产总值的比重。工业化率达到20%~40%，为正在工业化初期，40%~60%为半工业化国家，60%以上为工业化国家。三是三次产业结构和就业结构，一般工业化初期，三次产业结构为12.7:37.8:49.5；就业结构为15.9:36.8:47.3。四是城市化率，即为城镇常住人口占总人口的比重，一般工业化初期为37%以上，工业化国家则达到65%以上。

3. 工业化的阶段

工业化的第一阶段往往是轻纺工业为先导产业和支柱产业，到第二阶段进入重化工业化，重工业和石化化学工业成为先导产业和支柱产业。反映重化工业化过程的指标是霍夫曼系数。

工业化和外向型经济也有密切关系。发展中国家的工业化往往经历进口替代和出口替代两个阶段，但忽视出口替代的单纯追求进口替代大多会失败，而先实行出口替代，完成资本积累后再进行进口替代则大多会成功，其中亚洲"四小龙"是典型代表。

4. 工业化的影响

工业化不仅对经济产生巨大影响，而且对社会生活产生巨大影响。工业化带来人类生活节奏的加快，文明程度的提高，政治组织的民主，工人阶级的纪律，工会的强大政治影响力；同时，工业化不断提高的社会生产率为大批就业人口转向第三产业奠定了基础，使得工业社会逐步向后工业社会和信息社会迈进。

从产业组织形式看，随着工业化进程的深入，产业链、产业集群等新生事物也创造出来，不断提高了工业产业的组织程度和运行效率。

（二）工业现代化

1. 工业现代化的概念

工业现代化指的是通过发展科学技术，采用先进的技术手段和科学的管理方法，把工业建立在现代科学技术基础之上，使工业生产力的发展达到当代世界先进水平的过程。

工业现代化具有三个特性，即历史性、世界性、动态性。

工业现代化是一个历史性的概念。工业现代化相对于一定的历史时期而言，其内容随着生产技术的进步而发展，工业的技术基础经常变革和更新。在人类历史上，工业现代化随着社会生产力发展而演变，资本主义大机器生产以来，它先后经历了蒸汽时代、电气时代、自动化电子控制时代三个历史时期，并随着科学技术的发展不断更新其内容。

工业现代化是一个世界性的概念。它相对于世界的先进水平而言，也就是说不仅总的工业现代化水平要以当代工业发展到国家的先进水平来衡量，而且各工业部门或行业、产品的水准也要以国际范围内的先进水平来衡量。

工业现代化是一个动态性的概念，是相对于发展过程而言的。工业现代化是致力于改善工业状况并使其体现现代工业发展方向和先进水准的动态过程。

2. 工业现代化的标志

工业现代化主要有六个标志：

（1）劳动资料现代化。劳动资料，特别是生产工具的现代化，是工业现代化的首要标志。在当代，工业劳动资料的现代化集中表现在机械工业产品的现代化。近三十年来，工业发达国家机械产品最普遍的发展趋势是大型化、精密化、自动化和成套化。与此同时，小型化、微型化、简易化也有了引人注目的发展。

（2）工业结构现代化。这方面的表现有三：①工业内部的部门结构日益完整，能源供应、原材料工业和加工工业均衡发展。②原有工业部门逐步得到技术改造，向科学技术密集型工业过渡。传统工业的比重逐渐下降，新兴工业部门的比重逐渐上升。③各国工业部门结构日益明显地受到世界工业部门构成变化的影响。

（3）工业生产组织现代化。作为先进的工业生产的社会组织形式，集中化、专业化、协作化和联合化成为工业生产组织发展的趋势。

（4）工业管理现代化。工业现代化必然要求由与它相适应的管理现代化，包括管理观念、管理方法、管理制度、管理手段和管理人员的现代化，特别是作为工业基本单位的工业企业的管理现代化。

(5) 工业劳动力素质现代化。劳动力的素质应有显著的提高，体现较高的教育程度和科学技术水准。在人员构成比例上，有以下趋势：①工业中从事脑力劳动的比例上升，从事体力劳动的比例下降。②技术和管理人员的比例上升，生产公认的比例下降。③管理人员专业化、知识化，生产工人中脑力劳动成分增大，体力劳动的成分减少。④生活服务区域社会化，企业内部生活服务人员的比例下降，社会上从事服务性行业的人员显著增加。

(6) 主要技术经济指标达到当代世界先进水平。工业现代化是社会生产力高度发展的主要表现，其发展水平以工艺技术经济指标体系来综合衡量。属于这方面的主要指标有：主要工业产品的产量、质量、成本、劳动生产率、设备和原材料的利用率等。

四、工业经济学

工业经济学是研究工业经济发展及对其进行社会管理的规律性的学科。

（一）工业经济学的研究对象

工业经济学的研究对象是：在市场经济条件下，工业生产以及同工业生产直接相关的经济行为、经济关系和经济规律，包括工业品生产、交换、消费过程中的经济现象。

工业经济学的研究对象除了工业生产领域的经济行为、经济关系和经济规律，也涉及同工业生产直接相关的一些经济现象，包括：工业生产的自然资源、工业产品实现过程中的经济行为和经济关系、工业同农业及服务业（特别是交通、物流、金融业等）的关系、工业生产的外部性影响、环境和生态等。

（二）工业经济学的研究内容

工业经济学在不同的工业生产力发展阶段上应有不同范围的内容。在现阶段，工业经济学的主要内容，一般包括以下几个基本部分：

基本的经济理论部分。工业中的经济学问题集中体现在投入与产出之间关系上。这一部分中，工业成本问题集中体现了对投入方面的研究；工业盈利集中体现了对产出方面的研究；工业品价格从成本与盈利相统一的关系上体现了对投入与产出之间内在关系的研究；工业生产的经济效益从它们相对立的内在关系上体现了对投入与产出之间内在经济关系的研究。

基本的管理理论部分。这一部分着重研究管理学在工业中应用时的基本理论问题，包括管理的原理、管理方法和工业管理体制。

工业规划部分。从宏观上对工业进行规划，包括从长期目标、方针、措施上进行规划的工业发展战略问题，按时间序列进行规划的工业计划问题，按空间位置规划的工业布局问题，按社会生产分工进行规划的工业部门结构问题；从对工业生产活动和自然及社会之间关系的协调上进行规划的工业环境问题等。

工业资源部分。包括对资金资源、劳动力资源、技术资源、原料及能源资源、信息资源的探讨研究。各种工业资源之间存在着密切的内在联系，在工业发展的不同阶段，依赖于不同资源的开发。工业化和现代化的过程，明显地表现出是从劳动密集型向资金密集型，又向技术、信息密集型生产不断过渡的过程。

工业再生产部分。工业再生产的问题，包括一般再生产过程的问题和扩大再生产的问题；生产过程的问题和流通过程的问题。对工业社会生产组织问题的研究是对一般再生产过程的问题研究；对工业基本建设和工业技术改造问题的研究是对外延和内涵的扩大再生产问题的研究；对物资供应和产品销售问题的研究是对流通过程问题的研究。

（三）工业经济学与相关学科的关系

工业经济学需要应用或借鉴经济学多个其他学科的理论、方法和分析工具，以至应用和借鉴相关学科特别是企业管理学的有关知识。工业经济学的主要支撑学科是微观经济学和产业组织经济学（产业经济学），后者实际上是前者的衍生；宏观经济学的理论和方法（特别是总量分析、总体均衡分析等）也是工业经济学的重要学术支撑。支持工业经济学的还有：区位经济学、区域经济学、国际经济学、增长经济学、发展经济学、政府管制理论、企业经济学、企业管理学等。

◆学习拓展：

中国四大工业基地

沪宁杭是上海、南京、杭州及其附近地区的通称。范围大致包括上海全市，江苏省南京以东，扬州以南，主要是苏南地区，浙江省北部的杭嘉湖和宁绍地区。以上海为经济中心，地理位置优越，经济腹地广大。本区地处沿海中段和长江口，既可通过海运与东北、华北、华南乃至海外往来，又可通过内河航运与占全国1/5陆地面积、1/3人口的长江流域内各省市相沟通，还可通过铁路与中、西部地带的各省市相联系，经济影响几乎遍及全国。

中国四大工业基地是指沪宁杭工业基地、京津唐工业基地、辽中南工业基地和珠江三角洲工业基地。

一、沪宁杭工业基地

沪宁杭工业基地是中国最大的综合性工业基地，中心城市是上海、南京、杭州，范围包括上海全市，江苏省南京以东，扬州以南，主要是苏南地区，浙江省北部的杭嘉湖和宁绍地区。沪宁杭工业基地以上海为经济中心，地处沿海中段和长江口，既可通过海运与东北、华北、华南乃至海外往来，又可通过内河航运与占全国1/5陆地面积、1/3人口的长江流域内各省市相沟通，还可通过铁路与中、西部地带的各省市相联系，经济影响几乎遍及全国。该基地面积仅占全国的1%，人口占全国的6%，但国内生产总值占全国的15%，在全国占有举足轻重的地位。作为中国最大的综合性工业基地，这里有纺织、化纤、电气、电子、机械、化学、黑色冶炼及压延加工、交通运输设备制造、金属制品、食品、服装加工等多种行业，很多行业在全国总产量中占很大比重。此外，微电子与电子信息、精细化工、新材料、生物工程、机电一体化等高新技术产业也已经具有一定的基础。

二、京津唐工业基地

京津唐工业基地是中国第二大综合性工业基地，也是中国北方最大的综合性工业基地。该基地中心城市是北京、天津、唐山和秦皇岛，范围包括辽宁、河北、北京、天津和山东。该基地工业实力强大，工业体系门类齐全，特别是石油工业、煤化工业、冶金工业、海洋化工、机械电子工业等都很发达，是我国北方最大工业密集区。该基地发展工业的有利条件主要是：第一，有丰富的铁、石油、海盐等资源；第二，有统一的华北电网；第三，有便利的铁路、高速公路、航空和近海运输；第四，临近山西能源基地；第五，有输油管道连接东北、华北和油田；第六，有科技和人才优势。尤其是京津地区是全国知识最密集的区域，能够提供经济发展所需的各类高级人才。

三、辽中南工业基地

辽中南工业基地是中国一个老工业基地，是以重工业为主的综合性工业基地，也是中国最大的重工业基地。该基地位于渤海湾北环和黄海的西北岸，中心城市有沈阳、大连、鞍山等，范围包括了除朝阳市、阜新市区及阜新县以外的辽宁省域。辽中南工业基地内丰富的煤、铁、石油资源，便利的交通和良好的工业基础为发展重工业提供了有利的条件，其中鞍山—本溪的钢铁工业，沈阳、抚顺的机械工业，大连的造船工业和抚顺石油加工工业等一批工业企业，都是国家重工业的骨干。辽中南工业基地重工业较全面，但作为中国的一个老工业基地，结构老化，管理落后，大企业一般历史长，负担重，不适合市场经济的发展。

四、珠江三角洲工业基地

珠江三角洲工业基地是以轻工业为主的综合性工业基地，也是我国重要的轻工业基地，中心城市是深圳和广州。该基地位于广东省中南部，珠江下游，毗邻港澳，与东南亚地区隔海相望，海陆交通便利，被称为中国的"南大门"。珠江三角洲工业基地已经形成了以轻工业为主、重化工业较发达、工业门类较多、产品竞争能力较强的工业体系。家用电器、消费类电子、纺织服装、食品饮料、医药、玩具、手表、自行车、多种日用小商品等轻工业均居全国前列。尤其是电子工业的产值占全国20%，已成为全国重要的新兴电子工业基地，成为全球电子工业品的最大出口基地之一。

资料来源：好搜百科。

第二节 建筑经济

建筑业属于第二产业，是国民经济的重要物质生产部门。本节简要介绍建筑业的概念、分类与特征；建筑业的结构、作用与市场；建筑业的投入产出分析、成果计量与发展规律；建筑经济学的基本知识等。

一、建筑业的概念、分类与特征

（一）建筑业的概念

建筑业是专门从事土木工程、房屋建设和设备安装以及工程勘察设计工作的生产部门。其产品是各种工厂、矿井、铁路、桥梁、港口、道路、管线、住宅以及公共设施的建筑物、构筑物和设施。

（二）建筑业的分类

根据国家技术监督局1994年8月13日发布，1995年4月1日实施的国民经济行业分类国家标准GB/T4754—94《国民经济行业分类与代码》，建筑业进一步划分成土木工程建筑业，线路、管道和设备安装以及装修装饰业。

土木工程建筑业：包括从事矿山、铁路、公路、隧道、桥梁、堤坝、电站、机场、运动场、房屋（如厂房、剧院、旅馆、商店、学校和住宅）等建筑活动的行业，也包括专门从事土木工程和建筑物修缮和爆破等活动的行业。不包括房屋管理部门兼营的零星房维修，这部分应列入房地产。

线路、管道和设备安装业：包括专门从事电力、通信线路、石油、燃气、给水、排水、供热等管道系统和各类机械设备、装置的安装活动的行业。

装修装饰业：包括从事对建筑物内、外装修和装饰的施工和安装活动的行业，车、船和飞机等的装饰、装潢活动也包括在内。

（三）建筑业的特征

1. 建筑业生产的基本投入组合多样化

建筑业生产的基本投入是建筑材料施工机具、劳动力、资金和管理人员等。建筑业生产某种具体的建成空间，生产要素投入可以有多种截然不同的组合。各种不同类型的组合需要的劳动力和机械设备一般彼此之间相差悬殊。

2. 建筑产品国际贸易性差

大多数国家的建筑业主要受国内需求影响。这一点表现在技术和经济两方面。在技术上，各国、各地区的气候不同，可用的地方建筑材料都不相同。在经济上，由于建筑材料一般重量大、用量大，价值重量比很小，往往就决定了外国很少通过进口建筑材料进行经济渗透。建筑业受到其他国家的竞争威胁要比其他行业小得多。

3. 建筑业属于劳动密集型行业

同其他第二产业和第三产业相比，建筑业的另一特点是属于劳动密集型，这一特点和进口威胁小巧妙结合起来，就可以成为政府进行宏观经济调节得心应手的手段。

4. 建筑业的人力雇用一般以项目为中心

大多数国家的传统做法是，有了项目就雇人，项目完了就打发他们走开，自从1984年我国建筑业改革以来，我们的建筑业用工制度也是如此。

5. 建筑业生产零散

建筑业生产非常零散。这种零散体现在建筑业专业工种的分工。发达国家的建筑业在拥有一些技术、管理和财务实力很大的建筑公司的同时，还有大量的、难以统计的小公司。一个自己也干活的老板带着一两个雇员，就是一个专业分包商。

6. 建筑业进入障碍小

建筑业一般资本有机构成低，固定资产水平低。因为建筑产品必须在需求的现场建造安装，所以建筑公司就不需要自己拥有和管理很大的固定场所。发达国家和地区，施工机具租赁经营业非常发达，所以这些物件仅在需要使用的时候临时租用。从世界范围来看，建筑业的分包和个体经营传统，使得建筑公司雇用的固定员工人数很少。建筑公司对流动资金的需要也不高。建筑公司每月都可以收到他们已完成工程的预付款，仅被扣发一小部分保留金。所以，流动资金最多够具体项目一个月工作量的需要就可以了。

二、建筑业在国民经济中的地位与作用

建筑业在国民经济中的地位和作用主要表现在以下几个方面：

（一）建筑业所完成的产值在社会总产值和国内生产总值中占较大的比重

从经济发达国家建筑业的发展历史来看，建筑业在国民经济中占有举足轻重的地位。第二次世界大战以后，建筑业在许多国家的战后重建和经济发展中发挥了重要的作用，成为国民经济的支柱产业。虽然自20世纪70年代以来，建筑业在经济发达国家国民经济中的地位有所下降，但仍然是重要的物质生产部门之一。有资料显示，发达国家建筑业产值平均占国内生产总值的5%~8%，该比例低于工业和商业，但高于农业，接近运输邮电业。我国建筑业在1981~1990年的10年中，累计完成产值18 910亿元，平均占同期社会总产值的9.3%，占同期国内生产总值的4.8%，在1978~2006年的29年中，建筑业产值占同期国内生产总值的5.6%。自20世纪末以来，我国建筑业产值占国内生产总值的比例趋于稳定，接近于发达国家的平均水平。

（二）建筑业为国民经济各部门提供重要的物质技术基础

国民经济中各个物质生产部门的生产单位都需要生产性的房屋建筑，如厂房、仓库等，有的还需要有特种用途的构筑物，如炉、池、槽、罐等。其他诸如堤坝、电站、码头、道路等，都是由建筑业完成的产品，是其他部门重要的生产手段，发挥固定资产的作用。另外，工业企业所需要的机械设备虽然不是建筑业提供的，但是必须由建筑业按生产工艺的要求进行安装，才能形成最终产品，发挥固定资产的作用。没有建筑业，就不能实现其他行业的扩大再生产，当然也就谈不上国民经济的高速发展。我国建筑业仅在1978~2006年这29年中，就建成关系国计民生的大中型工程项目近2万个，有力促进了其他物质生产部门和整个国民经济的发展。据统计，我国固定资产投资总额的60%左右是由建筑业完成的。

（三）建筑生产可以带动许多相关部门的生产

建筑产品的生产过程，也是物质资料的消费过程。在整个国民经济中，没有一个部门不需要建筑产品，而几乎所有的部门也都向建筑业提供不同的材料、设备、生活资料、知识或各种服务。据统计，仅房屋工程所需要的建筑材料就有76大类、2 500多种规格、1 800多个品种，包括建筑材料、冶金、化工、森工、机械、仪表、纺织、轻工、粮食等几十个物质生产部门的产品。另据不完全统计，我国建筑业的主要材料消耗占国

内消耗量的比例分别为：钢材 20%~30%，水泥 70%，木材 40%，玻璃 70%，油漆涂料 50%，塑料制品 25%；建筑业所需要的运输量约占总运输量的 8%。

（四）建筑业是重要的劳动就业部门

目前我国建筑业技术装备水平不高，手工操作和半手工操作还占有相当大的比例，属于劳动密集型行业，可以提供大量的就业机会，尤其是为农业的剩余劳动力提供了一条简单的就业途径。我国自 1978 年以来，建筑施工队伍的规模迅速扩大，最主要的表现就是农村建筑队的异军突起。

（五）建筑业生产起着改善工作和生活环境的重要作用

衣、食、住、行是人类生活的基本需要。在这四大生活要素中，"住"所需要的房屋建筑由建筑业建造；"行"的基本条件，如铁路、公路、码头、桥梁等，也是由建筑业开拓建造。人类不仅居住、休息需要空间，而且劳动、工作也需要空间。此外，随着人民生活水平的提高，还越来越多地需要各种各样的文化、娱乐和体育场所。所有这些空间，都是通过建筑设计的创造劳动和建筑施工实现的，是建筑业所创造的人工环境。现代建筑对于人类来说，已不再仅仅是赖以生存的基础，更多地表现出在政治、社会、文化、经济等领域对人类的交互作用，是人类为社会创造价值的场所，也是人类自身发展的环境。建筑业的作用就在于创造和改善人工环境，使其更适合人类发展的需要。

（六）建筑业可以吸收大量的消费资金

由于住宅是人类的基本需要，而且在居住面积数量基本满足需要之后，还会出现对居住环境质量不断提高的要求，因而住宅建筑市场容纳社会消费资金的能力是相当巨大的，也就是说，建筑业吸收社会消费资金的能力十分巨大。

（七）建筑业对国民经济的发展有一定的调节作用

由于建筑业在国民经济中的特殊地位，在市场经济的条件下，它能最灵敏地反应国民经济的繁荣和萧条。当国民经济各个行业处于繁荣期时，全社会对固定资产和住宅消费的需求增加，建筑业同样处于兴旺时期；当国民经济处于萧条期时，工厂开工不足，固定资产大量闲置，私人资本投资锐减，建筑业的任务来源减少，从而处于衰落时期。而且，建筑业反映国民经济的繁荣和萧条还有一个重要特征：建筑业的萧条先于国民经济萧条的"低谷"，建筑业的复苏又滞后于国民经济的全面复苏。

三、建筑产品与建筑生产的特征

建筑产品，是指建筑业向社会提供的具有一定功能、可供人类使用的最终产品，是经过勘察设计、建筑施工、构配件制作和设备安装等一系列劳动而最终形成的。在我国，通常把建筑产品分为房屋建筑、构筑物以及线路、管道和设备的安装工程。

（一）建筑产品的特征

建筑产品与一般工业产品相比较，具有许多不同的技术经济特点。

1. 多样性

在一般工业部门中，有成千上万的产品是完全相同的。它们可以按照同一设计图纸、同一工艺方法、同一种生产过程进行加工制造。当某一种产品的工艺方法和生产过程确定以后，就可以反复地继续下去，基本上没有很大的变化，产品的品种与其数量相比较，表现为产品的单一性。而建筑产品则与此相反，几乎每一个建筑产品都有它独特的建筑形式和独特的结构或构造形式，需要一套单独的设计图纸。住宅的多样性不仅表现在造型、外部装饰、色彩、结构、构造等方面，还常常表现在内部设施（如采暖、通风、卫生、炊厨设施）和内部装饰方面，后者在一定程度上由用户的喜好决定。

2. 固定性

在一般的工业部门中，生产者和生产设备是固定不动的，而产品在生产线上流动。工业产品的流动性，不仅表现在生产过程之中，而且表现在使用过程之中。与此相反，所有的建筑产品，不论其规模大小、坐落何方，它的基础部分都是与大地相连的。建筑产品，不论它的用途如何，不仅在生产过程中与大地是不可分离的，而且从建成到使用寿命终结，始终是与大地相连的。从整体来说，基础深埋大地，承载着上部建筑，是建筑产品的关键部位。有的工程，如涵洞、隧道、地下建筑、窑洞住宅等，土地本身就是建筑的构成部分。

3. 形体庞大

在一般的工业产品中，机械工业产品是庞然大物，但其与建筑产品相比较，则是"小巫见大巫"。据有关资料显示，同一货币价值量的建筑产品与机械产品相比较，前者的重量为后者的30~50倍，有时这一数字会更高。在建筑产品中，房屋和有内部空间的建筑物不仅体积庞大，而且占有更大的空间；其他的构筑物，如铁路、道路、码头、机坪，虽没有内部空间，但占有的外部空间确实相当的庞大。由于建筑产品体积庞大，所消耗的材料数量十分惊人。据统计，1平方米单层工业厂房，约需要建筑材料1.4吨，同样面积的重型工业建筑，则需要建筑材料5吨左右。大量的建筑材料，需要消耗大量的社会运力，需要通过铁路、公路、水路运输，在一定的范围内，还要采用人力、畜力来运输，而有些特殊材料在特殊的情况下可能还要空运。

4. 价值巨大

普通的小型建筑产品，价值即达十几万元、几十万元，大型建筑产品的价值可达几千万元、几亿元，甚至高达上千亿元。这样巨大的价值，意味着建筑产品要占用和消耗巨大的社会资源。不仅要消耗大量的材料，而且要占用大量的资金和人力资源，消耗大量的物化劳动和活劳动。这也意味着，建筑产品与国民经济、人民的工作和生活息息相关，尤其是重要建筑产品，可直接影响国计民生。建筑产品不仅价值巨大，而且可以长期消费，因而是社会财富的重要组成部分。正因为如此，对建筑产品的决策要持十分慎重的态度。

5. 用途局限性

一般的工业产品通常在制造完成之后，可以运到任意的地点，为任意的使用者选购使用。与此相反，建筑产品是按照某一个特定的使用者的要求，在特定的地点进行建造，而建成之后，通常它只能为这个特定的使用者、在特定的地点、按照特定的用途使用。不难看出，建筑产品的用途局限性与它的固定性和多样性的特点有着密切的联系。建筑产品的用途不仅直接取决于用户的使用要求，而且在一定程度上取决于它所处的位置，取决于它周围建筑所形成的功能环境。换句话说，使用者在确定拟建建筑产品用途时，不能完全按照主观意愿行事，还必须考虑使与其周围的环境相协调。

6. 社会性

一般的工业产品主要受当时、当地的技术发展水平和经济条件影响，而建筑产品则还要受当时、当地的社会、政治、文化、风俗以及历史、传统等因素的综合影响。这些因素决定着建筑产品的造型、结构形式、装饰形式和设计标准。一些重要的、有特征的建筑产品往往超越了经济范畴，成为珍贵的艺术品，代表着特定的历史背景，也是人类文化的瑰宝。

建筑产品是人工自然，建成后即成为人类环境的一部分。建筑产品对天然自然的影响主要表现在对自然风景和生态环境的影响两个方面。建筑产品可能破坏自然风景（其实，在大多数情况下已不是纯粹的自然风景）而导致自然风景价值降低，也可能补偿或改善自然风景而提高其价值。这显然涉及主观因素的问题，但自然风景价值的增减通常是可以采用费用效益分析的方法来评价的。除了专门治理污染的建筑产品之外，一般建筑产品不会对生态环境产生积极的影响，因此，通常主要考虑的是建筑产品对生态环境的消极影响。例如，大中城市高密度建筑地区的给水、排水问题，采光和日照问题，空气流通和气温上升问题等，还要考虑建筑产品建造过程中的噪声、振动等对环境的影响。

建筑产品的社会性还表现在它的综合经济效益方面。建筑产品对配套性有很高的要求，如果工程不配套，单个建筑产品建成之后也不能投入使用，或不能充分发挥预期功能，从而使社会受到损失。例如，有的住宅工程或住宅小区，由于市政工程没有跟上，道路、上下水、煤气管道、供电线路未及时完成，大楼全部竣工却无法使用；或者虽然市政工程也已完成，能供居民居住使用，但由于商业、服务设施缺乏，日常生活有诸多不便，而使居民不愿迁入。另外，不同建筑产品之间往往互为外部条件，若干建筑产品的经济效益并不是各个建筑产品经济效益的简单叠加，而会产生综合效应。在正常情况下，这种综合效应具有放大或乘数的效果。例如，适当增加投资改善城市道路、交通状况，所产生的社会经济效益可能大大超过建设投资；用少量的投资发展第三产业，可能大大促进第一产业、第二产业的发展。因此，建筑产品的建造往往显示出相对集中的现象，也常常伴随着人口集中和产业聚集。

建筑产品的社会性的另一个表现是它具有很强的排他性。不论是房屋建筑还是构筑物，任何建筑产品都分别占据一定的地上和地下空间。某一空间一旦被某一建筑产品占据，则不能再建造其他的建筑产品（除非将原有的建筑拆除）。众所周知，建筑产品与城市的形成和规模有着密切的联系。城市本身就是在人口集中和产业聚集的基础上形成的，也可以说是建筑产品综合经济效益带来的结果。因此，城市空间的利用必然是高密度的，城市规模越大，其空间利用密度也越大。在一定范围内，空间利用密度与建筑产品的综合经济效益呈正相关的作用。但是，若空间利用密度超过一定程度，则会对建筑产品的综合经济效益产生负效应。为了防止建筑产品过度密集，必然要控制建筑地基与占地面积的比例和容积率，并规定其最高限额；同样，为避免建筑产品过于分散，中小城市也可能要规定其最低限额。这样大城市就面临限制区域无限扩大所必然出现的排他性等许多问题。

（二）建筑生产的特征

建筑生产具有以下特点：

1. 单件性

由于建筑产品具有多样性的特点，从而使建筑生产表现出单件性的特征，这与工业生产常用的大量生产、批量生产、系列生产方式形成鲜明的对照。建筑产品都是在特定的地理环境中建造的，受建筑性质、功能技术要求、地形地质、水文气象等自然条件和原料、材料、燃料等资源条件以及人口、交通、民族、风俗习惯、社会条件等的影响。由于客观条件及建设的不同，常常需要对建筑产品从内容到形式进行个别设计，并且因工程而异编制施工组织设计，并个别的组织施工。即使是采用同一种设计图纸的建筑产品，由于上述条件不同，在建造时也需要对设计图纸、施工方法和施工组织等作适当的修改或调整。

2. 流动性

由于建筑产品具有固定性的特点，从而使建筑生产表现出流动性的特点，它与工业产品的流动性、生产的固定性截然不同。建筑生产的流动性不仅表现在施工的人员、机械、设备、材料等围绕着建筑产品上下、左右、内外、前后地变换位置，即施工力量在同一建筑产品不同部位之间的流动。许多不同工种的人员和机械在同一建筑产品上进行作业，不可避免地产生施工空间和时间上的矛盾，因而必须科学地组织施工。若同时生产多个不同的建筑产品（同一地区或不同地区），则对建筑企业管理的各个方面都提出了更高的要求。

3. 周期长

由于建筑产品生产周期长，在生产过程中占用的资金多，资金周转慢，加之建筑产品一般都耗资巨大，这就决定了建筑产品不能像一般工业产品那样，在产品销售之后才收回成本并获取利润。因此，建筑产品的生产往往由需求者先预付部分工程价款作为生产资金，再由生产者每月按点交的已完工程与需求者进行结算，竣工后再最后结算。也就是说，在建筑产品的生产过程中，一直伴随着较为经常的结算付款工作，也显然比工业产品"一手交钱、一手交货"的交换方式复杂得多。

建筑产品生产周期长，相应地增加了建筑生产的风险性，不仅对生产者有风险，而且对需求者也有风险。在建筑产品生产过程中，会受到社会、政治、经济、自然、技术、人为等多方面因素的影响，出现一些在开始生产之前难以预见到的情况，造成一些意外的损失，使预定的费用、工期、质量目标难以实现。因此有必要采取一些相应的措施，力求减少和避免可能出现的风险。例如，对在建的建筑产品进行保险，或对可能由于建筑产品生产而直接导致的第三方损失进行保险，等等。尽管如此，在建筑产品生产过程中可能产生技术、经济、法律等方面的问题仍远比工业生产的多得多。

4. 为订货生产

建筑生产为订货生产的特性表现在，先确定使用者再进行生产，客观上造成建筑产品由生产者直接出售给使用者，而不经过实物的流通市场。建筑生产的为订货生产与工业生产中采用的"以销定产"有着重要的区别。"以销定产"主要是确定产量，至于产品本身的质量、规格、价格等，仍然是由生产者决定，仍然是先生产再销售。而"为订货生产"则要求产品从形式到功能均由使用者决定（价格由双方共同决定），从某种意义上来说，是先销售再生产。为订货生产固然不再需要一般工业生产中推销产品的工作，但由于合同的制约，在合同规定的期限内，建筑生产者不再具有灵活性和选择性。

5. 外部约束多

建筑生产受到的外部约束条件特别多。这些约束不仅针对生产者，而且有许多是针对需求者的。例如，拟建筑产品固然要满足需求者的要求和愿望，但必须首先符合城市建设和地方发展的总体规划以及有关的规定。因此，建筑产品在设计阶段要经过有关主管部门的多次审批，也就有可能使设计工作出现反复和周折，甚至可能由于设计水平低劣而导致取消拟建建筑产品。又如，从环境保护的要求出发，不仅要通过设计审查对建筑产品建成后使用阶段可能造成的环境污染加以严格控制，而且对建筑产品生产过程中可能造成的环境污染也要加以严格控制，如施工过程中产生的噪声、振动、道路污损、地下水污染、建筑垃圾堆放和处理等都有限制。

四、建筑业市场

（一）建筑业市场的含义

建筑业市场是整个市场的一部分，是建成空间以及有关产品和服务，即建筑产品或服务交易活动的总和，包括交易主体、建筑产品和服务（交易物），还包括反映价值规律和等价交换原则并支配交易主体行为的法律、法规和道德规范以及市场的管理者。

建筑业市场上的交易范围非常广泛，包括质询服务；工程勘察服务；施工服务；设计、施工服务；施工管理服务；项目管理服务；设备安装和调试；房屋、建筑物和其他设施的管理；建筑物构配件；建筑劳动力；建筑材料采购；施工机具租赁；运输服务；资金；建筑技术、信息及建筑企业产权。

根据建筑业市场向社会提供的产品和服务，可以划分为私人产品和公共产品。不收费的公路、街道、江河湖海之滨的公园等属于公共产品，住宅、办公楼、旅馆等属于私人产品。

建筑业市场上，买主来自建筑业外部和内部。来自外部的买主可进一步划分为政府部门和民间部门。民间部门的买主主要来自非金融企业、金融机构和居民。政府一直是建筑市场上的较大买主。政府采购订单的大小，左右着建筑市场需求关系的变化。

建筑业内部的买主，即建筑产品或服务的卖主常以买主的身份出现在建筑市场上。工程总承包公司将建设项目的勘察、设计工作委托给勘察、设计单位，购买其服务，把该项目的施工任务发包给施工安装公司，购买其施工服务。施工单位从施工机具租赁公司那里租用施工机具等。

建筑业内外买主购买的产品和服务之间的比例，反映了建筑业内部分工和专业化程度，这个比例越大，建筑业内部分工和专业化的程度越高。

（二）建筑业市场分类

建筑业市场有狭义和广义之别。狭义的建筑业市场指交易物仅为施工服务的建筑市场，广义的建筑业市场包括所有交易物的建筑市场。

建筑业市场按多种方式细分为若干子市场。第一，按交易物划分，有工程勘察服务、设计服务、施工服务、设备安装和调试、房屋构筑物和其他设施的修理建筑物构配件；建筑劳动力；建筑材料采购；施工机具租赁；运输服务；资金；建筑技术、信息及建筑企业产权等子市场。第二，按建筑业生产要素划分，有劳动力市场、材料设备市场、资金市场、施工机具租赁市场、建筑技术和信息市场等。第三，按建筑产品划分，有居住建筑、公共建筑、铁路、公路、水利工程、港口、机场、工业建筑等市场。第四，按建筑施工企业的专业划分为土方、基础、结构、饰面、安装和装修等专业工程市场。

建筑业市场可以划分为一级和二级市场。直接同买主交易的市场称为一级市场，将买主委托的咨询、勘察、设计和施工等任务再次委托给他人的交易称为二级市场。

（三）建筑业市场的特征

不同类型的建筑业市场有着各自独立的特点，而同时它们之间又存在着许多共同的特点，主要表现在以下几方面。

一是建筑产品的需求者与生产者直接交易。一般产品市场中产品的生产者与需求者主要通过中介人或机构进行商品的流通与交易，也可以进行直接交易。由于建筑产品的特性，建筑产品（除民用房屋）的生产者在大多数情况下，不能预先生产出定型产品通过批发、零售等环节等待消费者购买，而只能直接与消费者商定交易条件，按照业主的具体要求生产建筑产品。

二是建筑产品的交换关系在交换内容生产之前完成。由于建筑业市场中并不以具有实物形态的建筑产品为交换对象，而是交易双方按照确定的规则和程序，需在有关管理部门的组织协调下就拟建建筑产品的质量、功能、结构、价格、完成时间等内容，在需求者和生产者达成协议后确定双方的交换关系，明确双方的权利和义务。因此，建筑产品的交换关系在相应的交换内容生产之前完成。

三是建筑产品的交换形式可以多样。与一般商品的交换相比，建筑产品的交换过程时间长，可以分为若干个阶段完成。一般商品的购买可以一手交钱一手交货，对于价值高的商品（如汽车）可以分期付款。由于建筑产品的价值巨大，耗用资金是一般商品生产不可比拟的，生产者不可能垫付资金进行生产，需求者也不可能在生产过程结束后再支付购买资金。因此，供需双方在直接交易的过程中要对"分期交货、分期付款"，"部分垫支、整体交款"，"划分阶段、阶段付款"等多种形式进行协商，并可在签订协议后进行公证。

四是建筑业市场的合同非常重要。由于建筑产品不能大批量重复生产、销售，每个工程的规模、种类、场所、工序等各项条件均不相同，销售对象一般都是特定的顾主，按订货（承发包）进行生产，因此，在建筑业市场上业主——建筑师——工程师——承包商（总、分包商）通过合同结合在一起，才能进行生产活动，这就要求建筑企业需有较强的活动能力，有广泛的社会关系和处理协调关系的应变能力。

五是建筑业市场竞争激烈。建筑业生产要素的集中程度远远低于资金、技术密集型行业，不可能采用生产要素高度集中的生产方式，而是采用生产要素相对分散的生产方式。建筑产品的生产者无法自己制订产品计划和相应的生产计划，而基本上是被动地去适应需求者的需要。也就是说，在建筑市场中，需求者相对来说处于主导地位，这自然就加剧了建筑市场竞争的激烈程度，常常出现一个需求者面对几个、十几个、甚至几十个生产者竞争的局面。生产者要按照订货要求组织生产（包括产品的形式、结构、功能、成本、质量）。承包商的经济效益的形成首先是获得建筑产品的生产合同，否则就不可能产生直接的经济效益。在一个建设项目需要建设的信息公布后，将会有众多的生产商都谋求这个项目合同。对于大型建设项目（如长江三峡工程）不可能由一个承包商完成全部生产过程。

五、建筑经济学

建筑经济学是研究建筑业部门生产组织与管理的学科，把建筑业这个产业部门作为一个整体来研究有关的经济问题。建筑经济学的研究的目的在于：探求建筑业发展的经济规律，改进管理，完善生产关系，以促进建筑生产技术的发展和提高建设业活动的经济效益。

建筑经济学的基本任务是：研究建筑业的历史、现状和发展趋势，探索建筑业经济活动规律，建立和不断完善学科的理论体系；帮助人们认识和运用经济规律，为制定建筑业的发展战略、规划、政策、法规和探索建筑业现代化道路提供理论依据；为充分利用现代科学技术，合理分配资源，节约劳动消耗，取得最佳经济效益提供理论依据。

（一）建筑经济学的形成与发展

建筑经济思想的演变历史源远流长。随着社会生产力的发展，人类的建筑生产活动不断发展，人类的建筑经济思想也在不断进步。人类的建筑经济思想发展可以追溯到原始社会。如果说，在原始社会和奴隶社会，人类的建筑经济思想尚处于朦胧阶段，那么，到了封建社会，人类的建筑经济思想已经越来越明确。我国都江堰工程是按系统思想修建的，对灌溉、蓄水、排洪、排沙都作了周密安排；西汉时期出现建筑用砖模数；唐朝开始应用标准设计，并计算劳动定额（当时称为"功"）；公元1103年，北宋政府颁行了《营造法式》，规定了设计模式、工料限额等，对当时及其后历代建筑技术和经济的发展有重要影响；元朝曾试用建筑法以节约木材，扩大空间；明朝著有《营造公式》等著作。

建筑经济学的形成则是建筑生产发展到一定阶段的产物，是随着建筑业成为独立产业以后逐步形成的，约始于20世纪二三十年代。苏联在20世纪20年代末30年代初开始了建筑经济问题的研究。第二次世界大战后，经济恢复和建设工作大规模展开，这类问题的研究更显迫切，于是在各类大专院校的土建专业陆续开设了建筑经济方面的课程，接着又创办了建筑经济专业，并于1958年出版了《建筑工业经济学》专著，开始了学科的创建工作。

中华人民共和国成立后，为了适应社会主义建设的需要，大力发展建筑业，并开始对建筑业的经济与管理问题进行深入的研究，探索建筑业合理组织生产的规律性，为改进管理工作和指导实践提供理论依据。1956年以后，在一些高等学校设立了建筑经济专业（系、科），开设了建筑经济学以及其他有关的建筑经济课程，随后又陆续成立了专门的建筑经济研究机构，形成了一支建筑经济的教学与研究队伍。1978年以后，在城市经济体制改革中，建筑业被列为首先进行全行业改革的部门，建筑经济问题更引起了各方面的重视，有力地推动着建筑经济学研究的发展。

近年来，我国建筑经济理论界对该学科的基本理论问题（如学科性质、研究对象、研究内容、学科体系等）进行广泛深入的讨论，并结合我国经济体制改革的实践和建筑业所出现的新问题，开展了多种形式的学术研究，在理论联系实际方面有了长足的进步。在这期间虽然一些学者和高等院校也编写了一些建筑经济学的专著和教材，但基本上都没有突破原有苏联建筑经济学的体系。根据中国建筑学会建筑经济学术委员会1988年珠海建筑经济专题研讨会的意见，自1988年下半年开始，在《建筑经济》杂志上对如何编写《建筑经济学》展开了讨论。许多学者提出了各自不同的《建筑经济学》框架结构，对早日编写出一部较高水平的《建筑经济学》专著起到了非常积极的作用，也为推出各具特色的建筑经济学专著、发展我国的建筑经济学科显示了广阔的前景。

（二）建筑经济学的研究对象与研究内容

建筑经济学以建筑业的经济活动为对象，研究建筑生产、分配、交换、消费的经济关系，以及建筑生产力与生产关系相互作用的运动规律。

建筑经济学研究的内容主要包括以下几个方面：

建筑经济理论部分。主要研究建筑工业化、现代化的理论；国家有关建筑业的经济政策等。

建筑业市场部分。主要研究建筑业市场的供给与需求状况；建筑业市场管理、建筑产品的生产、分配、交换、消费活动的特点；建筑产品价格；国际建筑市场等。

建筑业技术经济部分。主要研究建筑设计经济、建筑业的技术经济特点及其对建筑事业发展的影响、建筑业物资技术供应等。

建筑业经济组织与结构部分。主要研究建筑业组织结构和产业布局、建筑业生产力的组织内部结构与各种施工比例关系、建筑业劳动结构等。

建筑业经济分析部分。主要研究建筑施工经济、建筑业分配体制、建筑业资金运动、建筑企业经济核算和经济效益、建筑业的投入与产出、建筑业的经济效果及其评价方法等。

（三）建筑经济学与相关学科的关系

与建筑经济学密切相关的学科主要有固定资产投资学、建筑企业经济学、建筑企业管理学（我国多将这两门学科合并称为建筑企业经营管理学）、建筑技术经济学、建筑施工组织学、建筑工程项目管理学。其中，基本建设经济学和建筑企业经营管理经济学与建筑经济学的联系最为密切，也是最容易与建筑经济学研究范围混淆、研究内容交叉的两门学科。

基本建设经济学以国民经济和社会各部门固定资产投资活动及其规律为研究对象，是国民经济学的一个专门领域和重要分支。基本建设经济学之所以与建筑经济学有密切联系，是因为固定资产投资的60%左右是建筑安装工程费用，也就是用来购买建筑产品，固定资产投资的实质是建筑生产的需求。因此，固定资产投资的规模和方向直接影响建筑生产的发展速度和发展方向；与此同时，建筑生产力的水平也直接影响固定资产投资的效果。

建筑企业经营管理学以建筑企业全部经济活动（生产和经营）及其发展变化规律为研究对象，其研究领域属微观经济范畴。建筑企业经营管理学之所以与建筑经济学有密切联系，是因为建筑企业是建筑业的有机组成部分，建筑企业与建筑业也是个体与总体的关系，个体必须服从总体，总体是个别的概括和总结。从研究内容来看，这两门学科之间存在一定的交叉、渗透现象。两门学科的研究内容虽有一定的联系，但研究的角度和侧重点有所不同。建筑经济学是从建筑生产的全过程和建筑业总体的角度阐述与建筑施工有关的经济问题，而建筑企业经营管理学则只研究与建筑也有关的经济问题，只研究施工阶段的经济问题。另外，建筑企业经营管理学研究中的定量方法较多，建筑经济学研究也已出现越来越多地采用定量方法的趋势，两门学科的研究方法上的差别正日益缩小。

◆学习拓展：

建筑产品的使用寿命

建筑产品建成之后到报废或拆除之前，这一段时间称为建筑产品的使用寿命，或称为使用年限、耐用寿命等。建筑产品的使用寿命可以有多种分类方法。通常，按照建筑产品报废、拆除、更新等发生的原因，可以分为技术寿命和法定使用寿命。

1. 技术寿命

所谓建筑产品的技术寿命，是指建筑产品由于技术方面的原因而报废时的使用寿命，主要表现在结构破坏、构造损坏、功能退化或丧失等，使建筑产品不能再继续使用。这些因素大多与建筑产品的物理性质直接有关或间接有关，常称为建筑产品的物理寿命。建筑产品的技术寿命表示建筑产品实际达到的或建成后可能达到的使用寿命，与设计使用寿命所表示的建筑产品建造之前的预期使用寿命是两回事。当然，二者之间是密切相关的。在实际应用中，往往对建筑产品的使用寿命和技术寿命不加严格的区分。

2. 经济寿命

建筑产品的经济寿命，是指建筑产品由于经济方面的原因而报废时的使用寿命。这里所说的经济原因，一半主要从建筑产品那个本身的角度来分析，但有时也要从社会角度来考虑。例如，在城市建设中为拓宽道路必须拆除建筑物，就不完全是从别拆除的建筑物本身的经济因素来决定其经济寿命的，而主要考虑的是城市发展方面的因素。为与一般的经济寿命相区别，这种情况称为建筑产品的社会寿命。一半认为，社会寿命是经济寿命的一种特殊情况。当然，有些建筑产品的社会寿命也可能是有经济之外的因素决定的。例如，一些代表性的古建筑，就主要是从历史、文化、艺术的角度出发，不断延伸其使用寿命。但在现代社会，文化也并非绝对超然于经济范畴之外。

3. 法定使用寿命

建筑产品具有资本和资产的功能,其价值在使用寿命期内逐渐减少,具体的实现方式就是折旧。由于建筑产品的正常使用寿命可达数十年,甚至上百年。一般采用直线法折旧。政府通过法律法规形式对折旧年限加以统一规定或做出一定的限制(如规定一定的折旧年限范围),称作法定使用寿命或法定使用年限。

建筑产品的技术寿命、经济寿命、法定年限寿命(折旧年限)是三个不同的概念,在数值上一般是不等的。在大多数情况下,经济寿命短于技术寿命,法定使用寿命短于经济寿命或介于经济寿命和技术寿命之间。三者之间存在着客观的内在联系。建筑产品的法定使用寿命与经济寿命比较接近,有时基本一致。目前,我国房屋建筑的折旧年限一般定为40~60年。在发达国家,建筑产品的折旧年限总体上呈逐渐缩短的趋势,以促进建筑产品的更新。折旧年限从某种意义上讲又是由技术寿命和经济寿命决定的。

资料来源:黄如宝. 建筑经济学[M]. 上海:同济大学出版社,2009.

第三节 运输经济

运输业属于第三产业,是物流的重要组成部分。本节简要介绍运输业的含义、发展与分类;运输业的性质;运输业生产、产品与运输经济的特殊性;运输业对国民经济的意义和影响、运输经济学等基本知识。

一、运输业的内涵与发展

(一) 运输业的含义

运输业是"交通运输业"的简称,泛指实现任何货物空间位置变化的一种产业活动。现实中,它指国民经济中专门从事运送货物和旅客的社会生产部门,包括铁路交通运输、公路交通运输、内河航运、海洋运输、航空运输和管道运输等各种运输方式,运用各种不同的运输设备和工具,通过相应的运输方式,将各种货物和旅客在不同地区和空间实现一种有目的的位移和转运,是生产部门在流通领域的延伸。国民经济各个部门无论是农业、工业,还是海洋业等各部门的生产和经营,都离不开交通运输。

(二) 运输业的发展

运输业的历史与人类的文明史一样长久,其渊源可追溯到以肩扛、背驮、头顶为主的以自己身体作为唯一运输工具的早期人类历史。可以说当人类的祖先发现水可载舟、畜会驮物、轮能行车,当他们懂得用一头猎物去换取一袋食物、一件饰品时,也就有了运输。

真正意义上的规模、高效和系统化的现代运输业则是伴随着工业革命而发展起来的。18世纪中叶，蒸汽机的发明将人类引入机器时代；19世纪初，出现了蒸汽机轮船、蒸汽机火车与铁路，并很快在欧洲和美国发展普及；1838年，英国轮船"南阿斯号"和"大西洋号"横渡大西洋成功；1825年，英国在斯托克顿至达灵顿之间修建了世界上第一条铁路；1840年，英国主要铁路干线已初步形成。现代运输业也经历了近两个世纪的发展，已经形成水运、铁路、公路、航空和管道五大运输方式并举、蓬勃发展的格局。

二、运输业的特征

（一）运输业生产的特征

1. 运输生产是在流通过程中进行的

从整个社会再生产的角度来考察，运输业是生产过程在流通过程中的继续，具有物质生产的一般性质，直接同一般商品生产过程相连，但它却是在流通过程内进行的，是在实现商品实体从生产地向消费地转移的过程中完成的，所以，运输业是流通过程得以进行的物质条件和重要组成部分，是社会生产的一般共同条件，具有先行的特征，这是与其他物质生产部门不同的。

2. 运输业生产场所是广阔的空间

它不同于工业生产可以在一个较小空间范围内进行，往往是几十公里、几百公里、几千公里，而整个运输过程又由各个运输环节和各种运输方式衔接才能实现。所以各个环节、各种运输方式相互协调很重要。在运输过程中，旅客和货物是和运载工具一起运行的。运载工具的运行，其场所的变动，也就是运输生产的过程。不论是客运还是货运，运输的结果都是场所的变动。在运输生产过程中，运输对象不为运输企业所拥有，本身不发生物理和化学变化，仅仅是发生空间位移。

（二）运输业产品的特征

1. 运输产品具有无形性

运输不生产新的物质产品，运输产品是没有实物形态的产品。运输既不改变所运货物的物理状态和化学结构，也不改变其使用价值，而只是使运输对象发生空间位置的变化从而改变了它的使用价值的状态，完成消费的准备。

2. 运输产品具有易逝性和不可储备性

运输产品的生产和消费是同一过程，其使用价值与其生产过程不能分离，不能在生产过程之外流通，只能与生产过程同时被消费。即运输业创造的使用价值依附于它所运输的商品的使用价值的固有形态上，与运输过程同始同终。

3. 运输服务具有社会必要性和物质属性

运输服务可以产生使人或物实现空间移动的无形效果，虽然它不能像制造业或农业那样创造有形财富，但是运输服务对人类社会可以产生非常重要的效用，是人类生活、生产活动所必不可少的职能。运输服务是与时间、空间有关的活动，而时间和空间是物质存在的基本形式。

4. 运输服务具有综合性和有限性

运输服务围绕着空间移动这一目的还需要为顾客提供其他的服务内容，包括餐饮、睡眠、购物、行李寄存、旅行指南等，所有这些服务综合起来才构成运输服务的全部内容。从运输服务涉及的内容上看，运输服务具有综合性，但是由于条件所限，例如受火车和飞机的空间、路线、旅客密度等因素的影响，运输服务的每项内容的服务数量和质量都不可能充分地发挥，而是提供有限的服务，特别是应重点提供基本服务。例如，列车的餐饮条件有限，人们的饮食起居肯定不会像家里、宾馆那样方便、舒适。在服务有限的条件下，运输服务的基本服务项目必须保障，例如列车的开水供应、车厢卫生的保证等是不可缺少的。

5. 运输服务具有过程性

由于运输存在时间消耗，因而运输服务必须在位移活动中提供全过程服务。这种全过程服务一方面说明运输服务不能发生间断，必须连续地进行；另一方面说明运输服务要注意各环节的有机衔接，从购票、登载到输送、离开全过程提供系列化服务。

6. 运输产品具有公共产品特性

运输产品在一定条件下具有公共产品特性，如不拥挤的公路、非满载的铁路旅客列车等，增加一个消费者，不用增加生产的固定成本，也不会影响其他消费者的消费。部分运输产品消费者不用支付全部费用，如城市公共交通服务。

三、运输业对国民经济的意义和影响

（一）运输业的社会、文化意义

社会、文化的发展与运输业的发展有密切的关系。可以说，社会和文化在很大程度上是建立在发达运输业的基础上的。通过交通运输和产品交换形成的地区间联系促进了文化意识的交流，从而有助于打破隔绝状态，鼓励在语言、饮食、卫生、教育和一般生活方式上的趋同。人们可以在东方国家的"Office"中采用英文交换意见，在西方世界的旅游胜地吃中国菜、睡日本的榻榻米。没有发达的交通运输这是难以想象的。

当今社会已进入网络时代。然而，网络世界通畅非但没有削弱人们对交通运输系统的依赖，相反，更激发了人们对高速、安全、高效运输体系的需求。在发达国家，运输系统是如此完善和有效率，以至于除非这个系统的某一部分出了毛病使人们感到不方便，大多数人很少意识到它的存在。人们觉得交通运输是理所当然的。实际上，每一件消费品在到达人们手中之前，一般都要经过多次运输。人们每天上下班、到商店，或者去上课，都离不开交通运输。如果没有交通运输，人们甚至得不到每天必需的服务。

运输业作为国民经济的基础产业，对社会的影响不仅仅局限于经济领域。运输业最初主要服务于政治，直至现在，仍然是任何一个国家重要的国防后备力量，平时服务于经济建设，战时是必备的军事手段。在突发事件突然降临之时，交通运输是关系生死存亡、挽救国家财产的命脉，是恢复社会正常秩序的必备条件。

运输业的发展，增加了人与货物的流动性，与之相伴的是资金的流动、信息的交流、文化的传播、知识的增长，促进了地域之间、民族之间的融合、理解，有利于社会进步和人类的和平。

运输是全球化的载体或根据。在经济、贸易、金融等全球化的过程中，运输业首当其冲。例如，欧盟经济一体化，首先需要完成欧盟内部各国运输网的接轨，只有运输实现了一体化，经济、贸易、金融的一体化才有可靠的载体。

（二）运输业的经济意义和影响

1. 从历史意义来考察

从历史的角度考察，运输业扩大了市场范围，促进了分工和工业化的实现。按照市场经济条件下资源合理配置的客观要求，每个地区都可以扬长避短，发挥自身的优势，生产那些适合本地区特点的产品，以取得比较优势，这就是古典经济学家著名的"比较利益"原则。

然而，比较利益只有在具备充足的交通运输条件时才能成为现实：假如他们自己生产的产品不能运到别的地方去交换，自身优势就无从发挥；假如他们不能及时从外地运进自己所需要的产品，就不能不放弃优势产品的生产而去生产必需但又是劣势的产品。正是有了方便、经济的交通运输条件，可以方便地交换产品，各地区才得以扬长避短、发挥优势，取得比较利益。

劳动分工受市场范围的限制。从宏观的角度理解，市场范围可以被定义为交换成本的倒数。交换成本主要由运输成本和交易成本等构成。交换成本越低，市场范围就越大。市场范围决定了经济活动的时间和空间限度，决定了劳动分工和专业化程度。运输成本是交换成本的重要组成部分，运输的发展、运输成本的降低成为引发市场范围扩大的直接诱因。从历史的发展考察，运输成本的大幅度降低是从铁路在技术和组织上的创新之后开始取得的，因此现代市场范围的扩张是从铁路运输的出现开始的。市场范围的扩大，促进了分工和专业化程度的提高，推动了经济的发展。

20世纪80年代，由于英国拥有当时最好的运输体系，因而具有了工业革命所赖以产生的环境和条件，首先进入工业化的新时期。英国工业革命的几个重要特征，如规模经济效益、地区专业化和产业结构的高级化都可以通过运输网的迅速扩大、运输动力的革命、运输技术和组织创新得到解释。继英国工业革命之后，美国以其更强大的铁路和汽车工业的高度发展将工业化推动到高度发展的水平。无疑，现代交通运输及其发展不仅激发了工业革命，而且伴随了工业化的全过程。一个国家的运输体系的规模和运输效率在很大程度上决定了该国经济社会在工业化过程中可以获得的收益。

2. 从产业史的角度来考察

从产业史的角度考察，运输是不可替代的生产要素。在任何一种生产形态的生产之中，运输都是一种必不可少的生产要素。任何种类的生产都必须在一定的地理空间中进行和完成，在生产过程中都需要将生产中所需要的生产要素集中到生产线上。同时，在一般的情况之下，生产地与消费地处在不同的地理位置，生产、分配、交换和消费，必须通过运输的纽带才能实现。运输是社会生产力的组成部分，同时也是物质资料生产的一般必要条件，它对生产配置和社会劳动生产率的水平有着巨大的影响。现代大生产要求按时供应大量的原料、燃料和材料，并从生产地输出成品到消费区去。不论是今日的社会化大生产，还是古代自然经济条件下的小生产之中，运输都是一种必不可少的生产要素。不同的只是现代运输已随着生产形态的发展进化成为一种产业,并存在于社会诸多产业之中了。

3. 从供求关系的角度来考察

从供求关系的角度考察,运输与国民经济是"交替推拉"关系。从运输业结构的角度划分,运输业发展可分为两个时期:构成运输业的运输方式没有更新的时期,以及新的运输方式出现或原有运输方式有根本性创新的时期,后者如磁悬浮铁路运输从传统铁路运输中脱胎而出。在没有新的运输方式出现时,社会经济对交通运输的需求可以通过对原有运输系统的改造来满足。在这一时期,如果运输业发展与经济发展相适应,运输支持经济的增长,如果运输发展滞后于经济发展,运输就会阻碍经济的发展,成为经济发展的"瓶颈"。例如,美国经济学家伦斯基1957年选择了包括法国在内的18个不同经济水平的国家,对其铁路网所连接的城市间的交通直达水平与国民收入的相关性进行了研究,发现铁路网与国家的经济发展水平有着正强相关关系,铁路网越发达的国家,国民人均收入越高,反之就越低。

随着经济的发展,经济对运输的需求会提出新的要求,仅通过原有运输方式的挖潜已不能适应经济的要求,新的运输方式出现和发展起来。由于新的运输方式的出现和发展,会导致一批新兴产业的发展和壮大,推动经济的发展,在这一时期,运输业对经济发展的作用比较明显,不仅支持经济增长,还刺激经济发展。由于运输业的发展是这两个时期交替变化的结果,因此,运输与国民经济的关系呈现出"交替推拉"的关系。

4. 从经济地理的角度来考察

从经济地理的角度考察,运输业是城市和经济布局形成的重要因素。早在1826年,杜能就在《农业和国民经济中的孤立国》一书中论述了一个地方的农业集约程度、土地利用类型授予市场之间距离的影响,更确切地说是受交通运输的影响。其后,韦伯又分析了运输费用、劳动费用和生产集聚对工业区位的影响。韦伯的基本模型中运输费用对生产地点起决定性的作用,运费仍然是首先考虑的问题。"中心地学说"对城镇分布的影响因素进行了分析,德国地理学家克里斯塔勒是该学说的首创者,他认为,城镇分布受市场最优、交通最优、行政最优三原则的制约,其中距离是贯穿全局的支配变量,因此,运输因素是决定城镇分布最重要的因素。交通运输对于不同产业的布局的影响程度,关键取决于运输费用在该产业的商品成本中的比重。比重越高,其产业布局受交通运输的影响就越大。

四、运输政策

运输政策是政府以交通运输活动为对象制定的运输服务生产和消费政策。运输政策根据政府的介入形式不同,可以分为直接政策和间接政策。前者是政府直接参与交通运输服务生产所实施的政策,如道路、港湾和机场建设等;间接政策是政府通过干涉市场中的家庭支出和企业的行动等实现预期目标的政策,例如对出租车、货物运输业的准入制度和运价等的政策,以及公共交通企业的财政补贴政策等。

交通运输政策直接决定运输经济的发展方向、运输投资、运输产业结构、运输市场结构、运输结构以及人们的出行。除了影响交通产业自身的发展以外，交通政策还影响交通运输业与其他产业之间的关系，甚至影响区域经济、生产力布局、人口分布、土地利用和环境保护等。运输政策包括运输市场政策、运输投资政策、运输限制政策、运输调整政策等。

（一）运输市场政策

运输市场政策是在确保市场调节机制有效发挥作用的前提下，政府适应交通运输服务的供需双方变化而制定的推动竞争、协调保护等方面的交通运输政策。

而运输价格政策是运输市场政策的核心。

1. 运费限制政策

运费和通行费的限制是与准入限制一起形成的对运输业限制的主干政策之一，通常分为对运费和费率的限制以及对运费和费率体系的限制。运费和费率的限制是政府事先制定运费和通行费，如果设定的运费和通行费适当或者准确，将起到良好的作用。但是，如果定得不合适，反而可能会使资源分配不合理。对一般的产业，在没有价格限制时，因为价格随着供需关系变化，所以不会产生上述情况。然而，对于交通产业，因为有了运费和通行费的限制，即使服务的供需关系发生变化，运费和通行费也不会立刻随之变化。因此根据运费和通行费的限制不同，有可能会导致资源分配失衡。

2. 道路拥挤收费政策

道路拥挤收费是一种以让高峰时段的交通利用者负担基本成本的增加额，非高峰时段的交通利用者仅负担运营成本来谋求交通基础设施的有效利用的交通价格政策。因为交通服务具有交通需求和供给同时，且在同一地点进行的特点，所以即使设定高峰和非高峰时段不同的收费价格，用户也不能用事先购买低价格时的服务，拿到高价格时使用。因此，按照道路拥挤收费的思路，如果能够针对高峰时段和非高峰时段分别设定不同的收费价格，就可以消减高峰时段的交通需求，增加非高峰时段的交通需求，尽可能减少交通需求的变动，提高非高峰时段交通基础设施的利用率，起到削峰填谷的作用。

（二）运输投资政策

道路、水路、铁路、航空等基础设施是进行运输服务不可缺少的条件。交通基础设施又是投资的核心。从合理分配资源的角度，交通运输设施投资需要由政府决定或投资介入，在进行交通投资时，需要研究投资基准、投资规模、投资对象以及投资形态等。

1. 道路投资政策

一般而言，道路建设需要长期的准备，其建设资金也必须长期、稳定和可持续性。日本1953年出台的"道路特定财源制度"就是为满足道路基础设施建设需要而制定的。该制度是通过向汽车保有者和使用者征收汽车购置税、挥发性燃油税等税金来维持道路基础设施的建设和维护。该项道路建设和维护经费从挥发性燃油税开始，到现在8项汽车相关税中的6项被指定为特定财源，在日本的道路建设和维护中发挥了巨大的作用。在日本，具有交通功能的干线道路建设的几乎全部资金来源于该特定财源（中央政府投入资金），尽管在经济高度增长期，来自一般财源（地方政府等的投入资金）的投入增加，但是除此之外，特定财源占了90%以上。此外，地方投资主要用于修建具有联络功能或生活空间功能的道路。

2. 铁路投资政策

铁路线路与道路不同,它作为铁路基础设施通常由铁道部(铁路局)自己建设并运营,即供给主体和利用主体相同。即铁路由铁路部门自己提供,自己运营,但政府介入其线路投资。仍以日本为例,1967年,日本制定了"特定铁路工程偿还准备金制度",从税制的角度谋求对于大型私铁投资的促进。1972年,日本修改铁道建设公团法,允许铁道建设公团从事民营线路的建设和大规模改造线路,竣工后交付给各民营铁路公司以25年经营的长期低利息分期付款方式运营,对其后期私有铁路的扩能起到了很大的作用。1986年日本设立了"特定城市铁路建设积累金制度"。该制度将铁路线路的部分复线建设费和大规模改造费事先加到车票费中,并且不对提价部分征税,用来通过车票征收积累建设资金以补充建设时需要的资金。现在日本首都圈的东武铁道等5家大型私营铁路公司利用"特定城市铁路建设积累金制度",进行着大规模的线路扩能改造,以缓解交通拥挤。

日本城市轨道交通的建设和运营政策,对我国目前的大城市轨道交通的建设与管理具有良好的参考作用。我国正处于城市轨道交通设施的大规模建设期,并且将持续一段时间,为了保证建设资金的充足性、可持续性以及建设后的良好运营,应该结合我国实际加以借鉴。

(三) 运输限制政策

1. 运输业的市场准入机制

运输业的市场准入门槛是与运费和通行费制度一起形成限制政策的支柱政策之一。所谓市场准入机制,是指企业在从事某业务活动时,政府部门以资质或审批的形式对企业进行限制。在我国,准入机制已经在交通、铁路、城市轨道交通、公共交通、出租以及民航等部门得到了一定程度的实施。那么,为什么交通市场中需要引入准入机制呢?

第一,为了保证安全。如果不引入准入机制,完全依靠市场上的自由竞争,交通运输企业奔命于确保自己的经营利润,就难以保证经营的安全,因此有必要有限制地进行合理竞争。交通市场上,确保安全性是在激烈的竞争中获胜的基本条件,又是保证不失去顾客的不可或缺的条件。

第二,自然垄断。所谓自然垄断,一般而言,是指像电力、供气、供水等公益事业那样,从技术条件看,这些产业必定要垄断经营情况。这是由于从市场规模考虑,一家企业生产比两家以上企业生产的成本更低。例如,对于城际铁路而言,如果在两个小城市间几家公司修建铁路运营,各公司必须投入巨额的费用建设线路等基础设施,在票价方面也存在竞争。这样,从市场规模考虑,与其由几家公司经营,不如仅由一家公司经营得更有效。为了进行高效的运输服务,允许一家企业垄断经营会更加合理。

第三,供需问题。这是以货运、出租、航空等各种运输企业的供需条件为前提,规定准入门槛。首先,针对这种情况,需要进行供给和需求的测算、某运费条件下的需求与供给预测,以及与需求对应的供给保证等。然而,要做到这些,实际上是相当难的,所以限制有人为操作的可能性。此外,这种准入机制有时会单方保证已经准入企业的效益,而妨碍新企业的准入,所以对于培育新企业不利。

2. 汽车运输业限制政策

汽车运输业与铁路不同，它几乎不存在设施的不可分性和规模经济，所以自然垄断也就不存在。因此，不需要通过由企业准入资质制来进行准入限制。

对于铁路运输而言，无论是进入还是退出，其成本都很大，带来资源浪费，因此，通过对资质进行准入限制，有利于资源的合理分配。与此对应，汽车运输业的准入成本和退出成本均相对较小，几乎不产生资源的浪费，所以即使通过准入资质制进行准入限制，也不会对资源的合理分配产生作用。

1990年日本实施汽车货运事业法，对于汽车货运业，将准入机制由准入资质制改为审批制，而对于公共电汽车、出租和租赁等旅客运输依然采用准入资质制进行准入限制。无论是汽车客运还是货运，都是汽车运输，不存在单位成本递减和规模经济的性质。若这些条件成立，那么对于汽车客货运输业，自然垄断也不成立，因此也就不需要实行准入资质制。

（四）运输调整政策

现在，我国和世界上很多大城市面临的交通问题是道路交通拥堵、交通公害和交通事故。社会强烈要求尽快解决这些问题。然而，这些问题凸显的原因在于汽车运输，尤其是私家车使用的迅速发展。这不仅使得大城市道路交通拥堵和交通公害产生很大影响，也导致道路基础设施的不足，而且带来了交通市场竞争的激烈化。

首先，线路设施成本负担调整政策。该政策的意图是通过调整道路建设成本实现交通方式之间的平衡，对于不同种类的交通方式，尤其是对调整道路和铁路之间的竞争有效。线路设施成本负担调整政策对处理汽车的社会成本内部化问题也是有效的手段。例如，即使对汽车而言，重型车辆也比轻型车辆多产生线路的追加费用，因此在进行社会成本内部化时应该让重型车辆多负担相应的社会成本。

其次，投资调整政策。它是通过投资进行交通方式间的调整，谋求交通方式间平衡的政策。该政策作为政府投资政策中心予以实施。道路投资政策是解决因道路系统中供需不平衡所产生的交通拥堵的有效方法，而其投资的分配由政府决定，因此关键在于政府如何进行投资调整。

最后，通过公共机制政策进行调整的政策。该政策通过准入机制、运费和通行费等机制政策进行交通方式间的调整。西方国家为了阻止铁路运输的下滑，制定了强化道路货运的准入机制，结果却促进了个人货运的发展。总之，改变交通方式间和交通企业间不公平竞争，使其公平竞争，需要通过公共机制政策进行调整。

上述各种运输调整政策的手段具有较强的相互依存性，因此解决当今复杂的交通问题时，如何有机地结合、综合性地进行交通调整非常重要，即综合性运输调整政策对于解决当前的运输问题是必不可少的。

五、运输经济学

运输经济学是研究社会生产和生活中旅客和货物借助各种运输工具进行位置转移的经济问题的学科，旨在探索交通运输经济发展的一般规律。

（一）运输经济学的发展

19世纪，经济学家对运输经济问题做了大量论述，并出版了专著。马克思在《资本论》中还引用了俄国楚普罗夫（1842~1908）的《铁路业务》（1875）一书。在《资本论》中，马克思对运输的性质、运输促进生产力的发展、运输在流通中的地位和作用、运输价值和运输费用等重要经济问题，作了科学的论述。在近现代，美、苏等国都出版了运输经济学著作。美国D. P. 洛克林、L. F. 马文、R. E. 韦斯特迈耶等人都各著有取名《运输经济学》的著作。他们着重论述政府的运输法规和政府对运输业的控制，以运价和成本为重点，兼及财务和劳工问题。苏联运输经济学的代表著作在20世纪30~50年代推出T. C. 哈恰图罗夫（1906~）的《运输配置》、《铁路运输经济原理》和《运输经济学》；60~70年代哈努科夫主编的《铁路运输经济学》。苏联早期的运输经济学著作主要描述经济地理和阐述运输经济政策，后期转向比较系统的理论分析，并着重运输生产力发展规律的经济分析和技术政策的经济效果的定量研究。

在中国，1949年以前出版过关于交通财政、运价以及论述运输经济问题的著作。中华人民共和国成立后，中国经济学者对运输经济的理论和实际问题做了许多研究工作，并编写了《运输经济学》《铁路运输经济》《水运经济》《公路运输经济学》等教材和专著。

中国运输经济学的主要研究课题是：在节约投资的前提下，加强运输设施的技术改造和新建，改善运输业的经营管理，从而扩大运输能力、增进运输量、提高经济效益，以适应社会主义经济发展的需要。

（二）运输经济学的研究对象与研究内容

运输经济学的研究对象是运输业本身所特有的经济规律和运输业内部的生产关系。

运输经济学的研究内容主要包括以下几个方面：

第一，运输业市场部分。主要研究运输需求、运输供给、运输企业、运输市场的分类和结构、运输成本、运输价格、运输定价、运输价格管理等。

第二，运输业产业布局部分。主要研究运输业与生产力布局的关系、运输业与流通业的关系、运输业的管理体制等。

第三，运输业经济分析部分。主要研究运输合理化的经济效果、运输业采用新技术的经济问题、各种运输技术措施的经济效果计算及评价、运输业的劳动组织、劳动生产率和工资制度、运输业的经济政策和技术政策及其理论依据等。

第四，运输业基建项目管理部分。主要研究运输基建项目的建设程序及项目管理、运输基建项目筹资与项目融资、运输基础设施的经营管理、运输基建项目经济评价等。

（三）运输经济学与相关学科的关系

政治经济学和生产力经济学所揭示的社会生产关系和生产力的发展规律是运输经济学的理论原则，运输经济学研究这些规律在运输业的具体表现。运输经济学同技术科学和运输组织科学有着密切关系，但它不研究运输工具、运输设备的具体构造和运输组织的具体工艺过程，而是研究运输技术和运输工艺的经济效果，为制定运输技术政策、选择运输组织工艺，以及论证它们的优化，提供经济理论上的和计算方法上的依据。运输经济学同技术经济学、数量经济学、财政学、价格经济学、劳动经济学等经济学科都有交叉关系。

根据研究对象的不同，目前与运输经济有关的学科，大致可划分为运输经济学、运输地理学、运输规划学、运输工程学、运输组织和经营管理学这样几个领域。

一般来说，运输经济学家特别关心对运输需求的估计和克服距离障碍所花费的代价问题，他们研究运输资源和其他经济资源的合理分配，探求运输活动的内在经济规律，分析运输业的规模、比例、结构以及与其他经济活动和经济部门的关系。而对于地理学家来说，运输的重要性在于它是影响经济与社会活动地理分布的主要因素之一，所以他们关心运输网空间结构的变化及其与其他地理要素的相互作用关系；地理学把交通运输作为一个空间网络来研究，探求客货流分布及变化的规律和影响因素。运输规划学主要研究运输业发展中运输设施建设的布局、规划原则、规划方法以及如何确定具体的运输项目。运输工程学主要解决具体工程的设计、施工问题和工程中如何提高管理水平、提高效率及效益的问题。运输经济管理学则是运输业经营者关于运输企业的组织形式、结构规模、如何在运输市场上竞争和内部如何从事计划、财务、劳资等方面的经营和管理的学科。在一定程度上，运输经济学为其他运输学科提供必要的经济理论基础；同时，运输经济学也必须与其他学科一起共同发展，只有运输经济学与其他学科互相渗透、紧密结合，才能更好地探索各种运输经济，问题的内在规律，比较有效率地实现运输目标。

◆ **学习拓展：**

瓦巴什案件和美国铁路的发展

19世纪上半叶，在蒸汽机火车发明后，英美等国开始大修铁路。1829年，第一台可实用机车"火箭号"（Rocket）由乔治·斯蒂芬逊（George Steppensen）在英国试验成功，同年一辆类似的机车被运往美国。1830年，美国宾夕法尼亚州的卡邦达尔（Carbondale）至杭斯达尔（Honesdale）铁路正式开始企业，这标志美国铁路时代的开始。1830年，美国铁路历程22英里，到1900年，已达到193 346英里（约31万km）。虽然铁路建设速度很快，这期间铁路在1861~1865年的南北战争中也发挥了巨大作用，但它的发展并非一帆风顺。

19世纪80年代，一起"瓦巴什案件"在美国产生巨大社会影响。案件由铁路运价引起，当时伊利诺伊州吉尔曼（Gilman）地区的农民怨声载道，他们的农产品运往纽约，运价需5美元/吨，而比他们远的皮奥利亚，类似的农产品运价仅为3美元/吨。这使他们的产品在市场竞争中处于不利地位。忍无可忍之下，他们将瓦巴什铁路公司告上了法庭，认为这违反了伊利诺伊州"禁止在同一路线上短程运价高于远程运价"的法律规定，并获得伊利诺伊州法庭的支持。但瓦巴什铁路公司不服，向美国最高法院提高反诉。1886年，美国最高法院作出裁决，认为以上两项均属洲际运输，按联邦法律规定，洲际商务的运价专属联邦政府管辖，虽然当时尚无相应的联邦法规，但伊利诺伊州依然不应干预联邦政府的权利。这一裁决引起当地农民骚乱，因此称为"瓦巴什案件"。

小小的一项铁路运价会导致地方的社会骚乱,这与美国铁路发展历程有关。

早在20世纪30年代铁路发展之初,就有人反对修铁路,因为铁路拥有者独立经营,违反美国人所崇尚的自由竞争原则:任何人有一只船就可在运河运行,但他不能开自己的机车上铁路。因此,当时有一位本杰明·怀特(Benjamin White)写信给国会:"我认为一条长的铁路线,必然造成运输独占,这在我国是很可恨的。"

后来,反对铁路修建的气氛在铁路沿线迅速弥漫。在运河和收费公路上投入巨资或认购股票的人、数以千计靠运河和道路运输谋生的人、怕失掉马与干草及各类农产品市场的农民等更是"大喊大叫"地反对铁路。1842年,马萨诸塞州的多柴斯特(Dorchester)镇还指示其立法机构的代表在他们权利范围内尽一切可能"阻止修建通过我们镇的铁路,以免本地遭此浩劫"。

南北战争后的二三十年是美国铁路发展最快的时期,而反对铁路的呼声也是一浪高过一浪。一些农民感受了"不道德的发起人"(铁路开发商和州政府,早期部分铁路由州修建)的欺骗:农民曾支持铁路建设,慷慨提供方便,认购铁路股票,但是,建成的铁路并未提供他们原来期望的服务和价格,铁路股票一钱不值,铁路公司对公众态度十分蛮横,旅客与托运人受到无礼貌对待,矛盾激化到危险程度(哈德雷:铁路像巨大的章鱼在吸人民的血,铁路经理像中世纪的强盗巨商。当时西部人民的情绪危险地靠近了革命的爆发点)。

农民对铁路的诸多控诉中,运价太高是主要问题之一。农产品很难承担高额运价,这其中最为恼怒的是那些被"差别待遇"收取高价的农民。所谓差别待遇是指,铁路迫于竞争,对有最为恼怒的是那些被"差别待遇"收取高价的农民。所谓差别是指,铁路迫于竞争,对有竞争路段以低价争市场,例如,1873年从芝加哥到东海岸运一车牲畜运价近5美元,为正常运价的5%不到,几乎不能支付运输机车车轮润滑油的费用。而在没有竞争的路段,铁路傲慢地采取高运价敛财。

20世纪70年代,西部地区出现了农民运动[土地斗争(Agrarian Revolt)],他们成立"保护农庄社",要铁路为农产品降价和农业衰退负责,导致一些州都制定了对铁路进行管制的铁路法律,被称作"农民法律"。农民法律往往包含对运价的限制内容。

美国有3/4的铁路运输是州际性的。事实上,以往的纠纷大多按当地州的法律(即农民法律)办理,只是未引起美国最高法院的注意,但这次却引出了问题,最后导致第2年美国第一个《商务管理条例》的出台。1887年美国总统克利夫兰(Cleveland)批准的商务管理条例第4节"长程短程运输条例"规定:共用承运人在基本类似情况下,运输旅客和货物,经由同一条线路,在同一方向,对承运较短者收取较多的报酬,是违法的。

美国铁路发展初期产生的社会问题说明,运输发展不仅与经济发展息息相关,而且与社会进步也有着紧密联系。

资料来源:严作人等. 运输经济学[M]. 北京:人民交通出版社,2009:39-41.

第四节　商业经济

商业属于第三产业。本节简要介绍商业的概念、性质与发展；商业的作用与职能；商业部门内部的关系；商业与相关范畴的关系；商业经济的特点、运行、商业经济的形式；商业经济学等基本知识。

一、商业的概念与性质

（一）商业的概念

商业是商品交换的发达形式，是专门从事商品交换的行业，属于市场化交易的范畴，是贸易的一种特殊形态。

商业的运动形式是：货币（G）—商品（W）—增值了的货币（G'）。可见，商业由买（货币换取商品）和卖（商品换取货币）两个阶段组成。但商业与一般的商品交换活动不同，具有自己的特殊性。主要表现如下：

有买有卖。商业与采购或销售不同，采购只是单纯的买，销售只是单纯的卖，商业则集买、卖于一身。

先买后卖。商业与简单的商品流通不同，简单的商品流通是先将商品换为货币，再用货币换取商品，表现为先卖后买；商业则遵循不同的买卖次序，即先以货币换取商品，再以商品换回货币，表现为先买后卖。

为卖而买。商业与采购不同，商业购买的目的不是为了消费或再加工而取得商品，而是为了将其再转卖。

贱买贵卖。商业总是力图以低价买进，高价卖出，从中赚取买卖差价。

连续买卖。商业不以一次的买卖行为为目的，而是不断地买和卖，构成买卖的连续序列。

快速买卖。商业总是要不断加快买卖的速度，尽量缩短买卖的时间，以争取完成更多次的买卖。

（二）商业的性质

商业的实质是商品交换，它有着自己内在的质的规定性，具体表现为：

1. 商业是市场化的交换

它以市场为载体，是一种市场化的交易，而不是非市场化的交易。也就是说，商业是商品交换而非产品调配，商业是商业主体的行为而非科层组织上下级之间的行为。因此，企业内部的调拨，配给以及计划经济体制下的流通、分配都不属于商业的范畴。

2. 商业是专业化的交换

第三次社会大分工使商业从产业部门中分离出来，成为专门从事商品交换的独立的经济行业，商业与生产者兼营的贸易不同。因而，商业主体也由此成为独立于生产者及消费者之外的经营者。

3. 商业是交换的交换

在商业诞生之前，商品交换是生产者与生产者之间，生产者与消费者之间的行为，换言之是供求双方的直接交换。商业的出现则改变了这种直接联系，由商业充当中介，使供求双方的直接交换，变为交换的交换。

4. 商业是货币化的交换

商业是商品交换的发达形式，发达的商品交换是以货币为媒介的商品交换，商业的存在以货币的存在为前提，没有货币，也就没有买卖的分离，商业活动也就不能产生和发展。因此，商业与货币密切相关，从而使得商品流通与货币流通息息相关。

5. 商业是趋利的交换

商业并非是为交换而交换，而是有着明确的经济目的，即赚取买卖差价，追逐商业利润，这是由商业的盈利性所决定的。商业是由商业主体从事的独立的经济行业，盈利的动机是商业活动的内在动力，如果否认这一点，商业就难以生存和发展。

（三）商业经济的基本要求

商业经济活动主要通过商业经营者的买卖行为来实现。在市场经济中，为了保证商业活动的正常进行，必须遵循商业活动的基本要求。这些基本要求也是一切市场交易活动应该遵循的基本要求，概括起来主要包括四个方面：

1. 交易的自愿性

所谓自愿性，就是指商业活动必须建立在交易双方意志自由的基础上。

2. 交易的互利性

所谓互利性，就是指通过交易，买卖双方都能从中得到益处。可以说，互利性是交易自愿性的基础。

3. 交易的契约性

所谓契约性，就是指在交易当中，买卖双方对交易的具体内容（如交易的品种、数量、质量、交货的时间和地点等）事先要做出具体的规定。这种规定，可以是口头上达成的协议，也可以是书面上达成的契约。

4. 交易的非人格性

所谓非人格性，就是指市场交易不能依赖于人格作担保。这是市场交易不同于社会交往最突出的地方。

二、商业的发展与现代商业

（一）商业的产生与发展

商品交换起初是由商品生产者自己承担的，农民、牧民、手工业者均自己负责产品的销售与必需品，原材料的购头。随着生产的发展，交换的任务越来越繁重，市场的扩张也使交换所需的人力、物力、时间不断增加，并且商品生产要以商品交换为前提，如手工业者一旦产品销售不畅，就不能购入原材料组织下一阶段的生产，甚至自身的消费都会成问题。在这种情况下，社会分工突破了生产的范畴，出现了第三次分工，即商业从产业部门中独立出来。于是，产生了一个专门从事商品交换的经济行业——商业，同时也创造了一个不从事生产而只从事商品交换的阶层——商人。

商业是商品交换的发达形式，它的产生是社会分工的重大进步。在此之前的两次社会分工都发生于物质生产部门，所调整的是人与自然之间的关系，第三次社会分工则造就了独立的交换部门，所调整的是人与人之间的关系，这种变化反映了经济活动进一步挣脱了自然的限制而日益转入人与人之间的关系。这样一来，商业的产生也使得经济关系复杂化了。从前那种单纯的商品供给者与需求者之间的关系，演变为生产者、经营者、消费者之间的多重的经济关系。

因此，商业的产生，标志着商品交换关系发展到了一个新的阶段。商业的产生和发展，还推动了社会分工向深层次方向发展。具体表现为：它不仅使原有的生产部门获得了蓬勃发展，而且使新的生产部门不断出现，同时还使原本属于商业内部，为商品交换服务的经济部门，如金融、运输、保险等部门也相继从商业部门中分化出来，变成独立的部门。可见，商业的产生对人类社会的发展起到了巨大的推动作用。

商业的存在和发展经历了漫长的历史过程，但由于各国的历史条件和客观条件不同，因此，世界各国商业存在的时间长短不一，发达程度也不相同。然而，随着世界经济全球化与信息化的不断加快，尤其是受到不断发展的知识经济和市场经济的影响，世界各国的商业必将大大向前发展，商业的现代化与知识化也必将大大提高。

（二）现代商业的内涵与特征

从一定意义上来讲，人类社会将逐步进入现代商业社会。即以市场为中心，以交换为手段，通过广泛的商业活动，促进地区之间、国家之间的交流，推动人类社会的进步和人们生活水平的不断提高，这将是支配未来世界发展的历史潮流。因此，有学者提出：改变未来世界格局的不是战争，而是商业。商业的发达程度将成为衡量一个国家国力的基本标志。

1. 现代商业的内涵

现代商业作为国民经济的一个重要组成部分，表现为一个庞大的产业系统。在现代市场经济中，商业产业的发达程度已成为一国市场经济发达程度的重要标志。

现代商业作为一个庞大的产业系统，主要表现为：

第一，专门从事商品交换的商品部门早已发展成为社会经济有机体中的一个独立部门，并且成为整个商业产业系统中的重要组成部分。

第二，主要从事物质生产的生产部门纷纷设立起相对独立的购销组织，开展商业活动。购销业务和生产相对独立化已成为现代生产企业的基本组织制度。这些独立的购销组织构成现代商业产业的有机组成部分。

第三，从原有的商业部门中不断演化出新的产业部门。在商品经济不很发达的时代，商业部门的活动集交易、运输、仓储、信息、结算等业务于一体，而在现代商业活动中，从这些业务演化或派生出许多独立的行业。大致说来，这些独立的行业主要有：

① 原有的商业交易集仓储、运输业务于一体，后来仓储业、运输业从原有的商业活动中独立分化出来，成为独立的物流业，构成现代商业的重要组成部分。

② 原有的商业交易结算过程是在交易双方之间自行进行的，无须他人介入，后来出现了专门从事交易结算业务的银行业，如今银行业已成为现代商业的重要服务行业。

③ 在以前的商业活动中，商人自身在交易中了解和掌握信息，现代商业则出现了专门搜集、整理和提供市场信息的信息咨询业。

④ 原有的商业交易过程中，存在的风险完全由交易双方承担，而现代商业则出现了专门为商业活动服务的保险业。

⑤ 原有的商业交易是由交易双方直接进行的，后来出现了专门媒介交易而自己不介入商品所有权交易过程的经纪商、代理商和信托商，他们已成为现代商业的重要组成部分。

⑥ 原有的商业活动是商人自己进行广告宣传，开展促销活动，而现代商业则出现了专门从事广告策划、制作与宣传的广告业。

⑦ 原有的商业交易，往往是一手交钱一手交货，有多少钱交易多少货，而现代商业则出现了买者一次可以支付少额的租金，就可以迅速得到大额租赁物的租赁业。

上述这些独立性的行业，有的从原有的商业业务中分离出来，有的从原有的商业交易中派生出来。它们有的直接服务于商业活动，有的间接服务于商业活动。它们都有各自的运作方式，与专职的商业部门有很大的不同，但它们又与专职的商业部门有着不可分割的联系。在当代，专职的商业部门如果离开这些衍生或派生出来的行业就难以运转。同样，这些衍生或派生出来的行业如果离开专职的商业部门，也难以产生、存在和发展。

第四，直接关系人们日常生活的商业服务业，既是服务业的重要组成部分，也是现代商业这个庞大产业系统的一个重要组成部分。商业服务业分为两大类：一是通过营业设备或劳务技术为人们生活提供商业服务，主要有旅店业、理发业、美容业、洗浴业等；二是利用一些原材料，通过技术加工、制作和修理为人们生活提供商业服务，主要有照相业、洗染业、修理业等。商业服务业的发展，表明商业产业朝着多维化方向又前进了一步。

2. 现代商业的特征

现代商业的特征是由现代商品生产的特点所决定的。现代商品生产要求商品流通是一个多形式、多环节、多渠道、多结构的过程，这就决定了现代商业的社会性，管理的复杂性、动态性和系统性。

（1）现代商业的社会性。现代商业的社会性表现为：第一，商业活动过程的社会性。商业网点散布在社会各个角落，由各种经济形式和经营方式构成。商业管理作为商品流通全过程的调控，本身就具有广泛的社会性。第二，商业活动制约因素的社会性。商品流通的规模、结构、速度、形式和流通方向，要受到政治的、经济的、法律的、自然的等社会各种因素的制约，商业经营必须充分考虑这些社会因素，协调与社会各方面的经济关系和经济联系。第三，商业活动成果的社会性。商业活动直接关系社会的生产和消费，其成果首先是社会性的，是为社会提供有用的产品，有效地供给，以保持社会生产和生活的正常进行。因此，现代商业不仅仅是一个部门经济，而且是一种社会性的经济行业。

（2）现代商业管理的复杂性。由于管理对象的多重性，现代商业管理呈现出复杂性。这种复杂性表现为：首先，管理对象的复杂性。商业管理客体是由一个不同的经济形式，不同的商业行业、不同的流通环节和不同的商品所构成的复杂体。其次，管理过程的复杂性。商业管理过程受到多种因素的制约，既有正相关因素也有负相关因素，且是在动态中产生影响的。最后，成果的复杂性。这些成果既有企业成果也有社会成果，既有物质性收益也有信誉性收益，难以按同一标准评价和衡量。

（3）现代商业的动态性。整个商品流通过程是一个"五流合一"的动态过程，即包含着价值运动、商品实体（使用价值）运动、资金运动、消费需求运动和信息运动。它们既遵循着共同的轨迹运行，又有自己特定的运行模式和规律：它们既一致又分离，既结合又脱节，以各自不规则的曲线在不断变化中前进。现代商业的动态性，决定了商业管理不能采取静态的、封闭的、直接的管理，必须在动态中调控和制约。现代商业的动态性，要求现代商业经营必须按照市场的变化，不断调整自身的经营行为，包括经营形式、商品结构和服务方式等。

（4）现代商业管理的系统性。由于管理对象的复杂性和现代商业的动态性，决定了现代商业的管理是一项系统工程，是一种综合管理。具体表现为：第一，要通过系统管理，才可能实现对社会商业的管理。第二，要综合各方面制约因素和可能产生的问题，进行系统决策，才能做好综合治理。第三，要系统运用各种调控手段，采取多种形式，因时、因地、因行业、因品种制宜，根据不同的供求态势，制定不同的经营方针，实施不同的管理办法，才能搞好管理工作。

三、商业的作用与职能

商业的作用和职能是由商业在社会经济生活中的中介地位所决定的。

（一）商业的作用

从总体上来看，商业在社会再生产中的作用主要表现为以下几个方面：

1. 保障社会再生产的顺利进行

社会再生产过程是生产过程与流通过程的统一，流通过程决定着社会再生产所需的两个基本条件——价值补偿（即商品如何转化为货币）和实物补偿（即货币如何取得生产要素）的实现。

商业由于其中介地位，在社会再生产过程中作为连接生产与生产、生产与消费的桥梁，对两类补偿的实现发挥着重要作用。首先，价值补偿在现实经济生活中很大部分是借助商业完成的。消费品的大多数，生产资料中的通用设备、标准件、原材料，都是通过售予商业部门而实现其价值的。其次，实物补偿的很大比重也是借助商业完成的，企业从商业部门购得机器设备、零部件、原材料以及技术、信息等生产要素，为社会再生产的进行奠定物质基础。此外，商业还通过不断开拓市场，为产品打开销路，扩大商品流通规模，从而推动了生产规模的扩大；同时，商业还通过加快商品交换速度，减少商品流通时间，加速了社会资本的周转。可见，商业不仅影响着社会再生产的实现，还制约着社会再生产的规模和速度。

2. 引导社会资源合理配置

首先，商业作为专门媒介商品交换的经济部门，体现了社会资源在流通领域的集中投入，取代了原来生产部门分散地投入流通领域的资源配置方式，既形成了流通领域中资源的集约化，又使原来生产部门用于流通的资源解放出来而用于生产，保证了生产领域的资源投入量，从而实现了全社会资源在生产领域和流通领域之间的合理配置。

其次，商业作为联系供求双方的中介环节，同时拥有供求两方面的信息，商业部门将供给方面的信息传递给需方，指导购买力的投向；将需求方面的信息反馈给供方，指导企业调整生产结构，生产适销对路的产品。商业通过对供求的双向调节，引导社会资源的合理配置。

3. 开拓市场，促进分工的深化和技术进步

商业出于追逐利润的动机，将越来越多的产品，越来越广的领域，越来越大的地区纳入市场。商业在其产生之初，主要转卖奢侈品，后来扩大到生活必需品等产品，并力图将全部产品投入市场。商业开拓的市场起初囿于城市，后逐渐延伸到集镇、乡村；起初限于一地、一国，最终遍及全球。商业的发展摧毁了自然经济的樊篱，日益将各地区、各部门、各行业纳入商品经济的范围，促使了市场不断扩张。

市场范围的扩张又促进了分工的发展。分工的发展又是技术进步的基础。纵观人类社会的经济发展史，商业的发展，市场的扩张，分工的深化与技术进步总是密切结合在一起的。

4. 降低社会交易费用

商业属于一种市场化交易。市场化交易由于其利益调节的特点，其经济性随着商品经济的发展而日益明显，逐渐占据主导地位。商业作为市场化交易的一种特例，是商品交换自身的专业化，它进一步降低了市场化交易的交易费用。由于商业在市场交易中占很大的比重，市场化交易又在社会总交易中占相当大的比重，因此商业对于降低全社会的交易费用起着很大的作用。

商业降低社会交易费用的作用是在竞争中表现出来的，而不是先天地、无条件地存在的。商业通过与其他贸易形式（如工业自销）和其他非市场交易（管理的交易与限额的交易）相互竞争，确定自己的规模、结构和发展方向，不断提高商品交换的效率，从而造成社会交易费用的下降。

（二）商业的职能

所谓商业的职能，是指商业为发挥其作用所需完成的活动与功能。商业的职能主要可以概括为以下几个方面。

1. 联结供求职能

联结供求职能是指商业调节商品供给与商品需求之间的矛盾，使供给与需求相适应，最终完成商品交换。联结供求的核心是商品买卖。此外，联结供求职能还包含商品调整与信息沟通等方面的内容。联结供求职能是商业最原始、最本质和最主要的职能。

商品购销。商品购销是商业职能的核心内容，如马克思所说，商人的职能是通过买和卖来交换商品。商品购销通过商品的两次交换完成商品从供给一方向需求一方的转移，第一次交换为商品购进，使供给一方的商品得以转化为货币，实现商品的价值；第二次交换为商品销售，使需求一方得以用货币购得所需的商品，获得商品的使用价值。商业就是通过连续不断的购销活动，联结商品的供给与需求。商品购销又包含一系列商

业业务活动，如洽谈生意、签订合同、结算货款、记入账簿等，商品购销正是通过这一系列业务活动而实现其联结供求的职能的。

商品调整。商业购进的商品不一定就能适应市场需求，为此商业还需要进行商品调整。主要方式有：对于使用中间商品牌的商品加上自己的品牌名称和品牌标志；对统一购进的大宗散货（如农产品）分等、分级；对某些商品编配、分装（如批发商将购进的服装按不同型号、花色重新搭配、编组以适应零售商的需要）；对某些商品（如水果、蔬菜）重新包装以保护商品，促进销售。商品调整解决了供求之间在花色、品种、批量等方面的矛盾，为商业发挥联结供求职能，媒介商品交换所必需。

信息沟通。商业一头连着供给，一头连着需求，本身即是供求信息汇聚的枢纽。商业一方面要搜集、整理各类信息，分析其内涵、价值，为商业经营提供决策依据；另一方面又要将供给一方的信息传递给需求一方，将需求一方的信息反馈给供给一方，使供求双方信息沟通顺畅、及时，以此促进供求的协调和统一。商业的信息沟通主要通过市场调查和各种促销手段进行。市场调查重在收集、整理、分析、评价各类信息，为经营决策服务。各种促销手段则重在传播信息，主要是以广告、公共关系、人员推销、销售促进等方式将供给一方的信息传递给需求一方，促进商品的销售。此外，还可以通过订货会等方式将需求一方的信息反馈给供给一方，指导生产方生产结构的调整，使供给适应于需求。

2. 物流职能

商业不仅要完成商品所有权的转移，还要实现商品实体在时间和空间上的转移，这便是商业的物流职能，也称为实体分配职能。物流职能主要表现在两个方面：

（1）商品运输。商品运输是为了求得商品供给与商品需求在空间上的统一。供给方与需求方可能相距遥远，如国际贸易就是如此；也可能供给集中于某一地域，而需求却是分散的，如工业品交易就是如此；还可能供给是分散的，而需求却是集中的，如农产品交易就是如此。商品运输即通过组织商品的空间移动，解决商品供给与商品需求之间的空间矛盾，使商品实体由供给一方转入需求一方，最终完成商品交换。

（2）商品储存。商品储存是为了求得商品供给与商品需求在时间上的统一。供给与需求往往在时间上不一致，可能供给集中于某一段时间，而需求却是随时发生的，如粮食便是季节生产，全年消费；也可能供给在时间上是持续进行的，而需求却集中发生于某一时间段，如棉衣、雨具等便是全年生产，季节消费；另外，某些商品生产是大量、集中的，而消费则是少量的、零散的，这也使生产与消费在时间上出现间隔。如果没有商品储存，在以上这些情形下，商品供求就会发生混乱。商品储存即通过调整商品实体存在的时间，消除商品供给与商品需求的时间差异，使供求双方彼此适应，从而完成商品交换。

3. 辅助职能

商业辅助职能是在商业联结供求职能和物流职能的基础上派生出来的职能，因此，也称为派生职能。商业的辅助职能主要有两个方面：

资金融通的职能。资金融通的职能有两层含义：一是由商业的中介地位决定的。商业部门购进商品时，商品销售尚未发生，即商品尚未由供方转入需求方，此时供给方已经取得了商业部门的付款,实现了商品的价值,因此商业表现为替需求方向供给方垫付资金,实际上相当于商业的预付行为,这是商业本身具有的一种融资功能。二是指形形色色的商业信用。如商业汇票、期票或商业提供给消费者的分期付款条件等。

风险承担的职能。商业风险是商品流通中普遍存在的经济现象,主要包括流通事故风险、价格波动风险、财务风险、信用风险和外汇风险等。商品在从生产领域向消费领域的转移过程中,由于时间和空间的距离,以及不确定性因素的影响,经常使商业经营者蒙受损失或丧失所预期的利益。这种风险本应由生产者直接承担,但由于商业的介入,商品一进入流通领域,商业就承担了商品在运输、保管、销售过程中可能出现的各种风险。承担风险也因此成为商业的重要职能。商业承担风险的职能既保护了生产者的利益,提高了他们生产的积极性,又保护了消费者的利益,使他们能够买到与其收益相一致的商品;同时也能鞭策商业经营者,增强其风险意识,提高其规避风险的能力,促使其搞好市场调查,提高经营和管理水平,最终提高商业经济效益。

资金融通与风险承担,这两项职能虽然不直接参与商品所有权与商品实体的转移,却起到了保障这两种转移顺利进行的作用。

四、商业经济的形式

商业经济的基本形式包括零售商业、批发商业和期货商业等。

(一) 零售商业

零售商业是商业产业最重要的组成部分,是商品从流通领域进入到消费领域的最后一道环节,与人们的日常生活息息相关。零售商业的发达程度是衡量一个国家或地区商业发达程度的最重要标志。

1. 零售商业的含义、特点与功能

零售是指针对最终消费者的销售活动。零售商业是指商品流通过程的最后一道环节,是将商品直接出售给最终消费者的商业形式。

零售商业的特点是:平均每笔交易额小,但交易频率高;商圈较小;属劳动密集型行业;布局上点多面广,且往往设于繁华地段或居民区内;业态多种多样,既具有竞争性,又具有互补性;对消费者的诱导性强;注重服务;竞争激烈。

零售商业的功能表现为:消费者采购代理的功能、生产者与批发商销售代理的功能、稳定价格的功能、物流的功能、服务的功能、信息的功能、融资的功能、承担风险的功能、建设与传播商业文化的功能等。

2. 零售商业的业态类型与选择

(1) 零售商业的业态类型。根据经营产品线的广度、长度与深度的不同,零售商业的业态可以分为百货店、专业店、超级市场、便利店等形式。百货店是指经营产品线广而长的商店。百货店按其经营规模,可以分为大、中、小三类。按其组织形式的不同,也可以分为三类:一是独立百货店,即一家百货店独立经营,别无分号;二是连锁百货店,即以一家大百货店为龙头,在各地开设若干分店,进行集中管理;三是百货店集团,即由若干个独立经营的百货店联合组成百货店集团,由一个最高管理机构进行统一管理。专业店是指经营产品线长而深的商店,是专业化程度较高的零售商业业态。超级市场是指实行敞开式销售,顾客自我服务的零售商店,是一种自助商店或自选商店。便利店是指以经营加工食品,居民日常生活必需品为主,在时间和地点上都给消费者提供最大便利的小型独立经营或合伙经营的商店。

根据价格竞争策略的不同,零售商业业态可分为折扣商店、仓储商店与目录商店等形式。折扣商店又称廉价商店,广义上的折扣商店是指在商品价格方面采用折扣策略经营的商店,也有人称其为是利用廉价销售进行快速周转大量商品的大型零售店。仓储商店是一种类似仓库的零售店。目录商店就是向顾客提供商品目录的商店。

根据与消费者联系的方式不同,零售商业业态可分为店式商店与无店式商店。店式商店是指以店铺作为经营场地,消费者直接去现场进行购买的零售商店。无店式商店是指没有固定的商品陈列场所,消费者不必直接去现场进行购买的零售商业业态。目前主要有邮购商店、上门推销、自动售货机售货、电视商场、网上购物等形式。

根据管理系统的不同,零售商业业态可以分为独立商店、连锁商店、消费合作社与商店集团等形式。独立商店即只拥有一家店铺的独立零售商店。独立商店一般为小型零售店,资本少,雇员不多,大多由业主自己经营管理。连锁商店也称为联号商店,是指由若干同行业店铺以共同进货的方式连接起来,共享规模经济效益的一种零售商业业态。消费合作社是由消费者自行投资创办,自己经营管理并分享收益的零售商业业态。商店集团是指以大型零售商店为核心,由不同行业和部门的若干独立法人共同组成的一种企业联合体,是企业集团的一种形式。

根据零售商店聚合程度的不同,可以将零售商业业态分为商业街与购物中心两种形式。商业街是指同类或异类的多家独立零售商店集合在都市的一个地区,形成销售商品的零售区域或零售集中区。购物中心是指商业企业的一个集中设施,按其商圈选择设施的位置、规模和形态,并将这一设施的多种店铺作为一个整体来计划、开发、所有和经营,同时拥有与其相应的停车场。

(2)零售商业业态类型的选择。选择零售商业业态类型的原则是以消费者为中心的原则,以业态合理化为原则等。影响零售商业业态定位的主要因素是选址、竞争程度、规模和租金等。

3. 零售业发展的主流——连锁经营

(1)连锁经营成为当今世界零售业发展主流的原因。连锁经营具有如下的优势:可以降低经营风险;可以快速获得成长;可以享受规模经济与专业化分工带来的益处;可以提高流通效率;可以扩大经营规模,改善服务;可以充分利用现代化管理手段与技术,提高管理水平;可以提高市场竞争力。

(2)连锁经营的三大原则。连锁经营的三大原则,可以简称为"3S"主义,即简单化(simplization)、标准化(standard)和专业化(speacialization)。

简单化是指为维持规定的作业,创造任何人都能轻松且快速熟悉作业的条件。

标准化是指为持续生产、销售预期品质的商品而设定的既合理又较理想的状态、条件以及能反复运作的经营系统。

专业化(也称专家化)是指连锁企业为了在某方面追求卓越,将工作特定化,并进一步增强竞争能力和开发创造出独具特色的技巧及系统。

（3）连锁经营的类型。连锁经营经过上百年的发展，逐渐形成了三种主要形式，即正规连锁、特许连锁与自由连锁。

正规连锁。美国将正规连锁称为"联号商店"或"公司连锁"，并规定正规连锁经营必须由11个以上分店组成。欧洲国家将其称为"多店铺商店""多支店商店"。日本通产省将正规连锁定义为：处于同一流通阶段，经营同类商品和服务，并由同一个经营资本及同一个总部集中管理领导，进行共同经营活动的组织化的零售企业集团。国际连锁协会对正规连锁的定义为：以单一资本直接经营11个商店以上的零售业或餐饮业。

特许连锁。特许连锁是指以同样标识，销售同种商品或服务的，进行事业活动的特许连锁总部与其全部特许连锁加盟店所构成的事业集团。

自由连锁。自由连锁公司的门店均为独立法人，各自的资产所有权关系不变，在总部指导下共同经营。

（二）批发商业

1. 批发商业的概念、特征与类型

批发是与零售相对而言的，它是指零售以外的商品交换活动与商品流通环节。批发与零售的主要区别在于：第一，批发交易发生在生产者之间、经营者之间以及生产者与经营者之间，不涉及最终消费者（无论是个人还是团体），而零售必须是针对最终消费者的销售活动。第二，批发是用来满足生产消费需要或商品再流转需要而存在的，不是用来满足人们直接生活消费的需要，而零售则是直接用于满足消费者生活需要的。

批发商业是批发的商业形式，是批发交易发展到一定程度之后才产生出来的一种商业形式。批发与批发商业的区别主要在于以下三个方面：第一，批发属于贸易范畴，批发商业属于商业范畴。第二，批发可以发生于生产者之间、经营者之间或者生产者与经营者之间，而批发商业只能发生在经营者与生产者之间或经营者相互之间，而不包括生产者相互之间发生的批发交易，批发商业的主体必须是经营者。第三，批发商业居于中介地位，而批发除此以外，还包含了直销的形式，如生产者直接将生产资料销售给生产资料需求企业。

批发商业作为商品流通的重要组织者，与零售商业在交易额、行业性质、商圈大小、服务水平、交易习惯、投机成分等诸多方面都存在着明显的差异，由此形成了批发商业自身的特点。批发商业的特点是：批发商业的交易额一般较大、属于资金密集型行业、商圈比较大、服务项目相对较少、交易往往具有理性化、投机性较强等。

批发商业的类型主要有以下几种：

一是根据经营主体的不同，可以将批发商业分为商人批发商、制造业批发商、合作批发商、批兼零批发商和连锁批发商。商人批发商又称为独立批发商，是指专门从事批发业务的批发商。制造业批发商是指生产企业的销售机构从事批发业务的批发商。合作批发商又称为共同批发商，是指中小零售商为了与百货商店、连锁商店等大型零售商相抗衡，共同开展批发业务的批发商。批兼零批发商是指以批发业务为主，同时兼营零售业务的批发商。连锁批发商是指由多家批发商业主体组成的连锁组织。

二是根据经营客体的不同，可将批发商分为普通批发商与专业批发商。普通批发商是指经营商品范围广、品种多的商人批发商，一般多为综合批发商，主要为综合性零售商店服务。专业批发商是指专业化程度较高、经营商品广度小（通常为一类）而深度深的批发商。

三是根据商圈大小的不同，可将批发商分为跨国批发商、全国性批发商、区域性批发商和地方性批发商。跨国批发商是指商圈范围超越国界的批发商业批发商。全国性批发商是指承担全国性批发业务，在全国各地设有分支机构和营销网络的批发商。区域性批发商是指经营范围介于全国性批发商和地方性批发商之间的批发商。地方性批发商是指在一个较小的地域内经营批发业务的批发商。

四是根据承担的职能与提供的服务不同，可将批发商分为完全服务职能的批发商与有限服务职能的批发商。完全服务职能的批发商是指承担批发商业的全部职能和提供全方位服务的批发商。有限服务职能的批发商是指部分地承担批发商业的职能和提供部分批发商业服务的批发商。

五是根据商品流通环节的不同，可将批发商分为一次批发商、二次批发商和三次批发商。一次批发商是指直接从生产者手中采购商品，然后进行再转售的批发商。二次批发商是指从一次批发商那里进货，再转售给三次批发商的批发商。二次批发商一般为中转地批发商。三次批发商是指从二次批发商那里购买商品，直接销售给零售商的批发商。三次批发商一般又称为销地批发商。

2. 批发商业的地位与功能

（1）批发商业的地位。批发商业地位的变化，最集中地表现在商人批发商地位的变化。从世界范围来看，商人批发商自产生至今，其地位大致经历了以下四个发展阶段。

批零分离、商人批发商的形成阶段（产业革命至19世纪40年代和50年代）；商人批发商在商品流通中逐渐占支配地位的阶段（19世纪50年代至80年代）；商人批发商的地位动摇、下降阶段（19世纪80年代至20世纪50年代）；商人批发商的地位回升阶段（20世纪60年代至目前）。

（2）批发商业的功能。批发商业的作用是：保障社会再生产顺利进行；降低社会交易费用；推动生产的商品化、社会化，促使社会分工不断深化；促使商品流通向高级化发展。

批发商业的职能是：集散商品、调节供求、商品整理、信息沟通、资金融通、风险承担。

3. 批发交易组织

所谓批发交易组织是指为批发交易提供场所和条件，并为商品流通服务的组织机构。

批发交易组织的作用是：促进市场竞争，优化资源配置；规范交易行为，建立市场秩序；降低流通费用，节约交易成本；促进商品生产，繁荣地方经济。

批发交易组织的类型主要有以下几种：

根据批发交易组织的组织化程度与交易形式的不同，可分为批发市场、贸易中心与商品交易所。

批发市场是最初级的批发市场组织类型，一般以农副产品（如蔬菜、水果、水产品、肉类、蛋类、奶制品等）交易为主，交易制度比较自由、松散、活性大，客户在批发市场中可以享受到运输、仓储、包装、结算、信息等方面的服务，进行即期现货批发交易，即钱货两清的交易。

贸易中心是一种组织化程度较高的为批发商品流通服务的组织，它具有以下几个方面的基本特点：交易批量巨大；以远期合同交易为主；吸引力强，辐射面广。

商品交易所是组织化程度最高的批发商品流通服务组织，它不仅提供批发交易的场所与条件，而且对交易主体、交易客体、交易方式、结管制度、保障制度等，有系统的、严密的规定与章程。商品交易所作为最高层次的批发交易组织，一般具有以下几方面的特点：交易主体必须是商品交易所的会员或其委托者；交易客体仅限于商品交易所指定入市的商品，不是任何商品都可以进场交易；交易高度定型化。

（三）期货商业

1. 期货的概念

期货的英文为 futures，是由"未来"一词演化而来，其含义是：交易双方不必在买卖发生的初期就交收实货，而是共同约定在未来的某一时间交收实货，因此中国人就称其为"期货"。

狭义的期货，一般指期货合约，就是指由期货交易所统一制定的、规定在将来某一特定的时间和地点交割一定数量标的物的标准化合约。这个标的物，又叫基础资产，对期货合约所对应的现货，可以是某种商品，如铜或原油，也可以是某个金融工具，如外汇、债券，还可以是某个金融指标，如三个月同业拆借利率或股票指数。期货合约的买方，如果将合约持有到期，那么他有义务买入期货合约对应的标的物；而期货合约的卖方，如果将合约持有到期，那么他有义务卖出期货合约对应的标的物（有些期货合约在到期时不是进行实物交割而是结算差价，例如股指期货到期就是按照现货指数的某个平均来对在手的期货合约进行最后结算）。当然期货合约的交易者还可以选择在合约到期前进行反向买卖来冲销这种义务。广义的期货概念还包括了交易所交易的期权合约。

2. 期货商业的产生与发展

最初的期货交易是从现货远期交易发展而来，最初的现货远期交易是双方口头承诺在某一时间交收一定数量的商品，后来随着交易范围的扩大，口头承诺逐渐被买卖契约代替。这种契约行为日益复杂化，需要有中间人担保，以便监督买卖双方按期交货和付款，于是便出现了1571年伦敦开设的世界第一家商品远期合同交易所——皇家交易所。为了适应商品经济的不断发展，1848年，82位商人发起组织了芝加哥期货交易所（CBOT），目的是改进运输与储存条件，为会员提供信息；1851年芝加哥期货交易所引进远期合同；1865年芝加哥谷物交易所推出了一种被称为"期货合约"的标准化协议，取代原先沿用的远期合同。使用这种标准化合约，允许合约转手买卖，并逐步完善了保证金制度，于是一种专门买卖标准化合约的期货市场形成了，期货成为投资者的一种投资理财工具。1882年交易所允许以对冲方式免除履约责任，增加了期货交易的流动性。

我国的期货市场是在中国经济体制改革和市场经济的发展过程中，在借鉴国外经验的基础上，先进行试点，然后发展起来的。最早准备引入期货市场机制的当属1990年

10月成立的中国郑州粮食批发市场，但国内第一家正式开始期货交易的交易所是1991年6月成立的深圳有色金属交易所。在这以后，到1994年年底，我国建成了50余家期货交易所，开发了近50个期货交易的品种，成立了1 000多家期货经纪公司。到1995年上半年，我国期货市场的发展到达了阶段性的顶峰。此后，由于出现了国债期货交易等一系列的风波，我国期货市场进入了调整规范阶段。1998年开始，通过对交易所的治理整顿，到目前只剩下3家期货交易所，它们分别是郑州商品交易所、上海期货交易所和大连商品交易所。郑州商品交易所上市的小麦、绿豆、红小豆和花生仁；大连商品交易所上市的大豆、豆粕、啤酒大麦；上海期货交易所上市的铜、铝、籼米、天然橡胶和胶合板。

3. 期货商业的特征与功能

（1）期货商业的特征。期货交易的对象是标准化合约。期货合约是指由期货交易所制定的在交易所内进行交易的标准化的、受法律约束并规定在未来某一特定时间和地点交收某一商品或金融资产的合约；期货交易是一种标准化交易。标准化指的是在期货交易过程中除合约价格外，期货合约所有条款都是预先规定好的；期货交易实行多空双向交易制度；期货交易实行T+0交易制度；期货交易是一种差额保证金交易；期货交易实行逐日盯市，每日无负债结算制度，指每日交易结束后，交易所按当日结算价结算所有合约的盈亏、交易保证金及手续费、税金等费用，对应收应付的款项实行净额一次划转，相应增加或减少会员的结算准备金。期货经纪公司根据期货交易所的结算结果对客户进行结算并将结算结果及时通知客户；期货市场实行保证金制度和逐日盯市、每日无负债结算制度是控制市场风险的特有制度。

（2）期货商业的功能。期货商业的功能表现为以下几个方面。价格导向：指期货市场可以产生具有很高真实性和权威性的期货价格，从而可以为现货市场的生产者与经营者提供有效的价格信号。例如，湖南常德市某公司利用上海粮油商品交易所粳米期货价格指导农民创收。1994年以前，常德地区农民种粮积极性下降，土地抛荒严重。1994年年初，常德市政府从上海粮油商品交易所掌握了9月、10月粳米的预期价格（当时当地现货价格在2 000元/吨以下，而粮交所10份粳米期货合约的价格在2 400元/吨左右）就引导农民扩大种植面积7.2万亩，水稻增产25万吨获得了很好的收益，而到当年的10月，现货价格上升到2 350多元/吨。

风险转移：指期货市场上的套期保值者通过套期保值交易可以回避现货市场价格波动所造成的风险。期货市场上的套期保值者，可以通过套期保值交易来回避现货市场上的风险。所谓套期保值交易，就是指在期货市场上买进或卖出与现货市场上数量相当，交易方向相反的期货合约，然后等待有利时机，进行反方向操作的交易方式，使两个市场交易的损益相互抵补，最后达到保值的目的。

套期保值：在现货市场上买进或卖出一定数量现货商品同时，在期货市场上卖出或买进与现货品种相同、数量相当、但方向相反的期货商品（期货合约），以一个市场的盈利来弥补另一个市场的亏损，达到规避价格风险的目的的交易方式。期货交易之所以能够保值，是因为某一特定商品的期现货价格同时受共同的经济因素的影响和制约，两者的价格变动方向一般是一致的，由于有交割机制的存在，在临近期货合约交割期，期现货价格具有趋同性。

4. 期货商业的市场结构

期货商业市场由期货交易所、期货商和交易者构成。

期货交易所是指专门供参加期货交易的交易者买卖期货合约的场所。它是期货市场的重要组成部分，期货交易所的作用主要是：为期货交易提供一个专门的，有组织的交易场所；为期货交易提供各种交易设施和便利；通过制订标准化期货合约，避免交易者因合约本身缺陷而发生纠纷与争执；通过制订统一的交易规则，确保期货交易的正常运作；通过设立层层分解的风险分担机制，确保期货合约到期如约履行；通过公开竞价、公平竞争与公正交易的形式，确保期货交易的规范运作；通过现代化的通信设施，以最快的速度及时传递期货价格信息，发挥期货交易价格的导向功能。

期货是期货交易的中介，是期货市场运作的桥梁和纽带，是期货市场的重要组成部分。就服务的范围和性质而言，在完善的期货市场中，期货商应包括期货经纪商（FCM）、介绍经纪商（IB）、场内经纪人（FB）、经纪商代理人（AP）、期货交易顾问（CTA）与期货基金经理（CPO）等。

期货交易者是期货市场的主体，是期货交易的当事人。从交易者入市的目的来看，期货交易者分为两大类：一类是套期保值者；另一类是投机者。

五、商业经济学

商业经济学是专门研究商业部门的经济关系及其发展规律的学科。

（一）商业经济学的产生与发展

作为部门经济学的商业经济学，是在20世纪俄国十月革命后在苏联的社会主义建设过程中创建起来的。当时的研究范围只局限于苏联，称为"苏维埃贸易经济"。中华人民共和国成立后不久，便开始创建以研究中国商业为范围的商业经济学，称为中国社会主义商业经济学。

20世纪90年代以来，随着中国经济与社会的变革，学术领域的研究方向和重点也发生了重大的变化，商业经济学在这一变革时期面临了严峻的挑战。高教系统对学科点的压缩和归并，使商业经济学在教学体系中不再具有独立的地位（后虽经争取保留了部分院校的商业经济学科，但并不能在总体上改变商业经济学科萎缩的现实）；中央机构的精简导致国内贸易部的撤销，更使商业经济学的发展前景雪上加霜。有人认为，这是中国经济体制由计划经济转向市场经济的必然结果，商业经济学是过去为部门管理需要而设立的学科，随着市场经济的发展为部门管理体制改变。商业经济学地位的改变是理所当然的；但长期从事商业经济学的教学和研究的一部分教授和专家认为，经济体制的转轨，不应削弱商业经济学的地位。相反，市场经济条件下，商业交换和商品流通活动的重要性会变得更为突出，商业活动对整个社会经济活动的影响将更加明显，所以对商业经济学的研究应当进一步加强。

（二）商业经济学的研究对象

商业经济学的研究对象是商业部门的经济关系及其内在规律。这些规律包括：①经济规律在商业部门中的作用（如研究价值规律在商业活动中的作用）；②市场和商品流通的客观规律（如供求规律、竞争规律等）在商业活动中的作用；③商业部门自身所特有的规律。商业经济学的研究必须结合生产力和上层建筑研究生产关系，更要紧密地联系实际，研究这些规律的应用。

社会主义商业经济学的研究对象是商业部门的经济关系及其内在规律。这些规律包括：①政治经济学所揭示的经济规律在商业部门中的作用（如研究价值规律在商业活动中的作用）；②市场和商品流通的客观规律（如供求规律、竞争规律等）在商业活动中的作用；③商业部门自身所特有的规律。商业经济学的研究必须结合生产力和上层建筑研究生产关系，更要紧密地联系实际，研究这些规律的应用。

（三）商业经济学的研究内容

商业部门的经济关系包括内部和外部两个方面。内部的经济关系是：①生产资料的所有制形式，即由谁来投资从事商业的经营，或进行商业活动的生产资料归谁所有；②部门内部人们的地位和相互关系；③以生产资料所有制和人们在从事商业经营过程中的地位为转移的经营成果的分配形式。外部的经济关系是商业活动本身，即购销过程中所发生的经济关系，包括：①生产者和经营者的关系（工商关系、农商关系等）；②经营者和消费者（生活消费和生产消费）的关系；③经营者之间的关系（商业企业之间的关系）。由于商业部门的一切经济活动都是在一定的经济关系的支配下进行的。因此，商业部门的各种经济活动既受商业自身的运动规律所制约，又受社会的客观经济规律所制约。

商业经济学研究的主要内容有以下几个方面：

商业的基本理论部分。主要研究商业的产生和它在不同社会条件下的发展；商业的职能和购、销、存机能的相互关系；商业在社会再生产中的地位和作用（包括对生产、消费、分配的作用）等。

商业部门内部的经济关系部分。主要研究商业部门的经济成分、所有制性质、投资方式；所有者和经营者的关系；商业的组织系统和企业之间的关系；企业内部的组织结构以及领导者、管理者和业务人员的关系；经营成果在国家和企业之间的分配；企业所得部分在集体和个人之间的分配以及个人所得部分在领导者、管理者和业务人员之间的分配等。

商业市场部分。主要研究商品收购（工业品收购和农产品收购）；商品销售（生产资料销售和生活资料销售）；商业部门内部经营者之间的购销以及商品储存；商业企业（批发企业和零售企业）的经营；商业经营的保证条件（包括商业网建设和商业的物质技术基础）等。

商业经济分析部分。主要研究商业劳动和劳动报酬；商业所需的服务（商品实体运动所需的运输、保管和加工等服务以及商品经营所需的信息服务）；商业的资金、费用和经济效益；商业的利润和利润分配等。

（四）商业经济学与相关学科的关系

商业经济学是以政治经济学为基础，对商业部门经济活动深入研究而发展成为独立的科学体系的。但它不限于研究一般经济规律在商业中的体现，而是集中揭示商业所特有的经济规律。

商业经济学与商品流通领域的其他经济学，如市场、商品流通、货币流通、价格等领域的经济学有着密切联系。如研究商业经济不能不依据市场供求规律，不能不考虑货币流通规律和纸币流通规律以及价格体系所特有的规律。同时，商业经济学所揭示的商业特有的经济规律反过来也是市场和商品流通的经济学形成的强大支柱。商业经济学是商业部门其他方面（如商品经营、商业管理、商业史等）学科的理论基础，这些学科的成果也是丰富和发展商业经济学的重要条件。

◆学习拓展：

万达商业地产

万达商业地产股份有限公司成立于2002年9月，2009年12月整体变更为股份有限公司，注册资本38.748亿元人民币，是大连万达集团旗下商业地产投资及运营的唯一业务平台。

万达商业的主营业务为商业地产投资及运营管理，核心产品是以"万达广场"命名的万达城市综合体。城市综合体是万达在世界独创的商业地产模式，内容包括大型商业中心、城市步行街、五星级酒店、写字楼、公寓等，集购物、餐饮、文化、娱乐等多种功能于一体，形成独立的大型商圈，而万达广场就是城市中心。用大连万达集团股份有限公司董事长王健林的话说就是："一个万达广场，就是一座城市中心。"截至2015年1月5日，该公司已开业109个万达广场，正在运营60家五星级或超五星级酒店，并计划在2015年新开业26个万达广场，新运营14家五星级或超五星酒店。万达广场已成为中国商业地产第一品牌。

以"万达广场"命名的城市综合体是目前国内外领先的商业地产产品，具有显著的社会经济效益：

• 为商贸、文化、娱乐、体育、餐饮等第三产业提供广阔的发展平台，从而带动所在城市的产业结构调整；

• 全方位满足和创造新的消费需求，从而有效拉动和刺激消费；

• 打造新的城市中心，完善城市区域功能，促进城市均衡发展；

• 创造大量的就业岗位；

• 汇聚了众多国内外知名企业，实现商业持续繁荣，创造持续巨额税源。

作为率先实现全国布局的大型商业地产投资及运营商，该公司在中国商业地产行业内居于绝对领先地位，是中国商业地产的领军企业。2014年12月23日，万达商业地产在港交所挂牌上市。2015年1月，在香港上市的万达商业市值超过2 200亿港币。

万达商业地产股份有限公司通过持续发展并逐步完善核心产品——万达城市综合体，逐渐摸索出一套独特的商业模式，在国内外树立了良好的品牌形象，赢得了行业内外的高度认可，成为我国城市综合体投资与运营管理的先行者与领导者。

资料来源：大连万达商业地产股份有限公司. http://www.wandaplazas.com/introduction/.

本章思考题

1. 工业的特点有哪些？
2. 工业经济在国民经济中的地位如何？
3. 建筑业具有哪些特征？
4. 试析建筑业在国民经济中的地位。
5. 运输业特点对运输经济的影响如何？
6. 运输业对国民经济的意义和影响是什么？
7. 商业的功能如何？
8. 商业经济的特点是什么？

第六章

地 区 经 济

在一国之内,各个地区所发生的各种经济活动及其资源配置问题,都属于地区经济研究的范畴。地区经济包括区域经济、城市经济和农村经济。

第一节 区域经济

人类的一切活动都离不开一定的地域空间,任何国家或地区的经济活动都是在一定地域内完成和实现的,经济活动与特定地域空间的结合产生了区域经济,研究在特定地域空间区域内经济活动的规律就形成了区域经济学。本节主要介绍区域的定义,经济区域的特征和类型及区域经济发展中存在的基本问题,并简要介绍区域经济学的形成和发展、区域经济学的研究对象及研究内容。

一、区域的定义

区域是一个客观存在的、抽象的空间概念,往往没有严格的范围和边界以及确切的方位。地球表面上的任何一部分、一个地区、一个国家乃至几个国家均可称为一个区域。不同的学科对"区域"有不同的定义。

1. 地理学对"区域"的定义

地理学认为"区域"是地球表面的地域单元。如我国的四大地理单元(地理区域)——北方地区、南方地区、西北地区、青藏地区。这四大区域在地理位置、自然条件及人文和经济方面各有特点,存在比较明显的差异。

2. 政治学对"区域"的定义

政治学认为"区域"是国家管理的行政单元。这种单元主要是按行政权力覆盖面而划分的。如我国目前的34个省级行政单位,其中包括23个省、5个自治区、4个直辖市、2个特别行政区。我国行政区划分为省级、地级、县级、乡级四级,地级行政区包括地级市、地区、自治州和盟。

3. 社会学对"区域"的定义

社会学认为"区域"是相同语言、相同信仰和民族特征的人类社会聚集区。我国有56个民族。我国省级民族自治区共有5个：内蒙古自治区、广西壮族自治区、西藏自治区、宁夏回族自治区、新疆维吾尔自治区。

4. 经济学对"区域"的定义

在1922年《全俄中央执行委员会直属俄罗斯经济区划问题委员会拟订的提纲》中指出："所谓'区域'应该是国家的一个特殊的经济上尽可能完整的地区。这种地区由于自然特点，以往的文化积累和居民及其生产活动能力的结合而成为国民经济总锁链中的一个环节。"这里所指的"区域"，是能够在国民经济分工体系中承担一定功能的"经济区域"的概念。

很多学者基于研究角度的不同还对"区域"进行了划分。如根据地表物质多样性的标准将区域划分为自然区域和社会经济区域。其中，在自然区域中，又分为综合自然区、地貌区、土壤区、气候区、水文区、植物区、动物区等；在社会经济区域中，又分为行政区、综合经济区、部门经济区、宗教区、语言区、文化区等；根据区域内领土的性质将"区域"划分为微观区域、中观区域和宏观区域。微观区域是一国内部比国家面积小的地域单元；中观区域是由两个或多个国家组成的地域单元，如欧盟、北美自由贸易区等；宏观区域指大洲或世界的区域性分区，如东亚、北美、太平洋地区等。

二、经济区域的特征和类型

我们这里介绍的经济区域特指一个国家内的微观区域。

（一）经济区域的特征

经济区域一般具有以下特征：

第一，经济区域的范围具有相对性。随着生产力发展和科学技术的不断进步，人们的经济活动将不断调整其布局和组合，由此将引起经济区域范围的扩大或者经济区域界限的变更。

第二，经济区域具有独立性。指经济区域能够独立地生存和发展，具有比较完整的经济结构，能够独立地组织与其他区域的经济联系。

第三，经济区域具有开放性。在一国总体经济发展目标的指导下，某一经济区域通过复杂的物质流、信息流、人流与其他经济区域保持密切联系，优化调整自身组织结构，发挥自己独特的功能。

第四，经济区域具有层次性。根据经济区域不同的发展阶段，可以划分为不同的等级，一方面，处于不同发展阶段的同一经济区域，生产力发展水平和市场经济发育程度具有明显的不同，表现出高、中、低不同的层次；另一方面，即使处于同一发展阶段的不同经济区域，由于它们的规模、作用与功能不同，在经济区域系统中，也必然分属于不同的层次和占据不同的位置。

（二）经济区域的类型

根据经济区域的目的和内容，经济区域可分为类型经济区和综合经济区两大类。

1. 类型经济区

类型经济区是根据区内的同一性和区际差异性的基本原则，确定不同的区域划分指标，进而划分的各种经济区。如部门经济区、原料区、加工区、经济发达地区、贫困地区、重点开发区、出口加工区等。其中，部门经济区又可划分为工业经济区、农业经济区、交通运输经济区、商品流通经济区等。类型经济区的划分有利于国家合理分配资金，并针对区域具体情况制定和执行区域发展战略。

2. 综合经济区

综合经济区是一个以中心城市为核心，以交通通信网络系统为脉络，上下级城市密切联系、城乡结合，拥有某些方面优势和一定经济发展实力，可以为实现更高一级（直至国家）的发展目标独立承担一个方面任务的连接成片的区域。建立综合经济区的目的在于使综合区内各个区域都能有计划地建成结构合理、联系密切、相对独立的经济实体，以便最大限度地取得聚集经济效益；同时，使各个区域都有条件发挥其主观能动性，与其他区域分工合作，完成全国国民经济总的发展任务。

2009年，由国务院发展研究中心发布的《地区协调发展的战略和政策》报告，提出了新的综合经济区域划分设想，把内地划分为八大综合经济区域：（1）东北经济区：辽宁、吉林、黑龙江。重型装备和设备制造业基地，保持能源原材料制造业基地的地位，全国性的专业化农产品生产基地。（2）北部沿海经济区：北京、天津、河北、山东。最有实力的高新技术研发和制造中心之一，加速区域一体化进程。（3）东部沿海经济区：上海、江苏、浙江。最具影响力的多功能的制造业中心，最具竞争力的经济区之一。（4）南部沿海经济区：福建、广东、海南。最重要的外向型经济发展的基地，消化国外先进技术的基地，高档耐用消费品和非耐用消费品生产基地，高新技术产品制造中心。（5）黄河中游经济区：陕西、山西、河南、内蒙古。最大的煤炭开采和煤炭深加工基地，天然气和水能开发基地，钢铁工业基地，有色金属工业基地，奶业基地。（6）长江中游经济区：湖北、湖南、江西、安徽。以水稻和棉花为主的农业地区专业化生产基地及相关深加工工业，以钢铁和有色冶金为主的原材料基地，武汉"光谷"和汽车生产基地。（7）大西南经济区：云南、贵州、四川、重庆、广西。以重庆为中心的重化工业和以成都为中心的轻纺工业两大组团，以旅游开发为龙头的"旅游业—服务业—旅游用品生产"基地。（8）大西北经济区：甘肃、青海、宁夏、西藏、新疆。重要的能源战略接替基地，最大的综合性优质棉、果、粮、畜产品深加工基地，向西开放的前沿阵地和中亚地区经济基地和特色旅游基地。

三、区域经济的特点与基本问题

区域经济是指与一定的地域空间相联系的经济活动，如资源配置、生产和再生产等活动。发展区域经济的目的和实质在于按地区合理配置社会资源，特别是合理配置劳动资源，以提高经济增长的质量和效益；同时，建立以区域为中心的层次不同、规模不等、各具特点的经济区网络，最大限度地形成全国的整体优势，促进国民经济持续、稳定、协调地发展。

(一) 区域经济的特点

1. 地域性

各个区域的不同特点和区情，使区域经济具有强烈的地域性特点。无论是行政区，还是伴随商品经济的发展而逐步形成的经济区，都是如此。从这一点出发，区域经济的发展必须因地制宜、扬长避短、合理分工、发挥优势，以逐步形成各具特色的地区经济结构。

2. 中观性

区域经济是一种承上启下、介于宏观经济和微观经济之间的中观经济。任何一个区域的经济发展，既要满足本地居民的需要，谋求区内居民经济福利的增长；又要考虑整个国民经济发展的需要，搞好与全国经济的相互衔接和协调，兼顾区域利益和国家利益。作为区域经济的管理部门，地方政府既要对区内的企业进行管理和调控，又要接受中央和上一级政府的监督、指导和调控，执行国家的宏观经济政策。

3. 相对开放性

与国家经济相比，区域经济在社会制度、经济体制、经济运行规则和货币政策等方面是一致的，缺乏国家之间常有的人为障碍，如关税、进口配额等，因而具有更大的开放性。但这种开放性只能是相对的，它受到空间距离和运输成本的制约。一般地，区域规模越大，开放的程度越低；反之，区域规模越小，开放的程度越高。

(二) 区域经济差异存在的客观基础

在一国之内，各种经济活动在空间上并非是均匀分布，往往相对集中在某些条件较好的地区，由此就决定了区域经济特点和发展水平的差异性。为什么会出现这种区域经济发展的差异性呢？归纳起来，主要有三个因素：

1. 资源禀赋差异

经济活动的地域差异首先决定于自然资源、劳动力、资本等生产要素分布的不均衡性。这种要素分布的不均衡性使各地区之间客观上存在着资源禀赋的差异。某些要素在一些地区相对充裕，而在另一些地区则相对贫乏。资源禀赋的这种差异是区域经济扬长避短、发挥优势的基础，也使区域经济各具特色。

2. 集聚经济

资源禀赋差异只是解释区域经济存在的一个必要条件，而非充分条件。集聚经济的存在使各种要素和经济活动在空间上具有不完全可分性的特点，进而形成了不同的区域经济。空间集聚经济大多可溯源于特定产业的规模经济。一个企业在一定限度内扩大其生产规模，往往可以获取规模经济。各相关企业按照其产业和经济联系，在空间上相互集中在一起，同样可以为企业带来成本节约和效率提高等经济利益，如相互提供原料和产品，集中供热、供水、供电、供气和进行污水处理，共同利用道路、通信、商店、学校、医院以及文化娱乐等基础设施。这种经济利益即集聚经济效益。正是由于这种集聚经济的存在，使得各种生产要素和经济活动在空间上相互集中在一起，从而形成了以城市为中心的区域经济。

3. 转移成本

空间是有距离的，从一端到另一端，不仅要耗费时间，而且要付出费用。这种为克服空间距离而在经济、社会和心理等方面所花费的全部成本，就是转移成本。由于转移成本的存在，使要素的空间流动或转移具有不完全流动的性质，必须克服空间距离的阻力。这种转移成本限制了资源禀赋优势和空间集聚经济得以实现的程度，使经济活动局限于一定的范围。

（三）区域经济发展中的基本问题

1. 区域发展差距问题

我国东南沿海地区与中西部地区的发展差距具体表现在：第一，东部和中西部的产业结构及工业化、城市化进程处于不同的发展阶段；第二，东部和中西部的市场发育程度和对外开放程度不同，经济体制的转换速度和程度也不同；第三，东部和中西部之间存在两个相反又互补的梯度差，即东部地区的经济技术远远高于中西部，而中西部地区的自然资源又要比东部地区丰富得多；第四，由于经济发展速度不同造成的人均产出和人均生活水平的差距日益扩大，并呈上升趋势。在今后相当长的一个时期，导致区域差距扩大的主要因素，如要素条件、产业基础、区位和人文环境等将继续存在，因此，区域发展差距仍将存在并有可能在一定时期内呈继续扩大的趋势。

2. 区域产业同构问题

区域产业同构问题主要表现在，在经济发展的同时出现区域产业结构趋同化，区域经济特色不明显；在产业分工中并未形成梯度层次，同质竞争现象严重。这不仅抑制了区域经济比较优势的发挥，丧失了区域分工效益和规模经济效益，而且影响国民经济整体效益的提高。

3. 区域恶性竞争问题

各区域在开放引资上竞相出台优惠政策，在外贸出口上竞相压价，导致过度或恶性竞争，甚至区际联系还要小于与国际的联系，使地区、行业、企业间的优势无法互补，造成资源浪费。

4. 区域分割问题

在地区差距日渐扩大的背景下，受地方利益的驱使，各地方政府以公开或隐蔽的形式实行地方保护主义。如区域间为争夺紧俏资源而展开的资源大战；构筑名目繁多的贸易壁垒和行政壁垒；互相实行资源、技术、人才、商品的垄断和封锁等来保护本地区的利益。这不仅造成了流通渠道堵塞，各种商品和生产要素不能自由流动，而且还导致竞争、开放、统一的国内大市场难以形成。

5. 区域可持续发展问题

一些地区在发展过程中，采用"资源换增长"模式。例如，地方政府用土地和优惠政策招商引资作为促使本地经济发展和GDP增长的最优选择，影响了区域经济的可持续发展。

四、区域经济学

（一）区域经济学的形成和发展

1. 区域经济学在西方国家的形成和发展

西方区域经济理论在渊源上最早可以追溯到19世纪初开始创立的区位理论。1826

年，德国经济学家杜能提出了农业区位理论，奠定了区域经济理论的学科基础。

20世纪初，西方国家的区域问题开始暴露出来。20世纪20年代，在已实现了工业化的资本主义国家内部，开始出现了老工业区结构性的衰退现象，如英国的北英格兰、北爱尔兰、威尔士和苏格兰地区，美国的新英格兰地区，几乎同时陷入了结构性危机之中。20世纪30年代，资本主义经济大危机的爆发，又使这些地区的经济状况更加恶化，致使区际间经济的两极分化加剧。这种情况引起了许多经济学家的关注。1936年，凯恩斯的《通论》一书出版，《通论》提出的政府对经济活动的干预和调节的思想对当时各国政府采取有效的区域经济政策影响很大。西方国家纷纷采取一系列措施帮助落后地区发展经济，缓和两极分化带来的痛苦与灾难。美国在1941年成立田纳西河流域管理局，其目的是对这个因棉花凋敝、河流泛滥成灾而陷于困境的区域开展以水土整治为中心的多目标开发。美国田纳西河流域开发给资本主义国家直接干预区域经济发展创造了一个比较成功的先例，它的经验后来为许多国家所借鉴和吸收。

随着经济的发展，区域经济发展不平衡已经成为世界范围内的普遍现象。20世纪50年代以来，发展中国家在经济发展的同时与发达国家的差距日益拉大。而发达国家以追求经济高速增长为目标，把大量资源和要素集中投入经济发展条件较好的区域，经济高速增长的结果不仅没有缓解反而加剧了发达区域与欠发达区域之间的两极分化。这种差距拉大和两极分化表明，仅仅依靠市场的力量已经很难解决所有的区域发展问题。这种情况迫使许多国家的政府认识到不能顺着原来的路继续滑下去，于是他们借助凯恩斯的理论加强了干预，纷纷采取了相应措施。多数国家都成立了专门解决区域经济问题的机构，开展区域规划，制定区域经济政策，设立专门基金和区域开发银行等，从金融、财政方面支援欠发达地区。在整个60年代，作为政府区域政策的财政援助形式日臻完善。

为了解决区域问题，西方经济学家们根据凯恩斯理论，开始用宏观经济学的分析方法来研究区域问题，也吸收了其他许多学科的研究成果。这样，终于形成了经济学的一门新的分支学科——区域经济学。区域经济学在20世纪六七十年代获得了迅速的发展。在西方，区域经济学已有三四十年的发展史，但其理论仍在发展，其研究领域仍在不断拓宽。

2. 区域经济学在我国的发展

1978年以前，在高度集中的指令性计划经济体制下，不仅各经济环节、部门之间，而且各地区之间都要求有计划、按比例地发展，基本上不存在相对独立的区域经济。当时的研究主要局限于生产力布局的理论和方法方面。

1979年以后，随着经济发展战略和经济体制改革的转轨，经济运行机制的变化，特别是宏观经济分级调控体系的建立，我国区域经济发生了一系列新变化，传统的生产力布局理论已日益不能适应区域经济发展的需要。在新形势下，我国区域经济研究冲破了过去传统的生产力布局的条条框框，从全新的角度，全方位开展区域经济研究。

从20世纪80年代开始，我国的经济学者以及经济地理学、人文地理学、社会学、城市科学工作者等纷纷参与区域经济发展的研究和探索工作。一方面，借鉴和分析国外的区域经济学的理论和方法；另一方面，积极参与各区域经济发展战略制定、国土规划、区域规划、资源开发和地区产业政策制定等具体的实践工作，不断地拓展区域经济的研究空间。

进入20世纪90年代以后，为促进地区经济协调发展，党中央提出了加快中西部地区经济发展步伐，逐步缩小地区差距的战略任务。学术界针对改革与发展过程中出现的各种区域问题，如区域经济合作、区域经济一体化、区域发展差距、老工业基地改造以及区域政策等，进行了广泛深入的探讨。"九五"时期，中央明确提出要实施可持续发展战略，由此在全国各地掀起了开展城市与区域可持续发展研究的热潮。

近年来，随着国家西部大开发战略和东北地区等老工业基地振兴战略的实施以及"促进中部崛起"的提出，许多学者都加入了中央区域政策和区域发展研究的行列。同时，在有关部门的组织下，全国性的国土规划和区域规划试点工作，以及长江三角洲、珠江三角洲、京津冀都市圈等区域规划也在稳步推进。在广泛实践的基础上，区域经济理论与方法的学科建设近年来也有了较大进展。

（二）区域经济学的研究对象

区域经济学是一门新兴的、正在发展的学科，关于它的研究对象却没有一个大家普遍认同的观点。因为，一方面，作为一门新兴的学科，区域经济学的研究范围在不断扩展，研究领域也在不断变化之中。随着时间推移，一些新现象、新问题将会不断涌现出来，需要我们去解答和探索；另一方面，区域经济学是一门实践性、应用性很强的交叉边缘学科，它与生产力布局学、发展经济学、产业经济学、经济地理学等相关学科有着密切的联系。许多学者从不同的角度研究同一个问题，研究视角不同，对区域经济学研究对象的内涵可能有着自己不同的理解。

综合各种观点，我们对区域经济学的研究对象作以下概括：区域经济学是运用经济学的观点研究区域经济问题的一门学科，它是研究一国内区域经济发展问题以及与此相关的区域决策的科学。这里的区域经济发展，既包括单个区域的经济发展问题，也包括各个区域之间的协调发展问题。

（三）区域经济学的研究内容

20世纪60年代以来，西方区域经济学的研究内容可以概括为两个体系：一是新古典经济学在区域经济学领域的研究，理论方面的重点为空间定价理论、区位理论、区域增长理论、空间传播理论四个方面；在方法方面的重点为经济基础分析、区域投入一产出分析、区域计量模式、份额转移分析、重力模式等五个方面；在政策方面的重点有效率与公平的抉择、补贴人口迁移资本、劳动力及其基础设施的相对收益、增长中心的选择、区域政策评估等。二是发展经济学者们从结构分析的角度对区域经济的研究，包括区域发展战略、地区主导产业选择、地区劳动力转移与经济部门的关系、地区贫困问题、资源配置原则、区域增长动力等许多重要问题。可以说，西方经济学者们以两种不同的路径对区域经济问题进行了积极的研究，并取得了实践的结果，前者如新兴工业化国家的成功，后者如20世纪五六十年代拉美国家的迅速发展等。

我国学者对区域经济学的研究内容也极为广泛，具体而言，可以将其主要研究内容概括为：区域经济发展、区域经济关系、区域经济政策。

1. 区域经济发展

区域经济发展是区域经济学研究的最主要的内容。简单地说，区域经济发展就是区域经济总量的增长和区域经济结构的变迁。因此，区域经济发展不仅意味着区域经济总量的增长，更意味着区域内产业结构的不断演进和升级，以及区域内经济和社会生活水平的提高。据此，区域经济发展研究的具体内容又主要包括：（1）区域经济增长问题。区域经济增长问题要研究和回答的是区域经济的增长是如何发生或如何决定的、应选择何种发展模式、区域经济的增长过程及趋势如何等问题。（2）区域产业结构问题。区域产业结构不仅是区域经济发展的关键因素，而且通过其相互关联关系影响着国民经济的总体增长和发展。我们将了解区域产业结构的含义、区域产业结构演进的规律以及区域产业结构优化的对策。（3）区域福利的改善问题。区域福利的改善即区域内社会成员生活水平的提高。发达地区与欠发达地区居民收入水平存在巨大差异，政府必须采取有力的政策措施使欠发达地区的教育、医疗、文化、营养、健康、公益事业等有基本的保障。（4）区域环境与经济可持续发展问题。即经济发展不能以危害环境为代价。可持续发展要求一个国家或地区的发展不应影响其他国家或地区的发展。可持续性意味着维持乃至全人类福利的自然资源基础，使生态环境和经济社会协调发展。

2. 区域经济关系

区域经济关系是区域经济学研究的重要方面，主要探讨区域间经济关系如何互动及其形成变化的规律。

区域经济关系表现为区域合作和区际冲突两种形式。区域合作有利于发挥各区域的优势形成合理的区域分工格局，促进区域经济协调发展；而区域冲突则试图割断区际联系，阻碍区际之间交往，进而影响区域经济发展。区域的合作与冲突有一个共同的发生和发展的基础——区域利益。区域受利益的驱动，不同区域利益主体之间必然会为区域稀缺资源展开角逐，这便是为了获取利益而进行的区域经济竞争。然而，在日益开放的社会，每个区域的利益实现都有赖于其他区域的支持和配合，在追逐区域利益的过程中各区域只有通过相互依赖、相互合作，才能使区域利益最大限度地增进并使整体利益最大化。无论区域经济关系表现为何种形式，总是与区域分工紧密联系在一起的，合理的区域分工对区域经济关系起着决定性的作用。

3. 区域经济政策与管理

区域经济政策与管理是区域经济学所探讨的特有的研究领域。区域经济发展离不开区域经济政策和管理。在市场经济体制下，企业区位的选择一般遵循效率原则，把经济活动的区位选择在那些最适合其发展的地方。同时，劳动力、资金等生产要素的流动也往往具有趋利性特点。这样，在经济发展的初期和中期阶段，市场的力量通常倾向于扩大而不是缩小区域之间的差距。一些发达的市场经济国家的经验已证明了这一点。因此，为促进各区域经济的协调发展，中央政府运用各种政策手段，加强对区域经济的干预与调节，是十分必要的。

◆学习拓展：

经济带成"十三五"区域战略重心 区域板块划分将调整

正在制定的"十三五"规划中，区域经济的发展思路可能出现明显变化。

一、调整四大区域板块划分思路

为适应新的发展形势，过去10年惯用的东部、中部、西部、东北四大区域板块划分方式将逐渐被经济带、经济区概念取代。尽管最终将规划多少条经济带目前尚未有定论，但是"一带一路"、京津冀、长江经济带三大战略规划肯定位列其中，珠江—西江经济带的入围也基本确定，其他可能写入规划的还包括：沿东南海岸经济带、东北经济带、沿长城经济带等。

二、经济带成"十三五"区域战略重心

据权威人士介绍，从目标来看，"十三五"规划对于区域经济工作的定位仍然是进一步促进区域经济协同发展，但是考虑到当前区域经济形势已经出现较为明显的变化，将转为通过经济带、经济区促进各地区发展。这里所谓的经济带，是带状经济区的简称。

在入选"十三五"规划前期研究重大课题公开遴选的"'十三五'我国区域发展重点和区域协调发展机制研究"课题组看来，当前我国区域经济发展的大的变化主要包括三个方面：首先，"十一五""十二五"期间采取四大板块划分，尽管从地域上实现了全覆盖，但由于具体政策需要不断细化才能更有针对性，所以导致区域发展政策落实情况不及预期。正是认识到这一问题，为了提高政策的精准性，国家近年才推出了"一带一路"、京津冀、长江经济带三大战略规划；推出了中国（上海）自由贸易试验区，并在随后扩围至天津、福建、广东；推出了一批国家级新区。目前来看，这种经济带、经济区的设定，可以让区域政策的制定和落实更加明确，所以今后这一思路将延续。其次，过去中国区域经济的支撑点主要是环渤海、长三角、珠三角，都在东部，区域空间分布并不均衡。随着经济发展，现在出现了多个支撑点态势，除上述3个之外，至少还有长江中游、中原、成渝、关中—天水，形成7大支点，空间结构趋于优化。最后，"十一五"开始，尤其是进入"十二五"，产业转移在我国各地区之间快速推进，比如长三角的制造业转移到安徽等长江中游地区，随后甚至有一部分继续转移到长江上游的四川、重庆等地，使得产业发展更加协调。综合多方信息，规划中经济带的数量肯定会多于此前的区域板块，而且肯定包含"一带一路"、京津冀、长江经济带这三大国家战略。课题组负责人、中国人民大学区域与城市经济研究所所长孙久文认为，这三大经济带将是"十三五"区域经济发展的基本途径。其中，长江经济带是支撑中国经济的脊梁；"一带一路"，尤其是其中的丝绸之路经济带，是西部大开发的升级版；京津冀协同发展的目的则是要打造国家区域治理现代化首善之区。

三、珠江—西江经济带基本入围

《国务院关于珠江—西江经济带发展规划的批复》2014 年 7 月 8 日发布，珠江—西江经济带写入"十三五"规划概率较大。这一文件要求："努力把珠江—西江经济带打造成为我国西南、中南地区开放发展新的增长极，为区域协调发展和流域生态文明建设提供示范。"据悉，西江系珠江水系干流之一，全长 2 214 公里，是珠江水系中最长的河流；航运量居中国第二位，仅次于长江。广西一直在推进西江经济带，先后编制了《西江黄金水道经济带发展总体规划》《广西西江黄金水道建设规划》和《西江岸线利用规划》，后来得到广东的回应，改为珠江—西江经济带，涵盖广西、广东、云南和贵州，直接连接我国东部发达地区与西部欠发达地区。随着国务院批复，广西在 2014 年印发了《关于西江经济带基础设施建设大会战的实施方案》，这一方案计划实施 12 大类 166 个项目，总投资逾 6 300 亿元。

此外，"'十三五'我国区域发展重点和区域协调发展机制研究"课题组负责人孙久文建议，还应着力打造沿东南海岸经济带、东北经济带以及沿长城经济带。他指出，从四大区域板块转向经济带、经济区建设，必然会出现一个衔接的问题，而通过构架上述这些经济带，可以加速产业向中西部转移，优化区域分工，实现东部加速转型升级，中部形成大的制造业中心，西部能源产业更加优化发展的目标。中国社科院城环所副所长魏后凯则提出，"十二五"规划对海域没有足够的重视，所以"十三五"区域发展战略思路要全面推进实施陆海统筹发展。他认为，中国的国土概念要把海域包括进来，纳入国土开发体系，树立大国土观，将国土空间开发的战略布局重点向海洋拓展。

资料来源：方烨. 经济带成十三五区域战略重心 区域板块划分将调整［N］. 经济参考报 2015 – 03 – 20.

第二节 城市经济

城市是一个人口高度集中，以工业和服务业为主导地位的政治、经济、文化和对外交往的中心。城市随着生产力的发展和社会分工的细化而产生，随着社会经济的发展而发展，以非农活动为主，依托于一个地区并对这个地区的发展起主导作用。与区域不同的是，城市是有范围和边界的。城市的范围是各国根据法律或政治边界为每一个城市确定的行政管理区域。本节主要介绍城市的定义、功能与性质，城市经济的内涵、特征与基本内容，以及城市经济学的研究内容和前沿理论等。

一、城市的定义、功能与性质

（一）城市的定义

不同学科的研究者从各自的角度对"城市"进行了定义：

从经济学角度来说，城市是商业、工业、金融、信息、旅游文化和各种服务业等非农业和非农业人口的集聚地，是某一地区或国家的生产、消费等经济中心和经济发展的龙头，在区域经济和整个国民经济中居于主导地位。

从历史学、地理学和心理学的角度来说，城市是人类文明进步的产物，它起源于古代战争防御的堡垒、自由交易物品的场所、祭神拜祖的圣地以及共同生产生活和游戏娱乐的聚居地。城市既是物质的，又是精神的，是自然的和人工的所构成的物质形态，也是文化所形成的心理状态。

从生态学、环境学和系统学的角度来说，城市是以人类社会为主体，以地域空间和各种设施为环境的生态系统，这个生态系统是城市社会（人口、劳动力、智力）与城市空间（地域环境、自然资源、人工设施）的对立统一体。其中，城市本身就构成了环境，是自然环境和社会环境的总和。

从人类学和社会学的角度来说，城市是特定的生活特区，是人类聚落的形式之一。由于人口的密集，它在整个人类活动和社会结构中处于显著的位置，是社会政治、法律、文化、教育、体育、医疗卫生、社会保障等制度制定和实施的最重要的区域。

在这里把城市定义为：具有一定规模及密度的非农业人口聚集地和一定层级或地域的经济、政治、社会和文化中心。

（二）城市的功能

城市的功能是指城市在一定时期和一定地域内（包括一定区域、一个国家直至整个世界），在政治、经济、文化生活中所担负的任务和所起的作用，以及由于这种作用发挥而产生的效能。现代城市功能，通常可以从两个方面进行分类。

1. 城市的普遍功能

城市的普遍功能是指任何城市都具有的共同性功能，无论城市规模大小、历史长短以及地理位置如何，无一例外。现代城市的普遍功能主要包括五个方面：

（1）承载功能。城市是由自然物质承载体（如土地、水源等）和人工物质承载体（如道路、桥梁、文化设施等）构成的巨大载体，为人们在城市开展各项活动提供物质条件和环境条件。城市的承载功能是有限的，超出其承受能力，城市将处于超负荷状态，会出现功能紊乱现象。

（2）经济功能。经济功能是当代城市普遍具有的核心功能，主要包括生产、交通、分配、消费以及与其密切相关的信息、金融、科技、商业、运输等功能，起着组织和配置城市资源、发展城市经济的重要作用。在现代市场经济下，经济功能是城市不可缺少的重要功能。

（3）政治功能。城市往往是一定地区或国家的政治中心，是各级国家政权机关所在地。例如，有些城市是省会的政府机构所在地，有些城市是国际的、国内的各种政治会议的会所所在地,还有些城市是地方性群众政治活动的聚集地。这些政治功能在现代城市中都或强或弱地存在着。

（4）文化功能。现代城市往往是一个国家或地区的教、科、文、卫、体等文化事业的集中地,既肩负着城市文明的基础教育功能,又承担着城市精神文明建设和繁荣文化的任务。这种城市文化功能在产业革命后更为普遍。

（5）社会功能。城市是各种社会组织、各类社会活动最集中的场所,各类社会团体,如政府机构、企业、非营利组织、宗教组织等社会活动,大都以城市为依托,将其巨大能量传播到广大地区和全国甚至国外;同时,城市在实施社会福利、社会救济、社会保险及保护环境、治理污染方面最得力,因而现代城市的社会功能更普遍。

2. 城市的特殊功能

城市的特殊功能,指城市特有的只是某一种或某一类城市所独有的功能,它反映了城市的特性。它与城市的地理位置、自然资源和历史条件有重要关系。如海滨城市、边防城市就主要由地理位置决定；而石油城市、煤炭城市、钢铁城市、林业城市等,主要由其附近的自然资源决定；旅游城市、历史名城（如杭州、桂林、北京、西安等）,主要由其自然环境和历史条件决定。离开特定条件,就不可能有这些城市。可见,城市的特殊功能,体现着城市的个性,是区分此城市与彼城市、这类城市与那类城市的重要标志。

（三）城市的性质

反映城市本质特征的某种属性就是城市的性质,它是由城市内部的矛盾性所决定的规定性。古代城市只有两种不同的性质：政治军事城市和商品交换城市。21世纪初,国外有人把城市划分成六类：行政城市（首都、税收关卡等）、军事性城市（城堡、要塞）、科学文化城市（大学城、科学城、文化城等）、生产性城市、交通运输城市（港口、交通枢纽、商品集散地）和旅游疗养城市。而根据劳动地域分工理论,城市可以分成三类：一是政治中心城市。这是指政治功能特别突出的城市,一般一个国家只有一个,即国家的首都；二是经济中心城市。这是指城市经济功能特别突出的城市。由于经济门类很多,通常以经济细分类内容表达城市的性质,如工业中心城市、商业中心城市、金融中心城市、交通枢纽城市等。而工业城市又可以细分成钢城、石油城、煤城、综合工业城市等；三是文化中心城市。这是指历史文化底蕴深厚和文化产业比重较大的城市,具体可以分为历史文化名城、科学城、大学城、旅游城等。以上三类城市都是单一特征非常突出的城市,更多的情况下,城市的性质可能有两个或两个以上,这使城市具有兼质性,形成了所谓兼质城市或综合性城市。

二、城市经济的内涵、特征与基本内容

（一）城市经济的内涵

"城市经济"作为一个独立的概念,始于18世纪产业革命时期。

目前人们普遍认为,城市经济是指以一定地域为依托,以一定空间结构形式为特征,人口和生产要素集聚程度较高,综合性较强,非农产业部门门类复杂,社会和环境

效益较显著的整体性、系统性的经济体系。

（二）城市经济的特征

城市经济作为一种社会形态，主要有如下的特征：

1. 要素空间分布的高集聚性

城市经济由众多相关要素高度集聚而成。这种高集聚性使城市经济成为配置空间资源的优化区域，成为一定地域内的经济中心（经济增长极）和政府调控经济活动的枢纽点。

2. 经济活动的高度开放性

城市经济表现为跨区域、跨国界的人流、物流、能流、资金流、信息流的有效率活动，是连接城乡和国内外经济联系的纽带，其市场规模和开放程度决定了一个城市经济系统的发展水平和在区域中地位的重要性程度。

3. 投入产出的高效益性

集聚经济是城市经济的内在组成部分，也是一种节约经济和效率经济，其社会化大生产的分工与合作、经营规模的合理化、发达的基础设施与先进的管理服务，可以使城市经济往往以较少的投入取得较高的效益。

4. 城市环境的高度外部性

城市作为一个巨大的公共产品，其整体和局部都包含了各种各样的"外部性"问题。这其中既有可以增加城市价值的正外部性，也有将增加城市发展成本的负外部性。城市的环境污染（污水、二氧化碳、噪音等）和交通拥堵正日益成为城市面临的两大典型的负外部性问题。

5. 经济社会结构可持续发展的多样性和系统性

城市经济社会结构的可持续发展具有多样性。这主要是基于城市本身的多样性。自然禀赋、文化传统、开发历史、经济实力、经济体制等诸多因素的差异决定了每个城市都有自己独特的发展轨迹。即使是相同的问题，也会因为传统文化、经济实力、社会制度的不同而存在不同的解决方式。

城市经济社会结构的可持续发展具有系统性。城市可持续发展系统是由经济、社会、环境（资源）三个子系统构成的相互联系、相互制约又相互依存的统一整体。这要求城市经济和社会发展不超越城市在开放条件下的自然资源与生态环境的承载能力。

（三）城市经济的基本内容

城市经济是一个复杂的系统，包括城市规模、城市土地利用与空间结构、城市基础设施、城市产业经济、城市劳动经济、城市环境经济、城市交通经济、城市物流经济等内容。这里仅介绍城市经济最基本的内容：城市基础设施、城市住宅、城市交通、城市物流、城市安全等，它们共同构成了城市经济发展的基础。

1. 城市基础设施经济

（1）城市基础设施的含义与分类。

在经济学中，"基础设施"一般是指那些为社会生产提供一般条件和服务的部门和行业。"城市基础设施"则是限定了空间适用范围的"基础设施"，它既是城市生产、生活的物质基础，也是城市经济体系中的重要产业部门。

根据承担功能和技术的不同，城市基础设施分为以下六类：第一，城市能源设施，主要包括电力、煤气、天然气、液化石油气、暖气和新兴太阳能设施；第二，城市供排水设施，主要包括水资源保护、自来水厂、供水管网、排水和污水处理设施；第三，城市交通设施，主要包括航空、铁路、航运、长途汽车、高速公路、道路、桥梁、隧道、地铁、轻轨、高架、公共交通、出租汽车、停车场、轮渡等；第四，邮电通信设施，主要包括邮政、电报、固定电话、移动电话、互联网、广播电视等；第五，城市环保设施，主要包括园林绿化、垃圾收集与处理、污染治理等；第六，城市防灾设施，主要包括消防、防汛、防震、防风沙、防地面沉降、防空子系统等。

（2）城市基础设施的特征。

城市基础设施以特定方式直接或间接地参与城市的生产和生活过程，一般具有以下特征：第一，城市发展的先决性。现代城市建设都是从平整土地、修筑道路、铺设上下水、煤气和热力网管、通电、通信线路等"七通一平"的城市基础设施开始的。城市基础设施布局决定着城市上部建筑的基本布局，其空间地域规模决定了整个城市的空间地域规模和发展潜力；城市基础设施的数量、质量、功能和效率是制约城市经济运行的直接因素。这种无可替代的"硬件"是城市生产和居民生活的先决性条件。第二，系统的整体性。城市基础设施作为一个整体系统提供其服务功能，它涉及两大产业（第二产业、第三产业）的几十个行业，是一个综合性极强的系统工程。第三，建设的超前性和阶段性。城市基础设施建设项目一般都具有规模大、投资多、施工周期长、地点固定等特点。某项城市基础设施工程一经建成，其能力和容量在一段时期内就相对固定，不可能随着城市人口和经济活动需求的逐渐增长而随时调整。因此，城市基础设施的建设往往要超前于经济发展。当城市经济发展达到一定程度，就会引起各项城市基础设施新一阶段的扩建需要，从而使城市基础设施建设表现出阶梯式跳跃增长的特点。第四，公共物品的地方性。城市基础设施绝大多数具有公共物品的特征，有着巨大的外部经济。但有时候这种公共物品特性，不是全国性的，而是地方性的，即有地域的限制，在城市地域范围内才具有消费的共同性和非排他性。如城市公交，本市市民可以有优惠乘车待遇等。

2. 城市住宅经济

住宅是人类赖以生存的基本物质条件之一，它集生存资料与发展资料于一体，和食物、衣服、交通工具合称"衣食住行"，是人们必需的基本消费品，住宅的需求与供给、建设与分配，是国际公认的重大经济和社会问题。

（1）城市住宅的基本属性。

城市住宅的基本属性表现在三个方面：第一，自然属性。住宅作为一种建筑物，具有耐久性、固定性和附着性的特点。耐久性是指住宅具有较长的使用年限，在整个使用年限内，住宅为人们提供服务，直至它的寿命终止；固定性是指住宅一经开工建设，就在某空间位置上固定下来；附着性是指住宅和土地密不可分，离开了赖以支撑的土地（包括水面、森林等），住宅就无法存在。第二，商品属性。作为一般商品，住宅凝结了大量的物力、财力与人力，这是它价值的基础，也是商品的共同性。因此，住宅可以根据不同的质量和功能进行买卖；作为特殊商品，住宅具有准公共产品属性，不能将其作为完全的私人产品看待，要求政府从社会稳定的需要出发，限制住宅价格或数量；住宅的固定性和耐久性特点，使住宅成为具有价值储蓄性质的不动产，可以用来作为投资或投机的工具。第三，社会属性。住宅是社会性程度很高的产品，作为满足居民基本生存和发展需要的重要消费品，它已经成为居民提高生活水平的重要追求目标；城市住宅的外部性很强，涉及多方面的社会问题，如人口迁徙、城市交通、教育、医疗等公共设施，社区发展和中小企业发展等多方位、多角度的相关利益群。

（2）城市住宅经济的特征。

第一，建设投资成本大、周期长。由于住宅是长期和耐用消费品，一次建成，长时期使用消费。因而住宅建设需要耗费大量的财力、物力，需要较长的建设周期和投资回收期。这种特点，要求城市政府在监管城市住宅建设时要把好规划关和质量关。

第二，具有复杂产权关系。城市住宅紧密地依附于土地经济利益。土地区位好，地段繁华，它上面的住宅也会售出很高价位，故地产和房产被合称为"房地产"。由于我国城市土地属于国有，开发商是在拥有使用权的土地上建设住宅，故住宅交易是土地使用权和住宅所有权的交易。整个住宅经济牵扯到城市土地国家所有权、开发商占有国土使用权和房屋开发及收益权以及购房者的国土使用权与住宅所有权的各种关系。

第三，产业关联度高。住宅作为最终产品，与多种产业具有较高关联度。房地产开发建设中所需要的建筑材料有23个大类、1 500多个品种，涉及建材、冶金、机械、化工、电子等50多个生产部门；住宅的使用又会引起对装饰材料、家具等产业产品的大量需求。因此，住宅业可以带动大量相关产业的发展。随着我国城市化的快速发展和对城市住宅的高需求，住宅业已成为我国国民经济重要的支柱产业和新的经济增长点。

第四，强烈地依赖并支持金融业的发展。住宅投资巨大，生产周期长，投资回收期长，所以无论是开发商还是购房者都需要金融机构的支持。开发商向银行借贷以筹集开发资金，购房者向银行申请住房消费贷款（按揭）帮助。这些贷款对于金融部门来说是利润丰厚的金融产品，无论是放贷于开发商还是购房者，都会得到较高的利息率。这种与金融业的密切关系，使得城市住宅经济会与金融风险联系在一起。

第五，住宅市场具有竞争和垄断双重性质。一方面，普通住宅市场上的商品房开发商较多，需求者也较多，无论是住宅供给还是住宅需求都具有相对的竞争性；另一方面，由于城市土地的稀缺性，城市住宅是有限供给，开发房地产项目需要大量的垫付资金和其他开发条件，能够在政府供地招标中中标的开发商也只是少数，因而城市住宅具有垄断的可能。我国对城市住宅的需求空间很大，开发商如果能够垄断住宅市场，就会抬升价格，结果加剧住宅供应的紧张局面。为此，需要政府采用反垄断措施，平抑住宅市场价格。

（3）城市住宅制度。

现以世界上有关发达国家为例，介绍几种典型的住房制度。

第一，瑞典等福利主义国家的市场社会保障型住房制度。市场社会保障型住房制度的主要特点是：以市场配置住房资源为主体，实施比较广泛的住房社会保障政策。这种泛福利的模式，优点是保障了中低收入者的基本住房需求，缺点是住房资源的配置效益低,政府的财政负担重,难以为继。

第二,以美国为代表的市场救济型住房制度。这类国家倡导充分的自由竞争,避免不必要的政府干预。其住房政策,一是表现为多极化政策目标,包括效率、经济增长、充分就业和社会公平等;二是表现为多样化的政策手段,包括金融手段、税收和财政补贴手段,二者组成一个较为完整的体系。

第三,以德国为代表的保守的合作主义国家所实行的介于上述两种住房制度之间的住房制度。这些国家对自由市场和商品化持怀疑态度,而将市场作为社会福利的供应者,发展了根据职业划分的、强调传统家庭的社会福利体系。另外,其在住房政策上,对社会出租房屋和私有房屋同等对待,二者都可根据需求成为主要的住房供应部门。

第四,新加坡的住房制度。新加坡之所以在短期内成功地解决了住房问题,并且完成了住房由量到质的提升,主要归功于其实施的独特的住房政策,即由政府投资建造房屋并低价出售给居民的福利政策,其两大支柱是住房公积金制度和"居者有其屋"计划。具体做法是:①政府将住房作为主要的社会福利政策之一,实行低廉的租金和低于成本的出售价格,每年拿出大笔资金来弥补亏损部分;②在解决住房问题时,对不同收入阶层实行差别对待政策;③在解决"房荒"问题后,为实现"居者有其屋"计划,采取多种政策和措施鼓励买房和建房,并限制租房,如实行价格补贴、发放长期贷款、实行强制储蓄即公积金制度、建造政府公屋等。

3. 城市交通经济

随着城市人口的急剧增加,私人交通工具的发展,城市交通出现了诸如交通堵塞、出行困难、交通噪声与污染等一系列问题。现代城市交通不仅仅是一个市政工程或交通技术问题,而是一个综合的社会经济问题。

(1) 城市交通经济的内涵。

交通是指人们出行的方式,是承载出行工具的基础设施和出行工具构成的综合体系。城市交通经济是合理有效利用城市的交通资源,使出行者效用最大化的状态。交通模式是否经济的主要判定标准包括:到达目的地的出行时间短、出行费用少;交通设施及其工具运行所带来的诸如噪声、空气污染等负面效应较小;交通方式耗能较低;交通的基础设施和工具所占空间与其他社会经济设施不发生矛盾或占据很小的空间;交通方式使人感到舒适;等等。

(2) 城市交通方式选择的影响因素。

城市交通有多种方式,按照共享程度可以分为私人交通、公共交通和共享交通。私人交通主要指私家车,交通工具的使用权归个人独有;公共交通包括重轨、轻轨、公汽等,是面向所有城市人群提供交通服务;共享交通指单位公务车或合伙使用的交通工具,其特点是供若干特定的人员共享。城市交通方式的选择需要考虑以下几种因素:第一,人的权利。城市交通的主要目标是保证全体市民和外来人员拥有最低的可达能力和交通权利。第二,成本比较。消费者往往通过两种交通方式的出行成本比较来做出选择。第三,环境安全。噪音、污染、交通事故是比较严重的城市交通环境问题。第四,空间利用。交通是占据城市空间资源的行业。交通用地比例偏低会造成交通网不足,过高则会浪费城市空间资源。第五，能源消耗。这里的能源主要指非再生性能源。对于一个城市，交通工具仍是目前重要的能源消耗大户。

（3）城市交通模式及其选择。

世界各国城市交通发展的基本模式可分三类：第一，"以小汽车为主体、公交辅助"的模式。北美、西欧多数大城市，如美国的波士顿、纽约、洛杉矶，英国的伦敦，法国的巴黎等，小汽车发展处在世界前列，20 世纪 60 年代就已经处于过盈状态，每千人拥有量在 200～400 辆，城市客运量的 60% 以上是以小汽车为主。第二，"公交为主体，小汽车为主导"的模式。一些国家或大城市在小汽车的发展上，采取了有限制的发展策略。如新加坡和中国香港，由于土地面积小、人口高度集中，所以对小汽车的发展采取了明确而有效的限制，都以"公交为主体"发展城市交通著称。除此之外，莫斯科、首尔等城市也是注重公共交通发展的城市。第三，"公交为主体，小汽车辅助"的模式。这种模式主要为发展中国家所采用，但它是一种不稳定的结构模式。随着经济的发展，小汽车将得到较快发展，公交也会继续发展，但供给结构发生转变，小汽车在城市客运中的地位不断提高。发展中国家的一些大城市如曼谷、马尼拉、雅加达等属于这一类。

4. 城市物流经济

随着城市规模的不断扩大和城市功能的日益丰富，无论是物流业务、物流资源，还是物流组织，都以更快的速度、更大的规模向城市集结，对于推动城市经济与社会发展十分重要。

（1）物流与城市物流。

物流是物品从供应地向接收地的实体流动过程。根据实际需要，将运输、储存、装卸、搬运、包装、流通加工、配送、信息处理等基本功能实现有机结合。

城市物流既是发生在城市内的物流，又是以城市为依托的物流。城市物流是流通企业整合交通环境、能源消耗和简易加工等资源，全面优化城市区域的物资运输、仓储、装卸、包装和简单加工的管理行为过程，是物流主体充分运用城市市场功能合理配置城市物流资源的过程。城市物流涉及城市的交通运输、仓储、包装、装卸、信息传递及制造业、加工业、流通业、居民生活水平、产业结构等物流的核心和外围的方方面面。

城市物流主要由四个相关主体构成：①货主。货主是货物的所有者，包括发货货主与收货货主；②物流事业者。物流事业者是物流服务的提供者，即专业化的物流企业；③消费者。消费者的目标是希望达到尽可能低的物价，同时，作为居民的消费者，还希望缓解交通拥挤、减少噪音与大气污染、减少生活空间的交通事故；④城市政府。城市政府的目标是在实现地方或全国的社会经济发展、保证就业的同时，提高城市的竞争力，并缓解辖区内的交通拥挤，改善环境，减少交通事故。

（2）城市物流的功能。

城市物流主要包括生产功能、生活功能与社会功能。①生产功能是指城市物流对企业经营的贡献；②生活功能是指城市物流对消费者购物、生活方面的贡献；③社会功能是指城市物流对全社会的贡献和影响，主要体现在对城市交通、环境、能源消耗等方面的贡献与影响。

(3) 城市物流系统的基本框架。

从形态上看，城市物流的基本框架包括三个方面：①物流园区。物流园区是指由分布相对集中的多个物流组织设施和不同的专业化物流企业构成，具有产业组织、经济运行等物流组织功能的规模化、功能化物流组织区域，其功能除了一般的仓储、运输、加工（工业加工和流通加工）等功能外，还具有与之配套的信息、咨询、维修、综合服务等服务项目。它与布置在其中的不同功能的物流企业之间的关系可以是租赁、资产入股、合作开发与经营等。②物流中心。物流中心是指处于枢纽或重要地位、具有较完善的物流环节，并能实现物流集散和控制一体化运作的物流据点。物流中心的主要功能是大规模集结、吞吐货物，因此必须具备运输、储存、保管、分拣、搬运、配载、包装、加工、单证处理、信息传递、结算等主要功能，以及贸易、展示、货运代理、报关检验、物流方案设计等一系列延伸功能。③配送中心。配送中心是从事货物配备（集货、加工、分货、拣选、配货）和组织对用户的送货，以高水平实现销售或供应的现代流通设施。配送中心是社会经济发展和社会化分工的产物，自然要随着社会经济发展需要的变化而变化。

5. 城市安全经济

(1) 城市安全经济的内涵。

城市安全指城市在生态环境、经济、社会、文化、人身健康、资源供给等方面保持一种动态稳定与协调状态，以及防止自然灾害、社会与经济异常或突发事件干扰的抵御能力。城市安全内容十分广泛，包括城市生态环境安全、经济安全、社会安全等。城市安全经济指在一定的城市人力、财力、物力条件下，能够提供最好的安全服务，或者说，达到一定的城市安全水平所花费的人力、财力、物力最省。

(2) 城市突发事件的经济影响。

在全球政治经济形势动荡起伏的背景下，经济繁荣的背后暗含着引发各种危机的不确定因素，危机管理已成为世界各国城市发展面临的重要问题。

对于"公共紧急状态"的定义，比较有代表性的是欧洲人权法院的解释，即"一种特别的、迫在眉睫的危机或危险局势，影响全体公民，并对整个社会的正常生活构成威胁"。随着我国经济社会的快速发展，在一些重要城市先后都发生过诸如污染气体泄漏、地质灾害、火灾以及其他一些突发性事件。这些事件对经济的影响程度一般由以下三个方面决定：第一，突发事件的不确定性影响经济的长期发展。对这些不确定性风险，人们无法根据事件造成的实际损失对突发事件作判断。虽然突发事件是突然发生的，但是其影响往往是长远的。第二，突发事件引起的人们的危机感。一些突发事件将影响一些高级商务活动的开展与效率，外商直接投资增长幅度会有所减缓；有些突发事件发生后，人们外出消费将减少，对旅游、商业和交通运输业等相关行业将产生不同程度的影响；在局部地区，甚至会影响少数行业人员、资本和商品的流动。第三，一些突发事件会使消费者行为发生改变。人们对突发事件造成的危机，存在着积极与消极两种不同的态度。如果突发事件后人们的消费信心和商业信心很快得以恢复，那么突发事件对经济的影响就不过只是局限于延迟人们的消费；但如果突发事件后，人们参与经济活动的信心受到很大的打击，居民的消费心理和观念趋向于保守，就会使消费者行为发生变化，进而影响到生产者行为的变化，并最终对经济结构产生影响。

（3）城市公共应急预案。

应急一般是指针对突发性、具有破坏性事件所采取的预防、响应和恢复的活动和计划。应急工作的主要目标是：对突发事故做出预警；控制事故灾害发生与扩大；开展有效救援，减少损失和迅速使组织恢复正常状态。应急救援对象是突发性和后果与影响严重的公共安全事故、灾害与事件。

城市公共应急预案主要包括如下几个方面：第一，预测与预警。根据预测分析结果，对可能发生和可以预警的突发公共事件进行预警。预警级别依据突发公共事件所能造成的危害程度、紧急程度和发展态势，一般划分为四级紧急程度，依次用红色、橙色、黄色和蓝色表示。第二，应急处置。首先是信息报告。突发公共事件发生后，要立即报告，最迟不得超过4小时，同时通报有关地区和部门。其次是先期处置。在紧急向国家有关部门报告信息的同时，要根据职责和规定的权限，及时、有效地进行处置，控制事态。再其次是应急响应。对于先期处置未能有效控制的特别重大突发公共事件，应急指挥机构要及时启动相关预案，负责现场的应急处置工作。最后是应急结束阶段，即突发公共事件应急处置工作结束，现场应急指挥机构予以撤销。第三，恢复与重建。具体内容是：①善后处置。要积极稳妥、深入细致地做好善后处置工作，按照规定给予抚恤、补助或补偿，并提供心理及司法援助。有关部门要做好疫病防治和环境污染消除工作；保险监管机构要督促有关保险机构及时做好有关单位和个人损失的理赔工作。②调查与评估。对特别重大突发公共事件的起因、性质、影响、责任、经验教训和恢复重建等问题进行调查评估。③恢复重建。根据受灾地区恢复重建计划组织实施恢复重建工作。④信息发布。要在突发公共事件发生的第一时间向社会发布简要信息，随后发布初步核实情况、政府应对措施和公众防范措施等，并根据事件处置情况做好后续发布工作。

三、城市经济学

（一）城市经济学的产生和发展

20世纪以来，特别是第二次世界大战后，在世界各国，大量农村人口转入城市，城市规模迅速扩大，城市经济结构也发生了重大变化。这些变化带来了城市的一系列社会经济问题，如住宅、交通、环境、公共设施不足等，一些经济学家、社会学家为了探索产生这些问题的根源，寻求解决的方法，开始把城市作为一个整体进行系统的分析研究，于是产生了城市经济学。

城市经济学诞生于20世纪60年代，是与经济理论从微观经济学到宏观经济学再到中观经济学这一发展历程一脉相承的。

将城市经济学作为一门独立学科来研究，一般认为始于美国学者威尔伯·汤普森于1965年主编的《城市经济学导论》一书。该书的问世，标志着城市经济学在美国首先诞生。之后，随着大量城市经济学教科书和专著的陆续问世，城市经济学作为一门独立学科的地位得以确立。

虽然城市经济学作为中观经济学的重要学科之一只是经济学体系中的后来者，但它一经产生就体现出蓬勃发展的生机和对城市发展的重要指导意义。此后，城市经济学作为一门新兴学科在欧美各国、日本、苏联得到较快发展。20世纪80年代，城市经济学在我国兴起和传播。

（二）城市经济学的研究对象与研究内容

一般认为，城市经济学就是运用经济学原理和经济分析方法，研究城市问题及城市地区所特有的经济活动。

城市经济学的研究内容主要包括以下五个方面：

1. 城市经济学基本范畴和基础理论

这一方面的研究主要在于分析城市的形成与发展、城市经济本质以及城市化问题。城市经济的基本范畴包括以"城"为标志的城市土地和基础设施（主要是公共产品）的经济系列和以"市"为标志的城市社会产品（主要是私人产品）的经济系列。城市经济学的基础理论由以集聚经济为核心所展现的城市规模经济、城市范围经济、城市分工经济理论以及中心地理论等构成。

2. 以城市经济增长为主要目标的"城"经济运行规律的研究

这是从城市增长机制出发探寻对城市经济规模、土地、空间、结构、基础设施、人口、住宅等问题的研究，反映了支撑城市增长的"城"经济发展的基础条件和增长动力的一般规律。城市经济增长是城市生存、发展的必要条件；城市规模是城市生存、发展的充分条件。城市土地和空间结构是城市经济增长的载体和资源限制；城市基础设施是城市经济增长的基础和共享条件；城市人口是城市经济增长的动力；城市住宅经济既是城市经济增长和发展的主题内容之一，又是保证城市人口规模及城市化水平的基本条件。

3. 城市社会性共享产品的供求规律与运行分析

这是从社会性角度出发对"城"经济活动构成要素的具体分析。"城"经济的活动，除了前面阐述的服务于城市经济增长的目标外，还有从服务于城市居民福利和社会目标角度研究的城市共享条件的发展问题，主要是城市交通、城市环境、城市福利和城市安全的经济运行问题。城市交通和城市环境是从对城市空间的社会性利用上研究城市运行效果的经济问题，城市福利和城市安全是从城市范围内的居民效用和企业效用出发研究的城市软硬环境的经济运行问题。

4. "市"经济及其主要构成要素的运转规律的经济分析

这构成了城市经济学理论体系新发展的另一个重要内容。与城市公共产品运行规律的探讨相对应，城市经济学需要研究以"私人产品"为基础的城市经济的运行系统。或者说，城市中非基础设施产业的城市非农产业如何运转，特别是作为一个开放系统如何运转，是城市经济学研究的一个新视角。这主要是指城市商流、物流、资金流、劳务流和信息流的各种规律。

5. 城市政府公共经济行为和城市公共政策的研究

城市经济具有显著的公共经济特色，城市政府作为城市经济运行的一个重要主体，如何影响甚至控制城市经济的运行效果，成为城市经济学研究的一个突出特色。城市政府在市场经济体制下的管理职能，一般表现为城市发展战略的制定、以战略为依据的城市公共政策（城市公共项目）的选择执行以及落实战略与政策的城市公共财务收支的决策和实施。对这些管理职能的经济分析，已经成为城市经济学的重要构成内容。

（三）城市经济学的前沿理论

近年来，国外城市经济学研究的内容可归纳为以下四个领域：区位分析与城市内部空间结构演化；城市化与城市体系的一般均衡模型设计；特定城市市场与城市经济模型的建立；城市经济问题、城市政府行为和城市经济政策分析。国内城市经济学研究主要集中在以下五个方面：城市化与新型工业化的关系研究；都市发展与城市之间经济合作及协调分析；区位选择与城市内部空间结构演进研究；产业集群与城市经济发展分析；城市政府职能与城市治理模式研究等。其中，对城市化的模式和道路的研究仍存在着较大的争议，学者们在继续讨论比较"大城市偏好"、"中等城市偏好"和"小城镇偏好"的城市化战略模式优劣的同时，特别注意研究了城市化的道路问题，提出了"市场型城市化道路"、"城市自然观"和"多元城市化道路"等新观点，并与传统的"计划型城市化道路"战略进行了比较研究。①

◆学习拓展：

"大城市病"笼罩中国

众所周知，人类会生病，其实城市也会生病，特别是国内的一些大城市，很多顽疾已到了亟待解决之时。

"2001年，这里还是一片菜地，我们散步的时候还能欣赏田园风光。而2008年就是在这儿举办了北京奥运会的开、闭幕式"。一位"老北京"指着北四环的"鸟巢"对记者说。类似的情景正在中国的许多城市重复上演，城市化，已成为中国乃至世界发展的关键词。"然，其功未成，其疾已现"，诸多"城市病"已侵染了从北京到上海、从广州到贵阳的大小城市。"城市病"不仅无谓消耗着中国人的时间、精力与健康，也正在蚕食与鲸吞着国人的幸福感。

中国迈入全新的"城市时代"

中国社科院发布的2012年社会蓝皮书指出，2011年是中国城市化发展史上具有里程碑意义的一年，城镇人口占总人口的比重首次超过50%，达到51.27%，中国进入了以城市为主体的"城市型社会"，由此正式迈入了全新的"城市时代"。

"城市时代"有两个特征，一是城市数量增加；二是大城市数量增加且规模越来越大。

城市规模的大小以此标准区分：市区常住人口50万以下的为中小型城市，50万~100万的为大城市，100万~200万的为特大城市，200万~1 000万为超大城市，1 000万以上的为巨型城市。

---

① 黄缪.城市经济学文献综述研究——基于城市经济学研究的基本问题的视角［J］.环渤海经济瞭望，2013（2）.

2011年5月，第六次全国人口普查数据显示，中国常住人口超过1 000万的城市有6个，超过700万的城市有10多个。广州的登记人口数量已到达1 600万，北京市常住人口数更是将近2 200万；上海人口数量最多，达到2 300万。近10年来，上海每年增长62.8万人口，按照这个速度持续增长的话，到2030年，上海人口将要突破3 000万大关，成为名副其实的世界第一大城。

现在，我国人口超过百万的城市都或轻或重地患有"大城市病"，更不用说那些人口超千万的巨型城市了。

干渴的城市——水资源紧缺

北京已成为世界上缺水最严重的大城市之一。北京自产水资源量仅37亿立方米，到2010年年末，北京人均水资源量仅为100立方米，不足纽约、巴黎、东京的1/20，是中国人均的1/10，世界人均的1/140。北京每年的用水缺口近10亿立方米，不得不超采地下水和从外省市调水。水资源短缺成了制约北京经济社会发展最紧迫的资源性约束条件，是"第一瓶颈"。

四川曾经是"水旱从人，不知饥馑"的天府之国，近年来，由于区域水污染严重等原因，已有16个城市面临水资源紧缺，涉及全省90.2%的人口。在四川，感叹"水不够用"的城市不仅是内江。成都市市长葛红林说，这几年，成都明显感觉到上游来水不像过去那么"畅快"了。成都正在建设"天府新区"，城市规模每天都在扩张，光是饮用水，每天就需要200万吨左右。"为保障饮用水安全，成都市每年给饮用水源地提供生态补偿资金，以保护好水源地；还加大了污水的处理力度，在城乡建设大量污水处理厂，恢复湿地和自然河道。水被成都'用过'后，还能为下游城市所用。"葛红林说。

便秘的城市——交通拥堵

住在北京通州区的马桂梅是中关村一家科技公司的员工，每天她都要很早起床赶车，从通州瞳里的家先坐一段公交车到通州北苑地铁站，虽是始发站，马桂梅往往几趟车都挤不上去。仅是上班的单程从马桂梅家到公司全程至少需要3个小时。马桂梅说，公司一个月允许4次迟到，超过4次就要扣钱。为了不误时，马桂梅干脆买了个充气床垫，每天住到了办公室。

网上一张照片显示：广州珠江新城堵车时，久久等候的司机下车来伸懒腰。广州人还评出了"广州塞车五最"：最著名的塞车点——广州大道—洛溪桥，广州大道上的司机大都只有两种表情，紧皱着眉头或东张西望；最考验公交司机的塞车点——天河北—五山路、天河城—岗顶，2公里路设10个交通灯，公交车如泥鳅般挤在一起；司机最难熬的塞车点——鹤洞大桥—昌岗路—江南大道，上千米车龙动不了，下桥用足一小时；最影响住户的塞车点——工业大道—新滘南路—南田路，车多灯慢夜夜塞车，烦躁司机频频按喇叭；广州最塞车点——新港西路—海印桥，1/3路面被占道乱停车，深夜12点还塞车。

城市交通拥堵大大增加了市民出行的物质成本和时间成本，幸福度大打折扣。

"郁闷"的城市——空气污染

几年前,联合国搞了一次全球空气污染的网点监测,让人吃惊的是,在对40个城市颗粒物污染情况的排序中,我国入选监测网的5个城市,全部进入前10名。它们是沈阳、西安、北京、上海和广州。在中国,经济型小车备受人们青睐,而恰恰这些车几乎都没有任何尾气催化净化器,没有活性碳罐,没有电喷发动机。一言以蔽之,污染排放控制性能太差。我国现行的汽车排污标准只相当于欧美等国家60年代或70年代的水平。中国近60%的城市人口居住的城市空气污染水平是美国平均水平的两倍,是世界卫生组织推荐水平的5倍。

一位不愿透露姓名的官员表示,当前主要污染物减排面临巨大压力。仅2011年,我国就新增煤炭消耗3.2亿吨,新增汽车保有量1 800多万辆,氮氧化物排放量不降反升。该官员称,4/5的城市不能达到新的环境空气质量标准,空气污染严重影响居民身体健康。长三角、珠三角、京津冀等地区城市大气雾霾和光化学烟雾污染日渐突出,雾霾天数占到全年总天数的30%~50%。在公众满意度方面,该官员更表示,环保部今年开展的公众对城市环境满意度电话入户调查结果显示,公众对空气质量的满意率仅为55.2%,是城市所有环境问题中满意度最低的。

游泳圈城市——垃圾围城

人们常将一个胖人肚子的那圈肥肉称为"游泳圈",现在的大城市也有累赘难看的"游泳圈",这就是垃圾围城。北京市通州区梨园地区某小区外的一片空地,每天都有数辆次机动车三轮车前来倾倒垃圾,而每隔三两天便会就地焚烧一次,伴随着浓烟的是刺鼻的气味。长年拍摄"垃圾围城"的摄影师王久良用黄色标签,将自己拍摄过的非法垃圾填埋场标注出来,在北京中心城区,密密麻麻的标签已形成了一个黄色的"七环",真的让人震惊。

民间环保组织"自然之友"发布了《中国环境发展报告(2010)》。该报告认为,2009年是中国"垃圾危机"爆发之年,垃圾填埋场、焚烧厂的选址问题,甚至焚烧厂该不该建、能不能建等问题成了中国民众热议的话题。这表明过去一直处于后台的隐性问题终于走向前台,成为无法回避且日益尖锐的社会问题。

大城市每个人每天大约产生1公斤左右的固体废弃物,以一个700万人口城市计算,每天的垃圾产生量有7 000吨,用火车拉要用四五个专列。全国600多座城市中,已有2/3的城市陷入垃圾包围之中。

发烧的城市——热岛效应

南京市民走在市中心,明显感觉比郊区要热。气象专家指出,这是南京"热岛效应"的显著表现:城市密集区的气温往往比周边地区高,好像是被大海包围的一个气温明显较高的"热岛"。

在"热岛效应"的作用下,城市中每个地方的温度都不一样,呈现出一个个闭合的高温中心。在这些高温区内,空气密度小,气压低,容易产生气旋式上升气流，使得周围各种废气和化学有害气体不断对高温区进行补充。处于高温区的居民，极易患上支气管炎、肺气肿、哮喘、鼻窦炎、咽炎等呼吸系统、消化系统或神经系统疾病。当气温高于34度时，还可引发心脏、脑血管疾病的发生，其死亡率明显增加。

此外，住房难、上学难、求医难等问题也是大城市病的一些表现，给大城市居民生活带来很大困难。复旦大学哲学学院副教授王金林认为，人们的预期寿命不断增加，但如今城市人群中亚健康状态非常普遍，"不健康的长寿"成一大奇观。

资料来源："大城市病"笼罩中国[J]. 环境，2012（9）.

第三节 农村经济

农村是农民生活与居住的场所。农村和农村经济不是一个单纯的行业或者部门，它是存在于农村这样一个区域范畴内的相关经济的总和。本节介绍农村与农村经济的含义、农村的产生与发展、中国农村经济研究的基本问题及农村经济学等基本知识。

一、农村与农村经济的含义

（一）农村的含义

农村是一个社会在一定的社会经济条件下发展而形成的，以农业为主要产业而存在的区域。它可以是农业区，也可以有集镇、村落，生活在这里的人们以农业为主导产业，包括各种农场、林场、园艺和蔬菜生产等。同时，农村并不是一个简单的经济体，它还具备社会、政治、文化等多重功能。

现代农村开始和城市融合，现代农村的内涵已经不仅是农业、农民聚居的地方，农村已成为具有政治、经济、文化职能的综合体。在一些发达国家，有人提出依据人口密度和聚居规模来划分城市和农村的新观点。根据这一观点，农村是与城市相对而言的地域，是人们生产、生活聚集程度较低而又有特定自然景观的地区。可见，农村是一个历史的、动态的、发展的概念。随着社会经济的不断发展，农村最终会和城市实现一体化。

（二）农村经济的含义

农村经济的基本内涵是：农村经济是人类各种经济活动在农村这一地域范围内的有机组合，是农村区域中农、林、牧、副、渔、工商、交通、建筑、金融、文化以及各项服务行业相互制约、相互影响的地域经济系统。他们不仅包含农村资源系统和农村部门系统，而且涉及了农村生态系统和农村社会系统的复杂内容。这一内涵包括以下几个含义：

首先,农村经济是一个区域经济的概念。农村经济不是一个单纯的行业或者部门,它是存在于农村这样一个区域范畴内的相关经济的总和。例如,我们会有农村产业经济问题,有农业发展问题,有社会保障问题等。

其次,农村经济是一个主体经济的概念。农村经济是一个主体,而非附属。它相对于城市而言,但并不附属于城市经济。它是一个区域经济概念。这是一个系统性的独立的经济学研究对象。

最后,农村经济是一个历史的概念。农村是一个历史的范畴,带有强烈的政治和文化色彩,相应的农村经济也是一个历史的概念,它随着社会经济的发展而发展演变。例如,小农经济对于传统社会的影响,这种影响对于现代社会和现代文明同样有着深刻的印痕。

(三)农村经济的特点

1. 地域性

农村经济的地域性是指农村经济活动存在的地理空间。在这个空间中,人们可以看到土地、田园、村落、乡镇、道路、林网、水利工程等物质表象构成的特色农村自然景观。农村自然景观,一类是天然的,如农村地形、地貌、森林、矿产、天然湖泊、草地、野生资源等;另一类是亚天然的,以及人工改造过的,如耕地、果园、人工牧场、运河、水库、旅游风景等。目前,大多数国家的农村自然地理景观仍然是区别农村与城市的重要标志之一。农村经济的地域性如图6.1所示。

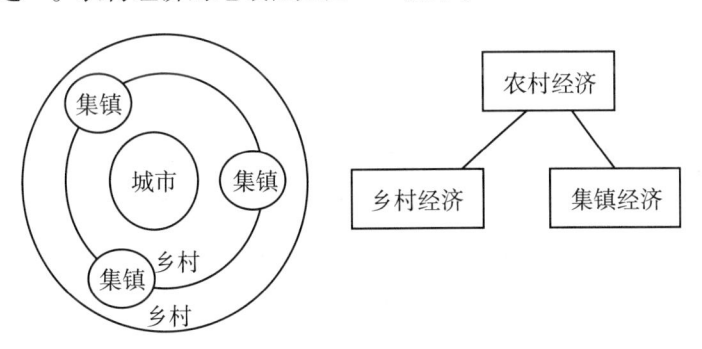

图6.1 农村经济的地域性构架

2. 农业性

农村经济的农业性是由农业经济在整个国民经济中的重要地位决定的。农村是农业生产的主要场所,不仅直接从事农业生产的劳动者生活在农村,而且其他农村居民和劳动者的经济和文化生活都与当地农业密切相关。在发达国家和地区,许多农民并不以经营农业为主,但是仍然以兼营农业为特色。在发展中和落后国家与地区,农村经济以农业为主。农业活动直接覆盖着整个农村区域,农业生产的产前、产后行业也主要分布在农村,农村是农业生产的主要场所。当然,城市中也有农业,如城市花卉、城市畜牧业、城市养菌业、城市养虫业等,但是,城市毕竟是工商业活动集中的场所。农村中也有工业、商业等,但并不是城市中的发达工商业,而只能称之为"农村工业""农村商业"。

3. 分散性

相对于城市大工业生产而言，农村生产集中度和经营集约度相对较低，表现出相对的分散性。农村经济的分散性表现在几个方面：一是生产资源的分散性。这主要是土地面积广阔，而耕地资源和其他资源分布比较散；农村人口密度比较稀疏，而且地区分布不均衡；农村劳动力技术比较单一，技术力量比较分散；农村物产种类繁多，地理分布却很分散；农村自筹资金的力量比较单薄，资金力量比较分散。二是生产经营活动的分散性。农村生产季节变化差异大，生产周期长，生产时间差异性大；农产品产出时间也不太集中，产品销售点和销售量也不太集中。三是农村经济组织数量多、分布广、形式多样，给农村生产经营管理带来复杂性，不同农村经济组织的管理工作也具有分散性特征。

4. 低阶性

相对于城市经济而言，农村经济在发展总体水平上具有低阶性。从系统的观点看，农村经济系统的有序性较低，系统控制力较弱。这是因为农村中的农业是"生命产业"，是农民利用生物的生命机理和自然力，通过劳动去调节生物和自然之间的关系，强化和控制生物的生命过程，把无机物转化为有机物，把太阳能转化为化学能的过程。它的自然再生产过程和经济再生产过程交织在一起，成为农业再生产过程的基本特征。因此，农村经济领域，农民更多面对的是适应环境，而改造环境需要很多其他条件的支持。与城市比较，农村经济的低阶性还表现在农业生产技术的低档次和农村经济文化生活的低水平。

5. 不平衡性

经济学家库兹涅茨提出了一国经济发展过程中，收入分配和经济发展都具有差距，先逐渐拉大，然后再稳定缩小这样一种倒"U"字形曲线变化特征的理论。其实这种特征在发展中的大国比较明显。发展中的大国与发展中的小国或地区有很大的不同，发展中大国内部不同地区的地理位置、资源禀赋、人口密度和素质、技术水平以及原有的发展基础等条件往往存有很大差异，因而必然导致不同区域在综合实力、发展速度和人均水平上的差异，出现不平衡的现象。

二、农村的产生与发展

农村是生产力发展到一定阶段的产物。

在原始社会初期，人类依靠采集、渔猎为生，逐水草、居巢穴，无所谓村落。到了原始社会的中期，约在新石器时代，人类掌握了农业生产技术，有了耕种土地、照管作物、饲养畜禽等生产活动，人类开始定居下来，从而出现了最早的村落。原始村落是以血缘关系形成的氏族部落的聚居之地，实行原始公有制，按自然分工进行生产活动，平均分配。

在奴隶社会的农村中，由于生产力的发展，手工业、商业相继从农业中独立出来。在一些大的村落中，手工业者集中，商业集中，形成永久性市场。这些地方，逐步演变成一个地区的政治、经济、文化中心。为了保护财产的安全、政权的巩固，则修筑城堡等，逐渐出现了城市。大商人、大奴隶主、官吏聚居在城市，奴隶、个体小农、少数小奴隶主则居住在农村。

在封建社会的农村中，主要居住着农民（雇农、佃农、自耕农）或农奴、中小地主等。土地等生产资料绝大部分为封建地主阶级（或封建农奴主阶级）所有，少部分归农民所有。在资本主义社会的初期，农村居民除包括封建社会遗留的各种成员外，主要是经营农业的小土地所有者和农业资本家。随着资本主义生产方式在农村的扩展，大批破产农民进入城市成为工业工人。在发达的资本主义阶段，农村居民的主要成分是比例不等的大中小型农场主和受雇于农场主的农业工人。此外，由城市迁入农村的居民以及农村工商业从业人员也日益增加。

鸦片战争以前，中国农村处于封建社会末期。沿海地区已先后和数量不等地出现了资本主义萌芽，在农村中占统治地位的仍然是封建地主土地所有制和小农经营的自然经济。鸦片战争之后，农村逐渐演化为半封建、半殖民地经济，其社会经济的特点是：①大部分或绝大部分的土地归地主和富农阶级所有。②地主通过地租、高利贷和商业资本三种形式剥削农民。③西方发达国家的工业品输入中国，并在中国直接开办工厂，动摇了耕织结合的农村经济结构。④由于帝国主义势力控制了中国农产品的进出口贸易，并直接到农村收购农产品，致使中国农业商品化具有殖民地性质。

中华人民共和国成立后，农村社会经济关系不断发生变化。1949~1952年，全国绝大部分农村进行了土地改革，由封建土地所有制转变为农民土地所有制，个体农民经济成为最主要的经济成分。1953~1957年农业合作化时期，农民加入合作社以后，土地等主要生产资料实行集体所有制和按劳分配制。供销合作、信用合作以及农村工业，商店、银行、学校、医院、文化设施等随之发展，农村面貌发生了巨大变化。1958~1978年，实行人民公社化，由于"左"的政策，使农业生产关系和生产力都受到了破坏，农村经济停滞。从1979年开始，农村开始进行经济体制改革，在土地集体所有的基础上，实行家庭承包经营。农村工业、商业、交通运输业都获得了较快的发展，农村面貌开始发生了翻天覆地的变化。

三、中国农村经济研究的基本问题

（一）农村经济的基本制度

中国农村的基本经济制度主要包括家庭联产承包责任制、乡村自治制度、复合型土地产权制度、农村双层经营体制等。

1. 家庭联产承包责任制

家庭联产承包责任制是指农户以家庭为单位向集体组织承包土地等生产资料和生产任务的农业生产责任制形式。"文化大革命"结束后，中国国内社会动荡，生产力始终没有得到恢复。由于"文革"时期的土地制度严重影响农业生产。安徽省凤阳县小岗村18位农民签下"生死状"，将村内土地分开承包，开创了家庭联产承包责任制的先河。当年，小岗村粮食大丰收。该"生死状"现藏于中国国家博物馆。

家庭联产承包责任制的基本特点是在保留集体经济必要的统一经营的同时，集体将土地和其他生产资料承包给农户，承包户根据承包合同规定的权限，独立做出经营决策，并在完成国家和集体任务的前提下分享经营成果，一般做法是将土地等按人口或劳动力比例根据责、权、利相结合的原则分给农户经营。承包户和集体经济组织签订承包合同。家庭联产承包责任制是中国农民的伟大创造，是农村经济体制改革的产物。

2. 乡村自治制度

中国农村，实行村民自治制度既是扩大基层民主政治的需要，又是让农民当家做主的有效实现形式。1982年12月修改后的《宪法》第110条规定："农村按居住地设立的村民委员会是基层群众性自治组织"。此后，全国各地农村有计划、有步骤地推行村民自治。1987年11月，六届全国人大常委会第23次会议通过了《村民委员会组织法（试行）》，标志着我国实行"村民自治"进入了制度化运作的阶段。1998年11月，九届全国人大常委会第5次会议通过了《中华人民共和国村民委员会组织法》，又标志着农民依法直接行使民主权利成为一项基本制度。

国家对"乡村自治"的制度设计和安排，集中体现在《中华人民共和国农村居民委员会组织法》（以下简称《村委组织法》）上。作为一个制度，"乡村自治"的一个核心目标就是要规范和推动农村的经济发展。《村委组织法》明确规定了村民委员会在发展经济方面的"应当支持和组织"任务，包括支持和组织"合作经济"发展。村委会的法定职责分为两类：一类是发展型的公共事务，发展村庄的经济、为村民提供更多的公共物品以促进村民的生产和提高村民生活质量；另一类是分配型的公共事务，是将村庄的集体资源，村民的共同利益加以分配，以求得合理和公平地分配村庄的集体资源，保护村民的个人（家庭）利益。

3. 复合型土地产权制度

新中国成立初期，我国确立了一种"耕地农有、公益性土地国有"二元复合型土地产权制度。它的最大特点是国家依法保护农民的私有土地财产权，农村土地可以自由转让、处置、抵押、继承等。自改革开放以来，农村土地问题一直成为政府与农民争夺利益的矛盾焦点。从世界范围来看，当今绝大多数国家都是实行土地私有制，而非耕地资源一般属于国有。据1996年中国土地资源普查的数据显示，全国国有土地面积占53.17%，农村集体土地面积占46.18%，尚未确定权属的土地面积占0.65%。今后，如何发挥市场机制在资源配置中的基础性作用，需要进一步深化土地制度改革。

4. 农村双层经营体制

"双层经营体制"出现于20世纪80年代初期，"双层经营体制"的特点是"以家庭承包经营为基础、统分结合"。作为一种制度安排，"双层经营体制"的关键在于为农村社会设计了两类发展经济的主体，即作为个体的村民以及代表村民的村集体（村委会）。"双层经营体制"旨在促进农村土地、资金、技术、劳动力等生产要素合理流动和优化组合，实现农村私有经济和集体经济的共荣和互荣，避免单一所有制经济形式的缺陷和不足。

（二）农村土地资源的开发、利用和保护

1. 土地、土地资源的定义和分类

土地的定义有广义与狭义之分。狭义的土地仅指陆地部分。较有代表性的是土地规划和自然地理学家的观点。土地规划学者认为，土地是指地球地表层，它是自然历史的产物，是由土壤、植被、地表水及表层的岩石和地下水等诸要素组成的综合体。自然地理学者认为，土地是地理环境（主要是陆地环境）中互相联系的各自然地理成分所组成，包括人类活动影响在内的自然地域综合体。

广义的土地，不仅包括陆地部分，而且还包括光、热、空气、海洋等。较有代表性的是经济学家的观点。英国经济学家马歇尔指出："土地是指大自然为了帮助人类，在陆地、海洋、空气、光和热各方面所赠与的物质和力量。"

土地的分类即根据土地的性状、地域和用途等方面存在的差异性，按照一定的规律，将土地归并成若干个不同的级别。我国颁布的《土地管理法》将我国土地分为三大类，即农用地、建设用地和未利用地。农用地是指直接用于农业生产的土地，包括耕地、林地、草地、农田水利用地、养殖水面等；建设用地是指建造建筑物的土地，包括城乡住宅和公共设施用地、工矿用地、交通水利设施用地、旅游用地、军事设施用地等；未利用地是指建设用地以外的土地。

2. 土地资源的合理开发与利用

（1）有效地开发、利用各类农业用地。农业用地是指直接或间接用于农业生产的土地，包括耕地、林业用地、牧业用地、养殖水面等生产用地和其他生产设施所占用的土地。所谓有效地利用各类农业用地，就是在坚持因地制宜的原则下，努力做到宜农则农、宜牧则牧、宜渔则渔。唯此，才能做到地尽其力，实现土地的合理开发与利用。比如，我国的水资源相当丰富，既有长达1.8万千米的海岸线，2.08万平方千米的滩涂，又有1 747万公顷的内陆水域，其中可养殖面积为675万公顷。但我国的水面资源利用还不充分。据统计，2006年，内陆水域可养殖面积利用率为84%，还有进一步开发的空间。

（2）实行土地的集约化经营。在农业生产发展史上，对土地的利用有两种方式，即粗放经营和集约经营。粗放经营是一种把一定量的生产资料和活劳动分散投入于较多的土地，实行广种薄收的经营方式。在这种经营方式中，物质资料的投入和科学技术的应用不占重要地位，土地的质量和土壤的自然肥力对于农业增产特别重要，总产量的增长主要靠扩大农业用地面积。

集约经营是一种把一定量的生产资料和活劳动集中投入于较少的土地，依靠采用先进技术，精耕细作，以提高单位面积产量的经营方式。集约经营又分为两种类型，侧重于追加物化劳动投入及提高科技含量的资金集约型，侧重于追加活劳动投入的劳动集约型。由粗放经营向集约经营转化，由劳动集约向资金集约转化是农业生产发展的客观规律。集约经营的目的，包括互相密切联系的两个方面：一是提高土地生产率，增产更多的各类农产品；二是提高经济效益，使农民增加收入。

3. 农村土地使用权流转

（1）土地使用权流转的含义。在家庭联产承包责任制的制度框架下，农地产权结构被分解为三种权利，即所有权、承包权、经营权（使用权）。因此，土地使用权流转的含义，就是拥有农地承包经营权的农户将土地经营权（使用权）转让给其他农户或经济组织，也即保留承包权，转让使用权。从土地使用权流转的实际情况看，尽管涉及的土地和农户数占土地总数和农户总数的比例并不大，但区域差别明显。

（2）土地使用权流转的形式。土地使用权流转形式多样，但应严格地界定为发生于农户与农户之间，或农户与企业、社区等经济组织之间，基于市场交换原则、通过土地使用权流转价格反映的特定经济行为。其主要形式有转让、转包、入股、互换、租赁、反租倒包等。

① 转让是指承包农户经社区同意将承包期内全部土地或部分土地让渡给第三方经营，由第三方履行土地承包合同的权利和义务。转让后承包关系终止。

② 转包是指土地使用权自发流转的主要形式，转包后原土地承包关系不变，原承包方继续履行土地承包合同规定的权利义务。外出打工、从事非农经营又不放弃土地的农户一般采用这种方式。

③ 入股也称为股田制，即承包方将土地承包经营权量化为股权，入股组成土地股份合作社或股份公司，合作社或股份公司对土地实行招标承包，或对外租赁，或直接开发，按股分红。

④ 互换即承包农户之间和社区之间为便于耕作一类的需要，相互交换地块，主要解决土地细化和经营分散问题。

⑤ 租赁则是指维持原承包农户双方约定的权利和义务关系，接包者只交纳租金给原承包户或社区。

⑥ 反租倒包是指村办农村经济开发公司等租用农户所承包土地的经营权，即反租，然后公司与这些农户签订新的合同，由农户再次进行土地承包，即倒包。反租倒包后，农民按照公司的统一要求负责具体的生产管理，公司每年付给农民管理费，年终收入扣除生产成本、管理费用后，纯利润由农民和公司共享。

（三）农村人力资源开发与农村剩余劳动力转移

1. 农村人力资源的内涵

农村人力资源是指农村中能作为生产性要素投入，可被利用且有劳动能力（包括现实的、潜在的和未来的劳动能力）的人。在我国，由于长期存在城乡分割的户籍制度，故农村人力资源泛指户籍为农民身份的人及其子女等。农村人力资源也包括资源的数量和质量两个方面。农村人力资源的数量包括劳动适龄人口中可以参加农业劳动的人和尚未达到或已经超过劳动年龄但实际参加农业劳动的人数。农村人力资源的质量是指农村人力资源体力和智力的总和。农村人力资源的数量和质量有着互相依存、辩证统一的关系。但这种关系，随着农业现代化的推进，呈现出反比例制约的规律性。人力资源的数量将由于采用新的技术设备以及社会分工和协作的加强逐步减少，人力资源的质量则适应农业生产力的发展而不断提高。

2. 开发农村人力资源的途径

（1）控制农村劳动力数量。农村人口控制与计划生育是人力资源开发的一个不可或缺的项目。以控制人口数量、提高人口素质、优化人口结构为宗旨的我国计划生育政策，从本质上讲是一种重要的人力资本投资。

当体力强弱被作为衡量劳动力质量的重要尺度时，劳动力的多少和强弱成为衡量农民家庭财富的分界点。这也是导致农村人口高出生率的原因。要改变这一状况，就需要在发展农业的同时，提高农业技能的技术与知识含量，切实转变农村劳动力质量评价体系中过分强调体力强弱的倾向，把控制农村人口数量与提高农村劳动力的质量结合起来。

（2）开发人力资本，全面提高农民素质。发达国家和发展中国家现代化道路的实践都表明，人力资本存量（指人具有充沛的体能，掌握现代知识、科技和思想所代表的社会生产潜力）的迅速扩大，是改造传统农业的有效手段，也是提高整个民族素质的重要途径。

农村教育首先要关注农村的基础教育。提高农民的科学文化知识水平，普及教育是农村人力资源开发的前提和基础。目前，我国一些地区的农村中仍有一些小学生、初中生不能升入高一级的学校或因各种原因而辍学，因而他们很早就参加农业劳动，这是生产力水平落后的标志。这就要求国家集中财力，重点扩大对农村基础教育的投资，扩大农村初、高中生的比例，为农村培养高质量的劳动力。其次要关注农村的职业技术教育与培训。除应重视农业技术教育与培训外，鉴于大量剩余劳动力需要转移这一背景，尽快在农村建立起各种培训学校或培训机构，提高农民工的劳动技能、工作水平和综合素质，使农民工由体力型向技术型和智力型转变。同时，要对农民工进行法律知识培训，增强法律意识，使其能用法律手段维护自己的合法权益。

3. 农村剩余劳动力转移

农村剩余劳动力是指在一定的生产条件下，农村劳动力供给超过需求的那一部分劳动力，这部分劳动力投入农业生产的边际产量为零。农业剩余劳动力的数量可以通过测算进行估计。如以种植业为主的地区，主要通过耕地资源、种植业结构，测算种植业劳动力需求量。可首先根据种类、复种指数、耕作制度、耕作条件等计算出每公顷耕地的用工量，然后测算出每个劳动力可耕种的面积，并在此基础上计算出劳动力需求量。农业劳动力拥有量减去需求量即为剩余量。

农村剩余劳动力转移通常表现为实现非农就业，其中既可以表现为农村内部消化，如就地就近进入乡镇企业，也可以表现为跨地域迁徙或流动，如进入城镇甚至大中城市。剩余劳动力向农业外转移是社会生产力提高和社会分工发展的必然结果。在我国，家庭联产承包责任制的实行，使农民个人或家庭成为可以理性决策的经济人。为了个体利益最大化，农民可以自由选择是继续从事农业生产、参加本地非农生产还是外出打工，从而为剩余劳动力转移提供了可能。

（四）农村金融

1. 农村金融的概念及其作用

农村金融即农村中货币资金的融通，是农村中货币、信用与银行活动的总称。农村金融是相对于城市的一个概念，一般包括涉农资金的筹集与发放，农业银行、农业发展银行、各种信用合作组织的运作以及各种民间金融活动。农村金融的作用主要表现在以下几个方面：

（1）缓和资金使用的季节性矛盾。农业生产季节性决定了农业生产资金在来源、周转、分布上的季节性。资金一旦投入，往往要等到整个生产过程终了才能收回，间隔时间较长。这样，若生产经营者资金准备不足，就需要通过金融市场补充。而进入收获季节，农产品大量出售，资金回收高度集中，此时除留下生产储备资金外，其余资金大多将被暂时闲置。发展农村金融市场，可对农业生产的季节性收支状况予以调节，稳定农业生产。

（2）支持科技进步和农业现代化。在传统农业向现代农业转型期，农业资本有机构成将逐步提高，农业的初始物质投入将增长。由于物质投入部分主要是商品化的物质，这就对货币供给形成了很高的需求量，而这样巨大的货币投入已非农户自身能够解决，投入资金中的很大部分将会来自于借贷。一旦农业资本有机构成提高受阻，将难以发挥现代技术的潜力，农业现代化进程必然缓慢。因此，农村金融市场对农业科技进步和实现农业现代化有很重要的支持作用。

（3）增强抗风险能力。农业生产的风险一般有经济风险与自然风险两种。经济风险主要来自于农产品的价格波动，自然风险则主要是自然灾害有可能对农业生产造成损害。两者相比，后一种风险更危险，更难以预测。一旦农业生产受灾，农产品往往会大幅度减产，农民收入随之骤减，进而影响农业生产和农民生活。此时，若无外部资金借入渠道，不仅正常的生产与生活不能维持，而且会挫伤农民经营农业生产的积极性。可见，来自金融部门的农业贷款能增强农民面对风险的应变能力。

2. 农村金融需求

我国的农业目前仍处于由传统农业向现代农业转变的时期，农业作为"二元经济"下弱质产业进入市场后，农业投入中传统要素的比重会趋于下降，现代要素的比重会趋于上升。表现在金融方面，即是农民为购买现代投入要素，对资金融通服务的需求日益明显。

第一，传统农业发展为现代农业，其中最重要的标志就是农业资本有机构成提高，意味着农业总产值中物质消耗所占比重上升，引起对金融需求的增加。

第二，农业物质投入增加直接带动了大量资金需求。现代农业有别于传统农业的标志之一是生产要素的商品化，更多地投入要素以商品形态出现，从而扩大对农村金融的需求。

第三，随着农户经营货币化程度的加深，受农产品生产周期长等特点的影响，导致农户现金支出中自有资金下降，负债经营有可能成为农户经营的总体趋势。

第四，农村进入城镇化阶段以后，农村基础设施建设和农村社会事业发展对资金投入和金融服务的需求将大大上升。

第五，随着农民生活的改善，日常生活消费支出项目与金额的扩大，加之有可能发生的医疗等应急性消费和子女教育、建房、婚丧嫁娶等消费金额较大的消费，农户也会产生临时性借入资金进行周转的需求。

第六，近些年发展起来的各种具有企业性质的新型经济体的融资需求也在急剧扩张。

因此，农村经济的发展需要巨大资金投入，财政资金和农民、农村经济组织自有资金已难以满足需求，必须充分运用金融杠杆为农村经济的各种投资主体提供资金来源。

3. 农村金融供给

我国农村金融供给主体可以分为正规金融组织和非正规金融组织两种。

(1) 正规金融组织。我国目前正规金融机构主要包括中国农业银行、中国农业发展银行、农村信用合作社以及中国邮政储蓄银行。

中国农业银行的主要任务是，统一管理支农资金，集中办理农村信贷，领导农村信用合作社，发展农村金融事业。中国农业发展银行是农业政策性金融与商业性金融分离的产物。其经营的业务主要包括：农业（包括农业相关企业）的生产性贷款、代理财政支农资金的拨付和农业政策性贷款企业进出口贸易相关的外汇资金业务。同时，按政策性业务与商业性业务相分离的要求，根据职能不同，农发行对国家严格界定的粮棉油等农副产品收购、农业综合开发、扶贫开发、农田水利基本建设及技术改造贷款等进行管理，履行政策金融管理职能。农村信用合作社是我国集体性质的金融组织，是经中国人民银行批准设立，由社员入股组成，实行民主管理，主要为社员提供金融服务的农村合作金融机构。中国邮政储蓄银行的前身是邮政储蓄。邮政储蓄只有储蓄功能，无贷款业务。它实际上把资金从农村抽出来在城市运用，成为农村资金的"抽水机"。2007年3月6日，中国邮政储蓄银行成立。现在邮政储蓄银行利用它的网络优势对农民发放小额贷款，已成为农村的一个有效的融资渠道。

(2) 非正规金融组织。非正规金融组织是指农村中非法定的金融组织所提供的间接融资以及农户之间或农户与农村企业主之间的直接融资，其形式主要有自由借贷、私人钱庄、合会、典当业信用、民间集资、民间贴现等。

民间借贷。农村民间借贷是农民间相互借贷资金，自发形成的直接融资行为。民间借贷无固定场所，它不受国家计划、政策及法规的约束，也不像农业银行、信用社等金融机构受到来自政府的融资限制。民间借贷主要按市场供求确定利率，自由借贷、民间信用借贷市场是一个建立在"地缘"和"血缘"基础上的融资市场，处于政府监管控制的边缘。

合会。合会是协会内部成员的一种共同储蓄活动，是成员之间的一种轮番提供信贷活动。它不是一个永久组织，在所有参与的成员以轮转的方式各获得一次集中在一起的汇钱后，一般即告终结。合会集储蓄和信贷于一体，具有赚取利息和筹措资金的功能，多实行自治、民主管理、进退自由、自愿参与、高度自给自足、奉行一人一票、一致同意的原则等。因此，合会是建立在血缘、地缘关系基础上的信用组织，具有规模小、利率不高、会期短、互助性强的特点。

私人钱庄。私人钱庄是未经国家审批而设立的类似银行的金融机构，通过吸收存款来发放贷款。私人钱庄分为两类：其一主要是涉及外汇买卖业务；其二涉及"非法集资"或"发放高利贷"。从事融资和高利贷的私人钱庄在20世纪80年代开始活跃，90年代末的发展出现转折。国务院于1998年7月13日发布的《非法金融机构和非法金融业务活动取缔办法》，宣布了一系列机构属于非法金融机构，私人钱庄逐渐地下化。

民间集资。民间集资主要包括生产性集资、公益性集资、互助合作办福利集资等，具体包括以劳带资、入股投资、专项集资、联营集资和临时集资等。同时，由于民间集资形式的创新夹杂着对风险的忽视以及欺诈性的骗局，1998年4月国务院颁布了《非法金融机构和非法金融业务活动取缔办法》，提出了"变相吸收公众存款"的概念，同时设置了"未经依法批准，以任何名义向社会不特定对象进行的非法集资"的条款，使一些游走于不同监管机关的权力边界之间的民间集资形式创新重新回到监管的框架内。

小额信贷。为解决我国落后地区人口的贫困问题和弥补扶贫政策的缺陷,我国自 20 世纪 80 年代初开始引进并推行农村小额信贷扶贫模式。实施中借鉴了孟加拉乡村银行模式,采用"政府 + 银行 + 扶贫合作社"的三线一体的运作模式,政府直接、主动地参与是我国农村小额信贷的一个突出特征。同农村金融市场和信贷扶贫政策相比,我国农村的小额信贷坚持采用小组信贷、整贷零还、小额连续放款和提供技术服务等基本制度,实行"有偿使用、小额短期、整贷零还、小组联保、滚动发展"的原则,并指导帮助贫困农户发展生产,增加收入,摆脱贫困,实现经济可持续发展。

(五) 农产品价格与流通

1. 农产品的价格构成

农产品价格是农产品价值的货币表现,农产品价值有三个部分组成:(1)生产过程中所消耗的生产资料价值(C);(2)劳动者为自己劳动所创造的价值(V);(3)劳动者为社会生产的剩余产品价值(M),即农产品价值 = C + V + M。式中,构成农产品生产成本的(C + V)是农产品价格的最低界限。农产品生产成本是制定农产品价格的主要依据。在正常情况下,农产品生产者出售农产品后的收入应能补偿农产品的成本消耗。由于土地的有限性,农产品的社会生产价格要有劣等地所生产农产品价值来决定,以保证劣等地的经营者能够获得社会平均利润。经营优等地和中等地的农业生产者可以获得超额利润,这种超额利润构成级差地租。

2. 影响农产品价格的政策因素

农业是国民经济的基础产业,由于农业在一国经济中占有特殊重要地位,因此各国政府都采取积极干预农业经济的政策措施。下面分别就价格政策、补贴政策、税收政策所产生的影响进行分析。

(1) 价格政策。改革开放以前,我国一直执行的是统一的计划价格政策,无论是收购价格,还是销售价格都高度统一。这种价格政策的特点主要表现为:价格水平是人为制定,而非由市场所形成,价格制定的权限掌握在政府手中。自 20 世纪 70 年代末农村经济改革以来,在计划收购价格方面有了重大调整,其中最为明显的变化是缩小了统购统销的农产品品种范围,提高了农副产品的收购价格。2004 年,《国务院关于进一步深化粮食流通体制改革的意见》出台,粮食收购价格市场全面放开,标志着粮食价格形成市场化改革基本完成。

(2) 补贴政策。为达到稳定农业生产的目的,世界上大多数国家都采取了对农业生产的补贴政策。各国采取的补贴政策,其形式主要表现为如下几种:

① 直接的价格补贴。这一补贴形式又可分为两种,即对生产者的价格补贴和对消费者的价格补贴。当农产品的市场价格低于农产品价值或者低于政府规定的预定目标时,政府对生产者进行价格补贴。这种补贴实质上是一种"补偿",它使农业生产者得到应得的收入。对消费者进行补贴,指的是政府以高价收购农产品,然后低价出售给消费者,购销差价由政府负担。

② 生产资料价格补贴。政府以低于市场价格甚至是低于成本的价格向农业生产者

提供生产资料，如种子、化肥、水电、农药、农业机械等，以支持农业生产。

③ 金融信贷补贴。政府对农业生产者提供低息贷款以使生产者获得足够的资金，贷款利率与市场利率之间的差额由政府进行补贴。

④ 进出口贸易补贴。当农产品国内市场价格高于国际市场价格时，为鼓励农产品出口，政府对农业实行出口补贴政策，补贴额等于国内市场价格与国际市场价格之间的差额；反之，对某些国内供给不足，国际市场价格较高的农产品，为了保证满足国内需求，政府实行进口补贴政策，补贴额也等于国内市场价格与国际市场价格之间的差额。

⑤ 间接补贴。这类补贴种类繁多，在我国主要表现为建立农产品战略储备以及为调节各地区农产品供应所支付的各种调拨、保管、运输、销售的费用等。

从2004年开始，我国政府对种粮农民实行"直接补贴"，目前的补贴政策包括粮食直接补贴、良种补贴、农机具购置补贴和农资综合补贴等。这种补贴属于"绿箱政策"，符合世贸组织成员国调整农业国内支持政策的发展趋势。

（3）税收政策。我国农业的税收政策体现在农业税上，农业税是对农业生产的收入所应征收的税。它的计算标准有两种：一种是以农产品的常年产量为征税标准；另一种是以农产品的销售收入为征税标准。其纳税形式也有两种，即实物形式与货币形式。征收农业税的一个直接结果是提高农业生产成本。为保护农民生产的积极性，2006年，全国各地完全取消农业税。

3. 农产品流通的特点

农产品在生产上具有区域性、季节性、分散性，品质上具有易腐性。同时，农产品是人们生活必需品，需求弹性较小。由于农产品的特性，导致农产品流通有着许多不同于其他产品的特性，主要表现为：

（1）流通过程具有很强的生产性。由于农产品有易腐的特性，在流通过程中必须采取一定的措施，才能保证农产品顺利、安全地进入消费领域。因此，农产品在储运过程中，往往需要特定的容器、场所和设备，这使得农产品流通比工业流通具有更强的生产性。

（2）农产品流通半径受到更大限制。由于农业生产存在区域性，但人们的需求却是多样性的，因而需要不同区域间进行贸易。然而，农产品的易腐性决定了在农产品储运过程中，即便采取了保鲜等措施，仍会有一定比例的损耗，而且这个比例会随时间加长和距离加大而迅速上升，从而限制了流通半径。

（3）农产品流通风险更大。第一，农产品生产和消费的分散性，使得每个经营者都难于取得垄断地位，市场信息也更加分散，人们难以全面把握市场信息，决策的盲目性较大。第二，农业生产的季节性强，农产品上市时间难以在短时间内调节，短期供给弹性极小，导致市场波动大。第三，农产品的鲜活性使得农产品为平抑市场价格的区域间和季节间进行调节更加困难。

（六）农村社会保障

1. 农村社会保障的概念

农村社会保障是指面向农村居民的社会保障，是相对于城市居民社会保障而言的一个概念。具体来说，农村社会保障是指：农村务农、务工、经商、办企业的人员以及民办教师、乡镇招聘干部、职工等，因年老、患病、工伤、生育等原因，永久或暂时丧失劳动能力，无法获得劳动收入时，以及农村中无依无靠、无劳动能力、无生活来源的老人、孤儿、残疾人员，国家和社会给予最低生活保障的制度。

2. 农村社会保障的特点

目前，我国农村社会保障具有以下特点：

（1）建立农村社会保障制度是一种国家行为，具有强制性。由于经济原因、传统观念的影响和其他一些因素，仅依靠农村人口的资源，社会保障制度是难以全面开展起来的。以农村社会保险为例，只有通过国家立法的形式强制实施，才能使农村每一个劳动者都参加社会保险，享有社会保险带来的保障。目前，我国尚未制定农村社会保障法，不过各地方政府根据国发［1991］33号文件和中共中央十四届三中全会的《决定》，结合各地具体情况，制定了本地区农村社会保障暂行法律法规，经同级人民代表大会通过决议，由政府发布决定，依法建立农村社会保障制度。

（2）农村社会保障标准低，保障面广，具有普遍性。农村社会保障只能保障农村人口的最低基本生活需要。这是由我国农村的经济发展水平和农民基本生活需求的特点决定的。虽然自党的十一届三中全会以来，我国农村经济有了较大的发展，农民收入增长较快，但城乡间、地区间差异很大，部分地区农村也才刚刚解决温饱问题。这种经济发展水平决定了农村社会保障水平只能是低标准的。然而，农村社会保障覆盖面宽，凡属于农村社会保障体系范围之内的农村人口都应列入农村社会保障的范围，因此，农村社会保障具有普遍性。

（3）农村社会保障以农民自我保障为主。目前，我国的农村社会保险费以个人交纳为主，集体补助为辅。农村社会成员积累的保险基金，虽然具有社会保障的性质，起到社会保障的作用，但县与县、乡与乡、村与村、人与人之间缺乏共济性，主要体现的是"谁积累的最终支付给谁"。土地也依然是维系农村社会保障的生命线。随着经济发展，以工补农，财政转移支付的力度扩大，国家应逐步增加用于农村基本社会保障的资金投入。

四、农村经济学

农村经济学是研究农村经济发展与规律的一门学科。农村经济学作为一门独立学科是由中国学者于20世纪80年代初提出的。

（一）农村经济学的理论体系

农村经济学学科的理论体系，从广义上说，包括：农村经济学的基本理论、发展史和思想史；农村生产力经济学；农村人口经济学；农村建设经济学等。从狭义上说，包括农村经济在国民经济中的地位和作用、农村社会经济结构、农村资源利用、农村生产部门经济、农村生产的组织和管理、农村经济管理体制、农村人口与就业、农村居民生活、农村建设等。

（二）农村经济学的研究对象

农村经济学研究对象是农村区域经济系统的结构、功能及其总体运行规律。

（三）农村经济学的研究内容

农村经济学的研究内容包括以下几个方面：

一是农村微观经济理论和经济组织部分。主要研究农产品的需求和供给、农业发展和合作理论、中国农村微观经济组织再造等。

二是农村市场体系部分。主要研究农村市场体系的作用、结构与特征；农村商品市场和要素市场；农村社会主义市场经济体制和市场体系的建立等。

三是农村产业结构和农业产业化部分。主要研究农村产业结构及其调整、农业产业化、农村产业结构调整下的耕地保护与粮食安全问题等。

四是农村的可持续发展部分。主要研究农村人口与可持续发展、农村资源与可持续发展、农村生态环境与可持续发展、促进我国农村可持续发展的宏观政策选择等。

五是农村财政与金融部分。主要研究农村财政、农村金融、农业保险等。

六是农村的宏观调控部分。主要研究农村宏观调控的必要性、农村宏观调控的主体和目标、农村宏观调控手段等。

（四）农村经济学与相关学科的关系

农村经济学同城市经济学、乡镇经济学等学科属于区域经济学。虽然自然资源、生态环境、人口分布、交通条件、社会文化等不同，但是农村各个部门之间要求密切配合，因此，农村经济学重视社会各个部门在农村区域中的横向经济联合，以横向分析为主要研究特色，表现多学科协作的功能。

◆ **学习拓展：**

华西村模式

作为"集体所有制"和"共同富裕"的典型，华西村近年来备受关注。尤其在近期其"灵魂人物"吴仁宝去世后，更引发各界对于其未来发展的担忧。

一、华西村发展历程

华西村的发展共经历了四个主要阶段。第一阶段（1961~1978年），是人民公社农业集体主义阶段。这一时期，在吴仁宝带领下的华西村开办粮食饲料加工厂，以集体经济的模式、依靠团结苦干摆脱了贫困、落后的局面，并获得"全国农业先进集体"殊荣，初步确立了村庄的集体经济基础。第二阶段（1978~1992年），是工业集体确立阶段。华西村以集体经济模式抵制住了"分田"的趋势，延续之前以集体为单位的工业化道路，并从村落集体自发走向完全的工业集体，实现社区形态的转变。第三阶段（1992~2002年），是集体参与市场竞争阶段。借助改革与开放契机，华西村用集体的力量参与市场竞争，并着力进行制度创新，于1994年组建华西集团公司，最终完成工业化的资本积累，并于1999年挂牌上市，实现工业集体经济的转型与腾飞。第四阶段（2002年至今），是规模扩展、探索多元化发展和市场转型阶段。随着华西村内部权力的过渡，新任村党委书记吴协恩履职后，一方面，华西村开始进行村庄规模上的扩展，先后四次通过

"一分五统",将周边村庄纳入组建"大华西",面积与人口大幅增加;另一方面,华西村亦开始产业转型,尝试由传统第二产业为主导的产业布局,向以金融服务业为核心的第三产业进行升级,并逐步探索更加多元化的发展路径。目前,华西村村办企业涵盖农业、制造业、钢铁等传统产业,以及包括旅游、远洋航运、海洋工程、港口服务、金融业、仓储业等在内的现代服务业。截至2011年,其贡献GDP总量已超500亿元,人均收入10万元,净利润达40亿元,成为苏南模式的最重要代表,被称为"天下第一村"。

二、"华西村模式"的主要特征

第一,鲜明的"集体经济"特性。尽管现时华西村已经形成集体控股70%,村民参股30%构成的公私合作模式,但其突出的集体性特征亦使其长期受到各界关注。这种特征表现在:(1)村庄企业的"股份化"集体所有性质。华西村的集体所有制的性质与成分是以"股份"的形式表现和反映出来的,这种所有制模式既实现了在村庄内的集体共有,也对具有突出贡献或更多付出的人予以奖励;(2)"党政企"一体化的集体组织领导。华西村自80年代起即形成了"村"(曾由华西大队改名为华西村委)、"企"(1982年成立过农工商联合企业,后在1994年改为江苏华西集团公司)两套班子,并统一接受"华西党委"的领导,实际形成"对外三套班子、对内一套人马"的集中管理模式。各项决策、安排皆在这一集体组织的领导下进行。

第二,旨在"共同富裕"的分配制度。长期以来,华西村旨在"共同富裕"的村庄发展目标,与其全村范围内实现全民"超小康"的现实成绩,被外界广泛报道。在其分配制度层面,一方面,其基本原则是"按劳分配、多劳多得"。华西村集团与下属企业实行的承包经营,按"二八开、一三三三"制办法分配利润,即企业的超额利润20%上缴集团,80%留用;留用部分10%奖励给承包者,30%奖励给管理和技术人员,30%奖励职工,30%作为企业积累。另一方面,"少分配、多积累、多记账入股"的原则亦十分突出。奖励承包者的奖金20%兑现为现金,其他80%则以入股方式享受分红,以此为集体企业提供更加充足的发展资金。这种"个人分配与集体积累相结合""在集体所有基础上的财产使用分配制度"成为华西村一大突出特征。而在此分配基础上,村民所享受到的集体"福利",包括别墅、汽车、医疗、教育等层面,也因其远胜于中国农村普遍状况及至大部分城市居民的生活状况,而为外界所"惊诧"。

第三,独特的"华西精神"与"华西人"的共同体身份认同。华西村不仅因其在经济层面的突出成绩而被关注,其在文化精神层面的构建,亦被广泛探讨,具体表现如下:(1)华西村文化宣传的"红色"基调。华西村要求党员成为为人民服务的旗帜,强调"有福民先享、有难官先当"的价值理念;(2)华西村的"集体主义"精神。吴仁宝治下的华西村,十分强调个人对于集体共同利益的维护,强调公益而相对弱化私利。由此成为当下中国以经济建设、个人利益为核心的发展模式中的独特风景。（3）对于"华西村共同体"的强烈认同。基于历史上华西村所获得的肯定，与现实中华西村所获得的成绩，加之长期以来在"华西人"身份（identity）层面的认同，华西村民对于村庄拥有的强烈的认同感与归属感，也是构成其与其他地区相区别的一个重要特征。

第四，权威人物与家族的突出作用。华西村中吴仁宝与其家族的特殊地位也构成了村庄的另一大特征，至少以下几个层面有所表现：（1）领袖人物吴仁宝作为村庄带头人在某种程度上的"不可或缺"。自村庄正式建村以来，吴仁宝以其个人扎实肯干、果敢智慧与超强的个人魅力，成为村庄内部核心人物。其在外部资源整合与内部人际协调等方面的突出能力，使得很大程度上村庄的发展与团结依赖于吴的"魅力型领导"；（2）吴仁宝家族作为村庄组织核心的特殊地位。经过长期的发展，吴仁宝家族成员已掌控华西村各部门企业与党政机构的主要领导职位，在目前的企业生产经营与村庄发展中，起到决定性作用。

尽管在魅力型领袖吴仁宝去世之后，华西村的未来发展面临诸多问题，一个不容否认的事实是：集体主义带领、并在一个可预见的时期内还将继续带领一个"大村庄"，在迈向"共同富裕"的道路上展开它的探索。

资料来源：郭俊野."华西村模式"：争论与未来. http：//www.jingluecn.com/zt/collective/2013－05－02/614.html.

本章思考题

1. 简述区域经济的特点。
2. 在我国，研究区域经济有何现实意义？
3. 说明城市和农村有哪些区别？
4. 我国古代城市是如何形成和发展的？与西方国家早期城市的形成与发展有何不同？是否符合城市发展的一般规律？
5. 农村经济的特征是什么？
6. 农村经济制度有哪些？

第七章

国 际 经 济

当代国与国之间的经济交往迅速发展，经济联系日益密切。国际经济活动最初以国际商品贸易为主，互通有无，调剂余缺，各自发挥比较优势，互利双赢。随国际贸易而来的国际汇兑、国际收支等问题促进了国际金融的产生，逐渐形成独立的体系。近百年来尤其是第二次世界大战以来，国际投资又与国际商品贸易、国际金融、国际技术转让一起，成为国与国之间经济联系的重要内容。本章介绍国际贸易、国际金融和国际投资的含义、研究对象、发展过程、基本运行以及相关理论等内容。

第一节 国际贸易

国际贸易是人类社会发展到一定历史阶段的产物。自工业革命以来，世界各国经济通过国际贸易越来越紧密地联系在一起，国际贸易对国民经济的影响已反映在生活的各个角落，商品国际化与国际要素流动已经成为人们经济生活的一个重要组成部分。本节介绍国际贸易的含义与分类、国际贸易的产生与发展、国际贸易的地位与作用、国际贸易政策、国际贸易的法律环境，以及国际贸易学等内容。

一、国际贸易的含义与分类

（一）一个案例

住在美国东部的皮尔瑞纳先生和太太一天早上的生活：一大早，他们是被日本生产的（其中一些零部件是韩国和泰国生产的）索尼牌的半导体闹钟叫醒的。半导体的广播谈到中东的危机。皮尔瑞纳先生考虑这一事件是否会引起汽油价格上涨，他是应该买一辆德国生产的 Mercedes 牌的小轿车，还是购买一辆日本生产的 Honda 车。当皮尔瑞纳先生进入浴室时，有些犹豫：是用荷兰生产的 Philips 电动剃须刀，还是用英国生产的 Gillette 牌剃须刀刮胡子。皮尔瑞纳太太建议不再购买新车，而需要将房子扩展，增加房间，但问题是木材的价格在上涨。这是因为美国政府迫使加拿大提高出口到美国木材的价格。当皮尔瑞纳先生下楼喝橘子汁（巴西生产的）时，门铃响了，保姆米瑞纳（墨西哥人）来打扫卫生。在皮尔瑞纳先生家里，每天的早餐是使用法国制造的咖啡壶，加拿大输送至美国的天然气，烧煮来自印度尼西亚、巴西、哥伦比亚的混合咖啡。此外，早餐还有瑞士生产的饼和面包，夹着比利时生产的草莓酱。皮尔瑞纳先生还有一点忧虑，玉米的价格在下跌，这是因为欧洲国家减少进口美国的谷物和肉类，该城市的经济不如以前好。皮尔瑞纳夫妇家绝不是孤立的个案，我们的日常生活越来越国际化，其表现首先就是国际贸易。

（二）国际贸易的含义

国际贸易是指世界各国（地区）之间货物和服务的交换，是各国（地区）之间分工的表现，反映了世界各国（地区）在经济上的相互联系。对国际贸易的含义，可以从以下几方面来理解。

一是国际贸易是不同国家之间的商品、服务交换。它的产生与发展是以国家的存在为前提的，没有国家就不会有国际贸易。

二是国际贸易是各国生产在流通领域中的延伸（商品流通超越了国界），是再生产过程中的一个重要组成部分，它对再生产的过程起着积极或消极的作用。一个国家国际贸易搞得好，就可以促进国民经济的发展，加速扩大再生产的进行。

三是国际贸易是世界各国在经济上、科学技术上相互联系、相互依赖的主要表现形式之一，是各国进行国际分工的纽带。随着生产力的发展、科学技术的进步和国际间经济联系的增强，当今世界，没有哪一个国家能够游离于国际贸易环境之外而很好地生存。

四是国际贸易已成为衡量国民经济发展程度的标准之一。随着国际贸易内涵的不断丰富和扩展、规模和范围的不断扩大、方式的日趋多样化，今天的国际贸易已不再是简单偶然的、可有可无的物质交换，也不仅是调剂余缺、互通有无的平衡措施，而是各国发挥比较优势、参与国际分工、加速经济发展的必由之路。

五是国际贸易所反映的不仅仅是实物商品和非实物商品（技术和服务等）的交换关系，它还可通过贸易利益的分配来反映不同国家之间、集团之间，甚至企业之间的经济地位和政治外交关系。

（三）国际贸易的分类

按照不同的划分标准可以对国际贸易进行分类。这种划分对于了解国际贸易的情况、分析国际贸易问题和进行国际贸易的实践活动是十分必要的。一般把国际贸易分为以下几种类型。

1. 有形贸易和无形贸易

这是按照交易对象的特征划分的。有形贸易的对象具有可看见、可触摸的外在物理特性，是物质产品，如机器、日用品、粮食、原材料等。有形贸易是传统国际贸易的基本内容，也是海关监管和征税的对象。无形贸易又称为服务贸易，其贸易对象是服务，如银行服务、运输、保险、旅游等。它们不像有形物品一样具有可看见和可触摸的物理特性。海关统计数据通常不包括服务贸易。无形贸易在当前国际经济关系中的地位不断上升。

2. 出口、复出口、进口、复进口及过境贸易

这是按照货物移动方向划分的。出口贸易指把本国或地区生产的商品销售到其他国家或地区。但运出境外供驻外领馆使用的物品、旅客个人携带的自用物品一般不列入出口贸易统计。复出口指输入本国或本地区的商品未经加工就出口。这是和转口贸易密切相关的贸易现象。进口贸易指购入外国或其他地区生产的商品。但外国使领馆运进供自用的物品、旅客个人携带的自用物品一般不列入进口贸易。复进口指输出国外或其他地区的本国产品未经加工又进口的情况。如出口后的退货、未售掉的寄售商品的退回等。过境贸易指贸易国之间通过第三国国境的商品交易。如内陆国与不相邻的国家之间的商品交易,就必须通过第三国国境,对第三国海关来说,就会把这类贸易归入过境贸易。如果这类贸易是通过航空运输飞越第三国领空,第三国海关不会把它列入过境贸易。

3. 现汇贸易与易货贸易

这是按结算方式划分的。国际贸易采用可自由兑换的货币来结算,就是现汇贸易。现在国际贸易中主要采用这种结算方式。但有时贸易双方缺少可自由兑换货币,可以选择以货易货的方式来结算,即双方交换的商品经过计价以后,用等值的不同商品互相交换。

4. 双边贸易和转口贸易

两国或两地区之间的直接贸易称为双边贸易。在这种贸易中,不涉及第三国或地区。如果商品的生产国和商品消费国之间的交易通过第三国或地区的交易者来完成,就是转口贸易。商品的生产国把商品卖给第三国或地区的交易商,然后第三国或地区的交易商再把商品卖给真正的商品消费国。这种贸易对商品生产国和消费国来说是间接贸易,对第三国或地区来说是转口贸易。

在今天,世界经济进入了全球经济一体化的新阶段,国际竞争正转向高科技领域,世界经济的多元化、多极化、区域化和集团化持续发展,和平与发展成为当今世界的主旋律。在这种环境下,国际贸易的地位和作用不断提高,国际贸易成为各国对外关系的重要基础和纽带,成为人类文明发展的基石。

二、国际贸易的产生与发展

(一) 国际贸易的产生

国际贸易是国家与国家之间所开展的商品交换活动。因此,国际贸易的产生必须具备两个基本条件:一是经济条件,即随着社会生产力的发展能够提供交换用的剩余产品;二是社会条件,即开始出现各自为政的国家实体。社会生产力的发展、剩余产品的出现、社会分工的扩大以及国家的形成是国际贸易的基础。

在原始社会初期,人类处于自然分工状态,生产力水平极端低下,人们只能依靠集体劳动来获取有限的生活资料,然后按照平均的原则在公社成员之间进行分配。因此,在那时,没有剩余产品,没有私有制,没有阶级和国家,也就不存在国际贸易。

在人类历史的第一次社会大分工后,原始社会生产力得到了发展,产品开始有了少

量的剩余，在氏族公社、部落之间出现了剩余产品的交换。

随着社会生产力的继续发展，手工业从农业中分离出来成为独立的部门，形成了人类社会第二次大分工。由于手工业的出现，便产生了直接以交换为目的的生产——商品生产。商品生产和商品交换的不断扩大，出现了货币，商品交换就变成了以货币为媒介的商品流通。这样就进一步促使私有制和阶级的形成。由于商品交换的日益频繁和交换的地域范围不断扩大，又产生了专门从事贸易的商人阶层，形成了第三次社会大分工。第三次社会大分工使商品生产和商品流通进一步扩大。商品生产和流通更加频繁和广泛，从而阶级和国家相继形成。于是，到原始社会末期，商品流通开始超越国界，这就产生了国际贸易。

（二）国际贸易的发展

1. 奴隶社会的国际贸易

在奴隶社会，自然经济占主导地位，其特点是自给自足，生产的目的主要是为了消费，而不是为了交换。奴隶社会虽然出现了手工业和商品生产，但在一国整个社会生产中显得微不足道，进入流通的商品数量很少。同时，由于社会生产力水平低下和生产技术落后，交通工具简陋，道路条件恶劣，严重阻碍了人与物的交流，国际贸易局限在很小的范围内，其规模和内容都受到很大的限制。

奴隶社会是奴隶主占有生产资料和奴隶的社会，奴隶社会的国际贸易是为奴隶主阶级服务的。当时，奴隶主拥有财富的重要标志是其占有多少奴隶，因此，奴隶社会国际贸易中的主要商品是奴隶。此外，粮食、酒及其他专供奴隶主阶级享用的奢侈品，如宝石、香料和各种织物等也都是当时国际贸易中的重要商品。国际贸易在奴隶社会经济中不占有重要的地位，但是它促进了手工业的发展，奴隶贸易成为奴隶主经常补充奴隶的重要来源。

2. 封建社会的国际贸易

封建社会的经济仍然是自给自足的自然经济，农业在国民经济中占主导地位，商品生产处于从属地位。但是，与奴隶社会相比，商品经济的范围逐步扩大，国际贸易也进一步增长。国际贸易的中心也随着各种运输工具的改进和各种"贸易之路"的开辟而逐步形成。早期，地中海东部成为国际贸易频繁展开的中心。到公元七八世纪，阿拉伯各国成为国际贸易的中心。公元11世纪后，整个地中海、波罗的海和黑海沿岸的国际贸易逐渐增多。意大利北部威尼斯、热那亚等城市成为国际商品主要集散地，贸易商品的范围也由早先的少数几种奢侈品扩大到丝绸、毛纺织品等。这个时期东方国家的贸易活动也有了较大的发展。不过，从总体上看，无论是在西方还是在东方，由于奴隶社会和封建社会的经济形态属于自给自足的自然经济，商业并不发达，因此，这个时期的国际贸易发展还是很有限的，并且带有明显的地区性，而不是世界性特征。

3. 资本主义时期的国际贸易

15世纪末期至16世纪初，哥伦布发现新大陆，瓦斯哥达·加成从欧洲经由好望角到达亚洲，麦哲伦完成环球航行，这些地理大发现对西欧经济发展和全球国际贸易产生了十分深远的影响。大批欧洲冒险家前往非洲和美洲进行掠夺性贸易，运回大量金银财富，甚至还开始了买卖黑人的罪恶勾当，同时还将这些地区沦为本国的殖民地，妄图长久地保持其霸权。这样，既加速了资本原始积累，又大大推动了国际贸易的发展。西班牙、荷兰、英国之间长期战火不断，目的就是为了争夺海上霸权，讲到底，就是要争夺殖民地和国际贸易的控制权。可见，国际贸易是资本主义生产方式的基础，同争夺海运和国际贸易的霸权相呼应，这些欧洲国家的外贸活动常常具有一定的垄断性质，甚至还建立了垄断性外贸公司，如英国的东印度公司。

17世纪中期英国资产阶级革命的胜利，标志着资本主义生产方式的正式确立。随后英国夺得海上霸权，意味着它在世界贸易中占据主导地位，这就为它向外掠夺扩张铺平了道路。18世纪中期的产业革命又为国际贸易的空前发展提供了十分坚实而又广阔的物质基础，一方面，蒸汽机的发明和使用开创了机器大工业时代，生产力迅速提高，物质产品大为丰富，从而真正的国际分工开始形成；另一方面，交通运输和通信联络的技术和工具都有突飞猛进的发展，各国之间的距离似乎骤然变短，这就使得世界市场真正得以建立。正是在这种情况下，国际贸易有了惊人的巨大发展，并且从原先局部的、地区性的交易活动转变为全球性的国际贸易。这个时期的国际贸易，不仅贸易数量和种类有了长足增长，而且贸易方式和机构职能也有创新发展。显然，国际贸易的巨大发展是资本主义生产方式发展的必然结果。

19世纪70年代后，资本主义进入垄断阶段，此时的国际贸易不可避免地带有"垄断"的特点。主要资本主义国家的国际贸易被为数不多的垄断组织所控制，由它们决定着一国国际贸易的地理方向和商品构成。垄断组织输出巨额资本，用来扩大商品输出的范围和规模。

4. 第二次世界大战以后的国际贸易

第二次世界大战以后，国际贸易进入了全新的繁荣发展时期。

由于新的科技革命和跨国公司的空前扩张，国际分工的形式和内容都发生了巨大的变化。国际工业分工迅速发展，并已取代国际工农业分工而成为分工的主导形式。战后，以电子、化学、生物和航空航天等新技术为基础的各种新型工业部门的建立和迅速发展，使工业部门类别不断增加。工业部门内部分工的趋势也不断增强。劳务部门在国际分工中的重要性不断提高。在新的科技革命的影响下，许多国家的第三产业迅速发展，商品零售、运输、保险、金融服务、旅游开发等新型的行业部门不断涌现。这些部门在满足本国消费需要的同时，也逐步走向国外，加入国际分工的行列之中。无论发达国家还是发展中国家，在继续进行传统的国际工农业分工的同时，根据自身的资源优势和技术条件积极与不同发展水平的国家开展了不同层次、不同环节的国际工业分工。"水平型分工"已取代传统的"垂直型分工"而占据主导地位。受其影响，战后的国际贸易呈现出一系列新的特点：

（1）国际贸易的规模持续扩大。从1950~2000年的50年中，全世界的商品出口总值从约610亿美元增加到61 328亿美元，增长了将近100倍。即使扣除通货膨胀因素，实际商品出口值也增长了15倍多，远远超过了工业革命后乃至历史上任何一个时期的国际贸易增长速度。而且，世界贸易实际价值的增长速度（年平均增长6%左右）超过了同期世界实际GDP增长的速度（年平均增长3.8%左右）。这意味着国际贸易在各国的GDP中的比重在不断上升，国际贸易在现代经济中的地位越来越重要。

（2）国际贸易方式的多样化。第二次世界大战后，除了传统的国际贸易方式，如包销、代理、寄售、招标、拍卖、展卖等外，又出现了一些新型的贸易方式，如补偿贸易、加工装配贸易、对等贸易和租赁贸易等。这些新型国际贸易方式的发展，不仅扩大了国际贸易的范围，而且增加了国际贸易的深度，使经济发达国家和经济落后的发展中国家，都能借助不同的贸易方式加入国际分工体系和国际贸易合作的阵营中来。

（3）贸易产品结构发生重大变化，各种无形贸易迅速增加。在世界贸易总额中，工业制成品和半制成品的比重已超过初级产品，成为国际贸易的主要产品。自19世纪70年代至20世纪80年代，初级产品在世界出口值中所占的比重由60%以上逐渐下降至30%多，而工业制成品比重则由30%多上升到60%以上，两者的地位出现了互换。

（4）跨国公司迅速发展。跨国公司成为国际贸易的主要当事人。由跨国公司所引发的公司内贸易和公司外贸易在世界贸易中所占的比重相当大，仅跨国公司的销售额就相当于世界出口总额的70%，而国际技术贸易更是75%以上属于与跨国公司有关的技术转让。因此，跨国公司的发展是战后国际贸易迅速增长的重要原因之一。

（5）国际贸易政策的协调大大增强，关税与贸易总协定对贸易的自由化发展做出了重要贡献。第二次世界大战以后，经过多次国际协商，《关税与贸易总协定临时适用议定书》于1948年1月1日起生效。至1995年年初被世界贸易组织取代之前，它在建立国际贸易新秩序和推动国际贸易自由化方面作用巨大。它不仅建立了一套国际贸易的原则和协议，协商处理贸易纠纷，还使平均关税水平大大下降，非关税壁垒明显降低。

随着历史的进步与科学技术的发展，未来国际贸易无论是其总量、规模，还是结构、形式都将逐步改变。

三、国际贸易的地位与作用

（一）国际贸易在一国国民经济中的地位

进入近代社会以后，国际贸易已成为一国国民经济的有机组成部分，成为一国国民经济整体中不可缺少的重要环节。国际贸易属于流通范畴，它是整个交换的一部分，是国内商业向国外延伸的地区范围的扩大，因此，分析国际贸易的地位应从交换在社会再生产过程的中介地位说起。

社会再生产过程的四个环节——生产、分配、交换和消费是相互联系，又相互制约。再生产过程总是先从生产开始，经过分配和交换，最后进入消费。生产表现为起点，决定着其他环节；消费表现为终点，是生产的最终完成。分配和交换表现为中间环节，联结着生产和消费。所以，交换在社会再生产中处于中介地位，是联系生产和消费的桥梁和纽带。

单就生产与交换的关系来说，一方面，生产决定交换，如果没有生产，也就没有交换，有什么样性质的生产，就有什么样性质的交换，交换的深度、广度和方式都取决于生产；另一方面，交换对生产具有反作用，在一定条件下还可能对生产产生巨大的促进或阻碍作用。例如，当市场扩大，即交换范围扩大时，进出口贸易也会跟着扩大，从而引起需求的增加，投资和就业的增长，生产规模又自然扩大，从而形成一系列促进经济发展的连锁效应；而当市场的扩大赶不上生产的扩大时，生产规模就要受到制约，生产的增长将被迫放慢或陷于停滞。

而对外贸易的职能是专门媒介对外商品的交换，它是整个交换的一个重要组成部分，其地位自然而然地也是处于社会再生产的中介地位，也是联系生产和消费的一种桥梁和纽带。不过，它所处的不是一般意义的中介地位，而是一种特定的中介地位，它不是将国内生产和消费直接联系起来，而是在国内生产与国外消费和国外生产与国内消费的联系中起着特殊的桥梁和纽带作用，这是国内商业所不能取代的。

（二）国际贸易在国民经济中的作用

国际贸易对一国经济的发展有重要的促进作用，也是世界各国发展对外经济关系的纽带和手段。具体来讲，国际贸易的作用反映在以下几个方面：

1. 互通有无，调剂余缺

由于自然条件不同，社会经济条件各异，任何一个国家都不可能拥有或生产它所需要的一切。通过国际贸易，能够在各国间互通有无，实现使用价值的转换。缺少原料的国家，可以依靠进口原料生产更多的工业制成品；食品生产不足的国家，可以通过国际贸易满足本国的需要；经济发展水平较低的国家，可以以本国在生产上具有相对优势的产品的出口，换回为本国经济发展所需要的机器设备和先进技术，有助于加速一国经济的发展。通过国际贸易，可以调剂余缺，使经济获得相对稳定的发展。

2. 节约社会劳动，增加生产总量

由于种种原因，各国不同部门的生产力之间存在着差距。一国出口本国具有相对优势的生产部门的产品，进口本国处于相对劣势的生产部门的产品。各国集中生产自己具有比较优势的产品，可以发挥本国的劳动资源优势，提高本国的整体劳动生产率，节约社会劳动。同时各国均利用其优势的生产要素，生产出更多的产品，使世界的产品总量增加。通过国际交换以后，不仅生产效率增加，各国消费水平和消费结构也有所改善，福利水平提高。

3. 可以阻止利润率的下降趋势

由于技术进步和市场竞争，企业必须不断地进行资本积累，以便更新机器设备。这就必然会使资本有机构成不断提高，即在全部资本中不变资本所占的比重越来越大，可变资本所占比重越来越小，从而使利润率呈现下降趋势。这是一条客观规律。国际贸易是阻止利润率下降的重要因素。这是由于，通过国际贸易可以从国外获得廉价的原料和食品，从而降低工资，降低生产成本；通过国际贸易可以扩大工业制成品的销路，从而得以扩大生产规模，充分发挥现有生产设备的能力，取得规模经济的效益；国际市场上的竞争往往比国内市场上的竞争更为激烈，这就迫使企业不得不努力改进技术，提高产品的质量，提高劳动生产率，降低生产成本，具有优势的企业就可以长期获得超额利润。

4. 发展对外关系的纽带和手段

随着经济全球化的发展，各国之间的交往越来越频繁，联系越来越紧密。国际贸易是各国对外经济关系的核心。一国经济状况的变化，往往可以通过国际贸易影响到其他国家。通过国际贸易，各国间可以相互合作，有助于维护世界和平，促进各国经济的发展。同时，在一定情况下，国际贸易也可以成为各国进行政治斗争的重要手段。

四、国际贸易政策与措施

（一）国际贸易政策的含义及类型

1. 国际贸易政策的含义

国际贸易政策是世界各国和地区对外进行商品、服务和技术交换活动时所采取的政策。对于一国来讲，国际贸易政策就是对外贸易政策，它有广义和狭义之分。广义的对外贸易政策指涉及外贸活动的国家干预和调节行为，是一国根据一定时期内政治经济的基本发展态势和国民经济的总体发展目标，结合本国的资源禀赋、产业结构、经济发展水平，所制定的在较长时期内普遍适用的对外贸易的基本原则、方针和策略。体现对外贸易政策的各种政策措施包括：进出口商品政策，国别政策或地区政策等，涉及国家对外贸易活动的经营管理体制、法律制度和行政干预等内容。狭义的贸易政策则是指关税和非关税措施的政策体系。

2. 制定国际贸易政策的目的

各国制定对外贸易政策的主要目的是：其一，保护本国市场。通过关税和各种非关税壁垒措施来限制外国商品和服务的进口，使本国商品和服务免受外国的竞争；其二，扩大本国的出口市场。通过各种鼓励出口的措施来促进本国出口商增加出口，使本国的出口市场不断扩大；其三，促进本国产业结构的改善；其四，积累资本或资金。通过关税、国内税和其他税费措施，使国家获得财政收入；通过宏观调控政策促使出口商获得良好的外贸环境，从而增加盈利；其五，维护和发展本国的对外经济政治关系。

3. 国际贸易政策的类型

国际贸易政策可以分为自由贸易政策和保护贸易政策两大基本类型。

（1）自由贸易政策。自由贸易政策指对本国的对外贸易行为不加任何干预，既不鼓励出口，也不限制进口，商品自由进出口，在国际市场上自由竞争。自由贸易政策的内容主要包括：国家取消对进出口商品贸易和服务贸易等的限制和障碍，取消对本国进出口商品和服务贸易等的各种特权和优待，允许商品自由进出口，服务贸易自由经营，在国内外市场上自由竞争。自由贸易政策产生于18世纪新兴资产阶级"自由放任"思想在对外经济关系上的延伸。国际贸易近几百年的历史表明，完全意义上的自由贸易政策是不存在的，当今的自由贸易政策表现为国家取消对进出口贸易的限制和障碍，取消对本国进口商的各种特权和优惠的自由化过程。

（2）保护贸易政策。保护贸易政策指一国政府广泛利用各种限制进口和控制经营范围的措施，保护本国商品和服务在本国市场免受外国商品和服务的竞争，并对本国出口给予优待和补贴以鼓励商品出口的政策。保护贸易政策是一系列干预贸易行为的各种政策措施的组合。由于各国经济发展水平的不同，一些经济起步较晚的国家主张保护国内市场，发展民族资本，促进国内生产力的形成，以达到保护和发展本国生产力的目标。简言之，保护贸易政策即奖出限入政策。

此外，还存在超保护贸易政策、中性贸易保护政策和偏向性贸易保护政策。超保护贸易政策也称侵略性保护贸易政策，指国家支持国内垄断资本对外实施进攻性扩张，是国际贸易中垄断竞争日益激烈的产物，是第二次世界大战后国家垄断干预贸易、争夺世界市场和霸权的手段。中性贸易政策指政府干预措施的综合效果是对一切可贸易产品和非贸易产品，可出口产品和可进口产品，国内市场和出口市场，采取不偏不倚、一视同仁的态度对待。偏向性贸易政策则有内向性和外向性贸易政策之分。外向性政策倾向于鼓励出口和促进出口加工业生产的措施。内向性政策重视内销生产而轻视供出口的生产。

（二）鼓励出口与出口管制

1. 鼓励出口措施

鼓励出口的政策一般也被视作保护贸易政策的一种表现，也是干预主义的一种，只是在干预形式上与进口限制有所不同，隐蔽性较强。其主要措施有：

（1）出口补贴和出口退税。出口补贴是一国政府在商品出口时给予出口厂商的现金补贴或财政上的优惠，目的在于降低出口商品的价格，加强其在国外市场的竞争力。补贴是当今国际贸易中运用最广泛的干预形式。出口退税指政府对本国产品所征的货物税或加工出口前所缴纳的原料进口税，在制成品出口时予以退还。其主要目的是增强出口产品的国际竞争力，降低外销成本、鼓励出口以带动国内工业。

（2）出口信贷和出口信贷国家担保制。出口信贷是国家通过银行对本国商品所提供的一种信贷资助，对银行而言，就是出口信贷业务，用以促进和扩大出口。出口信贷可分为卖方信贷和买方信贷，卖方信贷指出口国银行向本国出口厂商即卖方提供的信贷；买方信贷是出口国银行直接向进口国银行或进口厂商提供的贷款。出口信贷国家担保制是指政府设置专门机构，对本国出口商和商业银行向国外进口商或银行提供的延期付款商业信用或银行信贷进行担保，当国外债务人不能按期付款时由这个专门机构按承保金额进行补偿。

（3）商品倾销和外汇倾销。商品倾销是指以远低于国内市场的价格，甚至低于生产成本的价格，向国外抛售商品，目的是打击竞争者，占领市场。外汇倾销是指一国政府利用本国货币对外贬值的机会争夺国外市场。因为本国货币贬值后，出口商品以外国货币表示的价格降低，从而提高了该国商品在国际市场上的竞争力，达到了扩大出口的目的。

2. 出口管制措施

出口管制是指出口国政府通过各种经济的和行政的办法与措施对本国出口贸易实行管制行为的总称。

出口管制的政治目的是干涉和控制进口国的政治经济局势，在外交活动中保持主动地位，遏制敌对国或臆想中的敌对国的经济发展，维护本国或国家集团的政治利益和安全等目标，通过出口控制手段，限制或禁止某些可能增加其他国家军事实力的物资，特别是战略物资和可用于军事的高技术产品的出口。其经济目的在于保护国内稀缺资源或再生资源，维护国内市场供应，促进国内有关产业部门或加工工业的发展，防止国内出现严重的通货膨胀，保持国际收支平衡等。

出口管制一般有两种形式：（1）单边出口管制。即一国根据本国的需要和外交关系的考虑，制定本国的出口管制方案，设立专门的执行机构实行出口管制。（2）多边出口管制。即两个以上国家的政府，通过一定的方式建立多边出口管制机构，商订和编制多边出口管制清单，规定管制办法，以协调彼此的出口管制政策和措施，达到共同的政治和经济目的。

（三）关税

1. 关税的含义及作用

关税是进出口货物经过一国关境时，由政府设置的海关向其进出口商所征收的一种税。关税与国家凭借政治权利规定的其他税赋一样，具有强制性、无偿性和预定性特征。关税的纳税人即税收主体，是本国进出口商，但最终是由国内外的消费者负担，它属于间接税的一种。进出口货物是税收客体，即依法被征收的标的物。

关税通过提高进出口的成本发挥作用，以进口税为例，其作用表现如下：

（1）减少消费。消费者因进口商品价格上涨而减少购买，降低消费者的满足程度。其效果大小与国内需求弹性相关，需求价格弹性大，消费效果也大。

（2）保护国内产业。关税导致进口商品价格上涨，能弥补国内生产者扩大生产而上升的边际成本，所以国内生产增加。关税保护效果的大小决定于国内的供给弹性。供给弹性越小，关税的保护效果也越小。

（3）增加政府收入。政府通过关税可以获得货币收入。收入多少决定于关税税率和进口数量的乘积。

2. 关税的分类

关税有以下分类形式：

（1）按商品流向可以分为进口税、出口税和过境税。进口税是进口国海关在外国商品输入时，对本国进口商所征收的关税。进口税是关税中最主要的税种，一般是在外国商品进入关境、办理海关手续时征收。出口税是出口国海关在本国商品输出时对本国出口商所征收的关税。为了鼓励出口、追求贸易顺差和获取最大限度的外汇收入，许多国家，特别是西方发达国家已不再征收出口税。过境税是一国对于通过其领土运往另一国的外国货物所征收的关税。征税方可以凭借得天独厚的条件获取一定的收入。

（2）按征税待遇分为普通税和优惠关税。普通税率适用于无任何外交关系国家的进口商品，是最高的税率。现在仅个别国家的商品实行这种歧视性税率。优惠关税适用于有经济贸易关系的国家的进口商品。优惠税率有最惠国税率、协定税率、普惠制税率、特惠税率等多种形式。

从关税设置的目的看，最初的关税只是作为政府增加财政收入的渠道，所以也称之为财政关税。以保护国内产业为目的设置的关税称之为保护关税。报复性关税是指对特定国家的不公平贸易行为采取行动而临时加征的进口附加税。科技关税是对技术先进、竞争能力特别强劲的产品所征收的进口附加费用。

（四）非关税壁垒措施

非关税壁垒措施指各国政府除关税以外所有用以限制进口的措施，是当今各国保护国内市场的主要手段。主要有以下几种：

1. 直接限制进口措施

非关税限制贸易的政策工具中，直接限制进口的"数量限制"的保护效果最大且直接，尤其是对缺乏需求弹性的商品，如农产品等，其效果更为显著。数量限制的主要形式分为三种：一是进口配额制。指一国政府在一定时期内，对于某些商品的进口数量或金额加以直接限制。在规定的期限内，配额以内的货物准予进口，超过配额的货物则不准进口，或加征较高的关税甚至罚款以后才准许进口。二是自动出口限制。指出口国家或地区在进口国的要求或压力下，"自动"规定某一时期内，某些商品对该国出口的数量或金额的限制，在限定的配额内自行控制出口，超过配额即禁止出口。其目的在于避免因这些商品出口过多而严重损害进口国生产者的利益，招致进口国采取严厉措施限制从该国的进口。三是进口许可证制。进口许可证制是一种凭证进口的制度。为了限制商品进口，国家规定某些商品进口必须取得许可证，没有许可证一律不准进口。

2. 间接限制进口措施

间接限制进口措施主要有以下几种：一是对外贸易的国家垄断。指国家指定的机构和组织集中管理、集中经营。二是外汇管制。指各国政府通过政府法令对国际结算和外汇买卖加以管制以平衡国际收支，控制外汇的供给与需求，防止套汇、逃汇，维持本国货币币值稳定的一种管理措施。三是歧视性的政府采购政策。指政府通过制定政策或规定，国家行政部门在采购时必须优先购买本国产品，从而形成了对外国商品的歧视，限制外国货的进口。其他的措施还有最低限价和禁止进口、国内税收和商业限制、进口押金制度、海关估价制度、反倾销与反补贴措施等。

3. 技术性贸易壁垒

技术性贸易壁垒是非关税壁垒中发展最为广泛的一种形式，指一国以维护国家安全、保护人类、动植物生命及健康、阻止欺诈、保护环境、保证质量为目的，或以贸易保护为目的所采取的技术性措施。其主要措施有技术标准、卫生检疫措施、商品包装和标签规定等。绿色贸易壁垒是近年来出现的贸易保护措施，指各国为了保护本国市场，以保护环境和国民健康为由，对进口商品提出带有歧视性、针对性的技术、安全和卫生标准。其主要形式有环境附加税、绿色环境标志制度、绿色技术是标准制度、绿色包装制度、绿色检疫卫生制度。环境贸易制裁和绿色补贴制度。

五、国际贸易的法律环境

（一）国际公约

在国际货物买卖中，必须遵守国家对外缔结或参加的有关国际贸易、国际运输、商标、专利、仲裁等方面的条约和协定。目前与我国对外贸易有关的国际协定，包括多边贸易协定、双边贸易协定、支付协定、贸易支付协定、贸易协定书等。我国参加并已于1988年1月1日起正式生效的《联合国国际货物销售合同公约》，是与我国进行货物进出口贸易关系最大、最重要的一项国际公约。

《联合国国际货物销售合同公约》遵循平等互利的原则，有利于减少国际贸易的法律障碍、促进国际贸易的发展。《联合国国际货物销售合同公约》的主要内容包括：适用范围、国际货物销售合同订立的规则、合同当事人的权利和义务、违约责任、损害赔偿、风险转移、免责事项等。

除此之外，国际上还就国际海运、陆运、空运、知识产权、仲裁等订有公约。这些公约，当法院和仲裁机构在处理非参加国企业间的涉外经济合同时，即使在各有关公约中未承认和使用有关规定的情况下，也常被作为参考或予以引用。

（二）国际贸易惯例

国际贸易惯例至今尚无一致公认的定义，一般认为，国际惯例是在长期的国际贸易实践中约定俗成的国际贸易行为模式、规则、原则等，对买卖双方的权利与义务关系有明确的规范。

国际贸易惯例并不是法律，但它具有类似法律规范的性质。一般来讲，国际贸易惯例对当事人不产生法律约束，除极少数惯例具有强制性外，绝大多数是任意性的，它们只有通过国家或当事人之间的认可，才产生法律约束。因此，一些惯例在实际的应用中，完全有可能被合同当事人全部或部分地废弃、修改或完全采用。

当国际贸易惯例符合以下任一条件时，具有法律约束力：通过国内立法，将国际贸易惯例引入国内法中，或者国内法明文规定适用国际惯例；通过国际立法，即在公约、条例中引用国际贸易惯例；通过合同，即在合同中引入国际贸易惯例；在司法实践中引用国际贸易惯例；当事人以默示的方式选择某些国际贸易惯例。

（三）国内法律

各国有关国际贸易的法律不尽相同。我国在 1992 年颁布了《中华人民共和国海商法》。基本上实现了与有关国际经济立法的全面接轨。2004 年修订的《中华人民共和国对外贸易法》对对外贸易经营者、货物与技术进出口、对外贸易秩序、对外贸易促进以及法律责任等进行了规定。1999 年颁布了《中华人民共和国合同法》，其最显著的一个特点是条款内容大量反映和吸收了国际统一合同法的相关精神和规则。同时也在某些问题的制度规定上保持了自己的特点。

八、国际贸易学

（一）国际贸易学的研究对象

国际贸易学作为一门学科，其研究对象是具有各自经济利益的不同关税区，即不同国家或地区之间的商品和服务的交换活动。通过研究这些商品和服务交换活动的产生、发展过程，以及贸易利益的产生和分配，揭示这种交换活动的特点和规律，并将其应用于实践中。

（二）国际贸易学的基本内容

国际贸易学的基本内容包括国际贸易理论、政策以及有关问题等。

1. 国际贸易理论

国际贸易理论有绝对优势理论、比较优势理论、要素禀赋理论、产品生命周期理论、产业内贸易理论以及贸易保护理论等。这里仅对影响较大的几种理论作简要介绍。

(1) 亚当·斯密的绝对优势理论。绝对优势理论认为，国际贸易产生于各国之间生产商品的劳动生产率的绝对差别。每个国家由于先天或后天的条件不同，都会在某些商品的生产上有绝对优势，如果每个国家都把自己拥有的全部生产要素集中到自己拥有绝对优势的产品的生产上来，然后通过国际贸易，用自己产品的一部分去交换自己所需要的其他商品，则各国资源都能被最为有效地利用，每个国家都能从中获利。因此，斯密主张实行自由贸易政策，反对国家对外贸的干预。

(2) 大卫·李嘉图的比较优势理论。根据大卫·李嘉图的观点，在两国都能生产同样两种产品的条件下，如果其中一国在两种产品的生产上劳动生产率均高于另一国，该国可以专门生产优势较大的产品，处于劣势地位的另一国可以专门生产劣势较小的产品。通过国际分工和贸易，双方仍然可以从贸易中获利。李嘉图说："如果两个人都能制造鞋和帽，其中一个人在两种职业上都比另一个人强些。不过制帽只强 1/5 或 20%，而制鞋则强 1/3 或 33%。那么这个较强的人就专门制鞋，那个较差的人就专门制帽，岂不是双方都能获利。"

(3) 赫克歇尔—俄林的要素禀赋理论。要素禀赋理论最早由瑞典经济学家伊莱·赫克歇尔和伯蒂尔·俄林提出。其基本原理可以概括为：在国际贸易中，一国的比较优势是由其要素丰裕度决定的。一国应生产和出口较密集地使用其较丰裕的生产要素的产品，进口较密集地使用其较稀缺的生产要素的产品。劳动相对丰裕的国家应当出口劳动密集型产品，进口资本密集型产品；资本相对丰裕的国家应当出口资本密集型产品，进口劳动密集型产品。

(4) 产品生命周期理论。产品生命周期理论的代表人物弗农把产品技术发展分成三个阶段。第一阶段为新生期：对生产要素的要求是科学技术人才和大量的研究开发投资；产品性质是知识和资本密集型的；拥有科学技术人才和资本充裕的发达国家具有优势。第二阶段是成长期：技术已经成熟，对生产要素的要求是大量的资本，以进行大规模生产；产品性质是资本密集型的；大多数其他发达国家具有优势。第三阶段是成熟期：产品已经标准化，广泛普及于市场。对生产要素的要求是低成本的劳动力；产品性质成为劳动密集型的；劳动充裕的发展中国家具有优势。因此，不同类型的国家能够在不同的阶段上具有比较优势（如图 7.1 所示）。

2. 国际贸易政策与措施

不同的国际贸易理论指导对外贸易的实践，便会产生各种各样具体的贸易政策和措施。自由贸易理论认为应当尽量消除妨碍贸易发展的各种措施，如削减关税和非关税壁垒，而保护贸易理论则认为应当根据本国产业发展的需要，采取关税和其他非关税措施，限制某些产品的进口，鼓励某些产品的出口。各种政策措施对进口和出口的影响程度是各不相同的，究竟采用哪种措施，或者是几种措施结合起来使用，达到某方面的目标，需要作专门的分析。现代国际贸易的实践表明，国际贸易市场上既存在竞争，又存在合作。于是，不同国家又会通过签订各种协定、条约或参加某些国际经济组织来对自

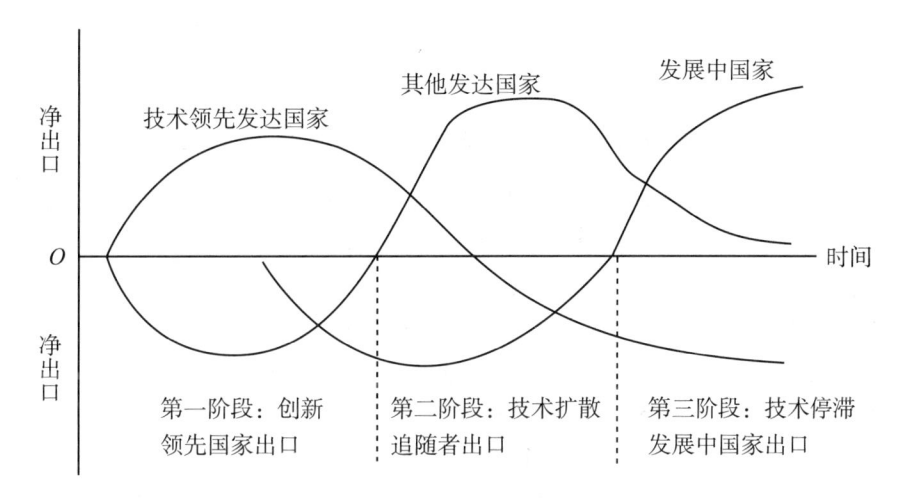

图7.1 产品的生命周期

己的行为进行约束和规范。国际经济贸易关系涉及各国的长远利益,各国采取的贸易政策措施通常贯穿着政治、军事上的考虑,因此在研究国际贸易政策与措施时,不能单纯从经济的角度,还应该从政治与经济相结合的角度看问题。

3. 与国际贸易有关的各种现实问题

国际贸易的发展引起了生产国际化的发展,形成了给国际贸易以重大影响的许多跨国公司,有关这些跨国公司活动的理论和实际问题,以及由生产国际化引起的区域经济一体化问题,都是国际贸易学所十分关注的。不了解这些问题,实际上就不了解现代国际贸易的特点。同时,世界各国为了推进国际贸易自由化的发展而建立起的世界贸易组织,已成为各国从事国际贸易活动的法律框架和活动平台,无论是发达国家还是发展中国家都希望世界贸易组织规则向着有利于自己的方向发展。有关世界贸易组织的一系列问题,自然也是国际贸易学所要研究的。

(三)国际贸易学的研究方法

国际贸易学的研究主要围绕如何利用稀缺资源来实现最大的回报而展开。它研究国际间的贸易如何影响一国的福利、收入分配、就业和经济发展,并探讨各国政府如何从本国利益最大化出发对国际贸易实施不同的政策。

国际贸易学在研究方法上以微观经济学分析为基本工具。微观经济学通常以单个消费者和厂商为基本单位,研究个体之间的经济关系,经济行为主体背后并无政治文化背景的差异。而国际贸易则涉及国家的界限,所以经济学家在研究国际贸易时,都是以国家为单位,既考虑个体行为又考虑国家的行为。国际贸易学理论研究以静态或比较静态分析为主,很少涉及时间因素。与一般经济学的研究方法相同,国际贸易学在分析上也分为实证分析和规范分析两种。前者主要针对与国际贸易有关的某一现象,提供理论分析框架,旨在解释诸如国际贸易发生的原因、贸易形态的决定、贸易政策措施对国内经济活动的影响等问题;后者则就与贸易有关的某一现象进行价值判断,说明其好坏,如就一国贸易政策是采用自由贸易还是贸易保护主义提出依据。

> ◆学习拓展：
>
> ### 一个出口案例：进出口贸易合同中的审核要点
>
> 2015年5月初，我国某进出口公司（简称A公司）就某种有色矿产品出口一事向国外一家公司（简称B公司）发盘：可供氧化锑500吨，USD2850/MT CIF价，即期装运。B公司接到A公司的发盘后，没有明示接受，只来电要求A公司货物数量增加到600吨，并适当降低货物价格，并要求A公司延长发盘的有效期。A公司5月15日将货物增加至600吨，价格为USD2800/MT CIF价，有效期为5月25日。B公司5月23日来电接受该发盘，但附加条件"需提供适合海洋运输的良好包装"。A公司接到B公司的接受时，发现国际市场上氧化锑的价格猛涨，所以，A公司拒绝B公司的接受，并复电："由于国际市场氧化锑产品行情变化，在接到接受之前货物已出售"。B公司坚持合同已成立，要求A公司履行合同，或者赔偿损失15万美元。
>
> 本案结果是：双方经过多次争议和磋商，A公司承认合同成立，赔偿B公司12万美元。
>
> 分析：本案A公司承认理亏，合同成立，并赔偿B公司的损失是合理的。但有几点值得注意：
>
> （1）A公司的业务人员知识和经验都不足，对国际市场行情没有认真分析和对B公司的工作意图不了解。首先，该产品在那段时间价格肯定有向上的趋势，但不明显；其次，B公司要求延长有效期是为了进一步观测市场的变化情况，所以他不表示是否接受。
>
> （2）A公司的业务人员对发虚盘和发实盘还不完全了解。B公司接受的附加条件实际是对原发盘要件（包装条件）的修改，已经不是接受，而是还盘。A公司可以不接受。
>
> （3）A公司的复电也不对。没有针对B公司改变原发盘的要件，而是说货物已出售，实际上默认合同已成立，那么赔偿当然就合理了。

第二节 国际金融

有了国际贸易以后，就产生有关货币收付、汇兑、信贷、结算等问题，从中又引起资金流动、国际金融市场、国际货币体系、国际金融机构等问题，把这些问题归结起来，就构成一般所说的国际金融。概括地说，国际金融就是分析研究和处理国际间的货币兑换、借贷关系、收付方式、结算制度、金融市场、货币体系、金融机构等问题的总称。由于各国的历史、社会制度、经济发展水平各不相同，它们在对外经济、金融领域采取的方针政策有很大差异，这些差异有时会导致激烈的矛盾和冲突。本节介绍国际金融的发展及其作用、国际收支、汇率与汇率制度、国际金融组织以及国际货币制度等国际金融的有关内容。

一、国际金融的发展及其作用

（一）国际金融的产生与发展

在西方国家，国际经济关系的研究已有数百年的历史。国际金融是在国际贸易理论的基础上逐步形成和发展起来的。1720年伊萨克·杰瓦伊斯首先提出国际收支的一般均衡分析，1752年大卫·休谟在《论贸易差额》一文中论证了著名的物价与现金流动机制。在两次世界大战期间，国际金融的著述逐渐增多，但是一直是作为国际贸易的一部分，处于从属的地位。这是因为当时国际经济关系以商品贸易关系为主，货币仅是作为交易的媒介被动地同商品作反方向的流动，国际货币关系从属于国际贸易关系。

20世纪60年代前后，美国开始出版以国际金融为主题的专著，国际金融开始成为一门新兴的学科。但学者们对于国际金融学的研究对象仍存在着不同的意见，如惠特克（Whitaker）主要讨论外汇学，海宁（C. N. Henning）除了论述外汇外，还涉及对外贸易的资金融通，瓦索尔曼（M. Wasserman）主要探讨国际货币问题，叶格尔（L. B. Yeager）的著作则讨论国际货币关系。这些作者讨论的问题各有侧重，这种状况说明国际金融作为一门学科，其研究的范围尚未明确界定。

20世纪七八十年代，由于生产和资本国际化的迅速发展，国际经济关系日益加深，西方经济学从个别经济实体（一国经济）的研究上升到对两个及两个以上经济实体相互关系的研究，国际经济学应运而生。它的主要内容分为两部分：一部分是国际贸易方面的，涉及一个国家的进出口、国际贸易利益、贸易条件、贸易结构、国际分工，以及关税和贸易限额等关税与非关税贸易政策对世界经济和各国经济的影响等问题；另一部分是国际金融方面的，涉及的问题有商品和资本交易所反映的国际收支问题，国际结算所引起的汇率问题，汇率与国际收支所引起的国际货币体系问题，以及对外投资所引起的国际资本流动等问题，这些都是国际金融研究的主题。

第二次世界大战后建立起来的布雷顿森林体系，是一种以美元与黄金挂钩的金汇兑本位制与可调整的固定汇率制度相结合的、多边协调性质的国际货币体系。该体系的崩溃引起了国际金融领域巨大的变化，所引起的问题成为国际金融理论迅速发展并形成一门独立学科的重要推动力。

（二）国际金融的地位与作用

在经济与金融全球化的背景下，金融资本的国际流动在国际经济活动中显示出越来越重要的地位、作用和影响，同时也显示出相对独立的发展趋势。其对现行的国际货币体系和国际金融监管架构都产生了新的挑战。欧元的横空出世及其所引导的区域货币合作的浪潮也正在改写着国际货币关系的历史。因此，如何解释国际货币和金融资本运动的内在规律及其衍生的越来越复杂的现象，从而理解国际金融领域中日新月异的变化，并把握国际金融的未来演变趋势，是全球化经济的参与者所面临的重大理论和实践问题。

加入世界贸易组织（WTO）意味着中国经济全方位的对外开放，也意味着我国经济将纳入全球一体化的经济体系中去，跨国经济和金融活动的规模将达到前所未有的水平，国家间经济和金融活动的相互依存关系也将日益加深。这就要求我们在研究经济和金融活动的现象与内在规律时必须具有全球的视角，从而使我国企业、个人和政府在从事决策和经济活动时，经济学家在从事经济研究时，必须从全球背景来思考和分析问题。

国际金融不仅为解释国际货币和金融关系提供了分析工具和基本理论框架，而且也为我国政府、企业和个人参与国际经济与金融活动提供了理论指导。

二、国际收支

（一）国际收支与国际收支平衡表

1. 国际收支的含义

国际收支是一个国家在一定时期全部对外经济往来的系统记录。可从以下几个方面对国际收支的含义加以理解：

国际收支记录的是一国全部对外经济交易，包括商品和劳务买卖、物物的交换、金融资产交易、商品和劳务单方面转移及金融资产单方面转移。

国际收支记录的是一国居民与非居民之间的经济交易。一国居民是指长期在该国从事生产和消费活动的单位（包括个人、企业、非盈利团体和政府）。外交使节、驻外军事人员属于所驻国家的非居民，国际性机构是任何国家的非居民。

国际收支是对国际经济交易系统的货币记录，是一个流量、事后的概念。

2. 国际收支平衡表

国际收支平衡表是一国对其一定时期（一年、一季度、一月）内的国际经济交易，根据交易的特征和经济分析的需要，分类设置科目和账户，并按照复式记账原理进行系统记录的报表。

编制原则。国际收支平衡表都是按照复式簿记原理来编制的。根据"有借必有贷，借贷必相等"的复式记账原则，每一笔国际经济交易都会在国际收支平衡表的贷方（正号方）和借方（负号方）产生金额相等的两笔记录。国际收支平衡表的借方总额和贷方总额原则上应当是相等的。

账户设置。①经常账户。经常账户是国际收支平衡表中最基本最重要的账户，它反映一个国家（或地区）与其他国家（或地区）之间实际资源的转移，包括货物、服务、收入和经常转移四个项目。②资本和金融账户。资本和金融账户是指对资产所有权在国际间流动行为进行记录的账户，包括资本账户和金融账户两个部分。资本账户包括资本转移和非生产、非金融资产的收买或放弃。金融账户包括直接投资、证券投资、其他投资和储备资产四个部分。③错误和遗漏账户。由于不同账户的统计资料来源不一、记录时间不同以及一些人为因素（如虚报出口）等原因，会造成国际收支账户出现净的借方或贷方余额，这就需要人为设立一个平衡账户——错误和遗漏账户，在数量上与该余额相等而方向相反与之相抵消。

（二）调节国际收支的政策

1. 外汇缓冲政策

外汇缓冲政策是指一国政府动用外汇储备或临时性向外借款来改变外汇市场供求关系和调节国际收支的政策措施。

2. 财政政策和货币政策

财政政策和货币政策是第二次世界大战之后各国政府进行需求管理的主要手段。财政政策主要通过改变税率和政府支出来影响总需求。货币政策主要通过改变再贴现率、调整法定准备率和公开市场业务调整货币供应量进而影响总需求。

3. 直接管制

直接管制是指政府直接干预国际经济交易的政策措施，包括外汇管制和贸易管制。外汇管制指政府对外汇买卖、国际结算、资本国际流动所规定的一系列限制性措施。贸易管制指政府直接干预进出口所采取的各项政策措施，包括关税政策和进口配额、进口许可证制、一系列技术、卫生、包装标准等构成的非关税壁垒，出口补贴、出口信贷政策、出口退税和外汇留成制等鼓励出口的政策。

调节国际收支的政策还包括汇率制度等，在下面的内容中介绍。

（三）国际收支调节理论

1. 弹性论

又称为弹性分析法，其代表人物为英国经济学家罗宾逊。该理论研究收入不变的情况下，汇率变动对一国国际收支调整的影响。该理论不考虑国际资本的流动，将商品和劳务收支作为国际收支。

弹性论的基本原理是：汇率变动通过国内外商品之间以及本国生产的贸易品和非贸易品之间的相对价格变动，来影响一国进出口的供给和需求，从而影响国际收支。该理论假定：出口商品和进口商品的供给弹性无限大。货币贬值后，本国出口数量随出口的增加而增加，出口本币价格不变，出口收入上升；而本国进口数量随进口需求减少而减少，进口的本币价格上升，进口的本币可能上升也可能下降。

弹性论认为：只有出口商品的需求弹性与进口商品的需求弹性之和大于1，本币贬值才能改善贸易收支，这是本币贬值取得成功的条件即马歇尔—勒纳条件。需要指出的是：该理论假定进出口商品的供给弹性无限大是不符合实际的，实际经济生活中，汇率变化后进出口的实际变化还取决于供给对价格的反应程度。此外，虽然长期内马歇尔—勒纳条件成立，但在短期，即贬值后的一段时期内，贬值前签订的合同需要执行，生产的调整也要一定的时间，这可能会使贸易收支进一步恶化。只有经过一定时间的调整后，贸易收支才能改善。

2. 吸收论

其代表人物为西德尼·亚历山大，该理论以凯恩斯宏观经济理论中的国民收入方程式为基础着重考察总收入与总支出对国际收支的影响。开放经济条件下，国民收入账户可表示为：

$$国民收入(Y) = 消费(C) + 投资(I) + [出口(X) - 进口(M)]$$

可变换为：

$$X - M = Y - (C + I)$$
设 $X - M = B$，B 表示国际收支差额
$A = C + I$，A 表示国内总支出，国内总吸收
$$B = Y - A$$

当国民收入大于总吸收时，国际收支为逆差；反之，国际收支为顺差。吸收论的国际收支调节政策，主要基于改变总收入和总吸收的政策，即支出转换政策和支出增减政策。出现逆差时，表明总需求超过总供给，即总吸收超过总收入，应采取紧缩性的财政政策和紧缩性的货币政策减少对贸易商品的需求；但同时也会降低对非贸易商品的需求和总收入，必须运用支出转换政策消除紧缩性政策的不利影响。

3. 货币论

其创始者为美国芝加哥大学的哈里·约翰逊和他的学生雅各布·弗兰科。该理论建立在货币学说的基础上，从货币的角度来考察国际收支不平衡的原因。

货币论的假定：在充分就业的条件下，一国的实际货币需求是收入和利率的稳定函数；从长期看，货币需求函数是稳定的，货币供给变动不影响实物产量；贸易商品的价格水平是由世界市场决定的。

货币论的基本原理可以通过以下的货币需求供给方程式说明：

$$M_d = Pf(y, i)$$

M_d 表示货币需求，P 国内价格水平，f 表示函数关系，i 是利率，y 表示国民收入。

$$M_s = D + R$$

M_s 表示货币供给，D 指国内通过银行体系的贷款，R 是通过国际收支获得盈余储备。该式表明：国内货币供给受两个机制的影响，一个是国内信贷，一个是国际收支顺差。若货币供给等于货币需求，则有

$$M_s = M_d$$
$$M_d = D + R$$

该方程式包含的基本原理是：国际收支是一种货币现象，即国际收支出现顺差或逆差是由国内货币需求与货币供给之间的均衡状况决定的；国内收支顺差表明国内货币需求大于货币供给，过度的货币需求由国际储备来满足；国内收支逆差，表明国内货币供给大于货币需求；国际收支问题反映的是实际货币余额对名义货币供应量的调整过程。当国内名义货币供应量与实际经济变量所反映的实际货币余额需求相一致时，国际收支处于平衡状态。

货币论的政策主张有：可以通过货币政策来解决国际收支不平衡问题。货币政策主要指货币供给政策，扩张性货币政策可以减小顺差，紧缩性的货币政策可以减小逆差；为平衡国际收支而采取的贬值、进口限制、关税等贸易和金融政策，只有提高货币需求尤其是国内价格水平时，才能改善国际收支。但若伴随国内通货膨胀，则国际收支不一

定改善。

4. 结构论

其代表人物为保尔·史蒂芬等。该理论认为，国际收支逆差，尤其是长期的国际收支逆差，可能是长期性的过度需求引起的，也可能是长期性的供给不足引起的。而长期性的供给不足往往是由经济结构老化、经济结构单一、经济结构落后等经济结构问题引起的。

结构论认为：调节政策应主要放在改善经济结构和加速经济发展方面，以增加出口商品和进口替代品的数量和品种供给。其主要手段有增加投资，改善资源的流动性，使生产要素顺利地从传统行业流向新兴行业。

三、汇率与汇率制度

（一）外汇与汇率

1. 外汇的含义

外汇是国际汇兑的简称。外汇具有动态和静态两个方面的含义，动态含义上的外汇是指国际间为了清偿债权债务，将一国货币兑换成另一国货币的过程；静态含义上的外汇是指国际间为清偿债权债务进行的汇兑活动所凭借的手段或工具，即用于国际汇兑活动的支付手段和支付工具。

国际金融学主要研究静态含义的外汇，又有广义与狭义之分。广义的外汇泛指一国拥有的以外国货币表示的资产或证券，如以外国货币表示的纸币和铸币、存款凭证、定期存款、股票、政府公债、国库券、公司债券和息票等。狭义的外汇是指以外国货币为载体的一般等价物，或以外国货币表示的、用于清偿国际间债权债务的支付手段，其主体是在国外银行的外币存款，以及包括银行汇票、支票等在内的外币票据。

2. 外汇的种类

依据来源不同，外汇可分为贸易外汇和非贸易外汇。贸易外汇是指通过贸易进出口而取得的外汇；非贸易外汇则是通过对外提供服务、投资和侨汇等方式取得的外汇。

依据可否自由兑换，外汇可分为自由外汇和记账外汇。自由外汇是指不需经过货币发行国批准就可随时兑换成其他国家货币的支付手段。记账外汇是指必须经过货币发行国的同意，才能兑换成其他国家货币的支付手段。

依据交割期限不同，外汇可分为即期外汇和远期外汇。即期外汇是指外汇买卖成交后，在 2 个营业日内办理交割的外汇，又称为现汇；远期外汇是指外汇买卖双方按照约定，在未来某一日期办理交割的外汇，又称为期汇。

3. 汇率及其标价方法

汇率又叫汇价，汇率是一个国家的货币折算成另一个国家货币的比率。目前，国内各银行均参照国际金融市场来确定汇率，通常有直接标价法和间接标价法两种标价方式。

直接标价法：直接标价法又称价格标价法。是以本国货币来表示一定单位的外国货币的汇率表示方法。一般是 1 个单位或 100 个单位的外国货币能够折合多少本国货币。

本国货币越值钱，单位外国货币所能换到的本国货币就越少，汇率值就越小；反之，本国货币越不值钱，单位外国货币能换到的本币就越多，汇率值就越大。在直接标价法下，外汇汇率的升降和本国货币的价值变化成反比例关系：本币升值，汇率下降；本币贬值，汇率上升。大多数国家都采取直接标价法。市场上大多数的汇率也是直接标价法下的汇率。如美元兑日元、美元兑港币、美元兑人民币等。

间接标价法：间接标价法又称数量标价法。是以外国货币来表示一定单位的本国货币的汇率表示方法。一般是1个单位或100个单位的本币能够折合多少外国货币。本国货币越值钱，单位本币所能换到的外国货币就越多，汇率值就越大；反之，本国货币越不值钱，单位本币能换到的外国货币就越少，汇率值就越小。在间接标价法下，外汇汇率的升降和本国货币的价值变化成正比例关系：本币升值，汇率上升；本币贬值，汇率下降。前英联邦国家多用间接标价法，如英国、澳大利亚、新西兰等。市场上采取间接标价法的汇率主要有英镑兑美元、澳元兑美元等。

4. 汇率变动对一国对外贸易的影响

汇率变动对经济的影响主要体现在对外贸易上。一般说来，外汇汇率上升或本币汇率下降，则以本币表示的外币价格上涨，而本国国内物价未变，则外币对本币的价值上涨。外商购买本国产品的购买力增强，增加对本国商品的需求，从而可扩大本国商品的出口规模。在此情况下，本国出口商收入的外币折合成本币的数额增多，出口商有可能降价出售，以加强在市场上的竞争力。同时，以本币表示的进口商品价格则会提高，影响进口商品在国内的销售。同样，外汇汇率下降，意味着本币升值，会减少出口，同时以本币表示的进口商品价格会下跌，有利于进口。

【例】德国出口奔驰汽车到美国，同时进口美国的计算机。汽车每辆售价8万马克，购买计算机每台15万美元。假定1美元本来可兑换2马克，则奔驰汽车在美国售价为每辆4万美元，德国购买美国计算机每台要30万马克。现在马克升值，外汇汇率下降至1美元只能兑换1.8马克，则德国汽车在美国的售价上升为每辆4.44万美元，会使一些消费者不再购买德国汽车，使奔驰汽车售量骤减。另外，德国购买美国的计算机降到了每台27万马克，有利于促进美国计算机在德国市场的销售。由此可见，对德国来讲，外汇汇率下降后，会减少出口，增加进口。

总之，外汇汇率上升，本币贬值，有增加出口、减少进口的作用；相反，外汇汇率下降，本币升值，有减少出口、增加进口的作用。

（二）汇率制度

汇率制度是指各国对于确定、维持、调整、管理汇率的原则、方法、方式和机构所做出的安排与规定。

1. 固定汇率制度

固定汇率制度分为金本位制度下的固定汇率制度和纸币流通制度下的固定汇率制度。

金本位制下的固定汇率和纸币流通条件下的固定汇率的共同点：各国对本国货币都规定有金平价，中心汇率是按两国货币各自的金平价之比来确定的；外汇市场上的汇率水平相对稳定，围绕中心汇率在很小的限度内波动。

两者的不同点：金本位制下的固定汇率制是自发形成的；在纸币流通条件下，固定汇率制则是通过国际间的协议（布雷顿森林协定）人为建立起来的；在金本位制度下，各国货币的金平价不会变动；而在纸币流通条件下，各国货币的金平价则是可以调整的。

2. 浮动汇率制度

按政府是否干预划分为：自由浮动汇率，即政府对汇市不加任何干预；管理浮动汇率，即政府对汇市进行或明或暗的干预。

按浮动方式划分为：单独浮动，即一国货币不与其他国家的货币发生固定联系，汇率根据外汇市场供求变化而自动调整；联合浮动，即集团成员方的货币之间实行固定汇率制，对非成员方货币实行共升、共降。按被盯住的货币不同，分为：盯住单一货币浮动和盯住合成货币浮动。

3. 汇率制度的选择

影响一国汇率制度选择的主要因素有：经济开放程度、规模和经济结构、贸易商品结构和地区分布、国内金融市场发达程度及与国际金融市场一体化程度和相对通货膨胀率。

上述因素与汇率制度选择的关系：经济开放程度高、经济规模小，或贸易商品结构和地区分布比较集中的国家，一般倾向于实行固定汇率制；经济开放程度低、进出口产品多样化或地区分散化、同国际金融市场联系密切、资本流动规模大，或国内通胀率与其他国家不一致，倾向于实行相对灵活的汇率制度。

（三）汇率理论

1. 国际借贷理论

该理论由英国学者戈森于1861年提出，其贡献在于：一是将国际借贷分为固定借贷和流动借贷，并指出只有立即清偿的各种到期收付差额，才能引起汇率的变动；二是从动态角度分析了汇率变动的原因；三是在金本位盛行时期，各国货币间都有铸币平价，汇率仅在黄金输出输入点上下限之间波动，其波动的原因主要就是受外汇供求的影响。

该理论的明显不足表现在：一是忽视了对汇率决定基础的论证；二是假定国际收支为固定数额，国际收支本身完全独立于汇率，这是不符合实际的；三是仅注意了实体经济因素与汇率之间的因果关系；四是仅解释了金本位制汇率变动的主要原因，随着金本位制的瓦解，该理论的不足和局限性就更加明显。

2. 购买力平价理论

购买力平价理论用来解释汇率决定的基础，认为两国货币的购买力可以决定两国货币汇率，实际是从货币所代表的价值量这个层次上去分析汇率决定的。同时认为汇率的变动也取决于两国货币购买力的变动。

购买力平价有两种形式：绝对形式和相对形式。绝对购买力平价是指两国货币的兑换比率等于两国货币购买力之比，相对购买力平价是指两国汇率的变动是两国同期物价变动的反映，汇率等于基期汇率乘以两国物价指数之比。绝对形式说明的是某一时点上汇率的决定；相对形式说明的是两个时点内汇率的变动。其中相对购买力平价更有实际意义。

3. 利率平价理论

利率平价理论也称远期汇率理论，由英国经济学家凯恩斯首先提出，后由其他经济学家发展而成。该理论认为，由于各国存在着利率差异，投资者为获得较高的收益，就将其资本从利率较低的国家转移到利率较高的国家。为了避免在汇率变化时受损，投资者会在外汇期货市场按远期汇率将其在一国的投资收益换为另一种货币，并进行对比，以确定投资方向。两国投资收益的差异形成了资本在国际间的流动，直到通过利率的调整，两国收益相等时，国际间的资本流动才会终止。

4. 资产组合理论

资产组合理论是在 20 世纪 70 年代中后期，由美国经济学家布兰森、多恩布什等经济学家创立并发展起来的。该理论是对货币主义汇率理论的进一步发展。它的主要内容和贡献在于：一是这一理论认为汇率是资产的价格，他的决定取决于资产存量市场的变动和均衡；二是同时强调了货币因素以及资本项目交易的变动和实体因素对汇率的作用；三是某些假设更合理、更现实。

（四）汇率政策

1. 汇率政策的含义

汇率政策是指一个国家（或地区）政府为达到一定的目的，通过金融法令的颁布、政策的规定或措施的推行，把本国货币与外国货币比价确定或控制在适度的水平而采取的政策手段。汇率政策的基本目标：一是保持出口竞争力，实现国际收支平衡与经济增长的目标；二是稳定物价；三是防止汇率的过度波动，从而保证金融体系的稳定。

2. 汇率政策工具

（1）汇率制度的选择。汇率政策中最主要的是汇率制度的选择。经济结构决定论认为，一国选择哪种汇率制度，应从该国的经济结构特征去考虑。海勒（1978）认为，发展中国家汇率制度的选择与国家整体规模、经济开放程度、国际金融一体化程度、相对于世界平均水平的通货膨胀率和贸易格局等结构因素有关。

汇率制度传统上按照汇率变动的幅度分为固定汇率制度和浮动汇率制度两类。在浮动汇率制取代固定汇率制度后，各国原规定的货币法定含金量或与其他国家订立纸币的黄金平价，就不起任何作用了，因此，国家汇率体系趋向复杂化、市场化。

随着全球国际货币制度的不断改革，国际货币基金组织于 1978 年 4 月 1 日修改"国际货币基金组织"条文并正式生效，实行所谓"有管理的浮动汇率制"。由于新的汇率协议使各国在汇率制度的选择上具有很强的自由度，所以现在各国实行的汇率制度多种多样，有单独浮动、盯住浮动、弹性浮动、联合浮动等。

（2）汇率水平的确定。各国的汇率水平只能通过各国的实际国情来确定。

（3）汇率水平的变动和调整。汇率水平的变动，一定是要与汇率机制的形成有机地联系在一起的，如果只动汇率水平，不动机制，汇率水平很难有效地发挥作用。但改革汇率机制，必须在经济相对平稳健康的状态下进行。

四、国际金融组织

国际金融组织又称国际金融机构,是为处理国际间的金融活动而由多国协商建立的金融组织。它为国与国之间的金融对话与协调提供平台,其作用主要是:加强世界和区域性金融及经济合作,推动经济一体化发展;制定并执行货币金融制度,稳定汇率,保证国际货币体系的运转;组织会员国商讨并解决国际金融领域中的重大事件;为会员国提供金融信贷,帮助解决金融危机或债务危机等。国际金融组织有全球性的和区域性的,全球性的国际金融组织主要是国际货币基金组织和世界银行集团。

(一)国际货币基金组织

1944年7月,44国参加了在美国布雷顿森林举行的联合和联盟国家国际货币金融会议,通过了以怀特方案为基础的国际货币基金协定,成立了国际货币基金组织。

国际货币基金组织的宗旨是:建立常设机构组织有关国际货币问题的磋商以促进国际货币合作;促进国际贸易的扩大和平衡发展,并借此提高就业和实际收入水平,扩大会员国资源开发能力;促进汇率稳定,在会员国之间维持有秩序的汇率安排,避免竞争性的货币贬值;协助会员国建立针对经常项目的多边支付制度,消除妨碍国际贸易发展的外汇管制;在有适当保证的条件下向会员国提供临时性资金,使其树立起调节国际收支逆差的信心,并避免采取有损于本国或世界经济繁荣的调节措施;缩短会员国国际收支失衡的时间并减轻其不平衡的程度。

国际货币基金组织的作用表现在:通过发行特别提款权来调节国际储备资产的供应和分配;通过汇率监督促进汇率稳定;协调各国的国际收支调节活动;限制外汇管制,以促进自由多边贸易结算;促进国际货币制度改革;向会员国提供技术援助;收集和交换货币金融情报。

国际货币基金组织向成员方政府提供贷款,贷款用途限于解决会员国短期国际支付困难,贷款额度与成员方认缴的份额挂钩,贷款期限一般3~5年,贷款利率在总体上低于国际金融市场利率,贷款本息均以特别提款权为计算单位;贷款采用提款的特殊形式,提用各类贷款均需一次交付手续费0.5%。

(二)世界银行集团

世界银行集团包括3个机构:国际复兴开发银行、国际开发协会和国际金融公司的统称。

1. 国际复兴开发银行

国际复兴开发银行又称世界银行。它是根据布雷顿森林会议上通过的《国际复兴开发银行协定》于1945年12月成立的政府间国际金融机构。该行于1946年6月开始营业,1947年11月成为联合国的专门机构。

国际复兴开发银行的宗旨是:对用于生产目的的投资提供便利,以协助成员方恢复受战争破坏的经济和鼓励不发达国家的生产及其资源开发;通过提供担保和参与私人贷款和投资,促进私人对外投资;鼓励国际投资人开发会员国生产资源,促进国际贸易的长期均衡发展,维持国际收支平衡;在提供贷款保证时,应同其他方面的国际货款配合。

2. 国际开发协会

国际开发协会又称第二世界银行，是世界银行于1960年9月设立的专门对发展中国家提供赠款和长期优惠贷款的国际金融机构。该协会的宗旨是：通过向不发达国家提供条件优惠、期限较长、并可部分地用当地货币偿还的贷款，以促进其经济发展和生活水平的提高。

3. 国际金融公司

国际金融公司是世界银行于1956年7月设立的专门对成员方私人企业提供贷款的国际金融机构。该公司的宗旨是：通过向成员方私人企业提供没有政府担保的风险资本，促进不发达国家私人企业的发展和资本市场的发育。

五、国际货币制度

国际货币制度又称国际货币体系，是国际货币关系的集中反映，在国际金融领域内具有基础性制约作用，对国际间资本流动、国际贸易支付、各国的外汇储备、汇率的调整以及国际收支有着重大影响。

（一）国际货币制度概述

国际货币制度指各国通过国际惯例、协议、规章制度和建立国际组织，对货币发挥世界货币职能和国际支付所做出的一系列安排。其主要内容有：货币本位的确定、汇率制度、货币可兑换性、国际结算的原则、国际储备的供应、国际收支的调节、国际金融组织的宗旨和职能等。

国际货币制度的类型包括：（1）国际复本位制。通常指金银复本位制，即以黄金和白银的数量共同衡量货币的价值。由于生产率和产量的变化，出现劣币驱逐良币现象，银币充斥市场、金币退出流通，复本位制走向崩溃。（2）国际金本位制。金币为本位货币、银行券可自由兑换黄金、金币可自由铸造、黄金可自由输出入。各国货币以黄金为基础保持固定比价关系，即以铸币平价为中心的比价关系，汇率波动幅度以黄金输送点为界限；实行自由多边的国际结算制度，政府不对国际收支进行直接管制；国际收支主要依靠市场机制自发调节；黄金作为主要的国际储备资产；其运行无须国际金融组织的监督。（3）金汇兑本位制。货币单位仍规定含金量；国内不流通金币，代之以国家发行的银行券；银行券可兑换外汇，并可在境外兑换黄金；本币与金本位制国家货币保持固定比价，通过政府干预来稳定汇率；实行金本位制的国家要维持其货币与黄金的可兑换性。

（二）布雷顿森林体系及其瓦解

第二次世界大战以后，先后产生了布雷顿森林体系和牙买加体系两个主要的国际货币体系。布雷顿森林协定是1944年7月在美国新罕布什尔州布雷顿森林召开的有44国参加的国际货币金融会议所通过的国际货币基金协定和国际复兴开发银行协定的总称。布雷顿森林协定提出建立一个永久性的国际金融机构，即国际货币基金组织，对国际货币事项进行磋商；实行黄金——美元本位制，即以黄金为基础并以美元为最主要的国际储备；国际货币基金通过向会员国提供资金融通，帮助它们调整国际收支不平衡；取消外汇管制；争取实现国际收支的对称性调节。

布雷顿森林体系的基本特征是：它是一个全球性的国际金汇兑本位制，世界各国货币都只与美元挂钩，美元是唯一的居统治地位的外汇储备；而以往的国际金汇兑本位制局限于货币区的范围，并且存在英镑、美元、法郎三种主要外汇储备；它在黄金兑换方面是一种被削弱了的国际金汇兑本位制，它只允许外国官方用美元兑换黄金，而战前在不同程度上允许私人用本币或外汇兑换黄金；它拥有一个国际金融组织，国际货币基金组织成为维护国际货币秩序的中心，而战前不存在这样的持久性国际机构。

布雷顿森林体系建立了以美元和黄金挂钩和固定汇率制度，结束了混乱的国际金融秩序，为国际贸易的扩大和世界经济增长创造了有利的外部条件；美元作为储备货币和国际清偿手段，弥补了黄金的不足，提高全球的购买力，促进了国际贸易和跨国投资；取消外汇管制等规则有利于对外开放程度的提高，更好发挥市场资源配置的功能；国际货币基金组织的工作，有助于缓和国际收支危机、债务危机和金融动荡，推进世界经济的稳定增长。

布雷顿森林体系的主要缺陷是：美国利用美元的特殊地位，操纵国际金融活动；美元作为国际储备资产具有不可克服的矛盾。若美国国际收支持续出现逆差，必然影响美元信用，引起美元危机。美国若要保持国际收支平衡，稳定美元，则会断绝国际储备的来源，引起国际清偿能力的不足；固定汇率有利于美国输出通货膨胀，加剧世界性通货膨胀，而不利于各国利用汇率的变动调节国际收支平衡。1974年4月1日国际协定正式排除货币与黄金的固定关系，以美元为中心的布雷顿森林体系彻底瓦解。

（三）牙买加体系

国际货币基金组织于1972年7月成立一个专门委员会，该委员会于1974的6月提出一份"国际货币体系改革纲要"，对黄金、汇率、储备资产、国际收支调节等问题提出了一些原则性的建议，为以后的货币改革奠定了基础。1976年1月在牙买加的首都金斯敦举行会议，讨论国际货币基金协定的条款，经过激烈的争论，签订了著名的牙买加协定。

牙买加协定的主要内容是：增加国际货币基金组织成员国的基金份额；成员方可暂时自行决定汇率制度；废除黄金官价，使特别提款权逐步代替黄金作为主要储备资产；扩大对发展中国家的资金融通。

牙买加体系的主要特征是：浮动汇率制度的广泛实行，使各国政府有了解决国际收支不平衡的重要手段，即汇率变动手段；各国采取不同的浮动形式，欧共体实质上是联合浮动，日元是单独浮动，还有众多的国家是盯住浮动，这使国际货币体系变得复杂而难以控制；各国央行对汇率实行干预制度；特别提款权作为国际储备资产和记账单位的作用大大加强；美元仍然是重要的国际储备资产，而黄金作为储备资产的作用大大削减，各国货币价值也基本上与黄金脱钩。

但该体系也存在一些内在缺陷，主要表现在：汇率体系不稳定，货币危机不断；国际收支调节与汇率体系不适应，IMF协调能力有限；国际资本流动缺乏有效的监督。

◆学习拓展：

建设国际金融中心为什么选择上海？

2009年3月，国务院审议并通过关于上海建设国际金融中心的意见，选择上海建设国际金融中心的原因为：

一、基础条件好

建设国际金融中心需要有完备的金融体系、金融机构、人才、环境与管理，而从国内城市目前的现状来看，上海最有条件。

上海曾经就是远东的金融中心，基础条件最好。至今，上海的金融体系已初具规模。上海已建立起包括商业银行、证券公司、保险公司、基金管理公司、信托公司、期货公司、金融租赁公司、货币经纪公司、票据业务中心等在内的类型齐全的金融机构体系，并且上海金融机构资产总额在全国金融资产总额中占有较大比重。

二、市场辐射大

金融市场的完备程度，是衡量国际金融中心的重要基础指标。而上海金融市场的影响力和辐射力正日益强大。

至今，上海已基本形成了包括股票、债券、货币、外汇、商品期货、与OTC衍生品、黄金、产权交易市场等在内的全国性金融市场体系，是国内金融市场中心，也是国际上少数几个市场种类比较完备的金融中心城市。同时，直接融资总额占全国的比重也很大，上海金融市场的成交总额和规模连续大幅度增长，上海金融市场的规模也日益扩大，并在世界上占有一定地位。2002~2007年，在上海直接融资的国内企业融资总额达到了2万亿元，其中95%的融资额是兄弟省市企业的，可见其服务全国的能力。

三、开放程度高

开放程度，是国际金融中心的又一个标志，上海也走在全国的前列。

截至2008年6月底，在沪的金融机构近一半属于外资和中外合资。其中，有17家外资银行总部设于上海，占全国外资法人银行的2/3。5家外资法人财产险公司将境内总部设在上海，占外资法人财产险公司总数的5/7。另外，上海一半以上的中外合资保险公司和合资基金管理公司集中在上海，还吸引了境内众多中外资银行的资金管理中心入驻。

上海一贯坚持金融的改革开放，积极争取先行先试。目前，我国的私募证券基金、QFII、QDII以及私人银行业务也主要集中在上海。

此外，上海总体的金融生态环境也处在全国的前列。

四、上海—中国香港　合作共赢

上海目前占有内地的绝对优势，而中国香港占有上海所没有的国际资源优势。目前，上海有的资源，诸如大量的国企上市资源，中国香港没有；而中国香港有的资源，诸如外国上市企业、交易品种、监管制度，上海没有。选择上海建设国际金融中心，不仅不会削弱中国香港国际金融中心的地位，而且可以实现互惠双赢。

资料来源：建设国际金融中心为什么选择上海？[N].人民日报，2009-03-26.

第三节 国际投资

国际投资是当今世界最活跃的经济活动之一。国际投资与国际商品贸易、国际技术转让、国际金融等相互融合，构成了综合性的国际经济交往方式。本节介绍国际投资的内涵、国际投资的产生与发展、国际投资对经济社会的影响、国际直接投资、国际间接投资、国际投资学基本知识等内容。

一、国际投资的内涵

（一）国际投资的含义

国际投资（International Investment）指跨越国界的投资活动，即一个国家的个人、企业、政府和其他经济组织在本国境外进行的投资活动。是以资本增值和生产力提高为目的的国际资本流动。例如，中国的海尔集团于 1999 年 3 月投资 3 000 万美元，在美国卡罗来纳州的坎姆顿建立了第一个海外海尔工业园的行为就属于国际投资。在国际投资中，资本输出的一方称为投资国（母国、投资者、输出国等），如在上例中，中国就是投资国；吸收资本的一方称为东道国（引进方、输入国等），如上例中的美国。

进行国际投资活动的主体是多元化的，主要包括官方和非官方机构、跨国公司、跨国金融机构及居民个人投资者等。可以用于国际投资的资产也是多元化的，主要有：第一，金融资产，包括国际债券、国际股票、衍生金融产品等；第二，实物资产，指以土地、厂房、机器设备、原材料等实物形式存在的生产资料；第三，无形资产，包括生产诀窍、管理技术、专利技术、情报信息、商标等。

国际投资的形式可以按照不同的标准进行分类。按照投资主体，可以分为私人投资和官方投资；按照投资期限长短，可以分为短期投资和长期投资；根据投资主体是否拥有对海外企业的实际经营管理权，可以分为直接投资和间接投资。其中，直接投资和间接投资是最常见和最主要的分类方式。

（二）国际投资的特点

与国内投资相比，国际投资呈现出不同的特点。

1. 跨国性

国际投资的最显著特征就是跨国性。它是投资国对东道国的跨越国境的投资活动。正是基于跨国性，国际投资呈现出诸多有别于国内投资的特征，同时，也增加了国际投资的不确定性和风险。

2. 目的多元化

国际投资的根本目的是获利。但与国内投资相比，其目的要复杂得多。有些国际投资项目本身并不盈利，或者暂时不盈利，但是出于投资者的其他考虑，国际投资仍然需要进行，如有的是为了维护与发展垄断优势；有的是为了转移国内的落后产业，将污染产业输出到其他国家；有的是为了建立和改善双边或多边经济关系；有的带有明显的政治目的；有的是利用各国税法固定的差异性进行避税等。

3. 国际投资领域的市场分割及不完全竞争性

国际市场的分割，一定程度上限制了国际投资的发展，增加了国际资本流动的成本。受市场分割的影响，国际资本流动具有不完全竞争性，为国际投资提供了更多的机会与获利空间，使得取得垄断收益成为可能。

4. 国际投资中货币单位的多元化和货币制度的差异性

世界上大多数国家在国际投资的过程中，一般都使用"硬通货"，即美元、欧元、英镑、瑞士法郎、日元等。这体现了国际投资中货币单位的多元性。目前，世界上大部分国家实行浮动汇率制度，汇率的频繁波动，给国际投资活动带来了很多不确定因素。此外，各个国家的外汇管理和资本管理政策也使得国际投资面临更多不确定因素。

5. 投资环境的国际差异性

在国际投资的过程中，投资者面临的投资环境与一般的国内投资环境迥然不同。对于国际投资来说，每个国家都有不同的传统与历史，政治经济制度多种多样，各国的法律及社会文化等方面千差万别，从而带来了投资环境的差异性和复杂性。

二、国际投资的产生与发展

国际投资是商品经济发展到一定阶段，生产的社会分工日趋国际化的产物。国际投资可追溯到19世纪上半叶已基本完成的英国工业革命。一方面，英国的工业革命形成了国内相对过剩的资本，这使得对外投资成为可能；另一方面，机器大生产带来的对原材料的大量需求，又使得对外投资成为迫切要求。

（一）初始形成阶段（1914年以前）

1914年以前的国际投资以私人对外投资为主。1914年以前，资本主义国家尚处于自由竞争阶段，强调个人主义与政府的不干预，当时的私人投资很少受到政府的限制。这一时期的国际投资，表现出如下特点：第一，投资国的数目很少，其中英国、法国和德国是最大的对外投资国；第二，投资形式以间接投资为主，占国际投资总额的90%左右；第三，投资来源主要是私人投资，官方投资比重很低；第四，从投资的主要流向来看，英国主要投向欧洲大陆，法国主要流向俄国、东欧和北欧一些国家，德国的对外投资主要集中在中欧和东欧一些国家；第五，从投资行业来看，主要集中在英国、法国、德国等发达国家对殖民地初级产品产业的投资。

（二）低速徘徊阶段（第一次世界大战与第二次世界大战期间）

由于第一次世界大战与第二次世界大战和20世纪30年代的大危机，使资本主义国家不同程度受到了战争的破坏和危机的影响，资金极度短缺，这市场萎缩，使得国际投资活动也处于低迷徘徊之中。这一时期国际投资的基本特点可概括为：第一，国际投资不甚活跃，规模较小，增长缓慢；第二，私人投资仍占主体，但比重有所下降，官方比重有所上升；第三，间接投资仍为主流，但直接投资的比重有所上升。

（三）恢复增长阶段（第二次世界大战后~20世纪60年代末）

第二次世界大战以后，除美国以外，各参战国的经济惨遭破坏，美国乘机向外扩张，对外投资的规模迅速扩大。1946~1965年，根据著名的"马歇尔计划"，美国对外贷款与赠与（军事援助除外）总额达840亿美元，遥遥领先于其他国家。因此，这个时期也是美国在国际投资舞台上一枝独秀的时代。这一时期，国际投资活动的基本特点是对外投资方式由以间接投资为主转变为以直接投资为主。

（四）迅速发展阶段（20世纪70年代~2000年）

进入20世纪70年代后，生产国际化的程度进一步提高，国际投资规模超过了以往任何一个时期。在科技进步、金融创新、投资自由化和跨国公司全球化等多种因素的共同作用下，国际投资蓬勃发展。

这一时期国际投资的基本特点为：第一，国际直接投资高速增长。国际投资的增长率大大超过了同期世界总产值和世界出口的增长率，在国际经济联系中扮演着越来越重要的角色。第二，国际间接投资也得到迅猛发展。20世纪80年代以来，国际投资的发展出现了直接投资与间接投资齐头并进的局面。第三，发达国家之间的资金对流，即相互投资成为国际投资的主流趋势。形成了美国、日本、西欧"三足鼎立"的投资格局。第四，发展中国家在吸引外资的同时，也开始了对外投资。第五，国际直接投资的行业重点进一步转向第二产业。

（五）整理阶段（2001年以来）

2001年以来，国际投资呈现出新的特点：第一，21世纪之初，伴随着全球大部分地区经济增长放慢，国际直接投资规模连续几年呈现下降趋势。不过，2004年之后，全球外国直接投资出现反弹，连年增长。全球外国直接投资流入量2007年再增30%，达到18 330亿美元，远远高于2000年创下的历史最高水平[①]。第二，发展中国家和转型期经济体的外国直接投资不断上升。第三，外国直接投资向服务业发展。第四，国际债券市场与股票市场之间发生了剧烈分化。国际债券市场发展迅速；而由于全球股市的连续走低，使得国际股票市场直接融资条件恶化。

三、国际投资对经济社会的影响

国际投资极大地推动了世界经济的发展，不过，它犹如一把"双刃剑"，会对经济社会产生正反两方的影响。

（一）对投资国的影响

投资国就是资本的输出方，国际投资对它的影响主要表现在以下几方面。

1. 对投资国的就业和收入产生双重影响——"刺激效应"和"替代效应"

国际投资会增加投资国的就业和收入，这种效应就是刺激效应。它包括：跨国公司向海外子公司提供服务所产生的工作机会；跨国公司本土机构人员的需求所带来的就业机会；国内其他公司向跨国公司及其子公司提供服务所产生的就业机会等。

---

① 跨国公司与基础设施的挑战——解读《2008年世界投资报告》[J]. 国际经济合作，2008（10）.

国际投资也会产生减少投资国就业和收入的效应,即替代效应,它是指与本可以在投资国本土进行的海外生产活动相联系的就业机会的丧失。包括:跨国公司的海外子公司在国外市场生产本可以在国内生产而后出口的商品所导致的就业机会损失;海外子公司将商品返销到投资国所引起的投资国工作机会的损失等。

2. 对投资国的进出口及国际收支水平的双重影响

短期内,国际投资会对投资国的进出口和国际收支产生消极影响。因为海外子公司的产品可能在东道国产生对投资国出口品的替代;而且,海外子公司的产品也可能大量返销投资国;此外,子公司在第三国的产品销售也可能与投资国产品形成竞争。

长期内,国际投资会对投资国的进出口和国际收支产生积极影响。因为海外子公司各种投资收益的汇回,可以增加投资国的对外支付能力;跨国公司海外直接投资是包括资金在内的一揽子生产要素跨国转移,它必然会带动投资国对东道国相关原材料、中间产品、资本货物的出口;同时,跨国公司海外直接投资有助于巩固原有市场和开辟新市场,增加投资国的出口业绩。这些均有益于改善投资国的贸易收支,进而改善国际收支。

3. 对投资国产业结构的双重影响

一方面,跨国公司海外直接投资可能导致投资国"产业空心化",即以制造业为中心的物质生产资本大量地迅速地转移到国外,使物质生产在国民经济中的地位明显下降,造成国内物质生产与非物质生产之间的比例关系严重失衡。但"产业空心化"问题一般出现在某些传统工业部门和较特殊的高技术部门,且规模极为有限。

另一方面,综合而言,海外直接投资的发展极大地促进了投资国产业结构的调整与升级。首先,从产业部类调整看,战后跨国公司海外直接投资的产业结构经历了由第一产业为主向第二产业为主、再向第三产业为主转移的发展过程,这无疑顺应和强化了世界各国产业结构调整的总体趋势。其次,从产业内部调整与升级看,战后跨国公司海外直接投资在各大产业内部投向的调整趋势是从低生产率、低附加值行业向高生产率、高附加值行业的调整,从而缩小了投资国境内已经或正在失去竞争优势产业的生产规模,并为国内有竞争优势的产业让出了资源,从而促进了产业结构的调整和升级。

4. 对投资国资本形成的双重效应

一方面,国际投资为投资国带来了大量的资本积累。首先,跨国公司海外直接投资所获取的巨额利润可以加速投资国国内资本积累。其次,跨国公司还可以从体系外部筹措资金。随着世界各国外汇管理的自由化,跨国公司外部筹资的领域已经扩大到东道国或者投资国的股票市场、国内外银行与非银行金融机构以及国际资金市场,使得外部筹措的资金成为跨国公司海外直接投资资金来源极其重要的组成部分。另一方面,如果跨国公司筹措海外直接投资的资金挤掉了投资国国内投资,那么,海外直接投资也可能对投资国国内资本形成产生不利影响。

(二) 对东道国的影响

1. 对东道国产生积极的技术进步效应

以跨国公司为主体的外商直接投资不同于一般的国际资本流动,它是一种与技术关联的投资,是东道国获得先进技术的主要渠道。外资对东道国技术进步的作用主要通过以下两种途径:一是技术转移以跨国公司的生产转移为先导。资本输入国为了适应跨国公司带来的先进技术,必须改造相关产业的技术与之相配套。正是这种配套效应,跨国公司引进的先进技术引起了一系列技术创新活动,使相关产业的技术都得到了升级。二是新兴工业化国家的跨国公司把不适合本国经营的某种传统产业转移到发展中国家。这种技术转移不是高新技术而是成熟技术的转移,在很多情况下,东道国只需稍加修改,就可以改造为适合本国使用的技术,有利于东道国现有传统产业的技术改造。

2. 对东道国产生积极的产业结构效应

无论是在发达国家还是发展中国家,跨国公司海外直接投资都促进了东道国新兴工业的发展,进而推动了东道国产业结构的升级。一方面,发达国家之间的相互直接投资,使新兴工业部门在各发达国家迅速发展,加快了发达国家产业结构的演进速度。例如,石油化学工业部门最早出现于美国,随着美国对西欧的直接投资,使该工业部门在英国等西欧国家迅速建立和发展。另一方面,外来直接投资对广大发展中国家的产业结构调整发挥了积极作用。例如,发达国家跨国公司对亚洲"四小龙"的直接投资和技术转让与"四小龙"的高技术战略相呼应,积极推动了其产业结构由劳动密集型产业向资本—技术密集型产业转变,从而促进了其产业结构的升级。

3. 对东道国产生积极的资本形成效应

第一,海外直接投资直接增加了东道国的资本存量。例如,2000~2013年,中国实际使用外商直接投资金额从407亿美元增长到1 175.9亿美元[①],呈现快速上升趋势,这些投资无疑大大增加了中国的资本存量。第二,海外直接投资的进入通常会引致投资国企业的追加或者辅助投资。例如,1990年,在墨西哥国家电讯公司私营化过程中,美国Southwestern Bell公司的初始投资为5亿美元,一年之内又追加5亿美元的投资。第三,跨国公司还通过为东道国当地资本市场提供有吸引力的投资机会而动员当地储蓄,成为引发国内投资的催化剂。

4. 对东道国就业和收入的双重影响

第一,积极影响。从就业数量上看,国际投资增加了东道国的就业机会,且随着吸引外资的增加而增加;从就业质量上看,跨国公司海外分支机构通常为东道国雇员提供获得新知识和新技术的机会以及更好的工作待遇。第二,消极影响。跨国公司对东道国企业的并购会导致"合理化"裁员;对外直接投资在一定程度上会影响东道国依赖进口的企业,进而影响其就业;而且它与国内相关企业的竞争也会降低东道国的工资水平。

5. 对东道国进出口和国际收支的双重影响

由于外来直接投资可以弥补东道国当年的外汇缺口,出口型的外来直接投资可以带动东道国的出口增加,因而对东道国国际收支有明显的积极影响。但是,这种利益只是来自于跨国公司一次性的资本注入,随之而来的则是对东道国国际收支经常项目的消极影响。一方面,外来直接投资绝非仅仅是资金的注入,往往伴随着投资国大量资本货

---

① 2000~2013年中华人民共和国国民经济和社会发展统计公报.

物、空闲设施和其他相关产品的流入；另一方面，直接投资返还周期平均约为5~10年，外国分支机构各种投资收益在长期内陆续汇回，将对东道国国际收支产生不利影响。

6. 对东道国产生双重的示范和竞争效应

一方面，对东道国会产生积极的示范和竞争效应。直接投资初期，不仅有利于促进东道国当地市场的竞争，而且还会促进生产率的提高。另一方面，对东道国会产生消极的示范和竞争效应。随着跨国公司在东道国所设立的子公司的发展，其优势的日益显现，容易形成垄断，从而加大了东道国的竞争压力；而且，跨国公司的跨国并购活动会把发展中国家效率较低、规模较小的企业纳入其旗下，形成进一步的集中，这在一定程度上抑制了东道国产业内竞争的发展，产生了反竞争效应。

7. 对东道国产业安全的威胁

国际投资有可能对东道国带来产业安全的威胁。所谓产业安全，是指特定行为体自主产业的生存和发展不受威胁的状态。这里的行为体既包括国家，也包括非国家行为体，大到区域性组织，小到省、市等，只要拥有自主产业，就涉及产业安全问题。产业受威胁，就其性质而言，可以分为合法威胁和非法威胁。WTO体制下产业安全的合法威胁是指由市场经济的优胜劣汰规律和合理的WTO规则所导致的威胁；非法威胁是指敌意国家蓄意对某国产业安全的一种破坏和由敌意国所左右而通过一些国际关系准则所导致的。①

四、国际直接投资

（一）国际直接投资的内涵

国际直接投资（Foreign Direct Investment，FDI），也称外国直接投资、对外直接投资，指投资者到国外直接开办工矿企业或经营其他企业，即将其资本直接投放到生产经营中的经济活动。它不是单纯的资金外投，而是资金、技术、经营管理知识的综合体由投资国的特定产业部门向东道国的特定产业部门的转移。其主要特征是投资者拥有对企业的经营管理权和控制权；直接投资不仅涉及货币资本流动，还涉及生产要素流动。简单而言，就是在国外投资建厂进行生产、控制和管理。例如，由"经营之神"松下幸之助于1918年创立的松下电器，早在1961年，就在泰国建立了松下电器的海外第一家生产性公司——纳雄纳尔泰国公司。纳雄纳尔泰国公司的建立就属于国际直接投资。

（二）国际直接投资的类型

按照不同的划分标准，国际直接投资可以划分为不同的类型。

1. 按照母公司和子公司的经营方向是否一致

国际直接投资可分为：横向型投资、垂直型投资和混合型投资。

（1）横向型投资（horizon investment），也称水平型投资，是指企业到国外建立与国内生产和经营方向一致的子公司，并使子公司能够独立地完成产品的全部生产和销

---

① 李孟刚. 产业安全理论研究 [M]. 北京：经济科学出版社，2012：76-77.

售。一般用于机械制造业和食品加工业。

（2）垂直型投资（vertical investment），也称纵向型投资，是指企业到国外建立与国内的产品生产有关联的子公司，并在母公司与子公司之间实行专业化协作。它又可进一步细分为两种形式：一是母公司和子公司从事同一行业的生产，但分别承担同一产品生产过程中的不同工序，多见于汽车行业、电子行业等；二是母公司和子公司从事不同行业，但是它们互相关联，多见于资源开采和加工行业。

（3）混合型投资，指企业到国外建立与国内生产和经营方向完全不同，生产不同产品的子公司。如美国的埃克森石油公司不仅投资于石油开采、精炼和销售，而且还投资于石油化学工业、机器制造业、商业和旅游业等。

2. 按照投资者是否创办新企业

国际直接投资可分为绿地投资和跨国并购。

（1）绿地投资（green investment），也称创建投资或新建投资，是指跨国公司等投资主体在东道国境内依照东道国的法律设置的部分或者全部资产所有权归外国投资者所有的企业。绿地投资会直接导致东道国生产能力、产出和就业的增长。绿地投资主要有两种形式：一是建立国际独资企业，其形式有国外分公司、国外子公司和国外避税地公司；二是建立国际合资企业，其形式有股权式合资企业和契约式合资企业。

（2）跨国并购。跨国并购（Cross－border Mergers & Acquisitions，M&A）是指跨国公司等投资主体通过一定的程序和渠道，取得东道国某个现有企业的全部或部分资产的所有权的投资行为。按照联合国贸易与发展会议的定义，跨国并购主要包括国外企业与境内企业合并；收购境内企业的股权达到10%以上，使境内企业的资产和经营的控制权转移到国外企业。

3. 按照投资者对外投资参与方式不同

国际直接投资可分为：独资经营、合资经营和合作经营等。

独资经营是指完全由外商出资并独立经营的一种国际直接投资方式。

合资经营是指两国或两国以上的企业、其他经济组织或个人，在平等互利的原则基础上共同商定各自的投资股份，根据东道国的法律，通过签订合同创立共同投资、共同经营、共担风险、共负盈亏的股权式合营企业。

合作经营是指以跨国公司为主体的投资者与另一方签订契约共同经营企业，但各方出资不采取股份形式，风险的分担和盈亏的分配也不一定与出资比例挂钩，而是依据契约中规定的比例分成。

（三）国际直接投资最主要的主体——跨国公司

跨国公司，是国际投资特别是国际直接投资的最主要承担者。简单地说，跨国公司（Transnational Corporations）就是跨越国界进行直接投资，在多个国家设立分支机构或子公司，从事生产、销售或其他经营活动的国际企业组织形式。跨国公司以母国为基地，将其实体分布于不同的国家和地区，在多国从事投资与经营活动，由一国的某一大型企业作为其控制、管理和指挥中心。其主要特点是：实行全球经营战略；进行内部一体化经营和管理；利用直接投资争夺世界市场；利用先进技术保持竞争优势等。

五、国际间接投资

（一）国际间接投资的内涵

国际间接投资（Foreign Indirect Investment，FII），也称对外间接投资，是指发生在国际资本市场中的投资活动，主要包括国际证券投资和国际信贷投资。其主要特征是仅涉及货币资本的流动。如2002年10月，上海汽车集团出资5 900万美元收购美国通用汽车在韩国的新合资公司通用大宇汽车科技公司10%的股票。此次收购行为就属于仅涉及资本流动而不涉及生产性要素流动的国际间接投资。

（二）国际证券投资

国际证券投资是指在国际金融市场上买卖债券和股票的经济活动。包括国际债券投资和国际股票投资两种基本方式。

国际债券投资的主要特征是：国际债券的发行人与投资人分属于不同的国家或地区，其发行、交易与债务清偿受到不同国家法律的支配；国际债券本质上是债权凭证，体现了债券发行人与债券持有人之间的债权债务关系；国际债券的发行与交易受到有关国家证券法规的支配。国际债券投资是指各种金融机构、基金组织或个人在国际债券市场上购买政府、国际金融机构、企业发行的国际债券。国际股票投资包括让境外投资者直接购买本国上市或境外上市公司的股票，以及本国投资者利用海外存托凭证获得对非本国公司股票的所有权。

（三）国际信贷投资

国际信贷（International Credit）是指国际间资金的借贷活动，是一国的银行、其他金融机构、政府、公司以及国际金融机构，在国际金融市场上向另一国的银行、其他金融机构、政府、公司等提供的贷款。国际信贷按照其资金来源与性质不同可分为政府贷款、国际金融组织贷款、国际银行贷款、联合贷款和混合贷款等；按照国际信贷的利率可划分为计息贷款和无息贷款；按照国际信贷的借款和还款方法可划分为自借自还贷款、统借统还贷款、统借自还贷款；按照国际信贷自己的待定用途可划分为项目贷款、出口信贷、买断和承购应收账款等；按照国际信贷的期限可划分为短期贷款、中期贷款和长期贷款。

六、国际投资学

（一）国际投资学的主要内容

国际投资学研究国际投资领域中的各种经济关系和经济活动发展变化的规律。国际投资学的内容主要可以分为理论、实务和管理三部分。

1. 理论部分

主要包括国际投资概述、国际投资理论和国际投资环境。其中，国际投资理论是本部分的重点，它主要研究国际投资的动因，包括国际直接投资理论和国际间接理论。主要的国际直接投资理论有垄断优势理论、内部化理论、产品生命周期理论、国际生产折中理论等；主要的国际间接投资理论有证券组合理论、资本资产定价理论、资产套价理论、期权定价理论等。

2. 实务部分

国际投资实务主要研究国际投资的各种方式及其运作。主要内容包括：国际直接投资的含义、类型和发展趋势等；国际间接投资的概述、方式及其运作等；国际灵活投资的含义、特点和方式等。

3. 管理部分

主要研究国际投资风险管理和国际投资法律管理。国际投资活动本身就是一个风险识别、风险预测、风险规避和风险管理的过程。国际投资风险管理主要包括外汇风险管理、经营风险管理和国家风险管理等。国际投资法律是指调整国际间私人直接投资的国内法规范和国际法规范的综合。国际投资法的主要内容包括：国际直接投资的审查标准及审批机构和程序；对外国投资的保护、鼓励和限制；关于外资本金、利润及其他合法收益自由汇出的保证和限制；对外资的待遇标准；投资争端解决程序与规则等。

（二）国际投资学与相关学科的关系

1. 国际投资学与投资学

投资学的研究对象是证券投资的微观理论，如证券组合理论、金融资产定价模型、市场有效性理论等。投资学与国际投资学既有区别又有联系。投资学与国际投资学的区别是：国际投资学的研究范围不仅包括证券投资领域，还包括直接投资领域，贯穿于国际投资学的核心问题在于"跨国性"的研究。投资学与国际投资学的联系表现在国际间接投资理论是在西方国内证券投资理论基础上发展起来的，是证券组合理论向国际领域的延伸与发展。

2. 国际投资学与国际金融学

国际金融学研究的内容主要包括国际货币体系、国际储备体系和国际汇率体系三个方面，其核心问题是研究资本和资产如何通过国际金融市场进行配置。国际金融学与国际投资学的主要区别在于：国际金融学主要研究货币资本国际间的流动，但国际金融市场中，资本以短期的、流动性强的货币形态出现，金融市场为国际贸易、国际投资及证券投资提供结算和融资手段；而国际投资学主要研究国际间中长期货币资本和产业资本的运动及其规律。

3. 国际投资学与国际贸易学

国际贸易学是研究商品和非要素劳务在国际间的运动及其客观规律的学科，与国际投资学既有联系又有区别。国际投资学与国际贸易学的研究都涉及商品在国际间流动，而且国际贸易活动往往是国际投资行为的基础和先导，同时国际投资也会对国际贸易产生反作用。国际贸易学对商品流动的研究侧重于交换关系；而国际投资学侧重于对商品生产属性的研究，从根本上看，国际投资活动是把商品作为生产要素投入生产领域并实现价值增值。

◆学习拓展：

雀巢开创的跨国并购史诗

雀巢公司创始于1867年，是全球最大的食品公司，世界500强企业之一。8 500多种食品、饮料和医药用品均使用雀巢这一品牌，加上各种各样的包装、规格，雀巢公司产品的种类已经多达22 000余种，在遍及61个国家的516个工厂中生产。

早在1868年，雀巢公司的创始人亨利·雀巢就在巴黎、法兰克福、伦敦设立了销售点，确立了雀巢跨国经营的发展方向。1890~1902年，雀巢陆续在欧美设厂，并与现在的雀巢公司另一个源头英瑞炼乳公司合并，成为当时世界级食品巨头。在此后的100多年里，雀巢的跨国经营更是取得了傲人的佳绩，其在全球实现的运营规模是很多跨国公司羡慕不已的。

在整个过程中，收购扮演了非常重要的角色。收购既是其战略性手段，又是其增强公司扩张能力和竞争实力的主要途径。第二次世界大战后，雀巢公司打算全面进军食品行业，不仅限在乳制品和以咖啡、可可为原料的产品，进行了一系列的并购，还涉及烹调食品、快速食品、冰淇淋、冷冻食品、冷藏食品等很多方面。如1947年，雀巢公司果断地与美国饮食巨头美极公司合作，使公司的销售额从8.33亿瑞士法郎提高到13.4亿瑞士法郎；1960年，兼并英国生产罐装食品的可奥斯·布莱克威尔集团；1970年，兼并美国生产罐装食品的利碧公司。

从1983年开始，雀巢公司又展开新一轮的并购行为，这次的重点还是食品行业，通过并购掌控食品行业专门技术的中小型企业，进一步增强核心业务的市场竞争力。同时进行了以提高美国市场占有率为目的的一系列并购。1984年，耗费30亿美元并购了美国三花公司，是迄当时为止食品业并购案中涉及金额最高的一例。同年，兼并了美国生产高质量巧克力的企业保罗·本奇公司；以7 500万瑞士法郎购买了美国巧克力生产商沃德·约翰逊公司；兼并了两家从事焙烤咖啡生产或销售的美国本地企业。此外，还购买美国果汁生产商福鲁特克赖斯特公司。除了美国市场，雀巢的身影也穿梭在法国、德国、英国等欧洲国家，并不断将产品多元化，进入酸奶、冰淇淋、瓶装水等生产领域。

进入21世纪，雀巢公司的规模仍在不断扩大，其麾下拥有的品牌数量也在膨胀。2001年，雀巢收购拥有108年历史的宠物食品专业品牌——普瑞纳公司，成为世界第一大宠物食品制造公司——雀巢普瑞纳公司。同年还收购了德国冰淇淋公司斯考乐。2002年，以26亿美元的价格收购以生产速冻方便食品著称的美厨公司。2003年斥资5.6亿欧元，正式收购中国香港和记黄埔旗下屈臣氏公司的水业务，此举巩固了雀巢在全球瓶装水领域的领先地位。同年出资28亿美元，成功并购美国冰淇淋行业位居第三的德雷尔冰淇淋公司。

资料来源：卢进勇，杜奇华，闫实强. 国际投资与跨国公司案例库[M]. 北京：对外经济贸易大学出版社，2005.

本章思考题

1. 国际贸易在一国国民经济中有哪些作用？
2. 何为自由贸易政策和保护贸易政策？
3. 国际资本流动的原因及影响有哪些？
4. 简述布雷顿森林协定中有关国际货币体系的基本内容以及你对此的评价。
5. 国际投资的主要形式有哪些，有什么区别？
6. 国际投资对东道国的积极影响是什么？

第八章

数 量 经 济

　　数学方法的大量应用是现代经济科学发展的一个显著特点。数量经济以经济理论为指导，利用数学方法研究经济数量关系及其变化的规律。数量经济主要包括数理经济、经济统计与经济计量方法。其中，数理经济是运用几何、线性代数、微积分、微分方程、差分方程、概率论、对策论等数学方法来推导和表述经济理论。经济统计是运用统计方法，以统计资料作为论述现实经济变动过程的手段，通过对统计资料的搜集、分析、图示，来验证统计结果。经济计量是结合数学、经济学、统计学，以统计资料作为验证理论、预测未来的手段，用参数估计和假设检验的数理统计方法研究经验数据。

　　经济学与数学相结合产生数理经济学；经济学与统计学相结合产生经济统计学；数学与统计学相结合产生数理统计学。数学、经济学和统计学三者的结合产生经济计量学。它们之间的联系见图8.1。

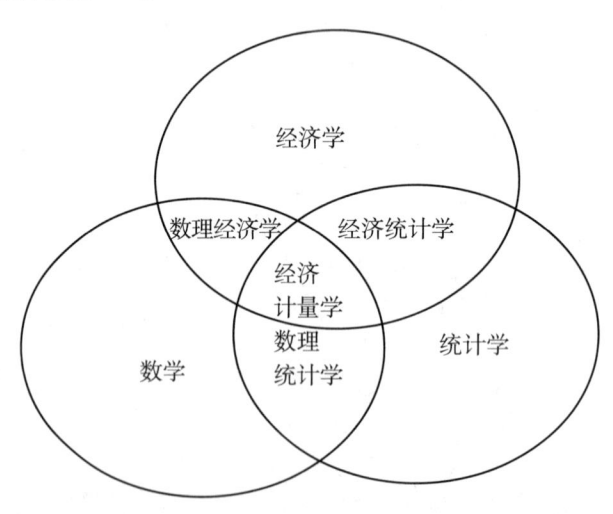

图 8.1　经济学、数学和统计学三者之间的关系

　　本章介绍数理经济、经济统计和经济计量的基本知识。

第八章 数量经济

第一节 数理经济

经济学不仅要研究生产生活中的许多实际问题,而且需要对那些与利益有关的重要现象(如价格、产量、收入、成本等)进行度量,通过研究有关变量之间的关系,以把握经济运行规律。数理经济利用数学中一系列的公式和定理,特别是多元微积分、矩阵代数、微分或差分方程、抽象空间等概念,以精确而客观的思考方法来描述和研究经济现象之间的关系,给经济理论以定量的概念,使人们对经济问题的认识更加清晰。本节主要介绍数学在经济学研究中的作用,数理经济的模型构建,数理经济学的研究对象等基本知识。

一、数学在经济学研究中的作用

马克思曾指出:"一门科学,只有当它成功地运用数学时,才能达到真正完善的地步。"大量数学方法的使用使经济学理论日臻成熟,也是现代经济学与传统经济学区别的主要标志之一。

用数学来研究经济问题的先驱者当推法国学者古诺(Cournot)。他于1838年发表了《从数学原理研究财富的理论》,提出了需求函数理论,把商品的需求量与价格之间的关系写成了函数形式。而真正对经济学产生重大影响的人物是瓦尔拉斯(Walras),他针对亚当·斯密(Smith)用"一只看不见的手"来形象地描述市场机制的粗略做法,于1987年首先明确指出:那只"看不见的手"既不是上帝的主意,也不是自然界固有的规律,而是一套数学原理。当时,他用一组代数方程式来描述了这一原理,这是影响经济学界近一个世纪之久的一般均衡理论。从此,经济学开始注重运用数学来精确地描述和表达经济现象与经济规律。与此同时,经济学中发生了"边际革命",即将导数概念引入经济学,它使经济学使用的数学工具从初等数学进入高等数学。现在经济学的一个明显特点是越来越多地使用数学(包括统计学)。几乎每一个经济学领域都用到数学,有的领域多些,有的领域少些,而绝大多数的经济学前沿论文都包含数学或计量模型。[①] 这一切表明,经济学已经离不开数学了。我们可以分别从理论研究和实证研究两个方面来认识数学在经济学研究中的作用。

从理论研究角度看,运用数学方法的主要作用是:数学语言可以将前提假设描述的更加清晰明确;数学的论证和逻辑推理严密精确,可以防止漏洞和谬误;应用已有的数学模型或数学定理推导出新的结论,可以得出仅凭直觉无法得出或不易得出的认识。运用数学模型研究经济问题,可以使学术争议建立在这样的基础上:或不同意对方的前提假设;或找出对方的论证错误;或是发现修改原模型假设会得出不同的结论。因此,运用数学方法进行经济学的理论研究可以减少无用的争论,并且让后人较容易在已有的研

---

① 钱颖一. 理解现代经济学[J]. 经济社会体制比较, 2002(2): 3.

究工作上继续开拓，也使得在深层次上发现似乎不相关的结构之间的关联变成可能①。

从实证研究角度看，运用数学方法的优点在于：通过理论与实证的结合，可以将理论模型发展成用于定性和定量分析的计量经济模型，使实证分析建立在可靠的理论基础之上，并从系统的数据中定量地检验理论假设和估计参数的数值，从而减少经验分析中的表面化和偶然性，得出定量性结论。因此，数学建模已成为研究贸易、金融、经营与管理中实际问题不可缺少的工具。数学语言使我们对那些不能用其他方式有效解决的问题建立模型并进行求解。

二、数理经济的模型构建

数学建模的方法大体上分为两类：一类是机理分析法。即根据实际经济问题的性质，找出反映内部机理规律的变量及其变量之间的关系，并用数学公式表示出来。如果实际问题中变量之间的关系是确定性变量，则多采用微积分、微分方程、运筹学等；如果实际问题中变量之间的关系是随机性变量，则多采用概率统计等方法。另一类是测试分析法。即将研究对象视为一个"黑箱"系统，内部机理无法直接寻求，找不出反映实际问题中变量之间的关系，只是可以测量输入与输出的数据，在多次测量的数据基础上运用统计方法，按照确定的标准在某一类模型中选择一个与数据拟合的最好的模型。将这两种方法结合起来也是常用的建模方法，即采用机理分析法建立模型的基本结构，再利用测试分析法确定模型的参数。

无论采用什么方法，数学建模都要经过如下的步骤：

1. 建模准备

主要是进行统计调查工作。对于要解决的现实经济问题，通过搜索和掌握一定数量的信息（数据、图表及其与其他事物的关系资料），了解问题的背景，确定目的与要求。

2. 模型假设

根据所掌握的信息、背景资料和目的要求，对问题进行必要的假设，用精确的语言作出假设。简化和假设都要适度，因为不同的简化和假设会导致不同的数学模型，从而对具体问题得出不同的解答。若假设不合理，未能反映必要的变量之间的关系，则模型与实际情况不吻合，或仅部分吻合。在这种情况下就要修改假设，所以，合理的假设是数学建模的最关键环节。

3. 模型构造

根据所作的假设，分析研究对象的因果关系，利用对象的内在规律和恰当的数学工具，构造各变量之间的数学关系或其他数学结构，构建实际经济问题的数学模型。建立的模型要实用、有效，以解决问题有效为基本原则。

4. 模型求解

不同的模型需要采用不同的方法来求解，如解方程、画图形、逻辑推理、数值计算

---

① 钱颖一. 理解现代经济学 [J]. 经济社会体制比较，2002（2）：4.

等方法,许多较复杂的模型需要通过计算机技术来求解。在模型求解的过程中,需要建立数学命题时,对命题的表述要符合数学命题的表述规范,尽可能通过严密的论证来表述问题。在计算过程中,应说明计算方法或算法的原理、思想、依据、步骤等。数值计算结果的正确性或合理性是第一位的。

5. 模型分析

对模型解答进行数学上的分析,分析的内容常常包括以下三个方面:一是根据问题的性质分析变量之间的依存关系或稳定情况;二是根据所得的解答进行数学上的预测;三是给出数学上的最优决策或控制。

6. 模型检验

将数学模型解的分析结果"翻译"成有关具体问题的答案,利用已有的资料和数据,验证这一解答的正确程度和适用范围。这一步骤对于建模的成功与否十分重要。如果发现这一解答不符合实际情况,就需要检查数学建模的求解过程是否有误;若确认无误,则需要修改或补充假设,有时可能要去掉一些变量,或改变一些变量的性质,如把连续变量改成离散变量,把变量间的非线性关系改成线性关系等,重新建立数学模型。有时要经过几次反复,逐步完善,直到检验结果满意为止。

三、经济问题的数学表达示例

经济学可以理解为研究有限资源的有效配置的科学。资源的有限性就是约束条件,有效配置就是最优目标。因此,许多经济学的基本问题可以表示为一定约束条件下的目标最优化问题。所谓最优化问题是"在关于变量的约束条件下,寻找使目标值最大化或最小化的变量"的问题。借助最优化数学模型可以更准确、精炼地描述和展开分析。

经济学的需求与供给理论是从对消费者的效用最大化和生产者的利润最大化或成本最小化问题分析而来。现在,我们来观察如何用经济模型来表达这两类问题。

(一)消费者选择问题

考虑消费者的最优消费选择问题。该问题表示为:在收入水平一定的约束条件下,选择最优的消费量组合以最大化消费效用。用上述最优化模型可表示如下:

$$\max_{(x_1,x_2,\cdots,x_n)}: U(x_1, x_2, \cdots, x_n),\text{效用函数}$$

$$\text{s.t.}: p_1x_1 + p_2x_2 + \cdots + p_nx_n \leq y,\text{收入约束}$$

其中,x_i 表示第 i 个商品的消费量,p_i 表示相对应的商品价格,U 为消费效用函数,y 为收入。

该问题是在给定价格水平 $p=(p_1,p_2,\cdots,p_n)$ 和收入水平 y 的条件下,寻求最优的各商品消费量。所以该问题的最优解 $x_i(p,y), i=1,\cdots,n$,即表示消费者在给定收入水平和价格体系下对各商品的需求量,一般称为 Marshall 型需求函数。

另外,消费选择问题也可表示为,在达到一定的效用水平的约束下最小化消费支出的问题:

$$\min_{(x_1,x_2,\cdots,x_n)}: p_1x_1 + p_2x_2 + \cdots + p_nx_n$$

$$\text{s.t.}: U(x_1,x_2,\cdots,x_n) \geq v$$

其中，v 为给定的效用水平。显然此时问题的最优解 $x_i(p,v)$，$i=1,\cdots,n$ 表示消费者在给定效用水平和价格体系下对各商品的需求量，它被称为 Hicks 型需求函数。

【例】 某消费者的月收入为 10 000 元，全部用于购买商品 x 和商品 y（价格分别为 50 元、20 元），其效用函数为 $u=xy^2$。假设个人所得税率为 10%，商品 x 的消费税率为 20%，商品 y 的消费税率为 0。为实现效用极大化，该人对商品 x 和 y 的需求量分别为多少？

解：该消费者可用于消费支出的收入为：

$I = 10\,000(1-10\%) = 9\,000$（元）

消费品 x 和 y 的实际价格分别为：

$p_x = 50(1+20\%) = 60$（元） $\quad p_y = 20$（元）

所以其预算约束式为：$60x + 20y = 9\,000$

整理后可得：$y = 450 - 3x$

代入效用函数，得：

$u = xy^2 = x(450-3x)^2 = 9(x^3 - 300x^2 + 22\,500x)$

效用极大化条件为：

$\dfrac{\mathrm{d}u}{\mathrm{d}x} = 9(3x^2 - 600x + 22\,500) = 0$

解此方程，得：$x_1 = 150$，$x_2 = 50$

若 $x = 150$，可得 $y = 450 - 3 \times 150 = 0$，则 $u=0$ 不合题意，所以商品 x 的消费量应为 50，将 $x=50$ 代入预算约束式，可求得商品 y 的消费量为 $y = 300$。

（二）厂商选择问题

在既定的产量下，考虑厂商最优的投入选择。厂商的成本最小化问题可模型化为

$$\min_{(x_1,\cdots,x_n)} : w_1 x_1 + w_2 x_2 + \cdots + w_n x_n,$$

$$\text{s. t.} : f(x_1, x_2, \cdots, x_n) \geq y$$

其中，x_i 表示第 i 个生产要素的投入量，w_i 表示相对应的要素价格，f 为生产函数，y 为给定的产量。此问题是在给定产量水平 y 的条件下，寻求要素价格体系 $w = (w_1, w_2, \cdots, w_n)$ 下的各个要素最优投入量。解函数 $x_i(w,y)$ 称为第 i 个生产要素的条件投入需求函数（这里的条件指产量限制条件）。

此时最优目标值函数定义为

$$c(w,y) = \min_{(x_1,x_2,\cdots,x_n)} \left\{ \sum_{i=1}^{n} w_i x_i \,\middle|\, f(x_1, x_2, \cdots, x_n) \geq y \right\}$$

该最优函数即成本函数。

同时考虑产出和投入时，厂商的问题可表示为以下的利润最大化问题：

$$\max_{(x,y) \geq 0} : py - \sum_{i=1}^{n} w_i x_i = py - wx$$

$$\text{s. t.} : f(x_1, x_2, \cdots, x_n) = f(x) \geq y$$

其中 $x = (x_1, x_2, \cdots, x_n)$，在此问题中，厂商将在市场给定的产品价格 p 和生产要素价格体系 w 下，寻求最优的投入 x 和产出 y。此时的最优解函数 $x_i = x_i(p, w)$ 称为投入需求函数（注意与上面的条件投入需求函数不同），$y = y(p, w)$ 称为供给函数。

此时，以下的最优目标值函数称为利润函数。

$$\pi(p, w) = \max_{(x,y) \geqslant 0} \{py - wx | f(x) \geqslant y\}$$

【例】某企业在计划期内拟生产甲、乙两种产品，需要三种主要材料 A、B、C。生产产品甲一件需用 A、B、C 材料分别为 1 公斤、2 公斤、1 公斤；生产产品乙一件需用 A、B、C 材料分别为 1 公斤、1 公斤、3 公斤。已知在该计划期内材料 A、B、C 的最大供应量分别为 450 公斤、800 公斤和 900 公斤。若生产出一件产品甲可以得到利润 50 元，一件产品乙可以得到利润 40 元。试问，在这种情况下，为获得最大的利润，应该生产甲、乙产品各多少？

这是一个线性规划问题。线性规划模型通常用来解决资源配置等方面的问题。例如，求解在一定数量的人力、物力、财力资源条件下，如何合理地使用这些资源，以达到目标的最优化。

现在来建立它的数学模型。

设产品甲和乙在该计划期内的产量分别为 x_1 和 x_2。

两种产品所耗费的材料 A、B、C 的总量，应不超出各自的最大供应量，其关系可以表示为下列不等式：

$$\left.\begin{array}{r} x_1 + x_2 \leqslant 450 \\ 2x_1 + x_2 \leqslant 800 \\ x_1 + 3x_2 \leqslant 900 \end{array}\right\} \quad (8.1)$$

产品产量 x_1 和 x_2 应为非负量，所以有：

$$x_1 \geqslant 0, x_2 \geqslant 0 \quad (8.2)$$

制订计划的目标量是在不超过材料供应量条件下，确定产品产量 x_1 和 x_2，以获得最大的利润额：

$$\max F(x) = 50x_1 + 40x_2 \quad (8.3)$$

式（8.1）、式（8.2）、式（8.3）构成此题的数学模型。一个线性规划模型，一般地都包含有两个组成部分：目标函数，如式（8.3）所示；约束条件，如式（8.1）和式（8.2）所示。求解这个模型，即可得出获得最大利润时两种产品的产量。

四、数理经济学

（一）数理经济学的定义

迄今为止，数理经济学（Mathematical Economics）尚无统一的定义，这里列举出几个代表性的观点：欧雅若和英特里利盖托（Arrow and Intriligator, 1985）应认为，数理经济学就是包括数学概念和方法在经济学中，特别是在经济理论中的各种作用。张金水（1998）认为，数理经济学就是采用更多的数学方法来描述的经济学。谢胜智（2004）认为"数理经济学是指数学思想和方法对经济学，特别是经济理论的各种运用"。德布罗（Debreu）在1983年接受诺贝尔经济学颁奖时的演说中，称数理经济学是"数学方式的经济理论"。

实际上，数理经济是一种经济分析方法，是经济学家利用数学符号描述经济问题，运用已知的数学定理进行推理的一种方法。广义上说，它与一般的经济理论并无明显的界限可分。事实上，用数学方式表达经济理论，并进行演绎推理，以分析和建立经济理论体系的就属于数理经济学。可以说，数理经济学是经济理论的深化。

（二）数理经济学与相关学科的关系

1. 数理经济学与一般经济理论的关系

首先，数理经济学不同于一般的经济理论。因为一般经济理论所涉及的领域很广，如国家制度、社会发展、法律规范等，这些方面的研究到目前为止仍很少能被数学化。所以，一般经济理论在研究与表达的方式上必不拘泥于用数学的形式，它们可采用文字语言、简明的数据图表来阐述。其次，数理经济绝不是经济数学的代名词。因为，目前经济数学一般是指为经济类专业所设置的一门应用数学课程。最后，不能说数理经济学是数学在经济学中的应用。数理经济是一门经济学，它应用了数学，但应用数学并不是目的，而是手段，它解决的是经济问题。数理经济有着自己提出的任务和要处理的问题，它所采用的数学表达式有着明确的经济意义和解释。

2. 数理经济学与"文字经济学"的关系

数理经济学与所谓"文字经济学"（literary economics）有两个主要区别。首先，前者使用数学符号而不是文字、使用方程而不是语句来描述假设和结论。其次，前者运用大量的可供引用的数学定理而不是文字逻辑进行推理。因为符号和文字表述实际上是相同的（符号通常用文字加以定义便可以证明这一点），所以，选择哪一种表述方式并无实质差别。较为普遍的认识是，数学符号更便于演绎推理，且能使表述更言简意赅。选择文字逻辑和数学逻辑虽然并无实质差别，但运用数学推理有这样一个优势：它可以促使分析者在推理的每一阶段都做出明确的假设，这是因为数学定理通常是按"如果—那么"的形式加以陈述的，所以，为了导出所运用定理的"那么"结论部分，分析者必须确保"如果"（条件）部分与其所采纳的具体假设相一致（Chiang，1984）。

与"文字经济学"相比，采用数理经济学的研究方法的主要优点是：所运用的"语言"更为简练精确；可采用大量的数学定理进行推理；数学迫使我们明确陈述所有假设，作为运用数学定理的前提条件，这能避免无意地采用了不明确的假设的缺点；能够处理更多个变量的一般情况。

◆学习拓展：

蛛网模型

假设某种商品的数量为 q，单价为 p。站在消费者的角度，价格低就愿意多买，即 p 越小，q 就越大；反之，价格高就少买，即 p 越大，q 就越小。p、q 两者之间的关系可用图8.2中的曲线 D 表示，称 D 为需求曲线，它是单调下降的；另外，从生产者的角度来看，根据价格 p 来决定生产数量 q，p 越大 q 也越大。p、q 两者之间的关系可用图8.2中的曲线 S 表示，称 S 为供给曲线，它是单调上升的。曲线 D 与曲线 S 交点 $M(p_m, q_m)$ 称为供求平衡点，此时市场处于供求平衡状态。然而在实际情况中，由于各种因素的影响，生产与销售往往会偏离平衡点，出现供求不平衡的状况，我们要讨论的是，能否通过调节价格的手段使之逐步趋向平衡点？

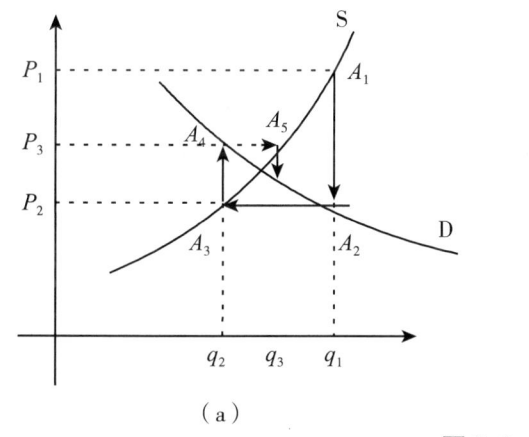

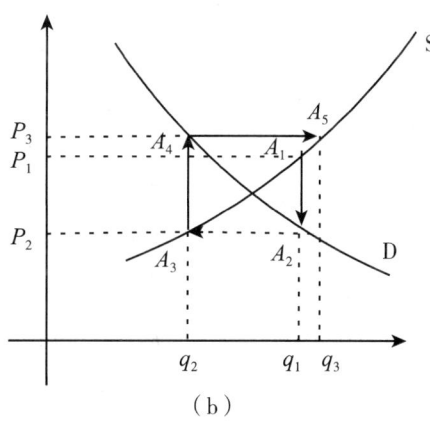

图8.2

如果需求曲线 D 和供给曲线 S 如图8.2（a）所示，曲线 S 的斜率的绝对值 k_s 大于曲线 D 的斜率的绝对值 k_D，从供求不平衡点 A_1 出发，按需求曲线 D 成交的价格是 p_2（消费者认为，东西多，价格应便宜），即 $A_1 \to A_2$，而一旦价格降到 p_2，生产者就要将产量由 q_1 降到 q_2，即 $A_2 \to A_3$，而对应 q_2 在需求曲线 D 上成交的价格是 p_3，即 $A_3 \to A_4$，……，这一变化过程，即 $A_1 \to A_2 \to A_3 \to \cdots \to M$，最后达到平衡点 M。在图8.2（b）中，供给曲线 S 的斜率的绝对值 k_s 小于曲线 D 的斜率的绝对值 k_D，从供求不平衡点 A_1 出发，$A_1 \to A_2 \to A_3 \to \cdots$ 变化发展方向，越来越远离平衡点 M。

因此，平衡点 M 是稳定的还是不稳定的，取决于平衡点 M 附近的曲线 S 和曲线 D 的斜率，当 $k_s > k_D$ 时，能够通过调整价格使市场稳定；当 $k_s < k_D$，市场不稳定，此时可采取行政干预手段，如通过立法或发布行政命令使价格不得改变，于是 $k_D = 0$，不管曲线 S 的斜率如何，市场总是趋向稳定的。

用供给曲线和需求曲线分析市场供求关系稳定性的图示法，在经济学中称为蛛网模型。曲线 D 和曲线 S 可由一系列的统计数据 q_1，p_1，q_2，p_2…近似得到，在图 8.2 中，曲线 S 由点 (q_1, p_1)，(q_2, p_2)，(q_3, p_3)…构成，曲线 D 由点 (q_1, p_2)，(q_2, p_3)…构成。

因为价格 p 是市场稳定与否的主要因素，那么，应该如何确定商品的价格？下面给出一个数学模型。

假设（1）某商品的价格为 p，需求函数 $D(p)$ 是 p 的减函数，供给函数 $S(p)$ 是 p 的增函数，$M(\alpha, \beta)$ 是供求平衡点，如图 8.2 所示：

（2）$S(p)$ 和 $D(p)$ 均为线性函数：

$$S(p) = k_1(p - \alpha) + \beta \quad ①$$
$$D(p) = -k_2(p - \alpha) + \beta \quad ②$$

其中 k_1，k_2，$\beta > 0$，且有

$$S(\alpha) = D(\alpha) = \beta$$

把时间 t 分为若干相等的时段，设 P_n 是 $t = n$ 时的商品价格，则 $t = n$ 时的商品需求量依赖于此时的商品价格，即 $D(p_n)$；而商品供给量依赖于 $t = n - 1$ 时的价格，即 $S(p_{n-1})$。要使市场供求平衡，应有

$$D(p_n) = S(p_{n-1}) \quad ③$$

由①，②，③可得

$$-k_2(p_{n+1} - \alpha) + \beta = k_1(p_n - \alpha) + \beta$$

即

$$k_2 p_{n+1} + k_1 p_n = (k_1 + k_2)\alpha \quad ④$$

④是一阶线性差分方程，利用递推关系，可得

$$p_n = \left(-\frac{k_1}{k_2}\right)^n (p_0 - \alpha) + \alpha \quad (n = 1, 2, \cdots) \quad ⑤$$

若 $\frac{k_1}{k_2} < 1$，当 $n \to \infty$ 时 $p_n \to \alpha$ 即 p_n 趋于平衡；

若 $\frac{k_1}{k_2} > 1$，当 $n \to \infty$ 时，p_n 远离平衡点。

利用⑤式可合理制定 $t = n$ 时的价格。

资料来源：王亚辉. 数学方法论 [M]. 北京：北京大学出版社，2007：49~50.

第二节 经济统计

经济统计主要是对反映经济现象的统计数据进行分析，并且对经济现象的总体进行归纳性地推论。与其他自然科学及工程技术方面的统计分析比起来，经济统计分

析要困难得多,但经济统计分析却是从事经济理论研究与实际工作的人士必不可少的分析与决策工具。本节在简明地介绍经济统计的含义、任务的基础上,重点介绍经济统计的调查方法、分析方法以及常见的经济统计指标,并简要介绍了关于经济统计学的一些知识。

一、经济统计的含义与特点

(一)经济统计的含义

经济统计是对经济现象的一种调查研究活动。经济统计工作要反映和研究经济现象的数量方面,研究经济现象的现状及其发展规律性在具体时间、地点和条件下的数量表现。

(二)经济统计的特点

经济统计具有以下特点:

1. 广泛性

经济统计的应用范围大到国民经济的宏观管理,小到基层单位的微观经济核算;从应用主体来看,上至政府决策机构,下到各行各业的管理部门乃至个人;从应用出发点来看,可以是服务于宏观核算、行业管理、经济决策、科学研究乃至舆论宣传等目的。

2. 数量性

经济统计的特点是用大量的经济统计资料来综合描述在某经济现象整个观察期间的发展水平、速度、构成和比例关系等,或者推测各种经济变量之间的关系。它希望让事实说话,从经济数据中得到统计结论。

3. 总体性

经济统计主要是从总体上反映和分析经济现象的数量特征,而不是着眼于个别经济现象。因为经济现象的本质和发展规律只有从整体上观察,才能做出正确的判断。个别经济现象由于受到种种偶然因素的影响,其数量特征并不能代表一般。例如,对全国或某地区农民收入进行统计,显然不能以个别农民或农户的收入为依据,而是必须把全国或某地区的全体农民作为一个整体,反映其收入水平和变化的数量表现,这样的数据才能说明一般。当然,个体数据是构成总体的基础,对经济现象进行分析研究,还是需要结合个体的数据和具体情况,才能加深认识。

二、经济统计的基本任务、职能和作用

(一)经济统计的基本任务

按照《中华人民共和国统计法》的要求,统计的基本任务是对经济社会发展情况进行统计调查、统计分析,提供统计资料和统计咨询意见,实行统计监督。具体地说,经济统计工作的任务就是通过市场统计信息来实施监督,加强管理,改善经营,提供咨询,配合宣传教育,从而促进经济统计理论的发展。在市场经济体制下,任何单位的活动无不直接、间接与市场有关。在当今信息时代,若要了解经济运行情况,改善经营,

加强管理，都需要利用市场经济统计信息。至于要了解与经济体制有关的方针、政策、法规、制度、计划、宏观调控措施的执行情况等，统计的监督与监测也是必不可少的，因为它能揭示数量界限，发出预警。要使决策科学化，必须有准确的充分的依据，而这些依据主要也是由经济统计工作提供的。经济统计还能从统计资料的分析中发现新情况、新问题，可作为经济学理论研究的课题，以促进经济科学的发展。

（二）经济统计的职能

随着社会主义市场经济体制的逐步建立和完善，经济统计的职能将越来越重要。经济统计已由单纯的统计信息搜集整理职能转变为信息、咨询、监督三大职能。

信息职能是指系统地搜集、整理、贮存和提供大量的以数量描述为基本特征的社会经济信息资源。

咨询职能是指利用已掌握的丰富的信息资源，运用科学方法进行综合分析，为科学决策和管理提供情况和咨询建议。

监督职能是指利用经济统计信息，对社会经济的运行状态进行定量检查、监测和预警，揭示社会经济运行中出现的偏差，提出矫正意见，预警可能出现的问题，提出对策，以促使社会经济持续、健康的发展。统计监督有两种：一是通过统计调查，统计分析和统计预测，指出社会经济生活中存在的问题，揭露矛盾，提出建议，供各级领导决策和采取措施时参考；二是对虚报、瞒报统计数字，伪造、篡改统计资料的违法行为进行监督。

信息、咨询、监督三大职能是相互作用、相辅相成的，共同构成了统计的整体功能。其中，信息功能是最基本的，咨询、监督功能是统计信息功能的延续。发挥统计整体功能是我国长期统计工作，特别是改革开放以来统计实践经验的总结，是国家科学管理和宏观调控的客观需要。

（三）经济统计的作用

经济统计的作用是通过正确地完成统计的基本任务，提高统计的服务质量来发挥的。它包括以下具体内容：（1）全面反映国民经济和社会发展的水平、规模、结构、速度、比例、效益，预测其发展的趋势，阐明经济和社会发展的统计规律性，为党和国家推行正确的政策，制定符合实际的计划提供准确、灵通、完整、系统的统计信息；（2）经常检查国家政策的实施和计划完成的进度，说明政策和计划执行好坏的原因，考核经济效益和社会效益，评比先进和后进，揭露生产、建设、流通等领域中经营管理的问题和各种浪费现象，检举、揭发违反国家法令，破坏国家计划的行为，针对国民经济和社会发展中的实际情况与问题，实行全面的、严格的统计监督。国家经济的发展是否存在比例失调以及经济效益好坏的确定，都有赖于大量统计资料的提供和正确统计方法的应用。

三、经济统计的三个阶段

一般来说，一个完整的经济统计活动包括三个阶段，即统计调查、统计整理和统计分析。

（一）统计调查

统计数据是我们利用统计方法进行分析的基础，离开了统计数据，统计方法就成了无米之炊。取得统计数据，既可以通过一些信息渠道得到，如借助于查阅统计年鉴、查阅其他出版物、查阅网络信息等，也可通过专门的统计调查。如果要搜集那些从已公布的或其他形式的渠道无法得到的数据，则需要借助于统计调查。

统计调查即根据统计研究的目的和要求，运用各种调查的组织形式和方法，有组织、有计划地向所研究的经济现象总体（包含所研究的全部个体的集合）各单位搜集统计资料的过程。统计调查主要是搜集原始资料，即直接对调查单位的情况进行登记或调查，如人口普查，对每一户每一人直接填表登记。

统计调查在整个统计过程中处于基础阶段。只有通过调查得到的资料才能进行整理、分析，而且调查所搜集的原始资料的质量在很大程度上决定了整个统计工作的质量。如果调查做得不好，搜集到的数据不准确或残缺不全，那么，这种数据整理和分析的结果，就不能反映客观事物的真相，甚至还会得出相反的结论，从而影响经济决策。

如何抽选出好的样本（是从总体中抽取的一部分个体的集合）是非常关键的问题。好的样本应根据研究目的的不同而不同，应依据估计精度和调查费用，确定最佳的调查数量。使用抽样采集数据的具体方式分两类：概率抽样和非概率抽样。概率抽样也称随机抽样，是指遵循随机原则进行的抽样。其特点有：抽样时按一定的概率以随机原则抽取样本，抽取样本时使每个单位都有一定的机会被抽中；每个单位被抽中的概率是已知的，或是可以计算出来的；当用样本对总体目标量进行估计时，要考虑到每个样本单位被抽中的概率。且保证目标总体（想要对其进行推断的总体）和抽样总体（实际从中抽取样本的总体）是一致的。非概率抽样是相对于概率抽样而言的，抽取样本时不是依据随机原则，而是根据研究目的对数据的要求，采用某种方式从总体中抽出部分单位对其实施调查。

（二）统计整理

通过统计调查搜集到的大量原始资料，只是统计研究的基础，这些资料是分散的、凌乱的、不能系统地反映经济现象总体的情况。统计整理就是将搜集到的大量的原始数据进行加工整理，经过科学的审核、筛选、分类、汇总，使之系统化、条理化，为下一个阶段的统计分析做准备的过程。所以，统计整理是统计调查的继续，也是统计分析的基础和前提，发挥着承前启后的作用。统计整理的内容，主要包括审核原始资料的完整性和准确性，剔除某些不符合要求的数据或有明显错误的数据，然后归纳、汇总数据，编制统计表与分析表，将汇总资料存入数据库等。

（三）统计分析

统计分析是将经过加工整理的统计数字再做进一步的加工分析，从而揭示客观事物的内部关系、外部联系、发展趋势等方面更深刻的数量特征的阶段。经济统计分析方法很多，它首先是计算各种各样的分析指标，借分析指标本身、分析指标之间的关系来分析具体经济现象的水平、速度、结构、集中、分散、相关等一系列问题。或者利用样本对总体的特征值进行估计、检验。

经济统计活动的三个阶段彼此不是相互孤立的，而是紧密联系的一个整体，而且各个环节常常可能是交叉进行的。例如,统计调查阶段,要对所调查的事物有一个初步的了解,就要先做出一些试点调查,才能确定统计指标和指标体系,并设计好调查方案和整理汇总方案。在统计调查过程中,也要不断地进行分析,在统计整理阶段也需要进行一定的分析,如果发现资料有问题或资料不足,则需要作补充调整。

四、经济统计的调查方法和分析方法

(一) 经济统计调查方法

在我国,统计调查的方法包括:普查、统计报表制度和抽样调查。普查和统计报表制度属于全面调查,概率抽样调查、非概率抽样调查中的典型调查和重点调查属于非全面调查。

1. 普查

普查是为了某种特定目的而专门组织的一次性全面调查。普查用于搜集重要国情国力和资源状况的全面资料,如工业普查、农业普查、经济普查等。普查大多是在全国范围内进行的,而且所要搜集的是经常的、定期的统计报表所不能提供的更为详细的资料,特别是诸如人口、国民财富等时点状况的资料。普查要求统一规定调查资料所属的标准时间,即登记调查对象资料的统一时间,目的是避免重复或遗漏登记。例如,我国每5年进行一次的经济普查,规定标准时点为普查年份的12月31日。

2. 统计报表制度

统计报表制度是按照国家统一规定的表格形式、指标内容、报送时间,自下而上逐级定期提供基本统计资料的调查方法,又称为全面统计报表。统计报表按其性质和要求不同,有以下几种分类:按报表内容和实施范围不同,分为国家统计报表、部门统计报表和地方统计报表;按报送周期长短不同,分为日报、旬报、季报、半年报和年报;按填报单位不同,分为基层统计报表和综合统计报表,前者是由基层企事业单位填写的,后者是由主管部门或部门根据基层报表逐级汇总填报的。统计报表制度具备统一性、时效性、全面性、可靠性的特点,可以满足各级管理层次的需要。

3. 重点调查

重点调查是一种非全面调查。一般来说,当统计调查目的只是要求了解掌握统计调查对象的基本情况时,选择重点单位进行重点调查是比较适宜的。重点调查是从需要研究的统计总体中选择部分具有举足轻重地位的重点单位进行调查,借以了解总体的基本情况的一种调查方法。重点单位数量虽然少,但能够代表总体的基本情况。例如,通过调查全国几家大型钢铁企业的生产情况,就能基本了解全国的钢铁生产总体情况。

4. 典型调查

典型调查也是一种非全面调查。它是根据调查目的,在对研究对象进行全面分析的基础上,有意识地选出少数有代表性的典型单位,进行深入细致调查的一种调查方法。有代表性的典型单位,通常是指那些比较充分、比较集中地体现了统计总体某方面共性的单位。例如,我国股票指数的编制,就是采用典型调查的方法,从所有上市股票中选择了有代表性的样本股计算得到的。

5. 抽样调查

抽样调查是非全面调查的一种主要组织形式。它是按照随机原则从总体中抽取部分单位作为样本进行观察，并用观察结果推断或估计总体数量特征的一种调查方法。抽样调查与其他非全面调查相比，具有如下特点：第一，按照随机原则即机会均等原则抽取调查单位；第二，以推断总体为目的，而且能够对推断结果的可靠性做出准确的估计；第三，统计调查的误差可以事先计算并加以控制。当某些经济现象不可能进行全面调查，或某些经济现象不必进行全面调查以及需要对全面调查的资料进行验证和修正时，可以采用抽样调查方法。例如，为了验证居民消费价格指数（CPI）的准确性，统计局就采用抽样调查方法，采集全国 CPI 价格的调查网点（包括食杂店、百货店、超市、便利店、专业市场、专卖店、购物中心以及农贸市场与服务单位等）达到 6.3 万个。从 2011 年 1 月起，我国 CPI 开始计算以 2010 年为对比基期的价格指数序列。

（二）经济统计分析方法

经济统计分析方法主要有：

1. 对比分析法

在经济统计学中对数据的对比分析法通常又称为相对数分析法，即将两个有关联的数据加以比较而得到的一个相对数。它可以是不同空间、不同时间的，也可以是不同性质的或同一事物内部的对比。例如，分析三次产业在 GDP 中占的比重、人均国内生产总值、公司资金利税率、经费来源比例等。

计算增长速度也是常用的方法之一。根据计算所用的价格不同，增长速度又可分现价（或名义）增长速度和不变价（或实际）增长速度，前者包含价格因素，后者剔除了价格因素的影响。根据计算的基期不同，增长速度又可分为同比增长率和环比增长率，前者是与上年同期相比的增长速度，后者是与上期（月或季）相比的增长速度。

2. 动态分析法

社会经济活动都是在不断发展变化的，从时间演变的过程中研究社会经济现象在时间上的发展水平和速度，分析其发展规律性的方法，就是动态分析法。这种分析法主要是用于找规律、找问题。许多重要结论都是通过动态分析得出来的。例如，边际消费倾向下降；收入差距不断扩大。它对研究社会经济的宏观调控与微观管理都有着深刻的意义。进行动态分析，需要计算一系列动态分析指标，并得到所需要的统计指标。使用这种方法要注意历史数据的可比性，且指标口径要一致。

3. 抽样分析法

经济统计研究的目的是分析说明某一经济现象总体的数量特征。从理论上讲，只要能对所研究的随机变量进行反复地、全面地观察，就可以找出其统计规律。但在实际中，反复观察或全面观察要耗费大量的人力、物力和财力，而且有时是无法做到的，这就必须进行抽样。而科学的统计抽样调查，既可以保持高的置信度，也可以节省大量的人力、物力和财力。例如，我国的 CPI 和人均可支配收入就是根据抽样原理计算出来的。因此，CPI 下降并不意味着某项或某类商品的绝对价格下降，因为 CPI 是居民消费价格指数，反映的是总体平均消费价格水平，不代表单个商品的绝对价格也是如此变动。城镇居民人均可支配收入是指城镇居民家庭可以用来自由支配的收入，即用于最终消费支出和其他非义务性支出以及储蓄的总和，是全面反映城镇居民收入水平与结构变化的重要指标，通过抽样调查方法取得。某地方人均可支配收入增长，并不代表该地区某个人的绝对收入一定也增长。

4. 统计指数分析法

这里的统计指数是一种特殊的相对数，反映不能直接相加的复杂经济现象综合变动的程度。所谓复杂经济现象是指构成现象总体的单位及其标识值不能直接加总合计，如不同使用价值的产品数量、价格等。如反映与居民生活有关的产品及服务价格变动趋势和程度的消费者价格指数（CPI），反映某一股票市场上多种股票价格变动趋势的股票价格指数。通过统计指数的计算，可以综合反映复杂经济现象总体数量上的变动状态，分析现象总体变动中受各个因素变动的影响程度，并通过统计指数序列对复杂经济现象总体长时间发展变化趋势进行分析。

5. 相关与回归分析法

在社会经济领域内，一种现象的变化往往依赖于其他现象的变化，一种现象的变化也常常影响着其他现象的变化。同时，在现象之间的这种相互关系，有些还表现为一定的规律性。相关分析以现象之间是否相关、相关的方向和密切程度等为主要研究内容，它不区别自变量与因变量，因为 x 与 y 是否相关和 y 与 x 是否相关是同一个问题；另外，狭义的相关分析对各变量的构成形式（关系的表现形态）也不关心。回归分析就是指对具有因果关系的两个或多个变量之间的数量变化进行数量测定，配合一定的数学方程（模型），以便由自变量的数值对因变量的可能值进行估计或预测的一种统计方法。根据数学模型绘出的几何图称为回归线。在回归分析中，变量之间存在一定的数量关系，但又不呈现函数关系，即观察值不是全落在回归线上，而是散布在回归线周围。

五、常用的经济统计分析软件

进行统计分析，往往需要处理大量数据，常常使用统计软件来完成。常用的经济统计分析软件主要有以下几种：

1. Excel

Excel 是微软办公套装软件 office 的一个重要组成部分，它可以进行各种数据的处理、统计分析和辅助决策操作，广泛地应用于管理、统计财经、金融等众多领域。Excel 中的统计分析功能，包括函数计算，如计算算术平均数、加权平均数、方差、标准差、协方差、相关系数、偏态系数、峰态系数、概率等；统计图形、表格；分析工具库；随机抽样、描述统计、假设检验、方差分析、移动平均、指数平滑、回归分析等。

2. SPSS

SPSS 是世界上最早采用图形菜单驱动界面的统计软件，它最突出的特点就是操作界面极为友好，输出结果美观漂亮。它将几乎所有的功能都以统一、规范的界面展现出来，使用 Windows 的窗口方式展示各种管理和分析数据方法的功能，对话框展示出各种功能选择项。用户只要掌握一定的 Windows 操作技能，粗通统计分析原理，就可以使用该软件为特定的科研工作服务。是非专业统计人员的首选统计软件。

SPSS 输出结果虽然漂亮，但是很难与一般办公软件，如 Office 或是 WPS2000 直接兼容，如不能用 Word 等常用文字处理软件直接打开，只能采用复制、粘贴的方式加以交互。在撰写调查报告时往往要用电子表格软件及专业制图软件来重新绘制相关图表，这已经受到诸多统计人士的批评；而且 SPSS 作为三大综合性统计软件之一，其统计分析功能与另外两个软件即 SAS 和 BMDP 相比仍有一定欠缺。

3. SAS

SAS 是功能最为强大的统计软件，有完善的数据管理和统计分析功能，是熟悉统计学并擅长编程的专业人士的首选。它由数十个专用模块构成，功能包括数据访问、数据储存及管理、应用开发、图形处理、数据分析、报告编制、运筹学方法、计量经济学与预测等等。SAS 系统在国际上已被誉为统计分析的标准软件，在各个领域得到广泛应用。SAS 和 SPSS 是目前应用最广泛，国际公认且标准的统计分析软件。

4. BMDP

BMDP 是世界级的统计工具软件，至今已经有 40 多年的历史。目前在国际上与 SAS、SPSS 被并称为三大统计软件包。BMDP 是一个大型综合的数据统计集成系统，从简单的统计学描述到复杂得多变量分析都能应付自如。每一个 BMDP 程序的执行算法都经历了最为严酷的实际专业测试才被予以应用。BMDP 为常规的统计分析提供了大量的完备的函数系统，如方差分析（ANOVA）、回归分析（Regression）、非参数分析（Nonparametric Analysis）、时间序列（Times Series）等。此外，BMDP 特别善于进行出色的生存分析（Survival Analysis）。许多年来，一大批世界范围内顶级的统计学家都曾经参与过 BMDP 的开发工作。这不仅使得 BMDP 的权威性得到了保障，更使 BMDP 能够为全世界的同行提供高质量的统计分析服务。

六、经济统计学

（一）经济统计学的含义

经济统计学是以经济生活中大量的经济现象作为研究对象，运用专门的统计研究方法，认识经济现象总体的数量特征和数量关系，为经济管理和经营分析提供依据和方法的一门方法论科学。可见，经济统计学的研究对象是大量的经济现象，即经济现象总体的数量方面的问题，即数量特征和数量关系。

（二）经济统计学的学科性质

经济统计学是以经济数量为对象的方法论科学。要在经济领域应用统计方法，必须解决如何科学地测定经济现象即如何科学地设置指标的问题，这就离不开对有关经济现象的质的研究。要对经济问题进行统计分析，也必须以有关经济理论为指导。因此，经济统计学的特点是在质与量的紧密联系中，研究事物的数量特征和数量表现。不仅如此，由于社会经济现象所具有的复杂性和特殊性，经济统计学不仅要应用一般的统计方法，而且还需要研究自己独特的方法。所以，从总体上看，经济统计学属于社会科学。

经济统计学既是统计学的一个分支，又是经济学下的二级学科。

经济统计学与其他统计学的区别在于：研究的具体对象不同，其所结合的实质性学科也有较大差别。经济统计学与数理统计学的不同之处表现在：在研究对象上，经济统计学研究大量社会经济现象的数量表现与数量规律，数理统计学则是一门以概率论为基础，研究随机现象规律性的学科，它的研究对象是随机现象的统计规律性。数理统计学所论述的统计方法是在实验室内进行可控试验的基础上发展起来的；在研究范围上，经济统计学主要研究经济现象，而数理统计学既研究自然现象，也研究社会现象；在研究内容上，经济统计学一般包括经济核算和经济定量分析两部分。而数理统计学一般包括描述统计和推断统计两大部分。数理统计基本上是围绕模型展开的，模型假设、模型论证、模型运用是其主要内容。二者的联系表现在，数理统计方法是经济分析中的一个重要且基础的方法，经济统计是数理统计学应用的一个领域。经济统计学与其他经济学的二级学科的区别在于：它并不直接研究经济规律，而是为其他经济学科提供专门的方法和工具。

◆学习拓展：

《文摘》对1936年美国大选的预测让人大跌眼镜

《文摘》杂志曾以其对大选结果的准确预测而在美国闻名天下，但是在1936年大选中却因预测错误而遭遇了滑铁卢。

当时，在任的民主党总统罗斯福击败共和党的兰顿而连任总统，可该杂志却预测兰顿将以3:2击败罗斯福。与此形成鲜明对照的是，一年前刚刚创立美国民意研究所的年轻调查员乔治·盖洛普却一炮打响，他不仅预言罗斯福将赢得大选，而且在《文摘》组织的调查尚未开始的时候，就预言其调查结果将是错误的！要知道，财大气粗的《文摘》向1千多万民众发放了调查问卷，而盖洛普的调查对象只有5万名民众。

原因何在呢？《文摘》犯了两个典型的错误：首先，调查对象选取不当，1 000万个被调查者中大多数是它的订户；其次是那些买得起汽车、用得起电话的人，只有少数是登记的选民。可是，在1936年能够订杂志、买汽车、装电话的人都是有钱人，他们当然不满在任的民主党总统。比这份富人样本更严重的问题是所谓的"志愿者响应"，发出的1 000万份问卷中最终收到230万份，回收率23%，寄回问卷的往往是那些最关注选举结果的人，其中就有不少人要求现任总统下台，其中大多数同时也是共和党候选人的支持者。相反，那些支持现任总统的人一般不会急于回答问卷。这样，《文摘》调查结果的倾向性就无法避免。

与此对应的是，盖洛普却深知随机抽样的重要性，他从《文摘》的被调查者名单中随机选取3 000个对象，给每人发了一封明信片，问他们将会投谁的票？根据反馈的信息，他大胆预言《文摘》杂志调查结果正确的可能性只有1%。

对同一事件预测的成败导致两家企业走上了截然不同的道路，《文摘》从此一蹶不振，并于次年破产，而盖洛普却一举成名，尽管以后有时也难免出错，但他于1935年创立的美国民意研究所却日趋发达。

这个著名的案例会让我们领略随机抽样的美妙之处的同时，也让我们知道，根据未经随机抽样、有偏向性的样本所得出的结果会是多么的荒唐和危险！

资料来源：陆立强．让数据告诉你［M］．上海：复旦大学出版社，2008：35~36．

第三节 经济计量

经济计量也是利用数学方法研究经济数量关系及其变化规律的学科，它是现代经济与管理中最主要的分析工具之一，在经济与管理的实际工作与实证研究中不可或缺。本节在简要介绍经济计量的含义的基础上，重点介绍了经济计量的作用以及经济计量分析的步骤，并且简要介绍了经济计量学的一些知识。

一、经济计量的含义与作用

（一）经济计量的含义

根据《高级汉语大词典》，"计量"指计算或估计数量。随着生产和科学技术的发展，现代计量已涉及工农业生产、国防建设、科学试验、国内外贸易、人民生活等各个方面，是国民经济的一项重要的技术基础。

经济生活中各种能观察到的经济现象的一部分是可以计量的，表现为经济数量；经济数量的实际观测数值往往因时间地点不同而异，所以叫做经济变量。经济计量就是计量经济变量之间的数量关系，具体来说，就是用数学方法，根据实际统计资料，为经济理论中阐述的经济关系，计量出实际数值，以便用计量结果验证或改进经济理论的文字阐述，并且进一步解释过去、预测未来和规划政策。简而言之，经济计量，就是对经济现象的计算或估算。

（二）经济计量的作用

对经济现象进行计量的作用大体可以概括为四个方面：经济结构分析、经济预测、政策评价、检验与发展经济理论。

经济结构分析是指对经济现象中变量之间相互关系的研究，即研究当一个或几个变量发生变化时会对其他变量以至整个经济系统产生什么样的影响，目的是要弄清楚经济变量之间的因果关系、相互依赖的程度、相互关系的性质、大小，从而对经济系统的结构有一个明确的认识。

经济预测，用估计好的经济计量模型，来推测因变量在未来时期的数值。预测往往是决策和行动的基础，市场预测和宏观经济预测都是如此。应用宏观经济计量模型进行经济预测，是经济预测的主要手段之一。例如，根据相关的统计资料和宏观经济模型，可以预测未来几年的国内生产总值。西方发达国家主要宏观经济模型都定期发布预测报告，预测结果往往得到政府、企业和公众的重视。

政策评价，也叫政策分析或政策模拟，它是在不同的政策方案之间进行选择，从不同的政策方案中选择一个较好的政策方案予以执行，或者说是对不同政策方案可能产生的后果进行评价对比，从中做出选择的过程。从宏观经济领域到微观经济领域，每时每刻都存在政策评价问题。例如，进行宏观调控时，政府需要对各种财政政策、货币政策以及其他影响国民经济的政策进行选择。

检验与发展经济理论。检验理论就是按照某种经济理论去建立模型，然后用已经发生的经济活动的样本数据去拟合各种模型，拟合最好的模型所表现出来的数量关系，则是经济活动所遵循的经济规律，上升为理论就是发现和发展理论。例如，对菲利普斯曲线，即通货膨胀率和失业率之间关系的数量研究，已经推动了失业理论的发展。

二、经济计量分析

经济计量分析是指依据经济理论分析，运用经济计量模型方法，研究现实经济系统的结构、水平，提供经济预测情报和评价经济政策等的经济研究和分析。

（一）经济计量分析的三个要素

进行经济计量分析研究的前提，即经济计量分析的三个要素，包括经济理论、经济数据和统计方法。经济理论是所研究的经济现象的行为理论，是经济计量分析的基础，经济计量分析必须依据经济理论，脱离了经济理论，便成了无源之水，无本之木；经济数据是反映研究对象的活动水平、相互间联系以及外部环境的数据，或更广义讲是信息，是经济计量分析的原料，经济计量分析主要是利用经济数据，离开了经济数据，便失去了自身的意义；统计方法，是经济计量分析的工具与手段，经济计量分析不借助于统计方法就无法得出经济数量关系。这三者中的每一个对于理解现代经济生活中的数量关系都是必要的，三个因素缺一不可。

（二）经济计量分析的步骤

具体来说，经济计量分析是按照以下步骤进行：一是陈述经济理论；二是建立经济计量模型；三是收集数据；四是估计参数；五是假设检验；六是应用模型。

举个例子来说明以上步骤。假设要研究河南某品牌食用油的市场需求情况，经济计量分析步骤具体如下：

1. 陈述经济理论

经济理论中假定商品的需求量主要取决于该商品的价格、其他相关商品的价格、消费者的收入、消费者的偏好以及消费者对该商品未来价格的预期。根据需求理论，在其他条件不变的条件下，一种商品价格上升，则消费者对该商品的需求量减少；反之，价格下降，需求量增加。即商品的需求量与商品的价格之间呈反方向变动关系。

2. 设定经济计量模型

根据经济理论分析所研究的经济现象，找出经济变量间的因果关系及相互间的联系。把问题作为因变量，影响问题的主要因素作为自变量，非主要因素归入随机项，依据一定的经济理论，用一个或一组数学方程式表示被研究系统内经济变量之间的关系。

一般来说，设定模型需要以下一些工作：

(1) 确定模型所包含的变量。

确定模型所包含的变量主要是指确定解释变量（自变量）。选择解释变量时需要注意以下三个方面：首先，需要正确理解和把握所研究的经济现象中暗含的经济学理论和经济行为规律。解释变量是用以说明被解释变量（因变量）的，即被解释变量的变动是由解释变量的变动引起的，这是正确选择解释变量的基础。例如，如果从投入要素方面研究产品的产出量的变动，则产出量为被解释变量，解释变量则可以选择资本、劳动和技术等投入要素。其次，选择变量要考虑数据的可得性。即所选择的变量必须是在统计指标体系中存在的、有可靠的数据来源的变量。这样，才能根据数据对模型中的参数进行估计。最后，选择变量时要考虑所有入选变量之间的关系，使得每一个解释变量都是独立的。因为如果其中两个解释变量完全相关，将导致不能估计出模型参数，也就无法建立经济计量模型。

(2) 确定模型的数学形式。

选择模型数学形式的主要依据是经济行为理论。例如，在宏观经济学中，凯恩斯的消费函数计量模型为：$C = a + bY + u$。C 表示消费支出，a，b 是参数，并且 $a > 0$，$0 < b < 1$，Y 表示可支配收入，u 为随机项。

确定模型的数学形式常用的方法是根据变量的样本数据作出解释变量和被解释变量之间关系的散点图，由散点图显示的变量之间的函数关系作为理论模型的数学形式。如果无法事先确定模型的数学形式，应反复采用多种可能函数形式对样本进行拟合，然后选择其中一种拟合较好的函数形式作为模型的数学形式。

(3) 拟定待估参数的理论期望值区间。

理论模型中的待估参数一般都具有特定的经济含义，参数的具体数值只有在模型完成以后才能确定。但它们的取值范围，即理论期望值区间却必须根据其经济含义，在理论模型设计阶段拟定。可以用这些根据经济理论拟定的理论期望值来检验模型的估计结果。

例如，凯恩斯的消费函数计量模型 $C = a + bY + u$ 中，参数 a 是自发消费支出，即收入为零时也要有的消费支出，b 表示边际消费倾向，即增加的单位收入中用于消费的比例，它们的取值范围是：$a > 0$，$0 < b < 1$。

再举一个例子，食用油的市场需求量（Q）是因变量，主要影响因素——该品牌食用油的价格（P_1）、其他商品的综合价格（P_2）、消费者的收入（Y）、消费者对未来价格的预期（Pe）、消费者个人爱好（T）作为自变量，非主要因素归入随机项 u，建立模型为：

$$Q = b_0 + b_1 P_1 + b_2 P_2 + b_3 Y + b_4 Pe + b_5 T + u$$

其中，$b_i (i = 0, 1, 2, 3, 4, 5)$ 为该模型中的待定参数。

3. 收集数据

在对所设定的经济计量模型中的参数进行估计之前，必须首先得到合适的精确的统计数据。在经验分析中，常用的数据有两种：时间序列数据和横截面数据。时间序列数据是按时间周期（即按固定的时间间隔）收集的数据，如年度或季度的 GDP、居民每年的收入等。横截面数据是在同一时点收集的不同实体（如个人、公司、国家等）的数据，如世界各国 2013 年的 GDP、我国城镇居民和农村居民 2013 年的年人均收入等。经济计量分析所需要的数据，既可来自各种官方统计数据，也可通过调查获得。在上述所举例子中，就需要收集该品牌食用油在河南的需求量（即销售量）、价格、河南居民的收入水平数据以及其他品牌食用油价格、消费者预期和消费者个人爱好等方面的数据。

4. 估计参数

根据收集的统计数据估计出模型的参数。经济计量模型设定之后，就要估计参数。如上例，需要对模型中的参数 b_i（i = 0，1，2，3，4，5）进行估计。由于参数是未知的。那么，如何估计模型中的参数呢？估计模型中的参数，需要应用相应的经济计量方法，最基础的是最小二乘法。因为从特定的数据中计算的估计值好不好，取决于估计方法（即估计量）好不好，好的估计量通常产生好的估计值，即相当接近参数真值的估计值。

参数是模型中表示变量之间数量关系的常数。它将各种变量连接在模型中，具体说明自变量对因变量的影响程度。模型设定之后，应根据可资利用的统计数据资料，选择适当的方法，求出模型参数的估计值。切记的是，估计值不是参数的真实值，换一组统计数据，得到的参数估计值会发生变化。由于计算量较大，现在一般由统计软件完成此项工作。

5. 假设检验

运用假设检验的原理，验证已经得出的参数估计值与理论上的预期结果是否一致，验证所建立的模型是否符合实际。即判断模型所依据的经济理论是否正确，以便确定是否对理论进行修订，重新建立合适的模型。如上例，我们可能想知道该食用油的价格 P_1 的系数 b_1 是否为预期的负数？

6. 应用模型

应用模型是经济计量分析工作的最终目的，包括运用模型作经济预测、进行经济结构分析、评价经济政策和通过政策模拟提供制定经济政策的依据等内容。在这一阶段，经济计量模型要接受实践的检验，检验结果较好的模型，我们就可以利用模型来解决实际问题，并使之相对稳定一个时期。如果模型预测的误差较大，就要部分修改模型，有时或可能要重新建立模型以达到较好的效果。回到我们举的例子，假设该食用油生产商想预测一下该食用油价格为 12 元/升时河南市场的需求量是多少，那么他只要把 $P_1 = 12$ 代入已经建立的模型中就可以预测出该食用油的市场需求量。

（三）经济计量分析实例

在宏观经济学中，用消费函数表示在其他条件不变的条件下，消费与可支配收入之间的关系。凯恩斯消费理论认为，消费是由收入唯一决定的，人们的消费支出随着收入的增加而增加，但消费支出的增加小于收入的增加。边际消费倾向，即收入每变化一单位的消费变化率，介于 0~1。当消费函数是线性时，消费与收入之间的关系可表示为：

$$C = \alpha + \beta Y$$

其中，C 表示消费支出，Y 表示居民的可支配收入，α 表示自发消费，β 表示边际消费倾向。凯恩斯根据消费者的行为规律设定了消费与收入之间的关系。

在以上消费函数中，即使给定了收入，支出仍受到许多其他因素的影响，如家庭人员数量，家庭成员的年龄、性别，家庭所处的区域，家庭成员的消费偏好、商品的价格等。在经济计量模型中需要引进一个随机干扰项或称为随机误差项，用来代表所有未有在模型中列出的对消费产生影响的那些因素。本例设定的消费函数经济计量模型为：

$$C = \alpha + \beta Y + \mu$$

这是一个线性回归模型，α，β 是模型中的参数，μ 是一个随机变量，代表了影响变量间非确定关系的诸多其他因素和数据统计的误差。

由于在不同的国家或地区，不同人群的收入不同，消费习惯各异，需要根据特定的人群的收入和消费的实际数据来估算消费与收入之间准确的函数关系，也就是估计出方程中各个参数的实际数值。在任何实际应用中，参数的真值一般是得不到的。但可以应用统计技术，得到参数的合理估计值。利用某国 2008 年全国各个省、市城镇人口扣除了个人所得税之后的人均可支配收入和城镇居民家庭平均每人全年消费性支出的数据，对上述消费函数的计量模型采用加权最小二乘法进行参数估计，得到：

$$C = 412.82 + 0.725Y$$

参数的估计结果通过了各项检验，并且在统计意义上，参数 β 的估计值符合理论模型中待估参数的理论期望值区间，即 $0 < \beta < 1$，说明结果是可以接受的。参数 β 的估计量就是该国 2008 年城镇居民的边际消费倾向，即城镇居民可支配收入每增加 1 元，消费支出将增加 0.725 元。

下面尝试利用该模型对被解释变量进行预测性估计。如果某地区 2014 年城镇居民人均可支配收入提高到 9 400 元，以 2008 年的价格计算，城镇居民人均全年消费性支出将为：

$$C = 412.82 + 0.725 \times 9\ 400 = 7\ 227.82\ （元）$$

假设国家希望全国城镇居民的人均消费支出达到 10 000 元，在边际消费倾向不变的情况下，政府则必须通过政策来保证城镇人均可支配收入水平达到：

$$10\ 000 = 412.82 + 0.725 \times Y，得出\ Y = 13\ 223.70\ （元）$$

（四）常用的经济计量分析软件

经济计量分析离不开相应软件，目前可供选择的软件很多，大致可分为以下几种类型：侧重于时间序列和经济计量分析的软件，最著名的是 Eviews，其他还有 RATS，DATA-FIT，PC-GIVE，SORITEC，SHAZAM 和 GAUSS 等；侧重于统计分析的软件，主要有 MINITAB，P-STAT，SPSS，STATA，STATGRAPHICS，STATPRO，SYSTAT 等；包括强大的统计和经济计量分析功能的大型综合软件包，代表是 SAS，它是集数据管理、数据分析和信息处理为一体的大型应用软件系统。

三、经济计量学

经济计量学是经济学的一个分支学科，是以揭示经济活动中客观存在的数量关系为内容的分支学科。

(一) 什么是经济计量学

经济计量学的英文一词"Econometrics",是拉格纳·弗里希仿效生物计量学(Biometrics)于1926年首次提出来的,因而弗里希是经济计量学公认的创始人。弗里希与荷兰的简·丁伯根共同获得了1969年首届诺贝尔经济学奖。人们一般认为,1930年12月29日世界计量经济学会的成立和1933年由它创办的学术刊物《Econometrics》的出版,才标志着经济计量学作为一个独立的学科正式诞生。

"Econometrics"的中文译名有两种:经济计量学与计量经济学。前者是由英文直译得到的,它强调该学科的主要内容是经济计量的方法,是估计经济模型和检验经济模型。后者则强调它是现代经济学的一门分支学科,强调它的经济学内涵与外延,即不仅要研究经济问题的计量方法,还要研究经济问题发展变化的数量规律。

对于经济计量学,不少经济学家给出过定义,尽管表述各不相同,但都强调经济计量学与经济理论、数学、统计学有着密切的联系,是对客观经济现象中存在的数量关系的分析。因此,可以认为,经济计量学是以经济理论为指导,以经济数据为依据,以数学、统计方法为手段,通过建立、估计、检验经济模型,揭示客观经济活动中存在的随机因果关系的一门学科。

(二) 经济计量学的产生和发展

经济计量学产生于20世纪30年代。它的产生与当时的时代背景密切相关。20世纪30年代,资本主义世界发生了严重的经济危机,原有的经济理论失灵,产生了"凯恩斯革命"。在这种背景下,各国政府出于对经济的干预政策的需要,企业管理层为了摆脱或减少经济危机的打击,在经济繁荣时期获得更多的利润,要求采用经济计量理论和方法,进行经济预测,加强市场研究,探讨经济政策的效果,因而,经济计量学应运而生。同时,随着科学技术的发展,各门学科相互渗透,数学、系统论、信息论、控制论等相继进入经济研究领域,使经济科学进一步数量化,有助于经济计量学的发展。高速电子计算机的出现和发展,为经济计量技术的广泛应用铺平了道路。

20世纪30年代,经济计量研究主要是以生产者、消费者或家庭、厂商的经济行为作为考察对象,描述需求变化和收入变化的关系,侧重于个别商品供给与需求的计量,基本上属于微观分析。从40年代起,为适应政府干预经济活动和经济发展的要求,经济计量研究的范围扩大到整个经济体系,其特征是处理总量数据,如消费、储蓄、投资、国民收入和就业等宏观经济总量的计量分析,即宏观分析。50年代起,在经济计量学的理论和方法得到迅速发展的同时,宏观经济计量模型在经济计量学的应用中开始占重要地位。50年代末至60年代初是宏观经济计量模型蓬勃发展的时期,很多至今还在英、美等西方国家运行的模型正是那个时期开发的。目前,各国的宏观经济计量模型经过数十年的发展日臻完善,正在经济预测和政策分析中发挥越来越大的作用。

由于认识上的原因,我国对经济计量学的广泛研究和应用起步较晚,始于20世纪70年代后期。经过这些年的发展,经济计量学在我国已经取得了长足的进步,大大缩小了与先进国家的差距,经济计量模型正日益成为一个重要的经济管理决策工具。很多政府部门和学术机构建立了经济计量模型进行经济预测和政策分析。可以预见,经济计量学在促进我国国民经济的发展中将发挥越来越大的作用。

第八章 数量经济

（三）经济计量学的研究对象

经济计量学是一门以经济理论、经济数据为依据，以数学、统计方法为手段来研究经济现象、分析经济过程、探讨经济数量规律的学科。因此，可以说经济计量学的研究对象就是经济现象，是研究经济现象中的具体数量规律。具体来说，经济计量学是利用数学、统计方法，根据经济数据，对反映经济现象本质的经济数量关系进行研究。

（四）经济计量学在经济学科中的地位

经济学作为一门科学，也只有两百多年的时间，经济学研究的数学化和定量化则是经济学迅速科学化的重要标志。正是数学这一工具，推动了经济学理论的发展。翻开任何一本经济学教科书或任何一份经济学刊物，无不用数学语言阐述经济理论，用定量的方法描述、讨论人们关心的现实经济问题。现代经济理论的一个显著特点就是数学的广泛应用。许多世界一流大学的经济系在其教学计划的培养目标中，都对学生应用数学工具的能力提出明确要求。于是，经济计量学成为学生必须学习的核心课程，而且从初级、中级到高级。这些都说明了经济计量学在经济学科中的重要地位。

在欧洲和美国等经济发达的国家的大学里，经济计量学早已成为经济学课程中最重要的一部分，它在经济科学中居于最重要的地位。诺贝尔经济学奖获得者，美国著名经济学家萨缪尔森曾经说过："第二次世界大战后的经济学是经济计量学的时代。"我国从1998年起，经济计量学已成为大学经济类专业的八门核心课程之一。可见，经济计量学在中国社会主义经济科学研究中会得到广泛的运用，它的地位将逐步变得越来越重要。

（五）经济计量学与其他相关学科的关系

1. 经济计量学与一般经济理论

经济理论是对经济规律的定性描述，而经济计量学是运用数学模型来进行定量的经济分析。经济计量学的起源是在西方经济学理论的基础上，所以，经济学理论是经济计量学的理论基础，它们对经济关系质的研究是经济计量学对经济关系量的分析的前提与条件。脱离经济理论，经济计量模型不过是一堆毫无价值的数学符号和公式；但反过来，经济理论也不能代替经济计量学。因为经济理论只是以一般的、系统的方法研究经济规律，而经济计量学利用各种具体数量关系以统计方式描述经济规律。

2. 经济计量学与数理统计学

数理统计学是一门以概率论为基础，研究随机现象规律性的学科。它所论述的统计方法是在实验室内进行可控制实验的基础上发展起来的。在自然科学中，研究人员进行实验时可以保持给定条件不变而只改变其中一个或一些因素，记录有关变化的结果，并应用数理统计方法分析、研究现象受变化因素影响的规律。但是，这种以控制实验条件为前提的统计方法，并不适用于研究经济现象，因为经济现象不能在有控制的条件下进行实验。研究经济行为时，人们不可能只改变一个或一些因素，而使其他因素保持不变。在实际生活中，所有经济变量都在不断地变化着，不能采用控制实验。因此，传统的数理统计方法只有经过发展，才能适合研究经济现象的特征。这些经过发展的数理统计方法称为经济计量方法。正因为经济计量方法是由数理统计方法改造、发展而来的，从这个意义上来说，数理统计学是经济计量学的基本工具。

3. 经济计量学、数理经济学、经济统计学之间的关系

数理经济学是把数学应用于经济分析的纯理论方面，基本不涉及或不关心诸如所研究的变量的度量误差这类统计问题。数理经济学主要集中于将数学应用于研究推理而非归纳研究，因此进行的是理论分析。数理经济学利用的数学方法涉及数学的许多分支：微积分、线性代数、数学规划、微分方程、概率论、控制理论、泛函分析、测度论、拓扑学等。甚至数理经济研究本身也会产生新的数学分支，如对策论等。

经济计量学则揭示经济活动中各个因素之间的定量关系，用随机性的数学方程加以描述，它不仅给出各个因素之间关系的数学形式，还对模型中的参数做出估计。尽管数理经济学所建立的方程式不同于经济计量学所建立的方程式，但数理经济学在用数学公式表达经济理论时把经济学中许多重要的理论数学化和规范化了。因此，数理经济学是经济计量学的重要基础。

经济统计学主要涉及资料搜集、加工、整理以及用图表形式描述经济统计数据等内容。它在经济现象的数量研究中侧重于经济学的描述，它希望让事实说话，让经济资料本身提出统计结论，经济统计是进行经济计量分析的前提。

◆学习拓展：

计量经济学模型的总体设定

任何科学研究，无论是自然科学还是社会科学，都是试图回答休谟诘问：如何从经历到的过去、特殊、局部，推论到没有经历到的未来、一般、整体？都遵循以下过程：首先关于偶然的、个别的、特殊的现象的观察；其次是从偶然的、个别的、特殊的现象的观察中，提出假说，或者是理论，或者是模型，这些假说是关于必然、一般、普遍现象而言的；再其次需要对假说进行检验，检验方法一般包括实验的方法、预测的方法和回归的方法；最后是发现，关于必然、一般、普遍的规律的发现。经济学研究也是如此。不同于自然科学的是，在推论过程中，在提出假说阶段，根据是否引入价值判断，有规范研究和实证研究之分。如前所说，计量经济学模型是一种主流的实证经济研究方法论。

计量经济学模型的总体设定，就是上述从观察到的样本出发，提出关于总体的假设的过程，并用计量经济学模型的形式加以表述。有两种基本总体模型：一是静态的总体模型，主要是描述经济因素之间不随时间演变的静态平衡结构，力图揭示经济系统的平衡关系法则，对应的总体是不随时间变化的静态随机分布，通常利用截面数据来估计总体模型参数。二是动态的总体模型，主要是描述持续演变的经济因素之间的动态平衡结构，力图揭示经济系统的演变法则，对应的总体是在时间维度上持续发生的随机过程，通常利用时间序列数据来估计总体模型参数。从研究对象来划分，可以是单方程模型，或者是联立方程模型，分别描述单一的经济活动或者经济系统。

资料来源：李子奈. 计量经济学应用研究的总体回归模型设定 [J]. 经济研究, 2008 (8).

本章思考题

1. 简述构建数学模型的步骤。
2. 数理经济学，经济统计学和计量经济学之间的关系如何？
3. 简述经济统计的职能和作用。
4. 经济统计的一般过程包括哪些阶段？
5. 简述经济计量分析的步骤。
6. 简述经济计量分析的目的。

第九章

边 缘 经 济

　　边缘经济学是研究经济学同社会科学其他学科和自然科学有关学科相结合的科学。近年来，经济学发展的一个重要特点是跨学科化，即与更多的学科相融合形成众多的边缘经济学科。边缘经济学科的学科群组的出现，是整个科学内部的分化与综合辩证运动的必然结果。其学科数量、结构形式的多样性、内容的丰富多彩、交叉覆盖面的广阔程度都给经济学带来了深刻的影响。当前，边缘经济学科在经济科学体系中占重要地位，其产生和发展极大丰富了经济科学的内容。本章介绍几个有代表性的边缘经济学科的一些相关知识，包括生态经济、环境经济、教育经济和信息经济。

第一节 生态经济

　　1980年，联合国环境规划署召开了以"人口、资源、环境和发展"为主题的会议。会议充分肯定了上述四者之间的关系是密切相关、互相制约、互相促进的，并指出，各国在制定新的发展战略时对此要切实重视和正确对待。同时，环境规划署在对人类生存环境的各种变化进行观察分析之后，确定将"环境经济"（即生态经济）作为1981年《环境状况报告》的第一项主题。从此，生态经济学作为一门既有理论性又有应用性的新兴科学，开始为世人所瞩目。

一、生态、生态系统与生态经济

（一）生态的含义

　　生态（Eco-）一词源于古希腊字，意思是指家（house）或者我们的环境。简单地说，生态就是指一切生物的生存状态，以及它们之间和它与环境之间环环相扣的关系。生态学（ecology）的产生最早也是从研究生物个体开始的。1869年，德国生物学家E. 海克尔（Ernst Haeckel）最早提出生态学的概念，认为生态学是研究动植物及其环境间、动物与植物之间及其对生态系统的影响的一门学科。如今，生态学已经渗透到各个领域,"生态"一词涉及的范畴也越来越广,人们常常用"生态"来定义许多美好的事物,如健康的、美的、和谐的事物均可冠以"生态"来修饰。例如,生态食品(也称有机食品、绿色食品),是指粮食、蔬菜、果品、禽畜、水果和食油等食品的生产和加工中不使用任何人工合成的化肥、农药和添加剂,不允许使用转基因种子,并通过有关颁证组织认证,确为纯天然、无污染的安全营养食品。

(二)什么是生态系统

生态系统简称ECO,是ecosystem的缩写,是指在一个特定环境内,各种生物群体和环境之间,以及他们互相之间,由于不断地进行物质和能量的交换,通过物质流和能量流的连接而形成的统一整体。

生态系统的范围没有固定的大小,如整个森林可能是一个生态系统,一个小池塘也可能是一个生态系统,在南美亚马逊河流域,有时一棵大树可能就是一个生态系统,有些动物终生不离开这棵树。生态系统的边界一般是由于环境突然有很大变化造成的,如池塘外则不适合池塘内生物的生存,沙漠边界、水体边界、山与平原、沼泽的交界,一般都是一个生态系统和另一个生态系统的交界。当然,生态系统的边界不是绝对的,有很多生物可以越过边界生存,如青蛙在水中参与一个生态系统,也可以跳到岸上参与另一个生态系统。

一个生态系统内,各种生物之间以及和环境之间是存在一种平衡关系的,任何外来的物种或物质侵入这个生态系统,都会破坏这种平衡。平衡被破坏后,可能会逐渐达到另一种平衡关系。但如果生态系统的平衡被严重地破坏,可能会造成永久的失衡。

生态系统的组成分为"无机环境"和"生物群落"两部分。无机环境是一个生态系统的基础,其条件的好坏直接决定生态系统的复杂程度和其中生物群落的丰富度。包括阳光以及其他所有构成生态系统的基础物质:水、无机盐、空气、有机质、岩石等。

生物群落包括生产者、分解者和消费者。生产者又称自养生物,主要是绿色植物以及蓝、绿藻和光合细菌等。它们把太阳能转化为化学能,把环境中的无机元素、水、二氧化碳等无机物合成蛋白质、碳水化合物和脂肪等有机物。生产者在生物群落中起基础性作用,它们将无机环境中的能量同化,同化量就是输入生态系统的总能量,维系着整个生态系统的稳定。此外,各种绿色植物还能为各种生物提供栖息、繁殖的场所。

分解者又称"还原者",它们是一类异养生物,主要是微生物及腐蚀性动物,它们能将动植物残体及排泄物分解为水、二氧化碳和无机元素,并将其归还环境,为生产者提供营养物质和能源。因此,分解者、生产者与无机环境就可以构成一个简单的生态系统。

消费者指依靠摄取其他生物为生的异养生物。消费者的范围非常广,包括了几乎所有动物和部分微生物,它们通过捕食和寄生关系在生态系统中传递能量。其中,以生产者为食的消费者被称为初级消费者,以初级消费者为食的被称为次级消费者,其后还有三级消费者与四级消费者。一个生态系统只需生产者和分解者就可以维持运作,数量众多的消费者在生态系统中起加快能量流动和物质循环的作用,可以看成是一种催化剂。

生态系统类型众多,一般可分为自然生态系统和人工生态系统。自然生态系统还可进一步分为水域生态系统和陆地生态系统。人工生态系统则可以分为农田、城市等生态系统。

（三）什么是生态经济

生态经济是指在生态系统承载能力范围内，运用生态经济学原理和系统工程方法改变生产和消费方式，挖掘一切可以利用的资源潜力，发展一些经济发达、生态高效的产业，建设体制合理、社会和谐的文化以及生态健康、景观适宜的环境。生态经济是实现经济腾飞与环境保护、物质文明与精神文明、自然生态与人类生态的高度统一和可持续发展的经济。

生态对经济发展的作用表现在两个方面：一是体现在生态服务方面，生态系统服务功能是指生态系统与生态过程所形成及所维护的人类赖以生存的自然环境条件与效用，它不仅为人类提供了食品、医药及其他生产、生活原料，还维持了地球生态支持系统，形成了人类生存所必需的环境条件。二是体现在生态价值方面，从伦理上说是指生态环境对于人的存在和发展所具有的和可能具有的意义。主要由生态系统和生态服务功能来实现。生态系统作为生命保障系统，如果没有它，就没有人类社会经济活动。生态服务功能则是指生态系统所提供的支撑和保护人类活动或影响人类的福利水平。

二、生态经济系统

（一）生态经济系统的含义及构成

生态经济系统是由生态系统和经济系统相互交织、相互作用、相互混合而成的复合系统，由生态系统、经济系统和技术系统三大亚系统组成。

生态系统——生态经济系统的基础结构。生态系统是任何类型生态经济系统结构的基础，其主要表现在生态经济系统进行生产和再生产时所需要的物质和能量，都是直接或间接来源于生态系统。

经济系统——生态经济系统的主体结构。经济系统的生产、交换、分配、消费四个环节中，生产决定着交换、分配、消费，而交换、分配、消费又反作用于生产；生态经济系统的主体结构地位，主要表现在经济系统中人的主导作用上。

技术系统——生态经济系统的中介环节。技术是人类利用、开发和改造自然物的物质手段、精神手段和信息手段的总和。凡是生态系统与经济系统相互交织和物质能量的循环转化过程，都有技术的中介作用。从生态经济系统结构的角度看，技术系统毕竟只是一个中介环节，起主导作用的还是作为主体结构的经济系统，是掌握和运用技术的主体——人。

生态经济系统的构成，不是各个部分、成分和因子的机械相加，而是通过一定的机制相互耦合的结果。耦合是指依靠因果关系链联结在一起的因素集合，各子系统或因素之间的因果关系。生态经济系统就是经济系统和生态系统相互耦合、互为因果关系的系统。如结构链是生态经济系统结构的基本单元，它是因子之间的直接组合，体现着因子之间物质能量循环转化的关系。捕食性食物链由植物—草食动物—肉食动物构成，如草原上的牧草—鼠（兔）—狐狸—狼；水域中的藻类—小鱼（虾）—大鱼等。

(二) 生态经济系统的要素配置

1. 生态经济系统要素配置的含义

所谓生态经济系统的要素配置,就是人类根据生态经济系统的构成、要素作用效应,以及由此给社会经济系统或环境系统所带来的后果,通过人类自身的生态平衡意识,遵循一定的原则,利用科学技术、上层建筑等,围绕一定的社会经济目的对生态经济系统所进行的重新安排、设计、布局的活动。

生态经济系统要素配置的内容和对象包括:生物要素、经济要素和技术要素。生物要素的调控是对一定生态系统中的动、植物时空分布、数量、品种进行的组合。经济要素泛指一定生态系统的人、财、物和信息。经济要素的配置是对输入、输出该生态经济系统的资金、劳动力、机械、化肥、价格、产品及经济政策、经济信息等进行过滤、选择和实施的活动。技术要素输入是人类对生态经济系统驾驭能力的标志,它包括作用于一定生态经济系统的技术措施、技术设施、技术方案和技术决定。

2. 生态经济系统的要素配置原则

生态经济系统要素的配置必须遵循互利共生、适度规模、同步运行、立体布局和最大效率的原则。

互利共生原则是指生态经济系统要素的调控过程中,必须消除要素之间的负相互作用、互竞和异类组合,趋利避害,从而使要素之间在属性上相互协调,彼此相依,形成一种互利共生的格局。例如,在水土流失区域采取植树种草等措施,当森林覆盖率达到一定程度时,不仅遏制了水土流失,保持了水土,而且改善了气候、水文等无机环境条件。适度规模原则,是指在既定技术水平下,对资源的开发和使用规模必须适度,不可过度。同步运行原则,是指要使不同生态经济序的要素同步运行,必须合理确定各个要素的时序,使之相互一致,彼此呼应。立体布局原则就是当生态系统内各个因子之间(如光、热、水、土、动物、植物、微生物)在空间上呈现立体网络格局时,生态系统的结构稳定性最强,物质循环、能量转化及信息传递最优。最大功率原则是根据最大功率原则对生态经济系统进行设计和对要素进行配置,使系统能够满足一切所需。

(三) 生态经济系统的物质循环和能量流动

1. 生态经济系统的物质循环

人类经济活动从环境中获取各种物质,经过生产和消费,又将其释放到环境中,这样就产生了一个封闭的物质循环。如果人类的经济规模适当的话,将和自然生态系统以及环境相协调,使这种循环持续地进行下去,也就是今天人们所说的可持续发展。但在目前的经济发展中却忽略了这种循环,并因此产生了众多问题,阻碍了经济发展。

自然资源存量包括不可再生资源和可再生资源。不可再生资源包括岩石中的能源、石油、天然气、煤炭以及非能源矿物(如铜、铬等),这些资源的形成需要长达数百万年的地质历史过程,只要人类对其开采,便无法再生,只要继续开采,总有一天会耗尽。

可再生资源指具有繁殖和生长能力的资源,其范围相当广泛,种类相当繁多。其中,第一类是由有机群体构成的,如农业作物、鱼类、森林等,他们具有自然的生长能力。第二类包括非生物系统(如大气和水),它们随时间通过物理和化学过程再生。虽然它们不具备生物生长能力，但是水和大气都有吸收和净化所受污染的能力。土壤系统也可以认为是可再生资源，它通过复合生物过程和物理过程，达到再生和增长，如果对土地不是过分索取，土壤肥沃程度可以自我恢复。广义上的可再生资源还包括可再生流量资源，如太阳能、波能、风能和地热能。

可再生资源在被利用过程中，其流量和存量的区分非常重要，存量是用来衡量资源在某个时刻的总量或者总生物量的；流量是存量在一定时期的变化量。这种变化有可能是因为生物因素，如生长率、死亡率等；还有可能是经济因素，如人类的逮捕引起的。它和不可再生资源一样都是可以耗竭的，如果在一段时间内开采过量或者掠夺性使用，对于可再生资源来说，尽管存量可以恢复，但是如果环境阻碍了可再生资源的再生能力或者收获速度高于自然增长，存量也会减少为零。

2. 生态经济系统中的能量流动

能量流动指生态系统中能量输入、传递、转化和丧失的过程。能量流动是生态系统的重要功能，在生态系统中，生物与环境、生物与生物间的密切联系，可以通过能量流动来实现。

能量流动过程是：

（1）能量的输入。生态系统的能量来自太阳能，太阳能以光能的形式被生产者固定下来后，就开始了在生态系统中的传递，被生产者固定的能量只占太阳能的很小一部分，表9.1给出了太阳能的主要流向。

表9.1　　　　　　　　　　太阳能的主要流向　　　　　　　　　　单位：%

项目	反射	吸收	水循环	风、潮汐	光合作用
所占比例	30	46	23	0.2	0.8

然而，光合作用仅是0.8%的能量也有惊人的数目：3.8×10^{25}焦/秒。在生产者将太阳能固定后，能量就以化学能的形式在生态系统中传递。

（2）能量的传递与散失。能量在生态系统中的传递是不可逆的，而且逐级递减，递减率为10%~20%。能量传递的主要途径是食物链与食物网，这构成了营养关系，传递到每个营养级时，同化能量的去向为：未利用（用于今后繁殖、生长）、代谢消耗（呼吸作用，排泄）、被下一营养级利用（最高营养级除外）。

生态系统中，生产者与消费者通过捕食、寄生等关系构成的相互联系被称作食物链；多条食物链相互交错就形成了食物网。食物链（网）是生态系统中能量传递的重要形式，其中，生产者被称为第一营养级，初级消费者被称为第二营养级，以此类推。由于能量有限，一条食物链的营养级一般不超过五个。

循环经济就是一个生态系统。循环经济（cyclic economy）即物质闭环流动型经济，它按照自然生态系统物质循环和能量流动规律重构经济系统。使经济系统和谐地纳入到自然生态系统的物质循环的过程中，建立起一种新形态的经济，循环经济在本质上就是一种生态经济，要求运用生态学规律来指导人类社会的经济活动，是在可持续发展的思想指导下，按照清洁生产的方式，对能源及其废弃物实行综合利用的生产活动过程。它要求把经济活动组成一个"资源——产品——再生资源"的反馈式流程；其特征是低开采、高利用、低排放。

3. 生态经济系统的平衡与稳定

作为一个独立运转的开放系统，生态经济系统具有一定的稳定性。生态经济系统的稳定性是指生态系统所具有的保持或恢复自身结构和功能相对稳定的能力。生态系统稳定性的内在原因是生态系统的自我调节。生态系统处于稳定的状态被称为达到了生态平衡。

生态平衡是一种动态平衡，是生态系统内部长期适应的结果，即生态系统的结构和功能处于相对稳定的状态。其特征为：能量与物质的输入和输出基本相等，保持平衡；生物群落内种类和数量保持相对稳定；生产者、消费者、分解者组成完整的营养结构等。

三、绿色GDP——生态经济的核算

绿色GDP是指一个国家或地区在考虑了自然资源（主要包括土地、森林、矿产、水和海洋）与环境因素（包括生态环境、自然环境、人文环境等）影响之后经济活动的最终成果。即将经济活动中所付出的资源耗减成本和环境降级成本从GDP中予以扣除。改革现行的国民经济核算体系，对环境资源进行核算，从现行GDP中扣除环境资源成本和对环境资源的保护服务费用，其计算结果可称之为绿色GDP。

（一）绿色GDP的核算

绿色GDP是指用以衡量各国扣除自然资产损失后新创造的真实国民财富的总量核算指标。简单地讲，就是从现行统计的GDP中，扣除由于环境污染、自然资源退化、教育低下、人口数量失控、管理不善等因素引起的经济损失成本，从而得出真实的国民财富总量。

绿色GDP净值则等于绿色GDP减去固定资产折旧和具有固定资产折旧性质的资源耗减和环境降级成本，即：

GDP总量 -（环境资源成本 + 环境资源保护服务费用）= 绿色GDP

环境成本又称环境降级成本，是指由于经济活动造成环境污染而使环境服务功能质量下降的代价。环境降级成本分为环境保护支出和环境退化成本，环境保护支出指为保护环境而实际支付的价值，环境退化成本指环境污染损失的价值和为保护环境应该支付的价值。

绿色核算就是把资源环境资本纳入国民经济统计和会计科目中，用以表示社会真实财富的变化和资源环境状况。"可持续发展"是其出发点和落脚点。英国经济学家沃夫德曾尖锐指出：一个国家如果只有物质资本增加而环境资本在减少，总体资本就可能是零值甚至是负值，发展就是不可持续的。例如，沿淮河曾建有1 500多个小造纸厂，其产值给当地GDP带来增长的业绩。但小造纸厂造成的污染使沿河流域1.2亿百姓喝不上净水。如果治理就要花钱，但GDP中却没有体现。

（二）绿色GDP核算的内容

生态经济统计与核算研究包含非常丰富的内容，主要包括以下几个方面：

1. 资源的利用状况统计研究

主要包括不可再生资源的核算和统计，可再生资源核算和统计、生物环境污染统计和生态环境价值计算。

不可再生资源的核算和统计主要研究其储存量最佳开采和利用效率，对人类发展所起的贡献等；可再生资源的核算和统计主要研究关于这种资源的增长及吸收情况，包括各种可再生资源的更新速率、最佳收获时期和数量等。生物环境污染统计主要是关于环境污染以及污染所产生的损失的核算。生态环境价值计算包括生态环境在资源更新、为人类提供各种服务功能上的作用以及生态环境被破坏产生的损失。

2. 专业生态经济统计

包括资源生态经济统计、农业生态经济统计、工业生态经济统计、林业生态经济统计等，着重反映某个行业的生态经济发展状况及其运动变化的形式。

3. 国民经济总量生态经济统计与核算

主要从国家宏观经济角度，在综合考虑社会、经济、自然资源、环境及其相互关系的基础上，研究社会经济活动和自然生态的关系以及整个国家的经济发展状况，揭示国家总体上生态经济发展的过程及总体运动规律，为制定和优化决策提供依据。

四、绿色消费——生态经济消费

（一）生态经济消费的内涵

生态消费是一种绿化的或生态化的消费模式，它是指既符合物质生产的发展水平，又符合生态生产的发展水平，既能满足人的消费需求，又不对生态环境造成危害的一种消费行为。

随着社会生产的不断进步，人们的消费需求由低档次向高档次递进，由简单稳定向复杂多变发展。这种消费需求上的变化在一个侧面反映了经济社会的进步状态。但我们不能不看到，消费需求的无限制跃进所造成的不合理消费行为，给资源环境带来了越来越大的冲击和压力，使本已脆弱的生态系统不堪重负。因此，为了当代人和子孙后代的利益，必须使自己的消费行为向有利于环境和资源保护、有利于生态平衡的方向演变。而当人们的消费行为具有了保护环境的功能时，这种消费其实就是一种生态消费。

（二）生态经济消费的模式

生态经济消费模式是人们消费关系和行为规范的总和，它反映消费领域的主要范畴、主要经济关系和内在规律，包括消费水平、消费结构、消费方式、消费质量等一系列内容。具体可归纳为以下几个方面：

1. 反映社会行为的社会规范

在生态经济消费模式中，应该共同遵守的社会规范，从根本上说就是代际公平和代内公平原则，倡导文明消费、适度消费、合理消费。例如，提倡勤俭节约、反对骄奢淫逸、挥霍浪费的消费行为；提倡尊重科学、反对封建迷信、愚昧落后的消费行为等。

2. 反映物质消费的满足程度

生态经济消费模式，一方面，反映人们的物质消费需要不断得到满足；另一方面，从动态的角度看，反映消费需要的满足程度不断提高。在生态经济消费模式中，应该反映消费质量及其变化，如生活条件、消费环境等情况及其变化，反映消费结构的变化，这是反映人们消费需要满足程度不断提高的一个极其重要的方面。

3. 反映消费领域的内在规律性

例如，反映消费水平的发展趋势的规律性，从中国来说，第一步解决温饱问题；第二步实现小康；第三步达到生活比较富裕。反映消费结构的发展趋势和规律性，如随着经济的发展，生存资料在消费结构中的比例逐渐下降，享受资料、发展资料在消费结构中的比例逐渐上升；反映消费方式的发展趋势和规律性，如个人消费和社会公共消费比例的变化；反映消费质量的发展趋势及其规律性，消费环境不断改善，闲暇时间的合理利用程度不断提高等。

4. 反映公共政策的导向作用

生态经济消费模式是国家为实现可持续发展目标而制定的消费政策、消费决策和消费计划的具体实现，反映正确政策的指导下，人们合理的消费行为的具体实践。

五、保护生态经济的政策

（一）开展生态经济教育

生态经济教育是指使受教育者掌握生态环境系统（包括森林生态系统）和经济系统的性质及规律，重新认识人与自然、生态与经济的关系，认识生态环境在人类生活中的地位，克服对生态环境冷漠无知的态度，确立与自然协调发展新观念的教育活动，其基本内涵有协调自然观、适度消费观、持续发展观、综合效益观。

第一，树立个人与群体的协调自然观。人类应该认识生物和环境在自然界中存在的权利和地位从而自觉地善待环境，保护生态平衡。

第二，建立个人和群体的适度消费观。人类应该树立"全面需求"和"适度消费"的观念。在维持和延续环境资源的前提下有节制的消费，在生活方式方面要走生态道路，树立生态消费的新思路，包括在能源消耗、交通方式选择、日常生活消费等方面都要避免浪费。

第三，树立个人和群体持续发展观。可持续发展的核心有三点：一是整体发展，即把生态、经济、社会系统的矛盾、利益加以整合，使之协调发展；二是持续发展，指经济和社会发展不能超过资源与环境的承载能力，以确保子孙后代的发展；三是公平发展，包括代内公平、代际公平以及人类对自然的公平。

第四，树立个人和群体综合效益观。生态系统为人类提供的服务可能比为人类提供的产品更有价值。例如，流域上游的森林不仅能提供控制洪涝、循环降水等服务，还可把降水循环到内陆去，此类服务的价值比森林提供的树木产品的价值要高出好几倍。

（二）保护生态资源的经济措施

人类已清醒地认识到了目前经济发展中出现的不可持续问题，许多国家和地区已经采取了一些政策措施。这些政策措施归纳起来可分为经济刺激和宏观调控两个方面。其一，经济刺激。这类措施包括很多手段，如排污收费制度、市场交易方法、财政补贴和押金制度等。目前，环境经济手段已成为各国环境政策的重要组成部分，基本思路是：由污染单位或个人承担环境外部费用，在某些情况下还可以通过经济刺激和筹集资金等手段削减污染。其二，宏观调控。这类手段属于外部性问题内部化的手段。外部不经济（即一项经济活动给其他经济活动带来不利影响）的内部化，就是使生产者或消费者产生的外部费用，进入生产或消费决策，由他们自己承担或消化。通常通过谈判方案使其外部性内部化，另一个是命令控制手段，如可以规定污染的排放量，规定生产的最低技术，规定生产地址的选择等。

六、生态经济学

（一）生态经济学的产生与发展

20世纪20年代中期，美国科学家麦肯齐（Mekenzie）首次把植物生态学与动物生态学的概念运用到对人类群落和社会的研究上，提出了生态经济学的概念，主张经济分析不能不考虑生态学过程。真正结合经济社会问题开展生态学研究的，应首推美国海洋生物学家莱切尔·卡逊（Rachel Carson），她于1962年发表的著名科普读物《寂静的春天》，对美国由于滥用杀虫剂所造成的危害进行了生动的描绘，揭示了近代工业对自然生态的影响。此后，一些论述生态经济学的著作问世，生态学从此开始了"边缘学科"的新时代，它与社会经济问题密切结合，交叉发展，产生了公害经济学、污染经济学、环境经济学、资源经济学，最终分离出一门新的边缘学科——生态经济学。

在生态经济学的产生过程中，有一些著名著作对生态经济学的形成产生了重大的影响，其中最重要的是1966年美国的经济学家肯尼斯·鲍尔丁（Boulding）发表的一篇题为《一门新的学科——生态经济学》的重要论文。在反传统经济学思想的基础上，明确阐述了生态经济学的研究对象，首次提出了"生态经济协调理论"。生态经济学作为一门科学正式诞生。

生态经济在中国的实践起始于20世纪80年代。1980年8月，中国著名经济学家许涤新先生，在青海省西宁市召开的全国第二次畜牧业经济理论讨论会上，提出"要研究我国生态经济问题，逐步建立我国生态经济学"的倡议，这是关于建立我国生态经济学的首次倡议。1982年11月，在江西省南昌市，由中国社会科学院经济研究所、农业经济研究所、城乡建设环保部环境保护局、中国生态学会和中国"人与生物"国家委员会共同召开了全国第一次生态经济讨论会。会上提出了生态经济学的研究对象是生态经济系统。研究对象的明确使我国生态经济学作为一门独立的学科得以确立。1984年2月，中国生态经济学会在北京成立，推动了全国十几个省、自治区和直辖市以及一些地区和市、县先后成立了地区生态经济学会，在全国组织起了生态经济学研究队伍，促进了我国生态经济学研究的迅速发展。

（二）生态经济学的含义及研究对象

生态经济学是生态学和经济学相互交叉、渗透、有机结合而形成的新兴边缘学科，是一门跨越自然科学和社会科学的交叉边缘学科。

1. 生态经济学的定义

生态经济学是研究生态、经济和社会复合系统运动规律的科学，有别于传统的经济学和生态学，也不是经济学和生态学的简单组合。生态学研究自然界动、植物之间彼此的依存关系，经济学研究商品之间的相互关系。生态经济学则是研究自然与人的关系，即人类作为这个星球上唯一具有高级智慧和创造力的物种应该采取什么样的发展策略和政策才能达到可持续发展。生态经济学的特点主要是：

（1）综合性。生态经济学是以自然科学同社会科学相结合来研究经济问题，从生态经济系统的整体上研究社会经济与自然生态之间的关系。

（2）整体性。生态经济学将地球看做是一个大的生态系统，这个生态系统中的各种要素之间相互联系、相互制约，共同构成一个有机整体，某种要素的变化将会引起其他要素的变化乃至整个系统的变化。

（3）前瞻性。社会经济发展，不仅要满足人们的物质需求，而且要保护自然资源的再生能力；不仅要追求局部和近期的经济效益，而且要保持全局和长远的经济效益，永久保持人类生存、发展的良好生态环境。

（4）交叉性。生态经济学是包括生态学和经济学在内的由许多学科综合在一起的一门独立的学科，这些学科几乎涉及所有现存的各种科学，不管是人文社会科学还是自然科学。生态经济学是这些学科彼此交叉、有机融合的学科。

2. 生态经济学的研究对象

生态经济学的研究对象，虽然由于研究的侧重点不同，不同的学者对此有不同的看法，但国内外学者对此有一个基本共识，即认为生态经济学研究的是生态经济系统，主要是人类社会经济系统和地球生态系统之间的关系。

不同学者对于生态经济学的研究对象与重点也有不同的看法，多数学者认同生态经济学是研究生态经济系统及其矛盾的观点，但是对于生态经济系统的组成，并没有形成一致的看法。有些人认为，生态经济系统是由生态系统和人类的经济系统结合而成的系统，而另一些人则认为人类社会经济系统是地球生态系统的一个子系统。从宏观的角度来看，科斯坦萨（Costanza）认为人类社会经济系统应该属于地球生态系统的一个子系统，因为人类的任何活动都在地球生态系统之内，从地球生态系统获取物质和能量，并且将废弃物释放到这个大的系统中。地球生态系统或者整个地球系统作为一个相对封闭的系统，只是从外界获得太阳能，很少和外界有物质交换。在这个大的系统中，各个圈层之间相互作用，形成一个有机的整体，这其中就包括人类的社会经济系统。由于人类在系统之中具有创造性，是一个特殊的物种，因而创造出今天的文明。但是，在创造的同时，由于人类没有很好地认识到人类和生态系统的关系，因而也破坏了人类赖以生存的生态系统。生态系统是一个相当广泛的概念，其尺度也有很大的不同，如一个小的池塘可以说是一个生态系统，而一个大森林也可以说是一个生态系统，而目前已经几乎没有不受人类干扰的纯粹的自然生态系统了。

（三）生态经济学的研究内容

生态经济学是一门新兴的学科，目前其研究的各个方面都还不够成熟，所以其研究也在实践中不断地摸索、总结、归纳和完善。生态经济学的研究需要借助于其他学科的理论和方法，如环境经济学的一些方法等。生态经济学的研究应该包括三个部分的内容：应用研究、理论研究和方法论研究。

1. 应用研究

由于人类社会经济系统有不同的尺度，如个体企业尺度、区域尺度、国家尺度和整个地球尺度等，现实生活中所存在的问题也千差万别，因此在应用生态学原理或其他一些相关理论来解决社会经济发展过程中遇到的种种问题时也要区别对待。应用研究涉及各级政策的设计与执行、国家政策与立法、国际组织与协议的制定等。

2. 理论研究

科学的理论来源于各种经验与丰富的实践。生态经济学理论就是在不断丰富的实践中逐渐完善的。生态经济学的研究综合借鉴了其他一些学科的理论，包括经济学中的资源配置理论和分配理论，生态学中的物质循环和能量流动理论，生态平衡与经济平衡、生态规律与经济规律、生态效果与经济效益的相互关系，可持续发展理论研究以及技术系统在其中所起的作用研究等。

3. 方法论研究

生态经济学还处于摸索完善阶段，方法论研究将影响到其理论研究与应用研究的质量和可靠性。同时，由于生态经济学的研究具有综合性、实用性等特点，所以方法论的研究对于完善生态经济学的理论有很大的帮助。生态经济学有其独特的方法论，但也借鉴了其他相邻学科较成熟的方法，如环境经济学中解决环境外部性的经济方法，相关的法律方法、哲学和伦理学的方法等。

◆学习拓展：

生态农业的典范

1. 国外生态农业的典范——菲律宾的玛雅农场

玛雅农场位于菲律宾首都马尼拉附近，从20世纪70年代开始，经过10年建设，农场的农林牧副渔生产形成了一个良性循环的农业生态系统。玛雅农场的前身是一个面粉厂。经营者为了充分利用面粉厂产生的大量麸皮，建立了养畜场和鱼塘；为了增加农场的收入，建立了肉食加工和罐头制造厂。随着农场的发展，他们又找到一块24公顷的丘陵地，扩大了生产规模，取名为玛雅农场。到了1981年，农场已拥有36公顷的稻田和经济林，饲养了2.5万头猪、70头牛和1万只鸭。为了控制粪肥污染和循环利用各种废弃物，他们陆续建立起十几个沼气生产车间，每天产生沼气十几万立方米，提供了农场生产和家庭生活所需要的能源。另外，从产气后的沼渣中，还可回收一些牲畜饲料，其余用做有机肥料。产气后的沼液经藻类氧化处理后，送入水塘养鱼养鸭，最后再取塘水、塘泥去肥田。农田生产的粮食又送面粉厂加工，进入又一次循环。像这样一个大规模农工联合生产企业，不用从外部购买原料、燃料、肥料，却能保持高额利润，而且没有废气、废水和废渣的污染。这样的生产过程由于符合生态学原理，合理地利用资源，实现了生物物质的充分循环利用。

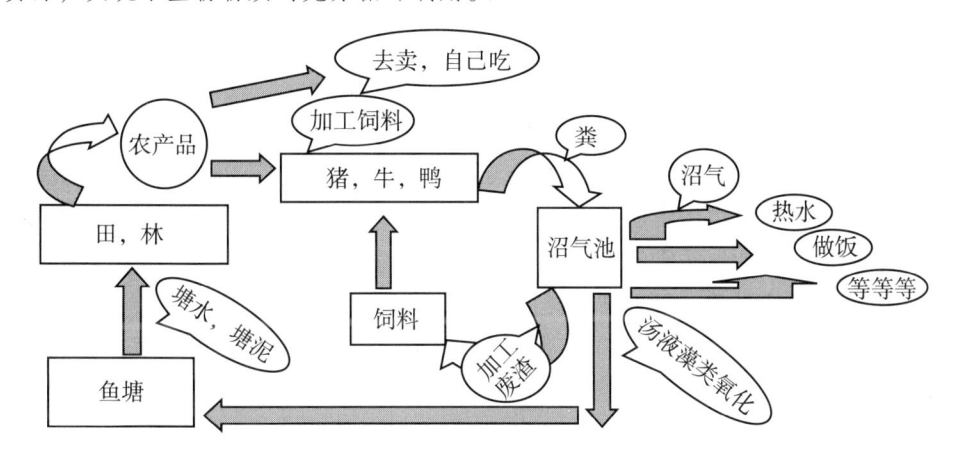

图 9.1 玛雅农场产业链分析

资料来源：中国乡村旅游开发设计网，2013-9-4.

2. 我国生态农业的成功案例——山东生态农业

山东省乐陵市有个梁锥村，村民们全部成了农业工人，住进了小"洋楼"，户均居住面积比城里人高，达230平方米。除了平日工资以外，农民们每年还有非常可观的分红。给这个村带来巨大经济效益的是一万多头肉牛，这些牛吃的是庄稼秸秆，贡献的是钞票。该村有500多人，共有980亩土地，宅基地就占了480亩。原来穷得叮当响，领头人梁希森曾经讨过饭。他们用100亩地建新村，腾出来500亩建养牛场、屠宰厂、肥料场、加工厂，用380亩种地，获得粮食的同时获得了大量的秸秆（不足的部分从周围村子买进）。经过这样的整合，土地升值近百倍。显然，梁锥村的农民不是用转基因这个"硬道理"解决的收入问题，而是用生态学这个"软道理"（食物链原理、元素循环原理等），使得该村发生了翻天覆地的变化。

再来看山东的另一个例子。郭仓乡位于汶上县，有33个行政村，3.9万人。近年来，该乡针对困扰农村发展的粪便和秸秆处理两大难题，建设沼气、太阳能利用、有机肥生产、生物发电四项工程。已建成户用型沼气池1 600余个，另申请建设沼气池的农户达3 200余户。用废弃窑厂改造的养猪场，存栏量3 000头以上，利用粪便上马年发电35万千瓦的沼气发电厂一座，平均日处理粪水50吨，日发电500~550度，仅发电的效益就达56万元/年。大量沼渣还带动了一座年产500吨有机肥的工厂。上述"种—养—沼—肥—电"模式综合效益达105万元/年。这个例子同样有力地说明，生态学的原理，如果得到充分应用，既可实现农民增收，又可改善环境，还可提高生活质量。可见，对农民来说，生态学是实实在在的硬道理，非常容易掌握。

资料来源：北京农业信息网，2011-10-7.

第二节 环境经济

人们社会生活中面临着许多环境问题。例如，全球变暖会使极地的冰盖融化，导致海平面上升，使得一些海拔较低、土地肥沃的河流三角洲被水淹没，同时还会引起海水倒灌，污染地下水源；由于资源的不合理利用，造成土地退化、森林滥伐、生物多样性损失；由于工业"三废"（废渣、废水、废气），造成土质、水质和大气污染，这些既危害自然生态系统的平衡，又威胁人类的食物供应和居住环境。本节主要介绍环境的含义环境与经济的关系、环境资源的合理利用与保护、环境保护的经济政策、环境经济学等问题。

一、环境及环境经济

（一）什么是环境

1. 环境的含义

环境是以人为中心的，是人类生产和生活的场所。《中华人民共和国环境保护法》明确指出："环境是指影响人类社会生存和发展的各种天然的和经过人工改造的自然因素总体，包括大气、水、海洋、土地、矿藏、森林、草原、野生动物、自然古迹、人文遗迹、自然保护区、风景名胜区、城市和乡村等。"

人在一生中，需要各种各样的资源，如水、空气、土地、动植物资源、能源等。随着人口的高速增长以及人类消费水平的提高，人类必然要向环境索取越来越多的资源。然而，在人类赖以生存的地球上，环境为人类提供各种资源的能力是有限的。这样，人类不断扩大的需求与有限的资源之间便产生了尖锐的冲突。

2. 环境的分类

环境可分为自然环境和人工环境。自然环境是直接或间接影响人类生活、生产的生物有机体、无机体（空气、岩石、水、土壤等）等。它是人类生存与发展的物质基础。人工环境是由于人类活动而形成的各种事物。它包括由人工形成的物质、能量和精神产品，以及人类活动中所形成的人际关系。这种活动正是人类有别于动物之处，动物是被动适应环境，而人类则可以运用智慧、劳动去改变环境，以提高其物质和文化生活，如动、植物的引种、培育、驯化、人工森林、草地、绿化、住房、城市、交通工具、工厂、娱乐场所等。

环境由若干个规模不同、性质不同、相互交叉、相互转化的子系统所组成。这些子系统可分为：（1）聚落环境，是指人类居住和活动场所的环境，它又可分为院落环境、村落环境和城市环境等；（2）地理环境，是指围绕人类的全部自然现象，包括岩石圈、水圈、土圈、大气圈和生物圈；（3）地质环境，是指除生物圈和大气圈以外的无机物环境；（4）宇宙环境，是指星际环境。

（二）环境与经济的关系

1. 环境是经济的基础

（1）环境系统向经济系统提供所需要的资源和能源。经济系统把各种环境资源加工成产品，以满足人类的需要。环境系统向经济系统提供资源、能源的种类、数量、质量在一定程度上决定了经济系统的性质和发展方向。离开了环境系统资源、能源的支持，经济系统就会崩溃。同时，经济活动需要一定的环境条件作保证，如农业生产需要耕地、阳光、水等。

（2）环境系统可以接纳经济系统的废弃物。经济系统会产生一定数量的废弃物，这些废弃物不可能全部保存在经济系统之中，最终还得排入环境之中。而环境具有扩散、贮存、同化废物的机能，利用这种机能，可以减少人工处理废物的费用。

（3）经济系统是环境系统的产物。在人类产生以前，环境就客观存在。人类出现以后，人们为了生存而利用和改造自然环境。对环境的利用和改造达到一定水平后，才产生了经济系统。所以说，经济系统是人类利用和改造环境的产物。

（4）环境应满足人们对舒适性的要求。清洁的空气和水资源既是工农业生产所必需的要素，又是人们健康、愉快生活的基本需求。优美的自然景观如桂林山水、黄山、三峡等自然环境能够使人们心情愉快、精神放松，有利于提高人体素质。

2. 经济受环境条件的制约

（1）经济系统受环境系统的供给能力的制约。经济系统从环境系统开采资源、能源的数量要受环境系统供给能力的制约。对可再生资源而言，开采量应受其更新能力的制约，如森林资源的砍伐量应小于生长量，否则就会造成森林资源的破坏；对不可再生资源而言，开采量应受其自然储量的制约。

（2）经济系统向环境系统排放污染物要受环境容量的制约。环境系统不可能无限制地容纳经济系统的废弃物，环境系统容纳经济系统废弃物的总量要受环境容量的制约，超过环境容量排放污染物，污染物就会在环境中积累，必然会造成环境污染。

3. 经济发展对环境的变化起主导作用

随着社会发展、科技进步和人口的不断增长，人类对自然界的干预能力逐渐加强，人类可以按自己的意愿改造自然界。当人类按自然规律办事，合理利用和改造环境，就可使环境质量不断提高，如我国的"三北"防护林体系建设，就明显地改善了"三北"地区的环境质量；反之，若违背客观规律的要求，一味按主观意志办事，就会使环境系统出现恶性循环，环境质量不断下降，如我国20世纪六七十年代进行的毁林开荒运动，就严重地破坏了我国的生态环境。这说明，经济发展对环境的变化能起主导作用，但不是决定性作用。

4. 环境和经济相互促进

良好的环境，可以为经济活动提供良好的条件，可为经济系统提供更多资源，也可容纳经济系统产生的更多的废弃物，从而促进经济的发展。经济发展了，经济实力增强，人们就可拿出更多的剩余产品用于环境建设和环境治理，如建立自然保护区、对废弃物进行治理等。同时，随着经济的发展，人们生活水平的提高，对良好环境条件的需求越来越高，人们就会主动地保护环境、改造环境。由此可见，环境和经济既有矛盾的一面,又有统一的一面。只要正确处理两者的关系,充分利用环境与经济相互促进的一面,是可以做到经济发展与环境保护两者协调发展的。

二、环境问题

人类在改造自然环境和创建社会环境的过程中,自然环境仍以其固有的自然规律变化着。社会环境受自然环境的制约,也以其固有的规律运动着。人类与环境不断地相互影响和作用,产生了环境问题。

环境问题归纳起来有两大类:一类是自然演变和自然灾害引起的原生环境问题,也叫第一环境问题。如地震、洪涝、干旱、台风、崩塌、滑坡、泥石流等。另一类是人类活动引起的次生环境问题,也叫第二环境问题或"公害"。次生环境问题一般又分为环境污染和环境破坏两大类。如乱砍滥伐引起的森林植被的破坏、过度放牧引起的草原退化、大面积开垦草原引起的沙漠化和土地沙化、工业生产造成大气、水环境恶化等。当前威胁人类生存并已被人类认识到的环境问题主要有:全球变暖、臭氧层破坏、酸雨、淡水资源危机、能源短缺、森林资源锐减、土地荒漠化、物种加速灭绝、有毒化学品污染等。

(一)环境破坏问题

1. 全球变暖

全球变暖是指全球气温升高并导致极端天气增多。近100多年来,全球平均气温经历了冷—暖—冷—暖两次波动,总的来看呈上升趋势。20世纪80年代后,全球气温明显上升。1981~1990年全球平均气温比100年前上升了0.48℃。世界气象组织称:2001~2010年是19世纪有记录以来最热的10年。美国国家航空航天局声明:2011年全球地表平均温度较20世纪中叶的基准温度偏高0.51℃。未来100年全球平均气温将上升3~6℃,海平面上升15~35米。全球变暖会使全球降水量重新分配,冰川和冻土消融,海平面上升等,既危害自然生态系统的平衡,又威胁人类的食物供应和居住环境。

2. 臭氧层破坏

在地球大气层距离地面约15~30公里的平流层里存在着一个臭氧层,其中臭氧含量占这一高度气体总量的十万分之一。臭氧含量虽然极微,却具有强烈的吸收紫外线的功能,因此,它能挡住太阳紫外辐射对地球生物的伤害,保护地球上的一切生命。然而人类生产和生活所排放出的一些污染物,如冰箱空调等设备制冷剂的氟氯烃类化合物以及其他用途的氟溴烃类化合物,它们受到紫外线的照射后可被激化,形成活性很强的原子与臭氧层的臭氧(O_3)作用,使其变成氧分子(O_2),这种作用连锁般地发生,臭氧迅速耗减,使臭氧层遭到破坏。南极的臭氧层空洞,就是臭氧层破坏的一个最显著的标志。自20世纪80年代初期,人们首次发现臭氧层空洞,此后每年均有观测记录。2000年9月,达到历史最大值,南极出现臭氧层空洞的大气范围扩大到2 990万平方公里,2012年9月22日,人们观测记录的臭氧层空洞当年最大值为2 120万平方公里。近年来,臭氧层的恢复主要归功于国际协定对耗损臭氧的化学品生产的管制。

3. 酸雨

酸雨是由于空气中二氧化硫（SO_2）和氮氧化物（NOx）等酸性污染物引起的pH值小于5.6的酸性降水。受酸雨危害的地区，出现了土壤和湖泊酸化，植被和生态系统遭受破坏，建筑材料、金属结构和文物被腐蚀等一系列严重的环境问题。酸雨在20世纪五六十年代最早出现于北欧及中欧，我国在20世纪80年代，酸雨主要发生在西南地区，到90年代中期，已发展到长江以南、青藏高原以东及四川盆地的广大地区。近年来，我国酸雨区已覆盖了华南、江南、西南地区东南部、华中、华东和华北的大部分地区。2012年，全国酸雨分布区域主要集中在长江沿线及以南、青藏高原以东地区。主要包括福建、江西、浙江、湖南、长三角、珠三角。以及重庆大部、广西北部、四川东南部。酸雨区面积占国土面积的12.2%。

4. 淡水资源危机

地球表面虽然2/3被水覆盖，但是97%为无法饮用的海水，只有不到3%是淡水，其中又有2%封存于极地冰川之中。在仅有的1%淡水中，25%为工业用水，70%为农业用水，只有很少的一部分可供饮用和其他生活用途。然而，在这样一个缺水的世界里，水却被大量滥用、浪费和污染。加之，区域分布不均匀，致使世界上缺水现象十分普遍，全球淡水危机日趋严重。据统计，我国北方缺水区总面积达58万平方公里。全国500多座城市中，有300多座城市缺水，每年缺水量达58亿立方米。

（二）环境污染问题

环境污染是指人类直接或间接地向环境排放超过其自净能力的物质或能量，从而使环境的质量降低，对人类的生存与发展、生态系统和财产造成不利影响的现象。具体包括：水污染、大气污染、噪声污染、放射性污染等。

水污染是指水体因某种物质的介入，而导致其化学、物理、生物或者放射性污染等方面特性的改变，从而影响水的有效利用，危害人体健康或者破坏生态环境，造成水质恶化的现象。大气污染是指空气中污染物的浓度达到有害程度，以致破坏生态系统和人类正常生存和发展的条件，对人和生物造成危害的现象。噪声污染是指所产生的环境噪声超过国家规定的环境噪声排放标准，并干扰他人正常工作、学习、生活的现象。放射性污染是指由于人类活动造成物料、人体、场所、环境介质表面或者内部出现超过国家标准的放射性物质或者射线的现象。

三、环境资源的合理利用与保护

地球环境是指人类赖以生存的场所，地球上究竟能容纳多少人口是全人类共同关心的问题。地球环境对人口的承载能力，是指一定的生态环境条件下地球对人口的最大抚养能力或负荷能力。但通常大家所说的地球环境的承载能力，并不是指生物学上的最高人口数，而是指一定生活水平和环境质量状况下所能供养的最高人口数。据统计，按现在的科技水平，人类只能获得植物总产量的1%，按此计算地球只能养活80亿人。所以，要使人类发展下去，必须合理利用与保护环境资源。

(一) 环境资源的合理利用

环境资源按其用途可分为生产资源、风景资源、科研资源等；按其属性可分为土地资源、水资源、生物资源、矿产资源等；按其能被人们利用时间的长短，又可分为有限资源与无限资源两大类，前者又分为可更新资源与不可更新资源。不同的环境资源要有不同的利用原则，对于可再生资源，开发速度不能超过资源的更新速度，以确保资源的永续利用；对于不可再生资源，应节约使用。因为不可再生资源在地球的储量有限，随着对它的不断利用，其储量迅速下降，最终会趋于枯竭。对于恒定资源，应坚持充分利用，如太阳能应最大限度的利用，以节约和替代不可再生资源。

开发利用资源应把经济效益、环境效益和社会效益结合起来综合考虑，尽管经济效益高，社会效益也好，但如果对生态环境影响较大，这样的资源开发是不可取的；如果仅满足当代人的经济增长和社会需求，破坏了子孙后代的生存环境，这样的资源开发也是不可取的。

(二) 环境资源的保护与改善

这里有一个有关水坝建设的例子：在一风景秀丽的山谷地带，如果利用地形修一水坝的话，有利于发电、防洪和农田灌溉。但可能会带来破坏自然风光、打破生态平衡等不可逆转的后果。此外，在经过若干年的使用后，水坝还可能因泥沙淤积而废弃，甚至发生垮塌，在这种情况下，水坝是修还是不修？这就涉及环境资源的保护与改善问题。

环境资源的保护与改善有两层含义：一是保护，是指保护好现有的资源和生态环境，维护自然生态系统的平衡；二是改善，是指在现有的基础上加以恢复和改善，恢复已被破坏的自然生态系统的功能，改善自然生态系统外部条件，使之产生更大的生产力。

目前，在环境保护领域应用的政策非常多。在我国，一般将环境政策手段分为行政手段、法律手段、经济手段、技术手段、教育手段五大类，世界银行将环境政策手段分为利用市场、创建市场、实施环境法规、鼓励公众参与四大类。

四、环境保护的经济政策

环境保护的经济政策是指按照价值规律的要求，运用价格、税收、信贷、收费、保险等经济手段，调节或影响市场主体的行为，以实现经济建设与环境保护的协调发展。

(一) 设置"绿色税收制度"

税收是国家为满足社会需要，由政府按照法律规定，强制地、无偿地参与社会剩余产品价值分配，以取得财政收入的一种规范形式。其特点：一是政府行使行政权力进行的强制性征收；二是将社会资源的一部分从私人部门转入公共部门；三是税收不对个人偿还，而是整体偿还，纳税人从公共服务中享受利益。

税收政策在环境保护中的作用主要是通过设置差别税收和环境税来实现。差别税收又称税收差异，即对不同的征税对象，采用不同的税率。与环境保护有关的差别税包括：(1) 对符合环境保护要求的企业、个人实施优惠的税收政策；(2) 对不符合环境保护要求的企业、个人实行严格的税收政策。

税收制度的"绿色化"，就是提高有利于环境及可持续发展的税收在整个税额中的比重，降低不利于环境的税收在总税额中的比例。税收制度"绿色化"的途径主要有两种：一是调整现行税收结构；二是直接设置环境税。

调整现行税收结构的基本原则是减少对环境不友好的税目，增加有利于环境的税目，如增设煤炭资源消费税，对低标号和含铅汽油增收消费附加税，对危害健康和污染环境的消费品（如烟草、塑料袋、一次性筷子等）征收消费税或消费附加税。

设置环境税。我国1984年的《产品税条例（草案）》中按产品设置税目税率，体现了对资源产品的税收调节。1994年的税制改革具有里程碑式的意义，加大了对利用废物企业的税收减免、对节能治污等环保技术和投资的税收优惠、对污染型产品和项目征收消费税等的力度，具有了环境税制的雏形。在我国现行税制中，与环境保护有关的税种主要有资源税、消费税、城市维护建设税、车船使用税、城镇土地使用税等。但这些税种的税目、税基、税率最初设立时都不是以环境保护和经济可持续发展为出发点，不是真正意义上的环境税收。

（二）设置排污收费制度

排污收费是国家对排放污染物的组织和个人（即污染者），实行征收排污费的一种制度。这是贯彻"污染者负担"原则的一种形式，国外称为污染收费或征收污染税。排污收费是控制污染的一项重要环境政策，它运用经济手段要求污染者承担污染对社会损害的责任，把外部不经济内在化，以促进污染者积极治理污染。排污收费的依据大致有两种：一种是以环境质量为依据，凡向环境排放污染者，都要缴纳排污费；另一种是以环境标准为依据，对超过国家（地方）规定的标准排放污染物，按排放污染物的数量和浓度，征收排污费。

从1978年我国根据"污染者负担原则"提出实施排污收费制度开始，我国的排污收费制度共经历了三个阶段：超标排污收费阶段（1979～1982年）；排污收费与超标排污收费并存阶段（1983～1998年）；排污收费、超标排污收费与超标排污处罚并存阶段（1999年至今）。我国征收排污费所依据的标准是污染物排放的标准和污染费的征收标准。

（三）排污权交易制度

排污权交易是指在一定的区域内，在污染物排放总量不超过允许排放量的前提下，内部各污染源之间通过货币交换的方式相互调剂排污量，从而达到减少排污量、保护环境的目的。

排污权交易（又称排污指标交易、环境容量使用权交易），是在污染物排放总量控制的前提下，利用市场机制及环境资源的特有性质，在环境保护主管部门的监督管理下，通过污染者之间交易排污权，实现低成本污染治理，它在控制环境污染方面兼有环境质量保障和成本效率的特点，成为总量控制目标下最具潜力的环境政策。

排污权交易的基本内容是：在满足社会公众对环境质量要求的前提下，确立合法的污染物排放权利即排污权，并允许这种权利在市场上进行交易，以此来进行污染物排放的总量控制。实践中，通常是由政府向企业、事业单位发放排污许可证，排污许可证及其所代表的排污权可以自由转让，企业、事业单位可根据其自身的需要，在市场上买进或卖出排污权。

排污权交易实质上是一种以市场为基础的经济政策和经济刺激手段。排污权的卖方由于减排而剩余排污权，出售剩余排污权获得的经济回报实质上是市场对有利于环境的外部经济性的补偿；无法按照政府规定减排或因减排代价过高而不愿减排的企业购买其必须减排的排污权，其支出的费用实质上是为其外部不经济而付出的代价。

我国关于排污权交易制度的实践主要集中在大气污染和水污染领域。上海市最早在我国实行排污权交易，从1987年至今，有多家企业开展排污指标交易，交易价格从每日每公斤COD（化学需氧量）7 000~8 000元上涨至15 000~20 000元，并取得了较好的效果。一些经济效益差、污染严重的企业从经济成本考虑，逐渐让出排污指标，退出了水源保护区，而效益好、污染少的企业逐渐取而代之。

（四）生态环境补偿费

生态补偿就是对生态环境功能或生态环境价值的补偿，包括对为保护和恢复生态环境及其功能而付出代价、做出牺牲的区域、单位和个人进行经济补偿，对因开发利用自然资源而损害环境能力、或导致生态环境价值丧失的单位和个人收取经济补偿等。

生态环境补偿的原则：一是污染者负担原则，按照这一原则，排污者应对其排污行为支付相应的补偿。二是开发者保护、破坏者恢复原则。由于对生态资源的开发、利用可能造成生态环境破坏，因此环境资源的开发、利用者要按此原则承担相应的补偿责任。三是受益者补偿原则，环境质量的改善会使许多人受益，受益者为此应该支付相应的费用，以此鼓励人们保护环境、改善环境。

（五）环境保护的其他政策

信贷政策是环境经济政策的重要组成部分，在环境保护领域的应用途径是：根据环境保护和可持续发展的要求，对不同的信贷对象实行不同的信贷政策，对环境保护及可持续发展有利的项目实施优惠信贷政策；反之，则实行严格的信贷政策。

环境污染责任保险是以被保险人的民事损害赔偿责任为对象的一种保险。具体来讲，污染责任保险是保险人对被保险人因保险责任范围内的污染环境的行为，造成受害者人身伤害、财产损毁等民事损害赔偿责任提供保障的保险。

五、环境经济学

（一）环境经济学的产生与发展

人们对环境问题的重视兴起于20世纪的五六十年代。当时，一系列污染事件的发生使得环境污染及其治理成为热门话题。有学者认为，1972年的斯德哥尔摩会议是人类对环境问题进行全球性反思的开始。同年，D. H. 梅多斯等人在其所著的《增长的极限》中，将自然资源作为经济增长的重要约束条件，引起了人们对自然资源有限性的关注。1973年的石油危机更是引发了全球性的对节约自然资源的重视。此后，社会性的环境保护运动与各种绿色组织的出现和发展表明，环境保护已经成为发达国家不可忽视的重要政治力量。1992年里约热内卢会议则被认为是国际环境保护时代到来的标志。

作为一个学科，环境经济学在20世纪70年代以后日益发展起来。许多学者提出，社会经济发展必须既能满足人类的基本需要，又不能超出环境负荷。超过了环境负荷，自然资源的再生能力和环境自净能力会受到破坏，从而引起严重的环境问题。只有合理利用资源，维护环境的生产能力、恢复能力和补偿能力，才能促进经济的发展。许多环境经济学、生态经济学、资源经济学方面的著作纷纷在这一时期出版，论述经济发展和环境保护之间的关系。

在我国，全国性的环境保护工作起于20世纪70年代的"三废"（废水、废气、废渣）治理。1978年制定的"环境经济学和环境保护技术经济八年发展规划（1978～1985）"奠定了环境经济学研究的基础。1980年，中国环境管理、经济与法学学会的成立，推动了环境经济学的研究。经过几十年的发展，我国的环境保护不论是在内涵还是外延、理论还是实践上都有了很大的发展，但我国的环境问题依然严峻。随着人们对可持续发展观的认同度不断提高，有关环境与发展的理论体系也处于形成之中。

（二）环境经济学的研究对象与特点

1. 环境经济学的含义与研究对象

环境经济学是研究如何运用经济科学和环境科学的原理和方法，分析经济发展和环境保护的矛盾，以及经济再生产、人口再生产和自然再生产三者之间的关系，选择经济、合理的物质变换方式，以便用最小的劳动消耗为人类创造清洁、舒适、优美的生活和工作环境的新兴学科。

环境经济学作为一门学科有其特定的研究对象。环境经济学的研究对象是环境经济系统。环境经济系统是由环境系统和经济系统复合而成的。环境系统和经济系统之间存在着复杂的联系。在环境与经济共同发展的过程中，通过物质、能量和信息的双方流通和相互作用，两者逐步耦合成为一个整体，即环境经济系统。

2. 环境经济学的特点

（1）边缘性。所谓边缘性，是指多学科的交叉性质。环境经济学具有经济科学、社会科学、自然科学多学科交叉的边缘性质。由于这种边缘性质，在研究环境经济问题时，既要重视经济规律的作用，又要重视自然规律的制约。

（2）应用性。所谓应用性，是指运用基础科学的理论和方法，解决实际问题。环境经济学要解决的主要问题是经济活动的环境效应，并使这种效应转化为经济信息反馈到国民经济平衡与核算中去，为正确制定经济和社会发展战略及各项环境经济政策提供依据，为选择解决环境问题的可行方案提供依据。

（3）阶级性。环境经济学属于应用经济学，经济学具有阶级性，环境经济学也具有阶级性。各个阶级在一定的社会经济结构中处于不同的地位，有着不同的经济利益，对于具体的环境问题，不同的阶级有不同的要求。

（4）科学性。环境经济学是一门科学，它当然具有科学性。资本主义环境经济学中的科学理论，可为我国建立社会主义环境经济学提供借鉴和参考。

（5）综合性。环境经济学的研究对象本身就是综合的。环境经济系统是一个多层次、多序列的综合结构体系。在这个庞大的体系中，环境系统的生命系统包含动物、植物和微生物并由食物链连接起来的生物网络，环境系统的非生命系统（水圈、岩石圈、大气圈等）有物理、化学等过程。广义的经济系统，不仅包括生产、分配、流通和消费等各个环节和许多产业部门，而且还包括结构复杂的技术系统，等等。

(三) 环境经济学的研究内容

环境经济学的内容非常丰富，随着学科的发展不断充实和完善。从目前来看，可概括为以下内容：

1. 环境经济学的基础理论

基础理论是一门学科形成的基础。环境经济学的基础理论包括：

环境问题同经济制度的关系。主要探讨不同经济制度下环境问题的共性和特性，揭示经济制度与环境问题之间是否存在必然的联系以及环境问题的经济本质。我国应加强社会主义市场经济条件下解决环境问题的方法和途径的研究。

经济发展和环境保护的关系。环境保护与经济发展的关系是环境经济学研究的核心问题。研究的关键是要确立正确的发展战略以及经济增长与环境问题的内在运行机制，提出如何才能在保持经济增长的同时，保护和改善环境质量以及它们之间协调发展的衡量标准与方法。

外部性理论。外部性理论是环境经济学的主要理论基础之一。环境问题外部性研究的目的主要是应用一般均衡分析法，分析环境问题产生的经济根源（确切地说是市场条件下环境外部不经济性），提出解决环境污染和破坏这个外部不经济性问题的各种可行方法。

环境资源价值理论。环境资源价值理论是环境经济学的又一主要理论基础。主要研究环境资源有无价值，科学的环境资源价值观的内涵，运用环境资源价值观指导人们的实践活动，科学的开发和保护环境资源。

公共物品理论。公共物品理论是环境经济学的另一理论基础。研究环境质量公共物品主要是分析作为公共物品的环境质量与一般物品或商品的差异，确定环境质量这一特殊公共物品的供给与需求，同时提出使资源配置最佳或经济效率最高的环境质量公共物品的提供方式或途径。

环境政策的公平与效率问题。这一方面的内容与经济制度有较大的关系，主要包括环境政策造成的收入分配影响以及环境费用分担合理化研究，还要关注宏观经济政策和国际环境政策引起的国与国之间环境费用分担和补偿问题。

2. 环境经济学的分析研究方法

环境费用效益分析。环境费用效益分析是环境经济学的一个核心内容，主要内容包括环境费用效益分析的基本原理，环境费用效益分析常用方法，环境费用效益分析方法应用以及环境费用效果分析的基本原理和应用。

环境经济系统的投入产出分析：投入产出分析可以以定量的方式来描述环境与经济间的协调关系，既可以是宏观的定量描述，也可以是微观的定量描述。前者可把环境保护纳入国民经济综合平衡计划，后者则可详尽地描述一个企业各生产工序间环境和经济的投入产出关系。

环境资源开发项目的国民经济评价。国民经济评价是项目（包括资源开发项目）经济评价的核心部分，与财务评价相对应。国民经济评价在考察费用和效益时一般都要考虑间接（外部环境）费用和间接效益，而间接费用和效益计算往往又涉及环境费用效益分析技术以及资源的机会成本。

3. 环境管理的经济手段

市场经济制度下,在环境管理中更多地应采用经济手段,以提高经济效率和改善环境效果。目前,正在研究和广泛采用的环境管理经济手段主要有:收费制度、财政补贴与信贷优惠、市场交易和押金制度。

4. 环境经济问题研究

环境经济问题的研究是环境经济学的重要内容,包括许多方面,如人口资源环境、经济贸易与环境、自然资源的合理配置、环境保护投资、环保产业与环境保护市场化、环境与发展综合决策、国际环境经济问题等。

◆ 学习拓展:

紫金矿业集团股份有限公司紫金山金铜矿重大环境污染事故案

一、基本案情

自 2006 年 10 月以来,被告单位紫金矿业集团股份有限公司紫金山金铜矿(以下简称"紫金山金铜矿")所属的铜矿湿法厂清污分流涵洞存在严重的渗漏问题,虽采取了有关措施,但随着生产规模的扩大,该涵洞渗漏问题日益严重。紫金山金铜矿于 2008 年 3 月在未进行调研认证的情况下,违反规定擅自将 6 号观测井与排洪涵洞打通。在 2009 年 9 月福建省环保厅明确指出问题并要求彻底整改后,仍然没有引起足够重视,整改措施不到位、不彻底,隐患仍然存在。2010 年 6 月中下旬,上杭县降水量达 349.7 毫米。2010 年 7 月 3 日,紫金山金铜矿所属铜矿湿法厂污水池 HDPE 防渗膜破裂造成含铜酸性废水渗漏并流入 6 号观测井,再经 6 号观测井通过人为擅自打通的与排洪涵洞相连的通道进入排洪涵洞,并溢出涵洞内挡水墙后流入汀江,泄漏含铜酸性废水 9 176 立方米,造成下游水体污染和养殖鱼类大量死亡的重大环境污染事故,上杭县城区部分自来水厂停止供水 1 天。2010 年 7 月 16 日,用于抢险的 3 号应急中转污水池又发生泄漏,泄漏含铜酸性废水 500 立方米,再次对汀江水质造成污染。致使汀江河局部水域受到铜、锌、铁、镉、铅、砷等的污染,造成养殖鱼类死亡达 370.1 万斤,经鉴定鱼类损失价值人民币 2 220.6 万元;同时,为了网箱养殖鱼类的安全,当地政府部门采取破网措施,放生鱼类 3 084.44 万斤。

二、裁判结果

福建省龙岩市新罗区人民法院一审判决、龙岩市中级人民法院二审裁定认为:被告单位紫金山金铜矿违反国家规定,未采取有效措施解决存在的环保隐患,继而发生了危险废物泄漏至汀江,致使汀江河水域水质受到污染,后果特别严重。被告人陈家洪(2006 年 9 月~2009 年 12 月任紫金山金铜矿矿长)、黄福才(紫金山金铜矿环保安全处处长)是应对该事故直接负责的主管人员,被告人林文贤(紫金山铜矿湿法厂厂长)、王勇(紫金山铜矿湿法厂分管环保的副厂长)、刘生源(紫金山铜矿湿法厂环保车间主任)是该事故的直接责任人员,对该

> 事故均负有直接责任，其行为均已构成重大环境污染事故罪。据此，综合考虑被告单位自首、积极赔偿受害渔民损失等情节，以重大环境污染事故罪判处被告单位紫金山金铜矿罚金人民币 3 000 万元；被告人林文贤有期徒刑 3 年，并处罚金人民币 30 万元；被告人王勇有期徒刑 3 年，并处罚金人民币 30 万元；被告人刘生源有期徒刑 3 年 6 个月，并处罚金人民币 30 万元。对被告人陈家洪、黄福才宣告缓刑。
>
> 节选自：中国新闻网，2013 - 06 - 18.

第三节 教育经济

教育经济是随着知识经济的兴起而产生和发展起来的。21 世纪是知识经济的时代，知识和技术是经济增长的关键因素。人类生产方式在从"资本积累"向"知识积累和创新"转移的过程中，教育具有明显的经济活动性质。一个国家的经济越是走向现代化，科技水平和劳动力素质作用的价值就越大，教育和教育产业在其中的作用力就越不可忽视。本节主要介绍教育的含义及特点、教育与经济发展、教育资源、教育资源的合理利用、教育资源利用中的问题及教育经济学等内容。

一、教育的含义

（一）"教育"一词溯源

在西方，教育一词源于拉丁文 educare。本义为"引出"或"导出"，意思就是通过一定的手段，把某种本来潜在于身体和心灵内部的东西引发出来。从词源上说，西文"教育"一词是内发之意，强调教育是一种顺其自然的活动，旨在把自然人所固有的或潜在的素质，自内而外引发出来，已成为现实的发展状态。

在中国，"教育"一词始见于《孟子·尽心上》："君子有三乐，而王天下不与存焉。父母俱存，兄弟无故，一乐也；仰不愧于天，俯不怍于人，二乐也；得天下英才而教育之，三乐也。"《说文解字》的解释是："教，上所施，下所效也"；"育，养子使作善也"。"教育"成为常用词，则是 19 世纪末 20 世纪初叶的事情。19 世纪后半期，中国人开始兴办新式教育，现代汉语中"教育"一词的通行，与中国教育的现代化联系在一起，反映了中国教育由"以学为本"向"以教为本"的现代性转变。

（二）教育的含义及特点

教育有广义和狭义之分。广义的教育泛指一切有目的地影响人的身心发展的社会实践活动。狭义的教育主要指学校教育，即教育者根据一定的社会要求和受教育者的发展规律，有目的、有计划、有组织地对受教育者的身心施加影响，期望受教育者发生预期变化的活动。教育作为人类个体更新、产生新一代人的独特的社会机制而存在，具有下列特点。

1. 教育是一种人际交往系统

教育作为一种特殊的社会系统，由人与人之间的交往构成。教育作为一种人际交往系统，由交往双方的主体构成。教育系统中，作为交往双方的主体因其任务、地位、作用及规范行为不同，扮演着不同的"角色"，具有不同的职能及称号。这通常称为"师与生"、"教与学"或"教育者与受教育者"。

2. 教育以造就人才为其主要内容

人际交往系统从其内容与职能来说是多种多样的。教育主要是以经验传递、造就人才，以提高人的素质为其主要内容的人际交往系统。所谓传递，由传授者与接受者双方的协调一致的交往活动构成。教育系统中所传递的经验由人才造就的需求决定。这里所说的人才是指能适应发展着的人类社会生活的要求，能参与社会生活，承担社会职能，完成社会活动的社会成员。这种社会成员，不仅要有健康的身体，同时要有能适应社会生活所必需的能力与品德。

3. 教育以促进人类个体社会化为根本职能

从教育系统的职能方面来说，其根本职能在于促进人类个体的社会化，以满足社会的存在与发展需求。所谓人类个体社会化，指人由生物实体不断改变为一个能妥善适应发展着的社会生活要求的社会实体，从而使个人与社会一体化的过程。人类个体社会化的根本含义在于使人对发展着的社会生活要求能妥善适应，而这种适应是通过能力与品德的形成与发展而实现的。教育就是通过知识、技能与规范等经验要素的传递，来促进人的能力与品德的形成和发展，从而促进人类个体社会化。人类个体社会化使新一代人获得了参与社会生活必备的心理素质心理特性，使人类的更新换代得以实现，为人类社会的存在与发展提供了前提。

（三）教育的价值

不同类型教育的价值也各有区别。其一，基础的九年义务教育，价值在于解决受教育人群德育、智育、体育、美育、劳动教育、科学教育等的原始启蒙，促使和帮助受教育人群具备接受和接纳社会生活的基本技能。其二，中专、大学等中高等教育，价值在于解决受教育人群具备基本的科研、实践、实验、试验、仿制、创新启蒙，促使和帮助受教育人群具备和接纳科学发明创造等专业化、工业化、标准化、信息化等生产实践的基本技能。其三，职业化教育和培训，价值在于为社会工业化、产业化、经济发展提供源源不断的技能型人才保障，促使和帮助受教育人群懂得岗位作业工艺、培训后上岗就业、接受和应聘各类职业岗位，获得岗位作业的基本技能。

二、教育与经济发展

教育与经济发展的关系是：教育促进经济发展，经济发展又促进教育水平的提高。具体来说，经济发展以教育为基础；教育水平提高，又促进经济的进一步发展。教育对经济发展的影响是长期的、潜在的和综合性的，能为经济发展提供高素质的劳动者以及各种专门人才。教育的发展状况直接决定着一个国家劳动力知识存量的多少、国民素质的高低、人力资本的形成状况，从而决定该国经济的发展水平和速度。

（一）经济发展对教育的决定作用

经济包含物质资料的生产和再生产，是人类一切社会活动产生和发展的基础，经济发展的质量和效果从根本上制约着教育的投入，影响教育的协调发展。经济发展对教育的决定作用主要体现在四个方面：一是经济发展为教育发展提供物质基础；二是经济发展决定教育发展的规模、进度和结构的变化；三是经济发展决定教育的内容和方法；四是经济发展决定教育的制度与体制。经济发展对教育的决定作用可概括为图9.2。

图9.2 经济发展对教育的决定作用

（二）教育对经济发展的推动作用

教育对经济发展的推动作用，一是提高劳动生产率，劳动生产率指劳动者的生产效果或能力，它用劳动者单位劳动时间生产的产品数量或单位产品所耗费的劳动量表示。教育提高了劳动者的技术熟练程度，提高了劳动者的文化知识水平，提高了劳动者的自身修养水平，还提高了劳动者身体素质和抵抗自然灾害的能力，这些都有利于提高社会劳动生产率。二是促进科学技术的发展，教育是科学技术迅速、大规模、有效传递的基本途径，高等教育是科研的重要基地；教育还可以提高劳动力的质量和素质，教育直接产出的是劳动力和各种专门人才，能使劳动者素质提高，教育产出的劳动力和各种专门人才就是经济的基本投入要素推动。教育对经济发展的促进作用见图9.3。

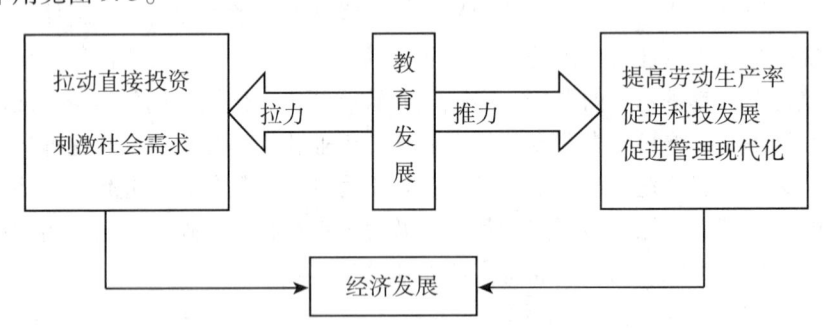

图9.3 教育对经济发展的推动作用

三、教育资源

（一）教育资源的含义

教育资源是人类社会资源之一。教育资源包括从有教育活动和教育历史以来，在长期的文明进化和教育实践中所创造积累的教育知识、教育经验、教育技能、教育资产、教育费用、教育制度、教育品牌、教育人格、教育理念、教育设施以及教育领域内外人际关系的总和。千百年来，教育资源伴随着教育实践，不断积累着、扩展着、丰富着自身精神的和物质的内涵，成为我们今天的教育事业得以生存和发展的基础和土壤。教育史家认为，自有人生，便有教育。历朝历代的圣贤们，基于对各种各样的与教育有关的资源的认识、利用和积累，使得教育资源逐步形成了今天这样内涵丰富、理念纷繁、结构庞杂、产业兴盛、自成一体的资源系统，成为源远流长的人类文明的精华和重要组成部分。

（二）教育资源的分类

从本质上来说，教育本身没有高低、上下、公私、贵贱和内外之分，有教无类。由于教育的客观性赋予了教育所具有的公共性和产业性的双重属性，在实践中，教育资源便呈现出类型的多样性。教育资源的分类方法有多种，按其归属性质和管理层次区分，可分为国家资源、地方资源和个人资源；按其办学层次区分，可分为基础教育资源和高等教育资源；按其构成状态区分，可分为固定资源和流动资源；按其知识层次区分，可分为品牌资源、师资资源和生源资源；按其政策导向区分，可分为计划资源和市场资源，等等。

（三）教育资源的特点

1. 公益性为核心价值的公共性

教育资源的公益性是指公众受益的特性。公众受益是教育资源最为集中的体现。教育是一项公益性事业，这是人们对教育的利益属性和价值特征的基本判断，事实上也是人们从利益归属和资源配置等方面对教育运行规律的基本概括。维护教育的公益性是我国宪法和法律赋予各级政府、社会组织和每个公民的责任和义务。

2. 市场价值规律支配的产业性

教育的产业属性是与工业经济的发展、知识经济的出现，以及教育内容和教育模式的变化紧密相关的。同时，也应看到教育是一个复杂的社会结构群体，具有多重性、类别性、动态性和交错性。教育的属性并不是单一的，它既有传统观念的社会公益属性，也具有产业属性，但两者并不对立。教育资源的产业性是教育的物质属性的客观特征。

3. 志存高远的理想性

教育本身就是一项寄希望于未来的事业。教育理念、教育方针和教育价值观念，通常直接体现着现实的人生理想和追求。教育是一种期待——教育者对受教育者的期待，社会对人发展的期待。而期待本身就是对理想的憧憬；或者干脆直接说，教育就是对理想的追求。

4. 一脉相承的继承性

和所有的资源积累一样，教育资源也不是现代人独有的发明创造，是伴随着教育的传承，一代一代继承而来的，是古今中外教育实践经验的总结和许多先行者教育理论思维的结晶。所不同的是，教育资源的继承总是带有鲜明的公共性和崇高的社会理想性色彩。教育资源的继承多以社会化公共产品为载体，以精神文化成果为体现，最终为实现教育自身价值服务。教育资源是人类精神财富的核心所在。

5. 教育资源的差异性

教育资源的差异性是由于社会经济发展的不平衡性所造成的教育资源分布的不平衡性、管理体制和供给方式的差异性、社会对人才需求的信息不对称等原因形成的。教育资源的差异普遍存在于人类教育的各个层面，各个角落，构成了教育行为过程和效果的差异。在我国，教育资源的地区和城乡差异，是教育发展的一个突出矛盾，也是中国教育差异性的显著特色和具体体现。教育投入的差异，教育环境及条件的差异，生均教育经费的差异，教师收入的差异，师资水平及教学质量的差异等，说到底，都是教育资源的差异。这种差异在地区和城乡之间明显地、普遍地存在，直接影响着教育的整体平衡发展，是制约国家教育战略实施的关键因素。

6. 教育资源的流动性

教育资源的构成因素的多元性和复杂性决定了教育资源本身的不稳定性。其中，有人的因素，也有物的因素，还有政策导向和社会经济条件发展变化的因素等。教育资源的流动性主要表现在教师资源的流动、学生资源的流动和经费资源的流动等方面。

四、教育资源的合理利用

教育资源的合理利用就是在有限的教育资源投入的情况下，提高教育资源的利用效率。

（一）教育资源合理利用的原则

1. 遵循教育规律，提高教育资源的管理水平

教育资源管理的任务是：采取有力措施，保证教育资源结构的合理化、效能和效率的最佳化，为教学和科研服务，达到多出人才、多出成果的目的。要求必须遵循教育领域的各种规律和工作特点。如学校以教学工作为中心，这就要求管理工作在人、财、物的使用方向上，充分体现为教学服务的鲜明特点。提高教育资源的管理水平，关键在于提高管理人员的素质和水平。

2. 确立合理的办学规模

在校生人数的多少，是反映学校规模大小的主要标志。办学规模合理，可以适当减少资源占用的消耗，降低培养成本，提高教育资源利用率。学校规模的适当扩大，有利于充分发挥教师和行政管理人员的职能潜力，提高校舍和基地使用面积的占用率及图书、实验装备，尤其是大型精密仪器的利用率，也有利于物质技术装备的协作共用。在保证一定的教育规模的前提下，使各种教育资源——人力、物力、财力构成科学合理的比例关系，是使有限的教育资源发挥最大作用的前提。

3. 建立相对集中的教育资源投入管理体制

即由中央（省）和地方政府共同承担。其中，中央（省）政府应在整个教育投资中承担相当的义务和比重，这样既可以避免高度集中管理体制中管得过死、不利于调动各级政府和社会对教育投资的积极性的缺陷，也可以消除高度分散管理体制不具有有效保障各地区教育均衡发展的固有缺陷和弊端，从而有利于教育投资的灵活管理与分配和教育的均衡、稳定发展。这就要求出台有关教育投资的法规，使教育经费的筹措、支出

有法可依，规定教育经费在中央财政和省级财政支出中的比例，用于义务教育的经费应在教育总经费中单独立项等有关条款。

（二）教育资源合理利用的措施

1. 合理调整学校布局，提高师生比例

小学的布点要坚持就近入学的原则，在保证学龄儿童全部能就近入学的前提下，减少学校数量，充实扩大班额，调整一些重复设置的小学、村学和教学点，使学校达到一定的规模，提高师生比。对中学的布点，既要坚持便利入学，又要坚持量力而行的原则，对一些没有办学条件、教学质量不高的学校应坚决撤并。在农村应坚持村办初小、片办高小、乡办初中，达到规模效益。

2. 增加投入，改善办学条件

教育资源利用率低的一个主要原因是教育投入不足、欠账太多，使现有的资源投放难以形成合力，实现不了规模效益。因此，在增加投入的同时，还必须调整经费的使用结构，对不同类型的学校有所侧重，使有限的经费真正用到教育教学最需要的地方，让那些办学条件差、不具备基本条件的学校，形成一定的办学能力，按规定完成教育教学任务。

3. 实现资源共享，提高教育资源的共享效益

职业学校、成人学校、高等院校可根据实际需要，面向社会，采取对口联合、校企联合、军校联合、校际联合等方式。有些学校可利用现有校舍和教学设施，几校合用，资源共享，提高学校的综合利用率；农村小学可与农民文化技术夜校共用，成为农民学文化、学技术、开展扫盲活动的重要场所。合理利用教育资源，是提高教育质量和办学效益的主要对策。

4. 搞好统筹规划，提高教育的结构效益

应在优化结构、降低重心上下工夫，并以九年义务教育和扫盲为基础，以培养中初级人才为重点，以"低重心"、高质量为原则，积极发展职业教育和成人教育，把提高劳动者素质、培养实用人才摆到突出位置。有计划地实行小学后、初中后和高中后教育的三级分流。职业教育实行以市场引导为主的人才培养和使用机制，把办学的着眼点转到以满足社会的需要为导向的轨道上来。高等教育应坚持稳定规模、优化结构、强化特色、注重创新，走以质量提升为核心的内涵式发展道路。

五、教育资源利用中的问题

（一）教育资源的投资问题

教育投资，也称教育投入，是指一个国家或地区，根据教育事业发展的需要，投入教育领域中的人力、物力和财力的总和。在中国，教育投资表现为教育经常费用和教育基本建设费用两个部分。教育经常费用包括教职工工资、教职工福利费、人民助学金和奖学金、公务费、设备购置费、修缮费等。教育基本建设费用用于校舍建设和大型设备购置。

教育投资是开发智力、发展教育事业的物质基础，是经济和社会发展的重要因素。

中国教育投资的来源是多方面的，有中央政府财政拨款，省、自治区、直辖市以及县（旗）人民政府财政拨款，各类企业和事业单位支出的教育费用，还有人民群众集资办学和受教育者个人或家庭支付的为数不多的教育费用。

改革开放以来，我国教育投资有了较大幅度的增长，但仍不能适应教育事业发展的需要。新中国成立以后，一直到1978年，国家预算内教育事业经费占国家财政总支出的比例，一直徘徊在4%~7%，从没有超过8%。国家预算内教育基建投资占国家基建投资总额的比例，也一直在20%以下。由于长时间教育经费基数太低，办学资金不足，造成了教育物质基础十分薄弱。尽管近年来，教育经费有了较大幅度的增长，我国公共教育经费支出仍属世界上最低的国家之一。据联合国教科文组织1993年的统计，1991年世界平均公共教育经费占国民生产总值的比重为5.1%，其中发达国家比例为5.3%，发展中国家比例为4.1%，最不发达国家的比例为3.3%，中国仅为2.3%。有专家指出，国家财政性教育经费占国内生产总值4%的投入指标是世界衡量教育水平的基础线。中国早在1993年就提出要在2000年实现国家财政性教育经费占GDP4%的目标，但直到2012年这一比例才达到4.28%。国内一些专家认为，这是历史性的、了不起的进步，但这还不够，和发达国家甚至和一些发展中国家相比，我国的教育经费所占比例还不是很高。

（二）教育需求与供给的矛盾

1. 教育需求与供给的含义

所谓教育需求是指国家、社会、用人单位和个人对教育有支付能力的需求。按需求主体不同，可分为个人教育需求和社会教育需求。个人教育需求或称家庭教育需求，是指个体在自身发展过程中为增进知识、增长才干、发展才能而对教育的需求；社会教育需求是指在社会历史发展的一定阶段，国家、社会、用人单位等主体基于国家未来经济与社会发展对劳动力和专门人才的需求而产生的对教育产品有支付能力的需求。

教育供给是指在一定社会条件下，教育机构为了满足教育需求而提供的教育服务（教育机会）或教育产品（受教育者）。

2. 教育需求的影响因素

（1）个人教育需求的影响因素。

① 个人择业的需要。一般来说，受教育的程度越高，其凝结于受教育者身上的人力资本存量也就越高，将来选择满意的工作机会也就越多，参加工作的预期收益也就越高，教育投资的回报率也就越高，需求拉动力就越强。

② 个人智力条件。个人智力虽无高低之分，但也存在一定的差异，不可能希望每个人都成为爱因斯坦，个人的客观智力条件可能会决定其受教育程度的高低，尤其是高层次教育都存在一定的选拔要求。

③ 非人力资本积累因素。包括对校园美好生活的向往、企图通过教育获取社会地位和声誉、为自己将来建立社会网络和社会资本、显示能力等。

④ 家庭环境。分为显性影响和隐性影响。显性影响主要指家庭对子女教育消费的支付能力对个人消费需求的影响，隐性影响指家长本身的文化素质、价值取向、社会道

德观念等因素对子女教育的影响。

⑤ 社会外部环境。如果社会对受过教育的劳动者给予较高的报酬和良好的待遇，就会提高个人对教育投资的预期收益，从而加强其教育消费需求。

（2）社会教育需求的影响因素。

① 社会人口总量。社会人口总量越大，整个社会的教育需求就越大。

② 经济与科技发展水平。一定时期内，随着经济总量的增长，吸纳受教育者的能力就越强。反之，如果经济总量增长受阻，则会导致社会教育需求下降。

③ 教育产品对其他生产要素的边际替代率。边际替代率是指在维持产量水平不变的条件下，增加一单位的某种生产要素的投入量时所减少的另一种生产要素的投入数量。其公式为 $MRTS_{lk} = Mu_l/Mu_k = P_l/P_k$，或 $Mu_l/P_l = Mu_k/P_k$。如果 $Mu_l/P_l > Mu_k/P_k$，就表明增加一单位成本用于购买要素 L 所带来的边际产量要大于购买要素 K 所产生的边际产量，此时应增加对人力资本 L 的购买，减少对资本的购买，企业对受过高水平教育人才的需求就会增加。

3. 教育供给的影响因素

（1）社会经济发展水平。一般情况下，一个国家的社会经济发展程度越高，整个社会的物质积累也就越多，其用于教育供给的投入也就越有保障，提供给教育消费者的教育机会和教育服务也就越多，同时，这样的国家对教育事业的发展也越重视。反之，教育供给就越紧缺。

（2）政府财政收支水平与结构。虽然在市场经济条件下，教育供给主体多元化，但政府在教育供给中仍然是最主要的供给主体，公共教育在世界上大多数国家占主导地位，社会主义国家也是如此。政府财政收支的水平与结构，直接决定着政府用于提供公共教育的投资规模及各类教育的分配比例。

（3）教育的单位成本以及师资情况。在社会用于教育投资资源总量一定的情况下，教育的单位成本越低，教育供给的数量就越充足，反之，教育供给的数量则越紧缺。师资状况的好坏直接影响着教育的供给，一般来说，师资待遇越高，就会吸引大量的优秀人才投身教育，师资力量就会越强，教育供给就越有保障。

（4）劳动力需求结构。教育对人才的培养主要是能适应社会对劳动力的结构需求。社会对劳动力的需求结构发生了变化，教育供给就要做出相应的调整。

4. 教育供求的矛盾

教育供求矛盾是指在特定时空条件下，教育供求关系中供给与需求之间存在的非均衡状态，亦即教育供给与需求之间的冲突与不一致性。从绝对的动态角度看，教育供求矛盾是绝对的，客观存在的，因为无论是教育供给还是需求都处于不断变化之中，供求均衡只是一种暂时的状态。从相对静态角度看，暂时的局部均衡是可能的，只要具有科学的矛盾调节机制。

教育供求矛盾可分为供给制约型供求矛盾和需求制约型供求矛盾（如图 9.4、图 9.5 所示）。

图 9.4　供给制约型供求矛盾　　　　图 9.5　需求制约型供求矛盾

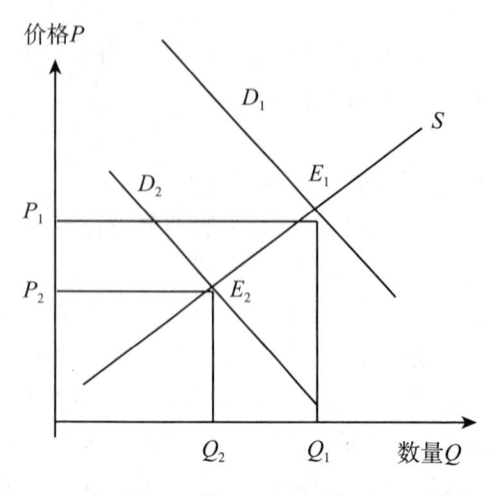

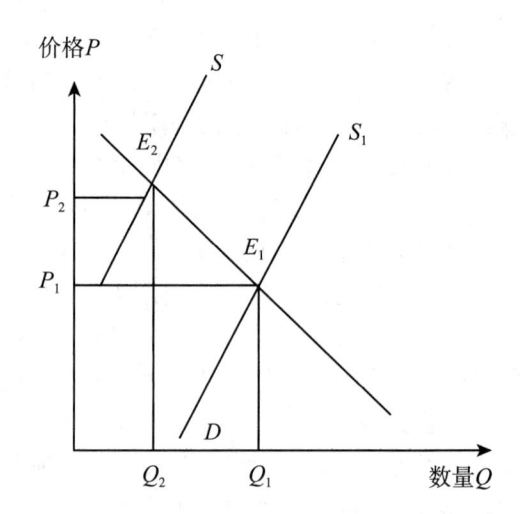

目前，我国教育供求主要存在以下两对矛盾：一是教育需求无限膨胀与教育资源短缺的矛盾。我国教育需求膨胀的压力主要来源于我国人口绝对数量的增加，虽然人口自然增长率得到控制，但每年人口数量的绝对增长仍是一个庞大的数字。二是教育供求关系中各类受教育者供给与社会需求之间的结构性矛盾。

（三）教育与就业的矛盾

就业的含义是一定年龄阶段内的人们所从事的为获取报酬或经营收入所进行的活动。或者说，就业是劳动者处于受雇佣状态或从事某项获取报酬的职业。在我国，就业人口是指在 16 周岁以上，从事一定社会劳动并获取劳动报酬或经营收入的人员。其中，城镇就业人口是指在城镇地区从事非农业活动的就业人口，包括在国有单位、城镇集体单位、股份合作单位、联营单位、有限责任公司、股份有限公司、私营企业、港澳台投资单位、外商投资单位和个体工商户从业的人员。

劳动力总人数中除就业人数外，就是失业人数。失业是指在某个年龄阶段，在考察期内没有工作，但又有工作能力，并正在积极寻找工作的人。失业人数占劳动力人数的比例就是失业率。一个国家经济中失业率超过一定的限度后，就会出现严重的社会问题，影响经济的正常发展和社会的稳定。而教育是实现人力资本开发的最基本的手段，教育能够增加人力资本存量，提高劳动者在劳动力市场上的竞争力，是解决就业问题的有效途径。

六、教育经济学

（一）教育经济学的含义及研究对象

1. 什么是教育经济学

教育经济学是利用经济学的方法和手段来研究教育的一门学科，主要研究教育的投入与产出、教育效用、教育的个人与社会收益、教育对一国或地区经济增长的贡献等基本理论和实践问题，是教育科学与经济科学的交叉学科。

首先,从教育经济学发展历史来看,教育经济学是在经济和社会发展基础上发展起来的。一方面,教育事业的发展始终是同一国的国力相适应的,经济越发达越有可能为教育提供资金等保障条件;另一方面,经济增长本身要求教育部门输送大批有一定技术文化水平的劳动者,赋予了教育发展不竭的动力。基于此,教育经济学才得以形成和发展。

其次,从教育经济学的含义来看,它是利用经济学的方法和手段来研究教育的一门学科,因此主要涉及教育学与经济学两大领域,教育学主要研究教育现象的一般规律,而经济学则研究社会物质生产活动的规律。

最后,从教育经济学的理论基础和研究方法来看,教育经济学既要运用经济学理论与方法研究教育领域的有关问题,又运用教育科学理论与方法来研究经济发展的智力开发等问题。

2. 教育经济学的研究对象

教育经济学主要是运用教育学和经济学的有关理论、方法和手段,来研究教育与经济之间的相互关系和规律,同时也研究教育领域内的经济问题及其特征。教育经济学既要从宏观的角度研究教育与经济的相互关系与相互作用的规律,也要从理论与实际的角度探讨教育与经济相互作用的各个方面,同时还要研究教育领域发生的经济现象及其规律,为促进教育目标的实现和经济增长、经济发展服务。

(二) 教育经济学的研究内容

教育经济学研究的基本内容或基本问题可以归纳为以下七个方面。

1. 教育与经济之间的相互关系、相互作用及其规律

这是教育经济学研究的核心问题,也是研究探讨教育经济学其他问题的理论基础。目前,教育经济学在这方面讨论的重点是教育与经济增长之间的关系,教育对经济增长和经济发展的作用,以及经济发展对教育的决定作用。特别是在教育对经济增长与发展的促进作用方面,能够测算教育发展对国民经济增长的贡献率。教育直接产出的是劳动力和各种专门人才,能使劳动者素质提高,教育产出的劳动力和各种专门人才就是经济的基本投入要素。

2. 教育与人力资本形成

人力资本理论是教育经济学的核心理论,教育与人力资本形成之间的关系也是教育经济学研究的核心内容之一。人力资本投资与物质资本投资都是经济发展不可缺少的生产性投资,但是在现代经济条件下,人力资本对经济发展的作用大于物质资本对经济发展的作用,投资的重点开始由物质资本向人力资本转换。教育正是作为人力资本投资的基本形式,对人力资本形成有着巨大的促进作用。

3. 教育投资行为

同其他领域的活动一样,教育活动的进行,必须投入一定的社会劳动,耗费一定的人力和物力。要进行教育活动,就必须从社会总劳动力中抽出一部分劳动力,消耗社会一定的产品和财富。在商品货币关系存在的条件下,投入教育活动的人力、物力的货币表现就是教育投资。研究教育投资行为,主要涉及教育的产品属性、教育投资的特点、影响教育投资比例的因素以及教育投资合理负担与补偿等。

4. 教育成本与收益

将教育视为一种人力资本投资行为，就必然要涉及教育的成本与收益问题。教育成本是研究教育的经济功效或经济活动规律的出发点。研究教育收益，是教育经济学研究的重要内容之一。通过教育的投入—产出分析或成本—收益分析，最终可使人们了解教育的功效，包括对经济、社会的贡献等。同时，通过教育收益率的计算和分析，可以给政府和有关决策部门提供指导性指标，帮助有关部门调整政策、改善教育环境、调整教育的规模等。

5. 教育规模经济

教育规模经济是教育领域中一种典型的经济现象，也是教育经济学研究的基本内容之一。教育活动具有一定的产业属性，任何产业的经营都要依赖于一定的资源，而一定的资源只有达到一定的经营规模，才会产生规模经济。教育作为人力、物力和财力聚集的单元，学校作为一定意义上的市场主体，同样存在着规模经济与不经济问题，因此，研究教育规模经济主要是将规模经济理论放置于教育领域，来探讨教育规模经济问题，以实现最佳教育经济规模。

6. 教育的供求与就业

研究教育的需求与供给主要是从宏观角度分析影响教育需求与教育供给的制约因素，运用经济学的供求均衡理论，对教育的需求与供给予以经济学分析，描绘出各类具体教育的不同供求曲线，分析其各自的供求均衡模式，以实现教育资源的有效配置。此外，教育与劳动力就业之间同样存在密切联系，一般来讲，一个人受教育水平越高，其工作收入水平也就越高。

7. 教师劳动报酬与学生资助

在知识经济时代，人力资本已经代替物质资本成为价值创造的主体，教师劳动作为人力资源开发和人力资本形成的重要环节，在提高劳动者素质、提升劳动者就业能力、增进社会公平、促进人的全面发展等方面发挥着重要作用。研究教师劳动报酬、教师工资标准、教师的薪酬与权益等问题具有重要的现实意义。此外，学生资助研究同样也十分重要，如何确保贫困学生的入学机会平等是教育资源有效配置的内在要求所在，也是社会公平与正义的题中之意。

(三) 教育经济学的形成与发展

教育经济学的形成与发展绝非一种偶然现象，而是科学技术和社会生产力高度发展的必然产物。人们关于教育与经济相互关系的思想在古代已经萌芽，随着近代资产阶级革命的完成，产业革命的实现，资本主义大工业生产的发展，教育经济思想也开始逐渐完善。但作为一门独立学科，教育经济学萌芽于20世纪20年代，最终形成于50年代末期和60年代初期，70年代至90年代又有了进一步发展，进入21世纪后又出现了一些新的发展趋势。

在我国，春秋初期的政治家、思想家管仲认为，教育是富国强兵之道，主张并实施教导民众制造和改进农具，传授冶炼技术等，从而极大地提高了齐国的生产力，增强了国力；春秋末期著名的思想家、政治家、教育家、儒家创始人孔子认为，人口、财富、教育是立国三大要素。孔子在《论语·子路》里曾经论述了两点：一是教育重要；二是先富后教，朴素地阐明了教育与经济的关系。在西方，古希腊最著名的哲学家和教育家柏拉图很早就有过教育经济思想的论述，在他的《智术之师》一书里把生产工艺分为两部分，一部分是耕田、畜牧、仿制器具，这一类与知识的关系甚为密切。可见，柏拉图深刻认识到和现在生产工艺中的作用。

20 世纪 90 年代，英国诺丁翰大学研究员诺曼·格默尔发现不同层次教育与国家经济发展水平表现出对应的关系，初等教育和中等教育与最穷的和中等发展水平的发展中国家经济增长关系更为密切，高等教育只对经合组织国家经济增长才是最重要的。

进入 21 世纪以后，跨国家的比较研究已经变得越来越普遍，教育经济学国际研讨会为各国学者搭建了一个良好的交流平台。继 1963 年国际经济学会在法国召开的"首届教育经济学专题研讨会"后，法国教育经济研究所于 1986 年举办了一次"国际教育经济学专题研讨会"，20 年后的 2006 年 6 月又成功地举办了一次类似会议。

我国的教育经济学经历了四个阶段：①20 世纪 20~30 年代：教育经济学研究萌芽阶段：邰爽秋是中国第一个对教育经费进行系统研究的学者，1935 年由上海教育编译馆出版了他的《教育经费问题》。②20 世纪 40~70 年代：教育经济学研究停滞阶段。③20 世纪 70 年代后期：教育经济学研究重启阶段：1979 年，全国教育科学规划会议提出建立我国的教育经济学。同年，厉以宁等人开始教育经济学比较研究。④20 世纪 80 年代~90 年代末：教育经济学形成阶段：1980 年 9 月中央教育科学研究所在北京召开了全国教育经济学研究工作交流会，研究讨论了教育的生产性及教育在社会生产中的地位和作用、教育经济学的研究对象与任务等问题，于光远等著名经济学家和教育学家在会上积极倡导建立我国的教育经济学，会上成立了全国教育经济学研究会筹备组。筹备组建立后，1981 年 5 月在北京举办了讲习班，邱渊教授首次系统介绍了西方与苏联教育经济学的产生、发展和基本内容。从此，教育经济学研究活动在全国有组织地蓬勃开展起来。⑤进入 21 世纪后：我国教育经济学已处于全面发展阶段。

◆**学习拓展：**

高等教育是促进经济发展的关键

从国际货币基金组织 2009 年对世界 182 个国家和地区的人均收入排名来看，最富裕的国家卢森堡年人均 GDP 为 104 511.9 美元，而最穷的国家布隆迪年人均 GDP 仅为 162.9 美元，一天的收入不到 1 美元，比联合国 2009 年规定的 1.25 美元/天的极端贫困线还低。182 个国家的收入如此悬殊，这是为什么呢？

把这些国家分成三类：人均收入 1~50 名的国家为第一类，平均人均 GDP 高达 33 749.2 美元，51~100 名的国家为第二类，平均人均 GDP 为 6 339.6 美元，101~182 名的国家为第三类，平均人均 GDP 为 1 314 美元。中国 2009 年人均 GDP 为 3 677.9 美元，名列第 100 位。第一类国家排除美国、加拿大、澳大利亚后，平均国土面积为 18.5 万平方公里，而且大部分国家自然资源非常贫乏；第二类国家排除巴西、俄罗斯、中国后的平均国土面积为 52.7 万平方公里，其中有接近50%的国家国土面积不足10万平方公里，而且资源并不是很丰富；第三类国家平均国土面积为59.1万平方公里，自然资源大都很丰富。

当我们考察这些国家高等教育、自然资源与经济发展的关系时得到如下启示：很少有国家是因为资源贫乏、地理环境恶劣而贫穷。名列世界各国人均收入最后一名的非洲国家布隆迪的确自然环境仅适合种咖啡、茶叶、棉花，资源贫乏，又为内陆封锁型地理状况，经济非常落后，但该国贫穷还有另外一个重要因素：严重缺失的教育体系。不难发现，所有贫穷的国家都没有处理好自然资源、高等教育与经济发展的关系，哪个国家不处理好这一重要关系，经济发展迟早要受到严重制约。

……

年人均收入排名101～182名的国家中，刚果（金）等国家存在严重的教育不足，高等教育的投入过少，不足以为经济总供给增加提供足够的人力资本；而非洲的几内亚比绍、几内亚、贝宁却出现了过度教育，也就是高等教育投入和规模超过了经济总供给的承受能力，大学过多，与经济发展水平不匹配，反而变成包袱。还有一些国家没有摸清教育投入的规律，一会儿不重视教育，一会儿又过度投入教育，还没有找到教育和经济发展的协调关系。比如非洲的尼日尔、苏丹等，还没有实现教育与经济的良性互动。还有一部分国家，不是教育不足和过度的问题，而是教育体系的结构与国家资源禀赋不匹配。比如亚洲的尼泊尔等国。这些国家或者人文社会科学高等教育规模过大，理工科教育严重不足，这使得发展工业缺乏必要的人力资本；或者教育投入只投给极少数精英大学，顶尖的科学技术型人力资本非常突出，但是国家的高级人力资本总量太少，使得发展全面的工业体系缺乏人力资本支持（比如印度）。

年人均收入排名51～100名的国家中，有接近50%的国家国土面积不足10万平方公里（101～182个国家中国土面积小于10万平方公里的仅占10%）。这些国家分为三类。第一类国家：仅有地理位置优势而没有其他资源的国家。这些国家中有一些国家没有什么生产性的自然资源，但地理位置良好，具有良好的旅游资源，其高等教育主要服务于旅游业和离岸金融业（当然，其中也有国家由于地理位置足够好，依靠地理位置就可以让人民生活富裕，没有举办高等教育）。如多米尼克、塞舌尔等国。第二类国家：既没有地理位置优势也没有自然资源的国家。其高等教育对于经济发展就起到了重要的作用。如约旦、立陶宛。第三类国家：资源丰富的国家。这些国家又分为三类：第一类，国家仅简单出售自然资源，对于高等教育并不重视，如马尔代夫、阿尔巴尼亚、马其顿、多米尼加、伯利兹、赤道几内亚等；第二类，国家对自然资源进行初步加工，高等教育为发展初加工工业培养劳动力作出了努力，如波黑、阿塞拜疆、牙买加、哥斯达黎加等；第三类，利用自然资源，高等教育培养创造性利用自然资源的高级人力资本。如墨西哥、俄罗斯、波兰等国家。

年人均收入排名 51~100 名的国家给出的重要启示是，要有世界一流的产业体系，背后一定要有世界一流的相关高等教育专业。如墨西哥在超导材料、常温核聚变、核物理技术、生物技术等产业领域也有较强的国际竞争优势，而该国高等教育在相关专业领域也具有很好的优势。如俄罗斯，航空航天、军事工业等产业以及高等教育都属于世界一流水平。再如波兰，在生命科学与生物技术、医学科学等产业以及高等教育领域都具有世界级的声誉。排名 1~50 名的国家和地区中，国土面积不足 10 万平方公里的国家（和地区）有 33 个，占到 66%。排名 1~50 名的国家和地区给出的重要启示是：第一，卖资源发展经济是非常可怕的模式。如塞浦路斯（2007 年、2008 年、2009 年的人均 GDP 分别为 26 386 美元、32 772 美元、29 619.5 美元），国名在希腊文中是"铜"的意思，国家素以产铜著称，但近年来铜矿资源接近枯竭，国家名字已经开始名不副实。第二，当前世界自然资源、高等教育与经济发展之间最高端的模式是：高等教育培养金融制度、企业制度的建设者、创新者，通过金融系统、企业系统虹吸世界自然资源的高额租金，从而促进经济发展，并反过来进一步促进高等教育提供国际分工链最高端的人力资本。如英国，不但利用发达的金融系统实行对外投资，通过这一投资实现了对其他国家自然资源的租金分享过程，还使得这一金融系统汇集了世界各地的投资、投机资金，从而也分享这些资金获得世界资源的租金；如美国、日本、德国、意大利，其企业制度不仅是世界资源转化成高附加值产品的高效率场所，还是通过股份控制、对外投资、企业内贸易等手段分享世界资源租金的高效率机制。（作者：张苏，单位：中央财经大学经济学院）

节选自：高等教育是促进经济发展的关键 [N]. 光明日报，2013-10-09.

第四节 信息经济

信息经济的形成与发展是在人类社会进入工业社会以后，随着生产力的高度发展，通过先进技术的产业化以及先进技术对原有产业的改造而形成的。信息技术应用的深入，信息产业的发展，信息产品和服务商品化程度的提高，信息市场规模的扩大，信息行业的产值和从业人员的比重不断增加，逐步成为一种新型的经济结构，即信息经济。本节主要介绍信息的概念、信息经济的含义与结构特征、信息资源的相关问题、信息产业的形成与发展、信息经济学等基本知识。

一、信息

当今时代信息无处不在、无时不有。小到人们的衣食住行，大到社会的交流沟通、科技的进步、经济的繁荣、国家的兴旺，无不与信息密切相关。

（一）什么是信息

信息（information）来源于拉丁语"informatio"，意思是解释、陈述。在我国的港、澳、台地区，"information"常被翻译为"资讯"。在汉语中"信"和"息"二字都有音信、消息等含义。在人类社会的早期和日常生活中，人们对信息的认识是比较宽泛和模糊的，多将信息看做是消息的同义词。随着人们对信息概念的深入认识，信息的含义也在不断演变。不同学科、不同领域的专家和学者从不同角度做出解释。归纳一下，大致有如下五种类型的定义：

1. 从信息不是什么来定义

1948年，美国著名数学家、控制论的创始人维纳在《控制论》一书中指出："信息就是信息，既非物质，也非能量。"说明信息是区别于物质、能量的另一种构成世界的重要因素。

2. 从产生信息的客观对象来定义

许多学者认为，"信息是客观世界各种事物变化和特征的反映""信息是事物运动的状态和方式""信息是客观世界中各种事物运动的状态和方式的表征""信息是事物的内容、形式及其发展变化的反映"等。这类定义说明客观世界是"形"，而信息就是反映它的"影"。

3. 从传输中信息所依附的载体来定义

把信息看做是信号、数据、资料、情报、消息、新闻、知识等的总称。这一定义说明，信息作为内容有它外在的表现形式。

4. 从接收信息的认识主体来定义

申农（shannon）在1948年写的《通信的数学理论》中指出，一个系统所接收的"信息是能够用来消除不确定性的东西"；英国信息学家布鲁克斯（Brooks）曾为描述信息的效用和定义构造了一个方程式：

$$[s] + \Delta l = [s + \Delta s]$$

式中，$[s]$为原有知识结构；Δl为吸收的信息量；$[s + \Delta s]$为新的知识结构。

5. 从信息的发送、传输、接收的主客体之间的相互作用来定义

早期的信息论从通信理论的角度认为信息是信源、信道、信宿之间联系过程中生成的东西。

综上所述，我们将信息定义为：信息是客观世界中各种事物的变化和特征的最新反映，以及经过传递后的再现，是通过一定物质载体形式反映出来的事物存在的状态、运动形式、运动规律及其相互联系、相互作用的特征。

（二）信息及其不确定性

不确定性指经济行为者在事先不能准确地知道自己的某种决策的结果，或者说，只要经济行为者的一种决策的可能结果不止一种，就会产生不确定性。

信息的不确定性是指信息的来源、内容以及真伪等方面存在不同程度的不确定性，不能确切的判定其可靠性、完整性和有用性的情况。简单说，是指一种不明确的信息状态，而我们每个人不同程度地需要在信息不确定的情况下进行决策，一方面，关于现在和过去的信息，可以通过一些信息搜集的方法以及付出一定的成本来减少其不确定性；

另一方面，关于未知的未来，不确定性程度的降低则更加重要而困难。此时，从某种意义上说，对信息的掌握程度决定了决策的效果。

未来的不确定性源于信息，以及处理信息能力的缺乏。对个人来说，拥有信息越多，越有可能作出正确决策。对社会来说，信息越透明越有助于降低人们的交易成本，提高社会效率。

二、信息经济的含义与结构特征

(一) 信息经济的含义

信息经济有两种含义：广义的信息经济是指信息社会的经济，需从经济的宏观层次上理解，是以现代信息技术等高新技术为物质基础、信息产业起主导作用的、基于信息、知识、智力的一种新型经济；狭义的信息经济则是指信息部门的经济，需从经济的中观层次理解。狭义的信息经济所要表明的是信息经济部门本身，而不涉及同时存在的农业、非信息的制造业和服务业等其他经济部门。

如果说，在工业经济中，钢铁、汽车、石油化工、轻纺工业、能源、交通运输、电话通信等传统产业部门，扮演着重要的角色。那么，在信息经济中，居重要地位的则是芯片、集成电路、电脑的硬件和软件、光纤光缆、卫星通信和移动通信、数据传输、信息网络与信息服务、新材料、新能源、生物工程、环境保护、航天与海洋等新兴产业部门。

(二) 信息经济的结构特征

信息经济既具有与其他经济一样的特征，也具有一系列它所特有的结构特征。随着信息技术的进一步发展，尤其是微电子技术的迅速发展和广泛应用，近些年来，世界信息经济的结构正在发生引人注目的变化，信息经济的结构特征越来越明显，主要体现在以下几个方面：

1. 信息经济的企业结构是知识和技术密集型的

传统的企业结构都是劳动密集型或资本密集型的，而新兴信息企业结构都是知识和技术密集型的，不但投资少，效率高，最终还将把人类从繁重的体力劳动中解放出来，得到全面发展。

2. 信息经济的劳动力结构是智力劳动型的

企业结构的状况决定着劳动力结构的状况，由于新兴信息经济的企业结构是知识和技术密集型的，而以科学家、工程技术人员、软件编制人员等脑力劳动者为主的劳动力结构也必然发生根本变化，传统体力劳动者将经过再教育成为新的脑力劳动者。

3. 信息经济的产业结构是低耗高效型的

这些以新兴科学知识和高技术为基础的尖端信息产业群，具有高效率、高增长、高效益和低污染、低能耗、低消耗的新特点。在传统产业日益衰落的过程中，专业化、小型化的新兴产业却在迅速发展。这种产业结构及其技术结构的变化，将会使劳动生产率获得极大增长。

4. 信息经济的体制结构是小型化和分散化的

小型分散化的水平网络式的管理体制将代替集中、庞大而又互相牵制的传统金字塔形的体制结构，小公司、小工厂等横向组织将代替大公司、大工厂等纵向组织。

（三）知识经济与信息经济的关系

知识经济最早是由联合国研究机构在1990年提出来的。1996年，经济合作与发展组织首次正式使用了"以知识为基础的经济"这个概念，其内涵为：知识经济是以现代科学技术为基础，建立在知识和信息的生产、存储、使用和消费之上的经济。知识经济之所以在西方国家提出，是基于创新成为经济发展最短缺的因素，而其他经济要素相对而言是充分的。

知识经济是一种基于最新科技和人类知识精华的经济形态，它是在工业经济和信息经济基础上发展起来的，是以知识的生产、传播、转让和使用为其主要活动的。在知识经济时代，一个最典型的特征是知识作为生产要素的地位空前提高，知识广泛地渗透到一切经济部门中去，且知识本身成为一种更加市场化的产品。

知识经济与信息经济是紧密相连、不可分割的。知识经济脱胎于信息经济，信息经济提出在前，知识经济提出在后。一方面，知识经济被人们提出和认识，反映了当今世界发达国家对于后工业社会或信息社会快速发展进程的普遍接受和认可；另一方面，要发展知识经济，没有高度发达的信息经济作基础是不行的。

信息经济与知识经济又是有区别的：一是信息经济主要是以信息科学技术为基础的经济，而知识经济是以整个科学技术为基础的经济；二是信息经济与知识经济都是知识密集型的经济，但后者中知识所含的内容更加广泛，不仅包括信息业，而且包括现代工业、现代农业和现代服务业。

三、信息资源

（一）信息资源的内涵及其特征

信息资源是指以文字、图形、图像、声音、动画和视像等形式储存在一定的载体上并可供利用的信息。

信息同能源、材料并列为当今世界三大资源。信息资源广泛存在于经济、社会各个领域和部门，是各种事物形态、内在规律、和其他事物联系等各种条件、关系的反映。信息资源与自然资源、物质资源相比，具有以下几个特征：

1. 独创性

一旦某种信息资源生产出来，就会受到知识产权的保护，任何信息机构就不可能再开发基于相同内容的信息资源，也就是指信息资源开发的一次性，非重复性。

2. 共享性

同一信息可以为同一人或不同的人共同使用或重复多次使用，可以大量复制，而其获得的效用既不会被分割，也不会被削弱。所以信息的内容比较容易泄露和传播出去，并易于被复制和扩散，这使得信息消费与信息价值无关，信息在多次传播中其价格可能会越来越低于价值。

3. 使用的时效性

信息新鲜的时候最有价值。随着时间的推移，外部环境及内部环境的变化，某一特定的信息资源的使用价值会逐渐消失，效用价值无疑也会逐渐下降甚至消失。

4. 知识性

信息资源是一种知识性、科技性、专业性很强的劳动产品。知识和技术含量极高，在它的生产过程中，以科学技术成果知识为原料，由智力型的劳动者加工处理而成，其实质表现为动态性知识形态。

（二）信息资源的特征

1. 非物质性

任何信息都要有其物质载体，没有物质载体，信息就不能存在和传递。信息资源的非物质性是指信息资源的内容（即信息）不能脱离物质载体但却独立于物质载体。换句话说，也就是信息资源的内容与载体形式无关，不论何种载体，信息都是等价的。例如，同一首歌曲，可以有磁带、CD、MP3等不同的储存形式，但其歌曲内容都是相同的，并不因载体不同而有所差别。

2. 消费无损耗性

物质商品在消费和使用中是以自身的消耗和磨损为代价的。人类的消费行为把产品的独立形式毁掉，使之失去原来的使用价值，完成其作为商品的功能。这就是物质商品的消耗性。而信息资源在使用和消费中表现为信息内容从一种物质载体转移到另一种物质载体，无论怎样转移，信息资源的使用价值和效用都不会消失。这就是信息资源的消费无损耗性或称非消耗性。

3. 非占有性

信息资源的非占有性也称为共享性，这是由信息本身的共享性和信息资源的非物质性所决定。物质商品的消费表现为占有和消耗，一方消费了，其他人就无法消费。信息资源在消费和使用中表现为载体的转换，在转换中商品的信息内容并不会因此而损耗。甲出让自己的信息资源给乙，乙获得了商品，而甲自己也仍然拥有商品中的信息内容。信息资源经过市场交换后，结果不是独占，而是更广范围内的共享。

4. 累积性和再生性

信息资源具有非消耗性。其一旦生产出来，不仅可以满足同时期人们的需要，而且可以通过信息的保存、积累、传递，达到时间点上的延续。后代可以在前人成果的基础上再进行生产，这就是信息资源的累积性。与累积性相关的是再生性。信息资源在满足社会需求的同时，在量的累积的基础上，还可以通过创新生产出新的信息产品，实现信息资源的再生。

（三）信息资源的需求与供给

1. 信息资源需求的含义及影响因素

需求是经济分析中经常使用的一个概念，是指在某一时期内和一定市场内按照某一价格水平，消费者愿意并且能够购买的商品或劳务的数量。信息需求是指消费者在一定价格条件下对信息资源的需要。在这个概念中隐含着两个条件：一个条件是信息消费者愿意购买；另一个条件是信息消费者具有支付能力。

信息需求的主体可分为个人、企业和政府三个主要部分。个人是社会的主体，是社会的最基本生存单位，为了其自身的生存和发展，需要各种相关的信息，企业是社会的基本经济细胞，为社会及经济的发展提供生存资料及发展资料，因此需要与企业生产、管理相关的信息。政府是社会的管理及服务部门，需要各方面的信息来协调和优化社会资源配置，保证社会的安定和发展。

影响信息需求的因素主要有：信息产品的价格，与其他商品一样，当信息资源或信息服务的价格上涨时，其需求量就会减少，反之增加；信息消费者的收入，对大多数信息产品来说，消费者收入增加时其需求量也会随之增加，反之，需求量会下降；市场上信息消费者的数量，如果市场上潜在的信息消费者的数量增加，则会对某种信息产品的需求增加。

2. 信息资源供给的含义及影响因素

信息供给是指信息资源主体在一定时期内，以一定的价格向信息市场提供的信息资源，以满足信息消费者的需求。信息供给有两个假定条件：一个是信息供给主体愿意出售信息产品；另一个是在一定的价格条件下有能力出售。在一定时期内，信息供给主体向信息市场提供的信息资源的总和就形成了信息的总供给。

影响信息供给的因素：一是价格因素，根据供求定理，在其他条件不变的情况下，商品价格上升其供给量就会增加，反之，就会减少；二是投入成本因素，当一种信息产品的生产成本相对于市场价格而言较低时，生产者有利可图，供给量就会增多，反之，则供给量降低；三是生产技术要素，生产信息产品的技术水平高，生产效率就高，信息产品的市场供给量就大。

（四）信息资源的消费

信息资源消费是信息生产和信息交流过程的延续，是信息产品及服务的最终归宿，信息消费也是信息消费者通过思维创造性地理解信息的内容，并将获得的信息创造性地作用于客体，产生更大的价值。在信息消费过程中，信息消费的供需状况、消费主体状况、消费环境状况等都会对信息消费活动产生影响。

1. 影响信息消费的环境因素

信息环境是指人类信息生态系统中人类及社会组织周围一切信息交流要素的总和，包括：人及社会组织；人类社会赖以生存与发展所积累的各种信息；用于信息传输、信息开发、信息利用的各种信息技术及社会信息基础设施；信息法律、政策与信息伦理；信息文化等。

信息环境对信息消费的促进作用表现在信息科学技术的进步和发展使社会的信息环境向数字化、网络化和智能化的方向发展，因此对信息消费产生了巨大的推动作用。丰富了信息消费的内容；改变了信息消费的方式；促进了信息消费结构的优化。例如，信息高速公路是人类进行各种社会、经济等活动所必不可少的工具，是进行信息消费所必需的重要基础设施，为各国及世界的信息消费提供了基础和保障。

信息环境的恶化会对信息消费产生许多负面影响，表现在：信息泛滥成灾；信息污染严重；数字鸿沟加剧；信息消费的门槛逐渐提高；信息垄断及冲突加剧；信息犯罪等。

2. 影响信息消费的供给因素

影响信息消费的供给因素包括：一是信息产品因素。作为供给方因素的信息产品是信息消费的对象，其质量、价格、新颖程度以及是否容易使用等因素对信息消费活动有重要的影响。二是信息市场因素。信息市场是联系生产者和消费者的桥梁，信息资源供需双方通过信息市场进行交易，使信息资源及服务等扩散，而目前信息市场中充斥着大量的虚假信息及伪劣产品，由于信息不完全及信息不对称所造成的"劣币驱逐良币"等问题大量存在，使信息市场无法发挥其正常功能，从而影响信息消费活动。三是信息产业因素。信息产业是高新技术产业的核心，为信息消费提供了坚实的物质基础，是信息消费的支撑体系。

3. 影响信息消费的需求因素

对于影响信息消费的需求因素主要从需求方的时间及精力、信息素质、消费习惯及示范效应、收入水平等方面进行分析。例如，信息时代，人们的生活及工作节奏很快，人的时间宝贵，并且精力有限。时间是稀缺的资源，因此每个人都想在有限的时间内做更多的事情。时间和精力要素的投入量影响信息消费。

四、信息产业

（一）信息产业的含义及类型

信息产业特指将信息转变为商品的行业，它不但包括软件、数据库、各种无线通信服务和在线信息服务，还包括了传统的报纸、书刊、电影和音像产品的出版，而计算机和通信设备等的生产将不再包括在内，被划为制造业下的一个分支。信息产业可以分为四个行业：出版业、电影和录音业、广播电视和通信行业、信息服务和数据处理服务行业。

目前，信息产业已成为国民经济的主导产业。主要体现在信息部门的产值在国内生产总值中所占的比例和信息劳动者在从业人数中所占的比例这两个方面。就比例大小而言，可以采用以下两种不同的标准：一是信息部门产值占国内生产总值的比重大于农业、工业、服务业中任何一个部门产值所占国内生产总值的比重；二是信息部门产值占国内生产总值的比重大于其他产业产值总和所占国内生产总值的比重。第一个标准可作为信息经济形成的一个主要标志；第二个标准则可以作为信息经济发达的一个主要标志。

（二）信息产业的形成与发展

我们不能简单地用信息的特征来解释信息产业，只有当信息活动在社会经济中的价值得到了体现，或者说信息活动为社会总资本提供了带动国民经济增长的增加值时，才能形成信息产业。非媒介传播的信息活动为社会提供的是难以计量的价值，所以不能形成信息产业；以纸张为媒介的信息传播、共享、存储活动（如出版、图书馆、档案）和以电磁波为媒介的信息传播、处理活动（如电话、电报等）虽然能够产生价值，但其对于社会经济增长的作用是有限的，所以也不能形成信息产业。只有当这些新兴的科学技术融入信息传播活动中，使信息的传播、处理量成几何级数增长，并真正带动了社会经济的飞速发展时，信息活动才能形成一种全新的产业，即信息产业。

我国的信息产业的基本形成是以 1998 年国家信息产业部成立为标志。信息产业作为当今高新技术产业的主体，是我国面向 21 世纪生存与发展的战略性支柱产业。2005 年，我国信息产业实现产值达 3.3 万亿元，其中软件产业总产值达 3 300 亿元，出口 2 500 亿美元，已成为我国出口支柱产业。2004 年，我国电子信息产业产值超过 14 万亿元。我国信息产业规模已经仅次于美国，成为世界第二。

（三）信息产业在国民经济中的地位和作用

1. 信息产业是国民经济的基础产业

基础产业是整个国民经济的物质来源和物质基础，其发展规模和水平制约着国民经济的发展速度和质量。信息产业中的邮电通信、网络基础设施是国民经济重要的基础性产业，如在 1985 年，由于具有发达的计算机支付系统，美国现钞流通占流动资金的比例仅为 7.1%，全国结算系统全年平均在途资金只有 5 亿美元，大大降低了相关费用，带来了极高的经济效益和社会效益。

2. 信息产业是国民经济的先导产业

在世界范围内蓬勃兴起的新技术革命的推动下，许多高新技术产业相继产生并构成新兴产业群，无论是宇航卫星通信、生物工程、海洋开发、光纤通信、新材料工业、新能源产业还是新兴服务业，都离不开具有核心地位和先导作用的信息产业作为其应用开发的突破口和带头部门。信息产业作为高新技术产业群的主要组成部分，是带动其他高新技术产业腾飞的龙头产业。如在被称为"生命科学阿波罗登月计划"的人类基因草图的诞生过程中，康柏公司的 Alpha 服务器为研究人员提供了出色的计算能力。业界分析人士称，在这场激烈的基因解码竞赛背后隐含的是一场超级计算能力的竞赛。

3. 信息产业是国民经济的支柱性产业

随着第三次科技革命的完成和信息产业的发展，信息产业将成为继纺织工业、钢铁工业、电力工业、汽车工业之后的第五个支柱产业。信息产业的发展将推动整个国民经济产业结构的高度优化。信息产业创造的价值在国民生产总值中所占的比例将大大提高，国民经济发展将由以传统工业为主导转向以信息产业为主导。

4. 信息产业是国民经济的战略性产业

信息产业已经成为各国争夺科技、经济、人才和军事主导权和制高点的战略性产业，其中的软件产业和集成电路产业既是信息产业中独立的产业，又是与国民经济中其他产业紧密结合的产业，软件和集成电路成为信息产业的核心和关键，其渗透性极强。美国、欧盟、日本等发达国家以及印度等发展中国家的政府近年来都纷纷制定信息产业发展战略，采取重大举措，大力发展信息产业，抢占世界经济竞争及信息安全的制高点。

五、信息经济学

（一）信息经济学的产生与发展

信息经济学的启蒙思想，可追溯到 1918 年凡勃伦在他的《资本的性质》一书中提出"知识的增长构成财富的主要来源"。在随后的 40 年里，奈特、哈耶克、马尔萨克、阿罗和西蒙等著名经济学家都对信息经济学的思想启蒙做出了巨大的贡献。经过了这段酝酿阶段，1959 年，美国经济学家马尔萨克发表了《信息经济学评论》一文，标志着信息经济学的正式诞生。至今，信息经济学的研究已有了 50 多年的历史。我们可以将其发展过程大致分为三个阶段。

1. 信息经济学形成阶段（1959~1969 年）

第二次世界大战后，现代科学技术革命使得社会经济迅猛发展。社会信息总量与知识总量的激增使得信息、知识的经济价值引起人们的高度重视。20 世纪 50 年代以来，随着电子计算机、光纤通信技术、卫星通信技术的出现和普及，发达国家的经济结构、产业结构、就业结构和经营方式等都发生了新的变化，科学技术创新对经济发展的推动日益增大，科技进步对经济增长的贡献率日益提高，知识、信息作为物质、能源之后的第二资源在国民经济中所占比重越来越大，当今社会正从工业时代向信息时代转变，以知识和信息为依托的新兴经济结构正在逐渐形成和发展。

美国是推动世界进入信息时代、知识时代大变革的主要发源地。1959 年美国著名经济学家马尔萨克（Marschak）发表了《信息经济学评论》一文，提出研究经济学特有的信息范畴问题，使用了信息经济学这一概念。应该说信息经济学作为正式的学科概念是美国著名经济学家乔治·J·斯蒂格勒（George J. stigler）1961 年在美国《政治经济》杂志上发表的著名论文《信息经济学》中提出来的，他研究了信息的成本和价值、信息对价格、工资以及其他生产要素的影响，第一次将信息作为经济活动的要素和经济运行的机制加以研究。

该阶段的主要特点是出现了一定数量的以信息经济学为名的学术论文，并且微观与宏观信息经济学研究均取得了一定的成果，为西方信息经济学的产生奠定了理论基础。

2. 信息经济学初步发展阶段（1970~1978 年）

进入 20 世纪 70 年代以来，有关信息经济学的论著大量出版。其中诺贝尔经济学奖获得者、美国著名经济学家肯尼斯·阿罗（K. Arrow）1972 年发表的《信息经济学》论文集，着重从微观和理论方面探讨了信息的经济含义、信息的价值和成本、信息不对称导致市场失灵、不完全信息与风险转移等重要问题，被学术界誉为信息经济学领域的开创性著作。该阶段的主要特点是除微观与宏观信息经济学得到了较快的发展外，还出现了有关信息社会化的研究，即信息经济的社会学研究。

3. 信息经济学蓬勃发展阶段（1979 年至今）

1979 年后信息经济学首次被人为地、正式地明确划分为微观与宏观两大部分，同年首届国际信息经济学学术研讨会召开，信息经济学研究开始引起世界各国的重视。1979 年丁·希契莱福门（D. Hirsshleifer）和赖利（Riley）从与不确定性经济学关系的角度对信息经济学的有关基本问题、基本概念进行了研究，对信息经济学的完善作出了巨大贡献。进入 20 世纪 80 年代，西方对信息经济学的研究更是蓬勃展开，"信息"一词在经济学著作、论文中出现的频率日益提高，许多著名经济学家都开展了信息经济学的研究，使得信息经济学成为当代西方经济理论的一个热点。

中国信息经济学研究起步较晚，始于国外信息经济研究大发展背景下的 20 世纪 70 年代末 80 年代初，经过 30 多年的发展，无论是理论探讨还是实践应用都有了相当丰硕的成果。当前，中国正在建立社会主义市场经济，经济体制改革正逐步深化，信息经济学的一些理论模型非常适用于中国改革的需要，如委托—代理理论与激励机制对于当前国有企业改革的现实意义，逆向选择与道德风险对于完善当前市场经济机制的启迪。微观信息经济学在当前中国改革开放中越来越受到重视。同时，随着"信息高速公路"构想的提出，世界信息化浪潮方兴未艾，中国信息产业正处在迅猛发展之中，对信息产业的经济学研究已成为重要的课题，这为宏观信息经济学研究提出了挑战，也为其深入发展提供了机遇。

（二）信息经济学的研究内容

信息经济学是以信息和信息经济为研究对象，研究经济活动中的信息问题和信息或信息活动中的经济问题的基本理论、运行机制、运作方法和发展规律的一门学科。

信息经济学的研究内容主要包括以下几个方面：

1. 信息经济学的基本理论

信息经济学的基本理论问题关系到本学科的研究和发展。主要是探讨信息经济学的研究对象、研究内容、学科体系、学科性质、相关学科、发展规律、发展历史、研究现状和发展趋势等。

2. 信息经济学的基本原理

信息经济学的基本原理问题关系到本学科的理论基础和内容体系。这方面的研究主要是信息不完全与不对称原理、信息共享与再生原理、信息公共物品原理、信息资源化原理、信息产业边际收益递增原理等基本原理的内容和应用范围。

3. 博弈论和非对称信息经济学理论

博弈论和非对称信息经济学理论是西方信息经济学的核心内容，也是我国信息经济学中的重要研究内容。这部分主要探讨完全信息静态博弈和动态博弈、不完全信息静态博弈和动态博弈、信息不确定与预期效用理论、信息不确定与实物期权理论、不确定性下的信息决策、委托—代理关系、信息不对称下的最优激励合同、委托—代理关系的多阶段博弈动态模型、道德风险、逆向选择与信号传递等。

4. 信息资源研究

商品是一个基本的经济学范畴，离开了信息资源，就谈不上信息市场和信息产业。这方面的研究着重探讨信息资源的需求与供给及其供需平衡、信息资源的消费过程与消费效益、信息资源的成本与价值、信息资源的定价策略与定价方法等。

5. 信息市场研究

这方面的研究主要是探讨信息市场的内涵与特征、信息市场的功能与作用、信息市场的运行机制、信息市场的管理等。

6. 信息资源及其配置研究

这方面的研究主要是探讨信息资源的构成与特征、信息资源的功能与作用、信息资源配置的目标与原则、信息资源配置的层次和内容、信息资源配置的机制与模式、信息资源配置的效益与评价等。

7. 信息技术对经济发展的作用研究

信息技术对经济发展与增长具有重要作用。信息技术不仅促进了信息产业的发展，而且改变着传统农业经济和工业经济的根本特征，促进了国民经济的持续发展。这方面的研究主要是探讨信息技术的特点、信息生产力的作用和特点、信息技术对经济增长的作用等。

8. 信息系统的经济评价

信息系统是信息资源的组织形式，其建设与运行需要昂贵的经费支持，同时却可取得很大的经济效益和社会效益。它们所产生的间接效益往往远大于直接效益。以尽可能少的费用建立和完善效益尽可能好的信息系统，是必须贯彻执行的重要原则。这方面的研究主要是探讨信息系统的功能和结构、信息系统费用与效益分析的评价方法等。

9. 信息产业研究

信息产业是国民经济的重要组成部分，是信息经济学的核心内容。这方面的研究主要是探讨信息产业的含义和特征、信息产业的形成和发展规律、信息产业的产业结构、信息产业对经济发展的影响等。

10. 信息经济测度研究

主要是探讨信息经济的测度方法，包括马克卢普的信息经济测度理论、渡拉特的信息测度理论、厄斯的经济—信息活动相关分析方法、国内信息经济测度方法等。

11. 国民经济信息化研究

国民经济信息化是信息社会的主要特点，这方面的研究主要是探讨国民经济信息化的含义与特征、信息化对经济增长的作用、企业信息化及其评价、国民经济信息化及其评价等。

12. 信息经济学发展问题研究

作为研究信息和信息经济的一个新学科，信息经济学无论是研究领域、研究内容还是学科体系都尚未成型。因此，应将信息经济学看作是一个动态体系，随着研究内容的系统和深入，需要不断完善信息经济学的体系。例如，近年来网络经济学、电子商务经济学、信息生态经济学等都有了很大发展。

(三) 信息经济学的基本原理

信息经济学的基本原理，主要包括信息不完全与非对称原理、信息共享与再生原理、信息公共物品原理、信息资源原理和信息产业边际收益递增原理。

1. 信息不完全与非对称原理

完全信息是指市场参与者掌握某种经济环境的全部知识。在现实经济中，没有人能够拥有各个方面经济环境状态的全部知识，即信息完全状态是不存在的。在经济活动中，市场参与者不拥有某种经济环境全部信息的状态称为信息不完全，这种状态下的信息称为不完全信息。信息的不完全使各经济行为人在认识市场环境状态上存在着差异，并导致每个经济行为人所进行的市场活动及其结果无法及时地通过价格体系得到有效的传递。

由于信息的不完全性，在信息市场上经常会出现一方参与者比另一方掌握到了更多的信息，使得信息的不完全性更加的明显，这时，信息市场上就出现了信息非对称现象。如果在经济活动中，在相互对应的市场参与者之间，一方不了解另一方具有的知识和所处的经济环境，这种信息状态称为信息非对称，这种状态下的信息称为非对称信息。一般而言，卖家比买家拥有更多关于交易物品的信息，但相反的情况也可能存在。

前者例子可见于二手车的买卖，卖主对该卖出的车辆比买方了解。后者例子可见于医疗保险，买方通常拥有更多信息。

2. 信息共享与再生原理

信息可以由多人在同一时期或不同时期占有和使用，而不改变其价值及性质，并且在信息的传播过程中，可以在原有信息基础上产生新的信息，信息的这种经济规律称为信息共享与再生原理。

信息的共享性是指信源发出的信息经传递和转换作用可以为广泛的接收者所享有，而信息量不变的性质；信息的再生性是指在原有信息的基础上可以产生新的信息。物质和能源的消耗是不可逆转的，一旦被消费掉就不能再生。如一个苹果被吃掉就不能在此基础上出现一个新的苹果。而信息则不同，信息具有再生性，即在原有信息的基础上可以产生新的信息，在新的信息的基础可以产生更新的信息，这个过程可以无限地进行下去，结果是信息的无限膨胀。信息的再生性，是信息不守恒的最突出的表现。信息通过它的不守恒性，就与物质和能量严格区别开来。

3. 信息公共物品原理

公共物品是用于满足社会公共需要的物品和服务。它与私人物品的区别在于，公共物品可以同时给一系列使用者提供利益，而私人物品只能为单个使用者提供利益。信息属于公共物品，因而在信息生产和信息资源建设上需要政府的介入，并需要政府在预算上给予资助，同时，也使信息资源的共享成为信息资源优化配置的目标。因此，信息公共物品原理主要为信息资源的生产与定价、信息资源的优化配置、信息技术和信息产业的发展等方面的研究提供理论依据。

4. 信息资源原理

信息是商品，而且是一种特殊的商品，其与一般的物质商品相比较具有不同的经济特性，信息的这种经济规律称为信息资源原理。

信息资源脱胎于物质商品，并伴随着商品经济的发展，逐步演变成独立的商品形态登上了历史舞台。物质商品在生产之初，其中已经包含了一定的信息成分，只不过信息所占的比重很小。当时人类活动还主要集中在满足生存需要的层面，物质资料的生产成为人类社会发展前期的主要活动，物质商品中所含的信息成分及其意义并未引起人们的重视。进入现代社会以后，随着社会分工的细化。体力劳动和脑力劳动分离，专门从事信息开发利用的行业开始形成，商品中信息的比重逐渐增大。这个时候，信息资源脱离了物质商品，从物质商品的附属成分演变成为一种全新的商品形态。知识产权专利制度的确立是独立于物质商品之外的信息资源正式得到社会承认的标志。现代通信技术和计算机网络技术则扩大了信息资源化的深度和广度，信息资源的地位得到了完全的确立。

5. 信息产业边际收益递增原理

边际收益递增是指在提高资源效率方面的投资越多，经过一段特定的时期（主要指新产品或新服务的研究和开发时间）后获得的收益也会越多。也就是说，厂商每增加一单位产出所带来的纯利的增量，取决于边际收入和边际成本，边际成本不断降低而边际收益不断增加的效应即是边际收益递增。

◆学习拓展：

现代农业信息搭建致富桥

案例一：互联网里学会种食用菌

蓟县信息中心利用多媒体教室及卫星接收设施组织农技人员和农民充电学习，并把各类涉农信息网址提供给农民，让有条件上网的农民可随时随地获取信息、学习最新的实用技术。

53岁的戴建良是蓟县出头岭镇中峪村的一名普通农民，这几年，他不畏艰难，积极摸索食用菌种植，走出了一条种植食用菌致富之路。戴建良说，这一切都要感谢农业信息化。通过在网上学习外地食用菌先进栽培技术，破解了相关难题，真正掌握了这项农业新技术。不仅如此，结合自己栽培食用菌的实践经验和培训中学到的技术，还编写了《白灵菇栽培技术》手册，入选了天津市农民"绿色证书培训工程"乡土教材。同时，由他主持的"珍稀食用菌腌制"项目，每年可带动周边群众增收达20万元，取得了良好的经济效益和社会效益。2008年，戴建良成立了中亿建良食用菌专业合作社。现有成员1 200名，温室大棚1 200个，占地2 000亩，年产以白灵菇、香菇为主的鲜菇20 000吨，是华北地区著名的食用菌生产基地，带动了当地食用菌产业的发展。

日前，记者来到了建良专业合作社的信息服务站，只见不大的屋子里摆放着一台电脑。电脑桌旁的一张空桌子上还放着一台数码相机。正在上网的农户李胜欣告诉记者："电脑和数码相机都是县农业信息中心免费提供的，我们可以随时上网学习食用菌种植技术，向专家请教。"说着，他指着电脑屏幕上的照片告诉记者："现在赶上连日阴雨，这两天菌棒出现浸水问题，我拍了照片传到网上，通过网络与专家联系，让专家第一时间为我解决。"记者看到，根据照片上反映的情况，还有关于菌棒浸水的描述，天津师范大学郭成金教授很快就给予了答复：（1）及时移到干燥处；（2）撒上石灰进行晾晒干燥处理，保证长透风、增氧使之干燥。李胜欣告诉记者，几年前他就自己种了几亩食用菌，因为技术不精，最终以失败告终。"以前也参加过县里组织的培训，但毕竟地里的活儿太忙，不能总去，了解到这种情况，县农业信息中心的工作人员教会了我使用远程教育终端，我搜索了所有关于食用菌种植的节目，一遍又一遍地重复观看，直到看懂为止。最后，终于在课件中找到了自己种植失败的症结：塑料薄膜不通风、不隔热；温度没有控制好，出菌率低；采摘间隔过长，导致食用菌开伞。"从此，信息服务站成了李胜欣的"老师"，一遇到拿不准的问题，他就在信息服务站同戴建良探讨或在远教网搜索答案，只要一有空，他就去学习食用菌种植的新知识、新技术。磨刀不误砍柴工，李胜欣熟练掌握了食用菌种植技术，信心满满。2009年春天，他购置了食用菌专用塑料棚和移动空调温控等设备，建起了5个食用菌大棚。每个棚的年纯收入都能达到3万~5万元。

案例二：网上销售糯玉米和葫芦

静海县沿庄镇的王世国家的 4 万多公斤糯玉米已经成熟，因为几场大雨还没开始收，但他已经为销路着急。该县种植业发展服务中心了解到他的情况后，在《中国农业信息网》上为他发布了供求信息。信息发布半天后，就接到好几个求购电话。他高兴地说："现在已经和几个收购商谈好了，销售没有大问题了，是种植业发展服务中心的信息服务解决了我的难题。"静海县种植业发展服务中心信息科科长王玉英介绍说："我们已为乡镇、农产品加工企业、种养大户在网上发布供求信息 150 条。同时还参加各种形式的农产品交易会，积极组织相关企业和合作社参会推介特色农产品。"据了解，以天津农业信息网为核心的农业网站建立的农业电子商务中心，为农民增收搭建了网络销售平台。目前，市农业信息中心免费为本市梦得农副产品配送中心、绿鑫果蔬公司、康龙生态农业有限公司等二十多家农业企业提供供求信息、价格行情以及招商引资、涉农企业、网上商城等，为涉农企业提供全方位的信息服务。截至目前，本市在"一站通"注册会员发展到 3 000 多个，每年发布大量的农产品供求信息，使不少农民从中受益。宝坻区大钟庄镇通过网络发布信息，吸引了甘肃和黑龙江等地客商大量订购天鹰椒；西青区通过网上发布沙窝萝卜供求信息吸引外地客户订货购买，并通过掌握的信息引进"中华寿桃"新品种和推广种植技术，经济效益比种菜高出好几倍。

宝坻区张岗铺村的农民崔雍通过互联网卖葫芦，年销量近 30 万颗。他告诉记者："我听说种葫芦赚钱，于是几年前把家里的 4 亩地都种上了葫芦。一开始，为了打开销路，我天天跑市场，尝试着自己推销，可效果很差。后来无意中受到互联网启发，于是找专业人员做了个葫芦网站，没想到，效果出奇的好，月点击量上万次。通过网站，我还结识了很多葫芦爱好者和工艺制作者，以及制作葫芦工艺品的企业。第一年所有葫芦被北京的一个商家全都买走，赚了 8 万多块钱。"尝到甜头的崔雍，为了满足市场需求，将种植面积扩大到 100 多亩，又增加了葫芦的种植品种，目前葫芦品种已达到 64 个，成为全国葫芦种植品种最多的人。为了带动村里人共同致富，他还成立了葫芦种植专业合作社。

资料来源：杜洋洋，陈忠权，刘玉祥，庞仲欣．天津日报，2012-8-8．

本章思考题

1. 试述生态系统与人类社会经济发展的关系。
2. 论述生态经济学研究的主要内容。
3. 试述环境与经济发展的关系。
4. 试述环境污染问题及治理环境污染的主要经济措施。
5. 试述教育资源利用中存在的问题及合理利用教育资源的措施。
6. 试述教育经济学的含义及研究对象。
7. 试述信息资源在经济发展中的地位和作用。
8. 试述信息经济学产生和发展的过程及信息经济学研究的主要内容。

参考文献

[1] 吴易风. 政治经济学或经济学的研究对象：马克思和罗宾斯的比较. 马克思主义经济学与西方经济学比较研究（第1卷）[M]. 北京：中国人民大学出版社，2014.

[2] 徐小鹰. 马克思主义经济学与西方经济学研究对象的比较分析. 马克思主义经济学与西方经济学比较研究（第1卷）[M]. 北京：中国人民大学出版社，2014.

[3] 韦森. 经济理论与市场秩序 [M]. 上海：格致出版社，上海人民出版社，2009.

[4] 洪银兴. 现代经济学通论 [M]. 北京：高等教育出版社，2008.

[5] 钱颖一. 理解现代经济学 [J]. 经济社会体制比较，2002（2）.

[6] 梁小民. 经济学是科学，不应该成为显学 [J]. 书屋杂志，2002（10）.

[7] 肖涛. 关于经济学研究对象的探讨 [J]. 当代财经，2001（12）.

[8] 郭镇方. 经济学的"分解"与"综合" [J]. 青岛大学师范学院学报，2002（9）.

[9] 杨立岩. 经济学研究对象的比较分析 [J]. 山西财经大学，2000（8）.

[10] 李增刚. 试论马克思主义政治经济学与西方经济学的研究对象 [J]. 山东经济，1999（5）.

[11] 张天雷，任保平. 当代西方经济学主要研究方法述评 [J]. 经济评论，2001（3）.

[12] 王德忠. 论经济学的研究方法 [J]. 四川师范学院学报（哲学社会科学版），1999（5）.

[13] 刘汉林. 从经济学的分类看经济学. 政治经济学与西方经济学之间的关系 [J]. 四川大学学报，2003（4）.

[14] 李刚，张震. 圭臬——影响生活的20大经济学原理 [M]. 上海：上海文化出版社，2008.

[15] 高鸿业. 西方经济学（微观部分）[M]. 北京：中国人民大学出版社，2014.

[16] 陈友龙，缪代文. 现代西方经济学 [M]. 北京：中国人民大学出版社，2002.

[17] 罗余才等. 西方经济学原理 [M]. 广州：华南理工大学出版社，2004.

[18] 李扬. 西方经济学 [M]. 成都：四川大学出版社，2002.

[19] 卢现祥，陈银娥. 微观经济学 [M]. 北京：经济科学出版社，2008.

[20] 赵英军. 西方经济学（微观部分）[M]. 北京：机械工业出版社，2006.

[21] 杨长江，石洪波. 宏观经济学 [M]. 上海：复旦大学出版社，2007.

[22] 韩秀云. 推开宏观之窗 [M]. 北京：经济日报出版社，2003.

[23][美] 道格拉斯·诺斯. 马昕，陈宇译. 经济学的思维方式 [M]. 世界图书出版公司，2008.

[24] 王福重. 人人都爱经济学 [M]. 北京：人民邮电出版社，2008.

[25] 董建才. 马克思主义经济学新论 [M]. 北京：经济管理出版社，2006.

[26] 戴翼飞. 西方社会重新认识马克思 [J]. 半月谈（内部版），2005（9）.

[27] 陈信.《资本论》学习与研究 [M]. 大连：东北财经大学出版社，2004.

[28] 张维达. 政治经济学（第二版）[M]. 北京：高等教育出版社，2004.

[29] 逄锦聚. 政治经济学（第二版）[M]. 北京：高等教育出版社，2003.

[30] 胡代光. 千年最伟大的思想家 [J]. 经济学动态，2008（1）.

[31] 宋涛. 政治经济学教程 [M]. 北京：中国人民大学出版社，2008.

[32] 罗清和，鲁志国. 政治经济学 [M]. 北京：清华大学出版社，2009.

[33] 刘方健，史继刚. 中国经济发展史简明教程 [M]. 成都：西南财经大学出版社，2002.

[34] 赵德馨. 中国近现代经济史 [M]. 郑州：河南人民出版社，2003.

[35] 侯家驹. 中国经济史（上、下）[M]. 新星出版，2008.

[36] 萧国亮，隋福民. 世界经济史 [M]. 北京：北京大学出版社，2007.

[37] 高德步. 世界经济通史 [M]. 北京：高等教育出版社，2005.

[38] 蒋自强等. 经济思想通史 [M]. 杭州：浙江大学出版社，2003.

[39] 赵晓雷. 中国经济思想史 [M]. 大连：东北财经大学出版社，2007.

[40] 赵靖. 中国经济思想史述要 [M]. 北京：北京大学出版社，1998.

[41] 蒋自强等. 当代西方经济学流派 [M]. 上海：复旦大学出版社，2001.

[42] 张林. 经济思想史 [M]. 北京：科学出版社，2008.

[43] 吴敬琏. 计划经济还是市场经济 [M]. 北京：中国经济出版社，1993.

[44] 邓明发. 计划经济学教程 [M]. 北京：中国经济出版社，1991.

[45] 厉以宁. 计划经济体制与中国经济体制改革 [J]. 中国发展观察，2008（8）.

[46] 廖心文. 从计划经济体制向社会主义市场经济体制的转变——试论毛泽东、邓小平对我国经济体制的探索 [J]. 党的文献，2008（6）.

[47] 姚洋. 重工业与经济发展：计划经济时代再考察 [J]. 经济研究，2008（4）.

[48] 胡学勤，秦兴房. 劳动经济学 [M]. 北京：高等教育出版社，2004.

[49] 袁伦渠. 劳动经济学 [M]. 大连：东北财经大学出版社，2007.

[50] 陆铭. 劳动和人力资源经济学：经济体制与公共政策 [M]. 上海：上海人民出版社，2007.

[51] 谌新民. 人力资源管理概论 [M]. 北京：清华大学出版社，2005.

[52] 赵宏中，龚纯. 人力资本投资：现代经济增长的必然选择 [J]. 人才开发，2004（1）.

[53] 徐章辉，毕先萍. 青年失业现状与再就业政策评估研究 [M]. 北京：中国百科全书出版社，2005.

[54] 陈共. 财政学 [M]. 北京：中国人民大学出版社，2009.

[55] 郭庆旺，赵志耘. 财政学 [M]. 北京：中国人民大学出版社，2002.

[56] 许毅. 财政学 [M]. 北京：中国财政经济出版社，1984.

[57] 杨志勇，张馨．公共经济学 [M]．北京：清华大学出版社，2008．
[58] 黄达．金融学 [M]．北京：中国人民大学出版社，2003．
[59] 曹龙骐．金融学 [M]．北京：高等教育出版社，2003．
[60] 戴国强．货币银行学 [M]．北京：高等教育出版社，2005．
[61] 张强．现代金融论 [M]．长沙：湖南人民出版社，1998．
[62] 王松奇．金融学 [M]．北京：中国金融出版社，2000．
[63] 张强，乔海曙．货币金融学 [M]．北京：中国金融出版社，2007．
[64] 姚长辉．货币银行学 [M]．北京：北京大学出版社，2002．
[65] 潘英丽．21世纪金融业基本功能的重新整合及其演变趋势 [J]．国际金融研究，2001（3）．
[66] 郑振龙，陈蓉．金融学和经济学的相关关系探讨 [J]．经济学动态，2005（2）．
[67] 徐爱荣．保险学 [M]．上海：复旦大学出版社，2006．
[68] 粟芳，许谨良．保险学 [M]．北京：清华大学出版社，2006．
[69] 孙蓉，兰虹．保险学．原理 [M]．成都：西南财经大学出版社，2006．
[70] 兰虹．保险学基础 [M]．成都：西南财经大学出版社，2005．
[71] 王海艳．保险学 [M]．上海：立信会计出版社，2007．
[72] 钟明．保险学 [M]．上海：上海财经大学，2006．
[73] 张洪涛，郑功成．保险学 [M]．北京：中国人民大学出版社，2004．
[74] 汪祖杰．现代保险学导论 [M]．北京：经济科学出版社，2003．
[75] 魏华林，林宝清．保险学 [M]．北京：高等教育出版社，2006．
[76] 叶春生．工业经济 [M]．广州：华南理工大学出版社，1990．
[77] 云月，马纯杰．建筑经济 [M]．北京：中国建筑工业出版社，2004．
[78] 丁士昭．建筑经济 [M]．北京：中国建筑工业出版社，1991．
[79] 卢有杰．新建筑经济学 [M]．北京：中国水利水电出版社，2005．
[80] Ivor H. Seeley．郝建新等译．建筑经济学 [M]．天津：南开大学出版社，2006．
[81] 黄如宝．建筑经济学 [M]．上海：同济大学出版社，2009．
[82] 金敏求．建筑经济学 [M]．北京：中国建筑工业出版社，2003．
[83]［英］肯尼思·巴顿（冯宗宪译）．运输经济学 [M]．北京：商务印书馆，2002．
[84] 李永生，黄君麟．运输经济学 [M]．北京：机械工业出版社，2004．
[85] 陈贻龙，邵振．运输经济学 [M]．北京：人民交通出版社，1999．
[86] 赵锡铎．运输经济学 [M]．大连：大连海事大学出版社，1998．
[87] 许庆斌．运输经济学导论 [M]．北京：中国铁道出版社，1995．
[88] 蔡庆麟．运输经济与管理决策 [M]．北京：人民交通出版社，1998．
[89] 郭冬乐．商业经济学 [M]．北京：经济科学出版社，1999．
[90] 林文益．商业经济学 [M]．北京：中国商业出版社，1988．
[91] 苏志平．商业经济学 [M]．北京：中国财政经济出版社，1997．

[92] 姜君辰．商业经济学［M］．北京：中国展望出版社，1986．

[93] 王宜泰，肖焕伟，王兆燕．新编商业经济学［M］．上海：立信会计出版社，1995．

[94] 余鑫炎．商业经济学［M］．北京：中国财政经济出版社，2003．

[95] 李运彰．商业经济学［M］．北京：中国商业出版社，1993．

[96] 何凯军．当前工业经济运行特点、问题及其对策［J］．国有资产管理，2008 (4)．

[97] 刘永清．工业经济模式的非均衡与均衡分析［J］．华东经济管理，2008 (9)．

[98] 卢品慕．经济全球化背景下我国工业的发展［J］．经济导刊，2007 (S2)．

[99] 黄群慧．中国工业经济与企业管理若干前沿问题综述［J］．经济管理，2007 (11)．

[100] 刘仁遵．调整农业产业结构对农村经济发展的思考［J］．农业经济，2008 (5)．

[101] 伍业兵．农业适度规模经营是我国农村经济发展的必然选择［J］．经济研究参考，2008 (5)．

[102] 杨正林．农村经济制度变迁与农业增长因素的贡献度［J］．改革，2007 (11)．

[103] 高景峰．中国建筑产业增长与经济发展分析［J］．建筑管理现代化，2008 (2)．

[104] 张镝．经济增长与运输设施需求关系的研究［J］．南京审计学院学报，2008 (4)．

[105] 李南．运输产业经济规制及其改革的再思考［J］．经济前沿，2008 (5)．

[106] 邵春福，秦四平．交通经济学［M］．北京：人民交通出版社，2008．

[107] 严作人等．运输经济学［M］．北京：人民交通出版社，2009．

[108] 张秀生．区域经济学［M］．武汉：武汉大学出版社，2007．

[109] 栾贵勤等．区域经济学［M］．北京：清华大学出版社，2008．

[110] 高洪深．区域经济学［M］．北京：中国人民大学出版社，2006．

[111] 邓宏兵．区域经济学［M］．北京：科学出版社，2008．

[112] 魏后凯．现代区域经济学［M］．北京：经济管理出版社，2006．

[113] 冯云廷．区域经济学［M］．大连：东北财经大学出版社，2006．

[114] 郝寿义，安虎森．区域经济学［M］．北京：经济科学出版社，1999．

[115] 陈秀山．关于区域经济学的研究对象、任务与内容体系的思考［J］．经济学动态，2002 (12)．

[116] 王雅莉．城市经济学［M］．北京：首都经济贸易大学出版社，2008．

[117] 周伟林，严冀军．城市经济学［M］．上海：复旦大学出版社，2004．

[118] 冯云廷．城市经济学［M］．大连：东北财经大学出版社，2005．

[119] 徐光远，陈松群．城市经济学［M］．北京：中国经济出版社，2009．

[120] 龚介民．农村经济改革与发展研究［M］．上海：上海财经大学出版社，1998．

[121] 程漱兰. 中国农村发展：理论和实践 [M]. 北京：中国人民大学出版社，1999.

[122] 王满船. 中国农村可持续发展的政策选择 [M]. 北京：中国经济出版社，1999.

[123] 董筱丹. 宏观经济波动与农村"治理危机"——关于改革以来"三农"与"三治"问题相关性的实证分析 [J]. 管理世界，2008（9）.

[124] 焦必方. 农村和农业经济学 [M]. 上海：上海人民出版社、格致出版社，2009.

[125] 朱钟棣等. 国际贸易学 [M]. 上海：上海财经大学出版社，2005.

[126] 海闻. 国际贸易 [M]. 上海：上海人民出版社，2003.

[127] 张鸿等. 国际贸易 [M]. 上海：上海交通大学出版社，2006.

[128] 陈岩. 国际贸易理论与实务 [M]. 北京：清华大学出版社，2007.

[129] 刘诚. 国际贸易 [M]. 北京：中国金融出版社，2005.

[130] 史自力. 国际经济学 [M]. 郑州：郑州大学出版社，2002.

[131] 佟家栋等. 国际贸易学——理论与政策 [M]. 北京：高等教育出版社，2003.

[132] 蔡玉彬. 国际贸易理论与实务 [M]. 北京：高等教育出版社，2004.

[133] 姜波克. 国际金融新编 [M]. 上海：复旦大学出版社，2008.

[134] 钱荣堃等. 国际金融 [M]. 天津：南开大学出版社，2002.

[135] 易纲等. 国际金融 [M]. 上海：格致出版社，2008.

[136] 刘舒年. 国际金融 [M]. 北京：对外贸易经济大学出版社，2005.

[137] 吕随启等. 国际金融教程 [M]. 北京：北京大学出版社，2007.

[138] 叶蜀君. 国际金融 [M]. 北京：清华大学出版社，2005.

[139] 任淮秀，汪昌云. 国际投资学 [M]. 北京：中国人民大学出版社，2008.

[140] 綦建红. 国际投资学教程 [M]. 北京：清华大学出版社，2008.

[141] 章昌裕. 国际直接投融资 [M]. 北京：中国人民大学出版社，2007.

[142] 赵春明. 跨国公司与国际直接投资 [M]. 北京：机械工业出版社，2007.

[143] 卢进勇，杜奇华，闫实强. 国际投资与跨国公司案例库 [M]. 北京：对外经济贸易大学出版社，2005.

[144] 跨国公司与基础设施的挑战——解读《2008年世界投资报告》[J]. 国际经济合作，2008（10）.

[145] 张金水. 数理经济学 [M]. 北京：高等教育出版社，2008.

[146] 刘树林. 数理经济学 [M]. 北京：科学出版社，2008.

[147] 邵宜航. 数理经济学精要 [M]. 北京：科学出版社，2007.

[148] 王亚辉. 数学方法论——问题解决的理论 [M]. 北京：北京大学出版社，2007.

[149] 杭爱明等. 经济统计学 [M]. 上海：立信会计出版社，2007.

[150] 张典焕. 经济统计学 [M]. 上海：立信会计出版社，2007.

[151] 杨灿．统计学基本问题研究［J］．统计研究，1993（5）．

[152] 龙梅．经济统计教程［M］．上海：立信会计出版社，2005．

[153] 方华，孙晓春．社会经济统计学与数理统计学的比较［J］．统计教育，2003（3）．

[154] 贾俊平，何晓群，金勇进．统计学（第五版）［M］．北京：中国人民大学出版社，2012．

[155] 杰拉德·凯勒．统计学：在经济和管理中的应用（第八版）［M］．北京：中国人民大学出版社，2012．

[156] 张保法．经济计量学（第五版）［M］．北京：经济科学出版社，2006．

[157] 李子奈，潘文卿．计量经济学（第三版）［M］．北京：高等教育出版社，2010．

[158] 李宝仁．计量经济学［M］．北京：机械工业出版社，2008．

[159] 郭存芝等．计量经济学——理论·方法·Eviews 应用［M］．北京：科学出版社，2008．

[160] 王升．计量经济学导论［M］．北京：清华大学出版社，2006．

[161] 朱平芳．现代计量经济学［M］．上海：上海财经大学出版社，2004．

[162] 廖明球，李雪等．计量经济学简明教程［M］．北京：首都经济贸易大学出版社，2007．

[163] 潘省初．计量经济学［M］．北京：中国人民大学出版社，2002．

[164] 王寅初．经济模型实用教程［M］．北京：首都经济贸易大学出版社，2007．

[165] 徐中民，张志强，钟方雷，唐增，程怀文译校．生态经济学——原理与应用［M］．郑州：黄河水利出版社，2007．

[166] 唐建荣主编．生态经济学［M］．北京：化学工业出版社，2005．

[167] 李克国等．环境经济学［M］．北京：中国环境科学出版社，2007．

[168] 张真，戴星翼编著．环境经济学教程［M］．上海：复旦大学出版社，2007．

[169] 刘志民主编．教育经济学［M］．北京：北京大学出版社，2007．

[170] 史万兵编著．高等教育经济学［M］．北京：科学出版社，2004．

[171] 冯忠良等著．教育心理学［M］．北京：人民教育出版社，2004．

[172] 靖继鹏，张向来，李北伟编著．信息经济学［M］．北京：科学出版社，2007．

[173] 骆正山．信息经济学［M］．北京：机械工业出版社，2007．

[174] 查先进主编．信息经济学［M］．北京：清华大学出版社．北京交通大学出版社，2007．